统 计 考 古

苑世领 王 芬 编著

科学出版社
北 京

内 容 简 介

本书立足于考古学者视角，以测量误差为起点阐述考古数据的统计意义，强调可视化图形对展示考古信息的重要作用，利用统计原理描述考古数据所蕴藏的考古信息。在相应章节中首先简要介绍相关统计原理，同时较详细地阐述统计数据的计算过程，并配有实际考古案例，以促进考古学者短时间内掌握统计方法，提高数据分析能力。本书从诸多文献中精选了世界范围内多个统计考古案例，强调了统计学在解决许多考古问题中所起到的重要作用。本书可为考古学者提供第一手资料，阐述的科研思想也会在不同考古研究领域起到潜移默化的作用。

本书可作为高等学校考古学、科技考古和文物保护等方向的课程教材使用，也可为其他相关专业提供参考。

图书在版编目（CIP）数据

统计考古 / 苑世领，王芬编著. —北京：科学出版社，2024.4
ISBN 978-7-03-077402-6

Ⅰ. ①统⋯ Ⅱ. ①苑⋯ ②王⋯ Ⅲ. ①统计学-应用-考古学 Ⅳ. ①K85

中国国家版本馆 CIP 数据核字（2024）第 006595 号

责任编辑：李明楠　高　微 / 责任校对：杜子昂
责任印制：赵　博 / 封面设计：图阅盛世

科学出版社 出版
北京东黄城根北街 16 号
邮政编码：100717
http://www.sciencep.com
北京天宇星印刷厂印刷
科学出版社发行　各地新华书店经销

*

2024 年 4 月第　一　版　开本：720×1000　1/16
2024 年 12 月第三次印刷　印张：21
字数：421 000
定价：138.00 元
（如有印装质量问题，我社负责调换）

前 言

相较于以往统计考古学方面的专业书，《统计考古》更偏重于阐述数据的类型、图形化以及数据的统计检验和分析，并讲解了数十个统计学在考古数据中的应用案例，都是最近十几年的考古文献，如陶器和铁器的标准化生产、利用放射性碳年代数据估计遗址的人口变化、通过骨长估计古人身高等。本书将为统计学在考古研究中的应用提供必要的辅助参考作用。

全书共分八章：第1章考古数据，主要围绕数据分类、测量误差和考古数据的特性展开，可帮助读者了解考古数据的产生和预处理；第2章可视化表达，重点选择了最近十余年间考古文献中出现的具有代表性的、能够良好展示数据信息的各类图形，如箱形图、条形图、饼形图等，涉及诸多考古问题如墓葬方位、地层孢粉变化、陶器元素组成等；第3章量化与丰度，阐述了考古研究中用到的一些量化数据，如可识别标本数、最小个体数等，也阐明了表示遗物遗存丰富性和多样性的数据，并选择了两个考古案例说明考古数据反映的家养动物的差异化，以及放射性碳测年数据与人口波动之间的关系；第4章描述性统计，主要从趋中性、离散度、偏度和峰度等方面描述一组数据的统计分布状况，这也是早期讨论陶器标准化生产所需要的统计量，并选择三篇实际案例阐述了史前陶器标准化和功能化等；第5章概率与概率分布，讨论了贝叶斯定理、二项分布和泊松分布，以及正态分布在考古数据中的应用，此章是考古数据后续分析的统计基础；第6章显著性检验，是本书重点阐述内容，包括参数检验和非参数检验，涉及小概率事件，并对单总体平均值、两总体平均值、多总体平均值等作检验和验证，并选择了墓葬随葬品、陶器表面装饰图案两个考古案例，从统计检验的角度探讨埋葬品与性别、年龄等的关系，阐述陶器口沿装饰图案与成熟工、学徒之间的关联；第7章相关性与回归分析，从变量关系、一元和多元线性关系等方面阐述了从产生数学模型引申出未成年人年龄以及鱼类长度，并简单介绍了目前流行的机器学习方法；第8章多元统计分析，简单介绍了聚类分析、主成分分析和判别分析方法原理，选择陶器的元素组成和铁制武器的标准化两个案例探讨这三种方法在考古研究中的应用。

虽然在编写过程中花费了不少精力，但是受编者知识和能力所限，文献来源较多，需要分析、归纳和统一，因此疏漏之处不可避免。受编者科研方向所限，书中的应用案例（相关文献）选择略显狭窄，但是希望以此为导引，对学生科研有借鉴作用。诚请读者批评指正。

苑世领

2024 年 1 月

目　录

第1章　考古数据 ... 1
1.1　测量变量 ... 2
1.1.1　名义变量 ... 2
1.1.2　有序变量 ... 3
1.1.3　区间变量 ... 4
1.1.4　比率变量 ... 4
1.1.5　离散型变量和连续型变量 ... 4
1.2　测量误差 ... 5
1.2.1　精度和有效数字 ... 5
1.2.2　重现性和再现性 ... 7
1.2.3　准确度与精密度 ... 8
1.2.4　误差与偏差 ... 10
1.2.5　错误率 ... 12
1.2.6　异常值 ... 13
1.2.7　误差的传递与累积 ... 15
1.3　考古数据的特性 ... 16
1.3.1　可信度和间接测量 ... 16
1.3.2　理解考古误差 ... 18
主要参考文献 ... 19

第2章　可视化表达 ... 20
2.1　表格 ... 21
2.2　考古图的常见类型 ... 23
2.2.1　箱形图 ... 23
2.2.2　方位图 ... 23
2.2.3　条形图 ... 25
2.2.4　堆积条形图 ... 29
2.2.5　饼形图 ... 30
2.2.6　风向玫瑰图 ... 31
2.2.7　直方图 ... 33

  2.2.8 折线图 ··· 38
  2.2.9 累积频数图 ·· 40
  2.2.10 散点图 ·· 41
  2.2.11 三元图 ·· 44
  2.2.12 空间直方图和等值线图 ······································· 45
  2.2.13 质量控制图 ·· 47
 2.3 作图原则 ·· 49
  2.3.1 数据墨水比和图形完整性 ······································ 49
  2.3.2 数据转换问题 ··· 52
  2.3.3 再论考古作图 ··· 54
 主要参考文献 ·· 54

第 3 章 量化与丰度 ·· 57
 3.1 样本量化与丰度 ··· 59
  3.1.1 可识别标本数 ··· 59
  3.1.2 最小个体数 ··· 61
  3.1.3 称量质量 ··· 63
  3.1.4 测量面积 ··· 64
  3.1.5 相对比例 ··· 65
  3.1.6 密度测量 ··· 65
 3.2 总体量化与丰度 ··· 66
  3.2.1 Krantz 估计量 ··· 66
  3.2.2 Peterson 估计量 ·· 68
  3.2.3 估计当量 ··· 70
  3.2.4 伪计数 ·· 72
  3.2.5 最小动物单位总数 ·· 72
 3.3 肉食资源的量化 ··· 73
 3.4 非丰度测量 ·· 75
  3.4.1 分形维数 ··· 75
  3.4.2 普遍性 ·· 77
  3.4.3 多样性 ·· 79
 3.5 应用实例 ·· 81
  3.5.1 动物骨骼及其反映的家养动物的差异化 ·················· 81
  3.5.2 放射性碳年代数据估计遗址的人口变化 ·················· 85
 主要参考文献 ·· 89

第 4 章 描述性统计 ·· 91
 4.1 数据的趋中性 ·· 91

####### 4.1.1 平均值 ·············· 92
####### 4.1.2 中位数 ·············· 93
####### 4.1.3 众数 ·············· 94
4.2 数据的离散度 ·············· 95
####### 4.2.1 全距和四分位距 ·············· 96
####### 4.2.2 方差和标准差 ·············· 97
####### 4.2.3 变异系数 ·············· 98
4.3 偏度和峰度 ·············· 99
####### 4.3.1 偏度 ·············· 99
####### 4.3.2 峰度 ·············· 100
4.4 应用实例 ·············· 101
####### 4.4.1 史前陶器使用功能的生产方式探究 ·············· 101
####### 4.4.2 陶器尺寸标准化程度的量化分析 ·············· 103
####### 4.4.3 计算容器容积方法的统计比较 ·············· 106
主要参考文献 ·············· 110
第5章 概率与概率分布 ·············· 112
5.1 概率 ·············· 112
####### 5.1.1 概率的定义 ·············· 112
####### 5.1.2 概率的性质 ·············· 114
####### 5.1.3 贝叶斯定理 ·············· 116
5.2 二项分布和泊松分布 ·············· 118
####### 5.2.1 二项分布 ·············· 118
####### 5.2.2 泊松分布 ·············· 120
5.3 正态分布 ·············· 121
####### 5.3.1 总体、样本和样本容量 ·············· 122
####### 5.3.2 频数分布 ·············· 122
####### 5.3.3 正态分布 ·············· 124
####### 5.3.4 标准正态分布 ·············· 125
####### 5.3.5 与正态分布相关的推断与计算 ·············· 128
5.4 对总体平均数的推断 ·············· 130
####### 5.4.1 平均值抽样分布的性质 ·············· 130
####### 5.4.2 少量观测数据的统计处理 ·············· 133
####### 5.4.3 如何判断观测数据是否接近正态分布 ·············· 135
####### 5.4.4 应用举例 ·············· 137
5.5 可疑值取舍 ·············· 138
####### 5.5.1 $4\bar{d}$ 法 ·············· 139

5.5.2　格鲁布斯法 ································· 139
　　　5.5.3　Q 检验法 ···································· 140
　　　5.5.4　MAD 方法 ·································· 141
　主要参考文献 ·· 143
第 6 章　显著性检验 ·· 144
　6.1　假设检验的基本原理 ································ 145
　　　6.1.1　零假设和备择假设 ························· 145
　　　6.1.2　小概率事件 ································· 146
　　　6.1.3　显著性水平 ································· 146
　　　6.1.4　关于统计判断错误的说明 ·················· 147
　　　6.1.5　假设检验的基本步骤 ······················· 148
　6.2　与平均值相关的参数检验 ·························· 149
　　　6.2.1　单样本的 Z 检验和 t 检验 ················ 149
　　　6.2.2　两配对样本的 t 检验 ······················ 154
　　　6.2.3　两独立样本的 t 检验 ······················ 157
　　　6.2.4　对两样本平均值之差的标准误的说明 ····· 162
　6.3　方差分析 ··· 163
　　　6.3.1　方差分析原理 ······························· 164
　　　6.3.2　多独立样本的方差分析 ····················· 169
　6.4　非参数检验 ··· 174
　　　6.4.1　卡方检验 ····································· 174
　　　6.4.2　单样本的二项分布检验 ····················· 179
　　　6.4.3　两独立样本的秩和检验 ····················· 182
　　　6.4.4　两配对样本的符号秩和检验 ··············· 185
　　　6.4.5　多独立样本的中位数检验 ·················· 188
　6.5　应用实例 ··· 189
　　　6.5.1　柳湾马厂类型墓葬的定量考古学分析 ····· 189
　　　6.5.2　陶器表面装饰图案的统计分析 ············· 192
　主要参考文献 ·· 195
第 7 章　相关性与回归分析 ································ 197
　7.1　相关分析 ··· 197
　　　7.1.1　两个变量之间的相关 ······················· 197
　　　7.1.2　积差相关及相关系数 ······················· 198
　　　7.1.3　相关系数的显著性检验 ····················· 202
　7.2　一元回归分析 ······································· 210
　　　7.2.1　一元回归方程 ······························· 210

7.2.2　一元回归方程的检验 ································· 214
　　　7.2.3　测定系数与相关系数 ································· 217
　7.3　多元回归分析 ··· 218
　　　7.3.1　多元回归方程 ··· 218
　　　7.3.2　标准偏差 ··· 219
　　　7.3.3　回归方程的显著性检验——F检验 ··················· 220
　　　7.3.4　偏回归系数的显著性检验——t检验 ················· 221
　　　7.3.5　残差分析 ··· 221
　　　7.3.6　应用举例 ··· 223
　7.4　机器学习 ··· 227
　　　7.4.1　神经网络分析 ··· 227
　　　7.4.2　遗传函数近似 ··· 229
　7.5　应用实例 ··· 231
　　　7.5.1　通过骨长估计未成年人年龄 ··························· 231
　　　7.5.2　估计考古遗址中太平洋鲱鱼的大小 ····················· 234
　主要参考文献 ··· 238

第8章　多元统计分析 ··· 240
　8.1　多元统计分析的数学基础 ····································· 240
　　　8.1.1　向量和矩阵 ··· 241
　　　8.1.2　矩阵的转置和运算 ····································· 242
　　　8.1.3　矩阵特征值与特征向量 ································· 243
　　　8.1.4　协方差矩阵 ··· 245
　8.2　聚类分析 ··· 246
　　　8.2.1　数据转换 ··· 246
　　　8.2.2　距离系数和相似系数 ··································· 248
　　　8.2.3　系统聚类的基本原理 ··································· 251
　　　8.2.4　系统聚类方法 ··· 252
　　　8.2.5　谱系分类的最终确定 ··································· 255
　　　8.2.6　应用举例 ··· 255
　8.3　主成分分析 ··· 263
　　　8.3.1　基本原理 ··· 263
　　　8.3.2　几何意义 ··· 264
　　　8.3.3　主要性质 ··· 267
　　　8.3.4　分析步骤 ··· 268
　　　8.3.5　应用举例 ··· 270
　8.4　判别分析 ··· 274

    8.4.1 基本思想 …………………………………………………… 275
    8.4.2 判别函数 …………………………………………………… 276
    8.4.3 判别方法 …………………………………………………… 277
    8.4.4 应用举例 …………………………………………………… 281
  8.5 应用实例 …………………………………………………………… 286
    8.5.1 陶器的元素分析与多元统计分析 …………………………… 286
    8.5.2 从几何形态学看铁制武器的标准化 ………………………… 292
  主要参考文献 ……………………………………………………………… 301
附录Ⅰ Origin 软件简介 …………………………………………………… 303
附录Ⅱ 统计用表 …………………………………………………………… 306
  附录Ⅱ.1 正态分布表 …………………………………………………… 306
  附录Ⅱ.2 t 值表 ………………………………………………………… 310
  附录Ⅱ.3 F 值表 ………………………………………………………… 312
  附录Ⅱ.4 χ^2 值表 …………………………………………………… 320
后记 ………………………………………………………………………… 322

第1章 考古数据

考古学者在记录和分析器物时，会采用不同的仪器设备直接测量器物的大小和形状，有时颜色也可以作标度衡量。测量得到的直接数据可以描述器物，也可以与其他数据相比较，借助统计方法还可以帮助考古学家总结、显示和分享由此产生的间接数据。

从最初的数据收集到后续的数据分享，理论上讲都是从无限多的数据中选择我们认为能够代表总体的部分数据。尽管一些考古学家会说，应该"客观地"收集数据，但是在任何情况下，对数据的筛选很像我们在水果摊前挑选水果，只有准备买哪种水果时，我们才会去关注它，然后才会对这种水果作细致挑选，这非常像我们选择考古数据（或考古样品）的过程。而其他的数据，也许已经长期存在，只是由于考虑问题不同而没有被关注。一百多年前，没有考古学家会认为一块木炭的 ^{14}C 丰度会成为现在非常有意义的考古数据。换句话说，在这之前 ^{14}C 丰度是客观存在的事实，只是缺乏被人们认可的价值，因此任何我们还没有意识到或者还没有加以利用的数据都不能称为考古数据。

考古数据可以是遗迹或遗物的类别、遗址地面上的陶片密度（如 10 片$/m^2$）、遗址间的距离（以千米计）、陶器上雕刻痕迹的顺序等；还可以是遗迹或遗物的空间位置，包括绘制的 xyz 坐标或地层位置（如第 3 层）；或使用方法的细节，如浮选用的筛网网眼尺寸、挖掘的沉积物体积、探方间隔距离；或一组遗址勘探到哪种程度，如完成了 90%的工作量，等等。也就是说，考古数据取决于考古学家所关注的问题，与这些问题相关的数据就是我们所关注的考古数据。

考古数据是客观存在的事实，但是对数据的解释则依赖人们的感知能力。兴趣、社会、经济和文化背景，甚至人们的成长经历，都会对最终结论和答案有影响，其结果很有可能会对古代事物做出不合理的推测。换句话说，对同一组数据似乎每个考古学家都可能有不同的解释，也或后来的考古学家会否定前一个结论，或者把先前考古学家认为不重要的数据又重新收集起来再分析。但是从另一方面讲，考古工作可能就是这样一个过程：以类似数学迭代的方式对考古数据进行再分析和再解释，以此推动考古事业的发展。

无论是关注某种理论下的数据本身还是关注数据背后的含义，作为考古学家，确实希望所测量的数据符合某种考古理论，并且希望这些数据在这种理论的支持下给出合理的期望。但是我们不能在期望的结论下潜意识地"编造出"数据（如有意识地选择数据），这是我们一直所强调的。

早期部分科技考古学家与传统考古学家之间存在某种程度的对立，前者强调数据的客观性和中立性，并不注重数据所代表的考古背景；而后者认为这些数据更应该被用来解释考古问题，不会关注产生数据的理论基础，这是一种错误的二分法。任何数据都有其理论支撑，科技考古学家的观察取决于使用的仪器和所依赖的理论，而理论也是在发展变化的。现在的考古学家尝试以理论分析解决纹路的先后顺序、陶器的组成（岩相成分）、遗迹的空间结构等问题，这样的数据分析理论是随时代发展的，也是可循可借鉴的。

研究的问题和动机决定着所要采用的测量形式：或是为了解决科学问题，或是为了与他人进行项目合作，或是来自上级领导的命令要求。当然也有可能就是纯粹为了记录数据，只是认为这些数据可能有助于将来的考古学家理解现在的野外工作，或有利于将来的实验分析。经过以考古问题为研究对象、选择某仪器设备作精心测量、使用理论分析对原始数据作筛选，最后所呈现的数据就是反映了上述过程的结果。也就是说，最后数据所代表的信息，经过我们眼睛的观察判断、借助卷尺卡尺等工具、采用不同的理论分析，才形成了可用的信息数据。也说明在上述多个环节中都会涉及人为因素，任何一组测量数据都不能说是"中立客观"的，我们所做的就是尽量减少人为的影响。

下面将从测量的基本概念、数据中的统计信息等方面阐述数据在考古学中的应用。

1.1 测量变量

在考古学上，常用测量变量描绘考古数据的定性（qualitative）属性和定量（quantitative）属性。定性是对观测数据的分类，定量展现的是数量关系。通常由于定性和定量太过笼统，无法体现考古数据的具体特点，因此还可以对测量数据再细分。根据测量变量（measurement variable）是否可用数值来表示，或者是否可按一定的次序排列，我们把测量（或者观测）变量分为四种类型：名义变量、有序变量、区间变量和比率变量（Banning，2020）。

1.1.1 名义变量

名义变量（nominal variable）是一种用于将调查对象的特定属性进行命名、标签或分类的变量，属无序分类变量。其特点包括只能测量各种类别之间的差别，不能比较大小，也不能按顺序排列；必须有两个及以上的变量值；变量必须互相排斥（非此即彼）；每一个对象都要有一个合适的类型。

名义变量在考古学中非常重要，因为考古学家大量使用分类和类型学，这些都是关于名义变量的。例如，在挖掘墓葬时，对墓主人的性别判断，或男或女，就属两种状态的名义变量；再如，对某种陶器的底部形态可分成平底、尖底、圜底、圈足底四种不同类型，而每个具体陶器只能是、也必须是上述四种类型中的某一种，如果是平底，那它就不能是尖底。描述陶器底部形态的属性就是名义变量，陶器底部形态也是名义属性（陈铁梅和陈建立，2013）。

最简单的一种名义变量，就是只有两个类别的名义变量，如男性和女性、大和小、在场和缺席等，这是一种特殊的二元变量。二元属性是考古研究对象中较为常见的现象，在本书后续分析中将进行单独介绍，如判断某种类型出现的概率，以及未知器物属于数据库中的哪种类型。

如果想计算某调查对象（或者说某种器物）的数量，名义变量在计数中是必不可少的一步。从本质上说，计数也就意味着已经对调查对象进行了分类，也就是说已经进行了名义变量观测。计算属于某种类别数量的过程称为枚举（enumeration），例如，我们可以计算墓葬里有多少彩陶、挖掘的陶器里有多少背壶（这里彩陶、背壶等就是名义变量）；或者有多少烧焦的种子属于粟、藜科植物等。

1.1.2 有序变量

有序变量（ordinal variable）也是由类别组成的，但与名义变量不同，这些类别是有序的，是一种把数值按顺序排列的测量变量，属有序分类变量。例如，同一遗址中有"早、中、晚""小、中、大"等这样的分类；又如器物的分期、地层顺序等，这都属于有序变量。

考古学上大量使用有序变量对器物或遗址进行分类，但是迄今为止，有序变量最大的用途可能还是在年代学中的应用。在考古时期，如"新石器早期、中期、晚期""大汶口文化早期、中期、晚期""青铜器时代早期"等，都属有序变量范畴。地层学也与有序变量有关，重要的是，地层层级往往与某种事件的顺序（或次序）相关联。

从某种意义上讲，名义变量和有序变量都属于定性测量，即使我们用数字来标记它们的类别，而这些数字也只是名称（代表着符号），而不是数量。例如，在名义变量上，为书写方便，我们可以把名义变量中提到的陶器底部形态分别用1、2、3、4数字依次代表平底、尖底、圜底和圈足底；但这些数字仅仅表示符号，它们之间不存在大小关系或者顺序关系，不能进行一般的算术加减，运算符号">"和"<"也不适用。而在有序变量中，我们也可以用1、2、3、4等数字表示人的

不同年龄段，如"婴儿、儿童、少年、青年等"，这时数字的大小反映的是顺序的位置，其两个变量之间的减法运算是有意义的，表示先后顺序，数学运算符号">"和"<"也适用，但是加法和乘除运算对有序变量也是没意义的。在名义变量中，我们可以说中型遗址要比小型遗址大，但不能说大多少；在有序变量中，我们也不能认为排名第六的遗物比排名第三的遗物大两倍。

1.1.3 区间变量

区间变量（interval variable）定义沿尺度测量的值在每两个点之间距离相等，为连续测量，该变量通常有自然单位或物理单位。区间变量不仅能将事物区分为不同类型并进行排序，而且也可以准确地指出不同类别之间的差距是多少。例如，两杯温度为10℃和15℃的水，与两杯温度为20℃和25℃的水之间，其温差是相等的。这一特性使区间变量在数学上可进行加减运算，也可以比较两个观测结果之间的大小。

但是区间变量不适合乘除运算，因为区间变量中的零点（或者标准点）并不真正存在。不存在绝对的零点，就无法诠释程度上的差异。例如上面提到的温度，水的温度为0℃，但是并不意味着在0℃就没有温度，只是选取了不同的基准（例如有摄氏温度和华氏温度之分；我们日常生活中用到的温度为摄氏温度，摄氏温度0℃为热力学温度273.15K，华氏温度32°F）。因此我们说30℃的水比15℃水热一倍是没有道理的。

1.1.4 比率变量

为了允许数值间作乘除运算，需要有一种特殊的测量变量，它不仅有恒定的间隔，而且拥有一真正的零点（表示什么也没有），这就是比率变量（ratio variable）。比率变量，不但能衡量数据的类别、等级、差距，还存在绝对的零点，所以研究者可列出各类别间的倍数关系，如身高、体重等。以长度为例，可以用厘米、米、千米等度量，但是0m长实际上就是不存在的长度（也就是说在物理上这种东西根本不存在），任何10m长的东西肯定是5m长的两倍。比率变量通常都有标准单位，如米、平方米、克、分钟或小时，抑或度数（角度）。

针对名义变量或有序变量所进行的计数统计，实际上使用的就是比率变量。考古学上说的密度是比率变量，表示某个单位上的数量，如每平方米或每立方米中的陶片数量，或者每年发生的洪涝数等。

1.1.5 离散型变量和连续型变量

区间变量和比率变量都属定量测量，也属数值变量，而数值变量又有离散型和连续型之分。换句话说，尽管两种变量都有恒定的间隔，但是在一些情况下某些变量是连续的，而在一些情况下某些变量却是离散的。理解连续型变量与离散型（或属性）变量之间的差异很重要，因为它不仅会影响如何定义变量，还会影响如何收集数据以及从中可以获取什么信息。例如，当我们计数时，自然选择的间隔就是整数，但是这些整数极可能是离散性的。在一个平均家庭成员为 2.7 人的社区统计数据中，实际上是统计了若干个包括 2 人、3 人、5 人等的家庭，家庭成员都是整数，但绝不可能出现 2.7 人的家庭，统计数据表示的就是一个离散数值。类似地，在石器上有 3 次、5 次、12 次等的划痕，不会有 7.3 次的划痕，只能说平均划痕为 7.3 次。

连续变量与选取小数点的位数有关，因此某个物体长度可说成 27.6mm，或 27.58mm。测量工具上任意连续刻度间总能找到其他的测量值，例如，在 27.5～27.6mm 之间，你可以找到 27.54mm；在 27.54～27.55mm 之间还可以找到 27.546mm，以此类推。这非常重要，也就意味着我们在看似连续数据上进行任何测量时都是不准确的。无论我们如何精心地对一件艺术品进行测量，总会有他人在重新测量时产生稍许不同的结果，特别是在使用不太精确的测量工具时，这就引出了测量准确度和精确度的概念。

在数学上连续型变量通常由后面介绍的正态分布函数处理，而离散型变量则常用二项分布函数处理。

1.2 测量误差

正如上面提到的，在区间变量和比率变量（属定量测量）上，我们将永远无法对事物进行精准测量。测量结果取决于很多因素，包括测量工具的种类和质量，以及我们自己对测量精度的要求。一些测量的误差很小，属随机误差；而一些误差可能会很大，是系统误差造成的。这两种误差都会导致错误的结论。

1.2.1 精度和有效数字

测量误差来源之一是仪器能够分辨的最小增量，这在技术上就是测量仪器的分辨率，通常称为精度（precision）。例如，测量质量的电子天平有精度为 0.1g 的，也有精度为 0.0001g 的，如果我们有充分的理由要求测量精确到接近 0.0001g，我们就需要购买更精确（通常也更贵）的天平。但是在许多情况下甚至不需要 0.1g 的精度，例如，称量一整袋的陶器碎片，在这种情况下测量精度为 1g 的天平就可以。在此需要考虑的是陶器碎片微小的质量差异会在多大程度上（或者说我们可以接受的误差有多大）影响我们的判断（针对某项考古问题），或者说 5g 数量级的误差会对我们回答考古问题有严重误导吗？没有现成的答案可遵循，需要依据对所研究问题的熟悉程度自己做出判断。

不同测量仪器的分辨率会影响测量数据的精度。例如，测量某个物体的长度，用最小单位是毫米的卷尺测量，结果为 56.5mm，然后用电子尺测量结果却是 56.478mm。因此，测量精度是由测量工具的最小增量来决定的。在这种情况下用（56.5±0.1）mm 表示物体的长度可能更合适。对于 56.5mm，±0.1mm 表示真值介于 56.4~56.6mm。

选择多少有效数字（significant digit）表示数据，有赖于我们想要表达的精度。对于数字，我们不能直接把它交给计算器、电子表格。有时计算器的输出数据在小数点后会有十位有效数字，但是这并不意味着我们应该直接使用这样的数据。当你说"石斧的平均长度为 42.385945mm"时，也就暗示着使用精度为 0.000001mm 的测量工具，而实际上并不是这样测量的，至少绝大多数的考古问题不需要这样的精度，所以我们就不能这样写。事实上，如果先前我们使用的是 0.1mm 精度的测量工具，那么就应该对基于此的测量值四舍五入，因此正确的说法是 42.4mm。

把测量结果中能够反映被测量大小的、带有一位存疑数字的全部数字称为有效数字。因此对于 2.1km，可靠数字是 2，存疑数字（就是估计的数字）是 1（因为测量到三个有效数字时可能就变成 2.08km）。有效数字与小数位数并不相等，小数位数很大程度上取决于测量值的单位，例如，2.1km 是一个具有两位有效数字的测量值，也就意味着它所代表的距离介于 2.0~2.2km。5.6mm 也是两位有效数字，和 2.1km 一样，都有一位小数。但是如果我们用不同的单位表示，如 2100000mm（$2.1×10^6$mm）和 0.0000056km（$5.6×10^{-6}$km），这样前一个就没有小数位，而后一个就有 7 个小数位，此时它们仍然有同样的两位有效数字，也就是说，改变单位并不能改变测量的精度。

确定一个数字有多少位有效数字的方法就是将其转换成科学记数法（scientific notation）。科学记数法中，5.6mm 应写成 $5.6×10^{-3}$m，在"×"之前的就是有效数字。同样，$5.60×10^{-3}$m 表示有三位有效数字，因为小数点之后的 0 显示"真实"测量值介于 $5.59×10^{-3}$~$5.61×10^{-3}$m。表 1.1 为用科学记数法显示的部分数据。

表 1.1　测量数据与有效数字

测量数据	科学记数法	有效数字
32.05m	$3.205×10^1$	4
32.050g	$3.2050×10^1$	5
0.0026kg	$2.6×10^{-3}$	2
52 个/m²	$5.2×10^1$	2
25cm	$2.5×10^1$	2

续表

测量数据	科学记数法	有效数字
25.00cm	2.500×10^1	4
250.0mm	2.500×10^2	4
105℃	1.05×10^2	3

在统计上,测量数据的精度与测量的重复性有关。通常我们将多次重复测量时所发生的变化归因于随机误差,而引起随机误差的因素有许多种。

1.2.2 重现性和再现性

关于测量数据,与精度密切相关的另一个概念是可靠性(reliability)。可靠性,或者说重复性,是指在不同测量条件下给出相同结果的程度,例如,当不同研究人员进行测量时,可靠性就是在总的测量数据中出现变化的数据比例,是由不同测量者或仪器造成的变化。如要测量人造石器的长度,我们可以把这项工作分配给几名测量者,但是不同的测量者在认真程度、使用工具方式等方面会有所不同,所测数据会因人而异。因此有可能我们会推测有些数据异常并不是由石器本身所引起的,而是由不同测量者所造成的,这种情况需要在研究设计中尽量避免。

可靠性与测量的重复性(或者说一致性)相关。与重复性相关的再现性(reproducibility)和重现性(repeatability)还是有区别的,在测量条件不变的情况下,前者是不同测量者测量结果之间的一致性;后者是同一测量者连续多次测量结果之间的一致性。判断数据的可靠性基于真分数理论,该理论中的真分数(true score)是指测量中不存在测量误差时的真值或客观值(操作上是无数测量结果的平均值);而测量时在测量工具上直接获得的值为测量值或观察分数(observed score);由于测量误差的存在,测量值并不等于所测量的真值,即测量值中包含真值和误差。这样真分数理论中用到的数学式为

$$x = x_\text{T} + E$$

式中,x 为测量值(测量分数);x_T 为真值(真分数);E 为测量误差,这里的误差只包括随机误差,系统误差包含在真值中,在高度可靠的测量中误差占比会很小。测量误差是对重复测量可靠程度的一种度量,用可靠系数 R 表示:

$$R = \frac{s_\text{T}^2}{s_\text{T}^2 + s_\text{E}^2}$$

式中，s_T^2是所有测量值（两组）平均值的样本方差（即标准偏差的平方），s_E^2是两组测量值（如初始和重复）之间平均差的方差（关于方差的概念请参见第4章）。R最大为1.0，表示完全可靠。

针对同一批次的大角羊（*Ovis canadensis*）距骨，Lyman 和 Lawler 先后测量了这批距骨的最大宽度和长度（Lyman and Vanpool，2009）。Lyman 用统计方法，使用线性相关（图1.1）、测量误差和可靠系数R，对比了间隔一个月他自己的测量数据（相当于重现性），评估了他与 Lawler 之间的测量数据（相当于再现性）。统计表明，Lyman 在前后一个月的重复测量数据一致性很好，对同批次距骨样本的宽度和长度，测量误差分别为0.13%和0.71%，R为0.979和0.997，没有明显偏差；而 Lyman 和 Lawler 之间的一致性稍差，相对误差范围为0.81%~2.1%，可靠系数R为0.775~0.892，但同样没有明显偏差。分析表明，同一测量者重新测量所得到的数据，其可靠程度要高，或者说按照一定时间间隔进行的批次抽样更可靠。

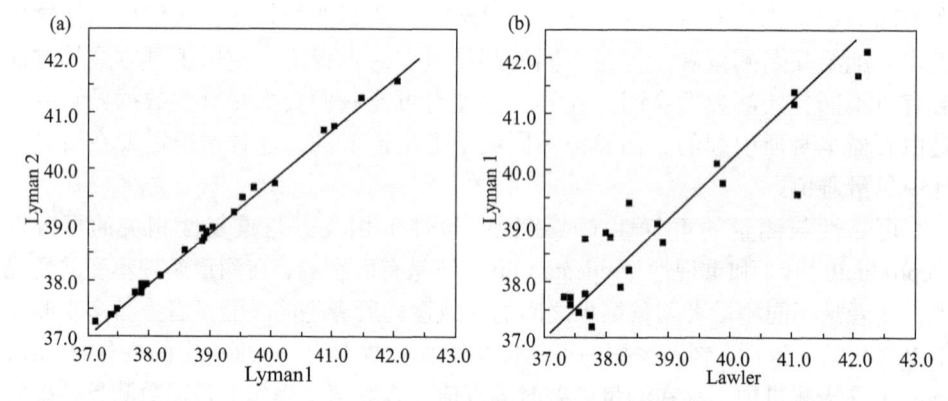

图1.1 Lyman 和 Lawler 对23个大角羊距骨宽度的测量数据比较：(a) Lyman 间隔1个月测量数据比较；(b) Lawler 和 Lyman 的测量数据比较（Lyman and Vanpool，2009）

1.2.3 准确度与精密度

对于测量数据，精度和可靠性并不能说明全部。通常我们希望测量数据不仅精确，而且准确，就是我们通常所说的精确度，表示测量结果与真值的接近程度，它与误差的大小相对应。精确度可分为：①准确度（accuracy），表示测量值与真值之间的接近程度，它反映的是测量结果中系统误差与随机误差的综合表现，用误差来衡量。误差越小，分析结果的准确度越高；反之，误差越大，准确度越低。②精密度（precision），表示在一定条件下多次平行测量结果彼此之间相互接近的程度，它反映的是测量结果中随机误差的影响程度，用偏差来衡量，偏差越小表示精密度越好。表1.2表示精密度和准确度的关系。

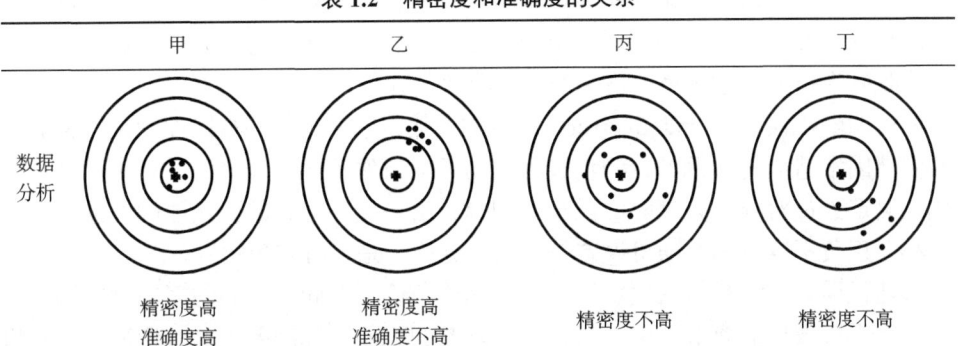

表 1.2 精密度和准确度的关系

甲	乙	丙	丁
精密度高 准确度高	精密度高 准确度不高	精密度不高	精密度不高

表 1.2 中的案例说明：精密度很高，测量数据的准确度不一定高，可能是系统误差造成的，如乙种情况；精密度低，说明测定结果不可靠，此时再考虑准确度就没有意义了。因此，准确度高一定要求精密度高，即精密度是保证准确度的前提。在确认消除了系统误差的情况下可用精密度表达测定的准确度。在考古测量中常用重现性和再现性表示不同情况下测量数据的精密度。

需要说明的是，在考古工作中，也不能为了减小误差而盲目地追求数据的准确度和精密度。例如，假设参加一项考古调查，测量遗址的大小，很自然用到的是钢卷尺，其测量单位为厘米。但是得出的遗址长度为 93.16m 是否合适？在此情况下对数据准确度和精确度的掌控不应该是卷尺，而是对遗址边缘的判断能力。大多数遗址除非有明确的城墙，都会有非常模糊的边界（如利用陶片分散密度的减少来判断遗址边界），没有两个考古学家会对遗址边界的确切位置有一致的看法。另一位考古学家用同一个钢卷尺，测量的遗址长度有可能是 107.25m 或者 89.85m。即使测量卷尺很精确，测量结果也不可靠。也就是说，测得的数据 93.16m 的四位有效数字是不合理的。在这种情况下，对于有经验的调查人员来说，把这个遗址说成 95m，甚至 100m 都让人觉得更真实（即使使用了测量单位为厘米的钢卷尺）。

这样就可以理解为：在本案例中，准确度更主要由系统误差引起（即如何定义遗址边界），而精密度则由随机误差（偶然误差）产生（即定义的一致边界下由选取的测量工具所造成的）。

所谓系统误差（systematic error）是由固定的原因造成的，具有重复性、单向性。理论上系统误差的大小、正负是可以测定的，所以系统误差又称可测误差。根据系统误差产生的具体原因，可将其分为以下几类：①方法误差，这种误差是不适当的实验设计或所选择的分析方法不当造成的；②仪器或试剂误差，来源于仪器本身不够精确，或者试剂不纯等，使分析结果系统性偏高或偏低；③操作误差，由于分析人员的操作不当所引起的误差，如对样品的预处理不当；④主观误差，又称个人误差，是分析人员本身的一些主观因素造成的，如对某种器物的误解判断：在统计陶片归属时，由于工作者的认知问题，总是把陶罐口沿全部误认为是陶壶口沿，这样就会高估灰坑中陶壶的比例。

所谓随机误差（random error），也称偶然误差，是某些难以控制且无法避免的偶然因素造成的。例如，测量过程中的环境条件（如温度、湿度等）的微小变化，测定人员对样品处理时的微小差别等，由一些不确定的偶然原因所造成，其大小、正负不定，因此随机误差是无法预见的，是不可避免的。

随机误差或测量精密度可以通过在相同条件下对同一样品的多次重复测量，并分析观察数据的离散性来度量，后续章节的方差、标准差等的讨论即为对随机误差的度量；正确处理随机误差往往需要使用与正态分布相关的概念和理论。对总体平均值的估计和假设检验，是涉及测量和估计的准确度问题（属系统误差所引起），我们也会在后续章节讨论。总之，精密度和准确度这两个概念不应混淆，我们在后续的误差和偏差讨论中继续阐述。有时为了书写简便，当测量或估计的精密度和准确度都很高时，可以简称为"高精确度"。

1.2.4 误差与偏差

前面讨论了系统误差和随机误差，那么误差是如何产生的？事实上只要是测量数据，有仪器和人的参与，就会有误差（error）。与仪器、方法相关的是系统误差，与人员相关的更多是随机误差。误差是指有序变量、区间变量和比率变量的观测值高于或低于它们应有的值。对于这些以数值体现的数据，引起的误差可分为两类：绝对误差（absolute error）和相对误差（relative error）。

绝对误差是测量值（x）与真值（x_T）之间的差值，即

$$E = x - x_T$$

绝对误差越小，表示测量值与真值越接近，准确度越高；反之，绝对误差越大，准确度越低。其正负号表示测定结果的偏高或偏低。

相对误差是指绝对误差相当于真值的百分数，表示为

$$E_r = \frac{E}{x_T} \times 100\% = \frac{x - x_T}{x_T} \times 100\%$$

相对误差有大小、正负之分。相对误差反映的是误差在真值中所占的比例大小，因此在绝对误差相同的条件下，待测组分数值越高，相对误差越小；反之，相对误差就越大。

上面提到的绝对误差和相对误差，都涉及真值 x_T。所谓真值（true value）就

是某一物理量本身具有的客观存在的真实数值。严格地说，任何物质中各组分的真实含量是不知道的，用测量方法是得不到真值的。那么如何计算误差呢？在科技考古分析中，如经常用到标准样品，其化学或元素组成都是恒定的，这些可以看作真值的来源。这样的真值有：①理论真值，如分析试剂中使用的化合物及其理论组成；②计量学约定真值，如确定的长度、质量单位等；③相对真值，如使用可靠分析方法、精密仪器，经过不同实验室、人员的平行分析，用统计方法对分析结果进行处理，确定出各组分的相对准确含量，此值称为标准值。此真值是相对而言的，如标定碳同位素的拟箭石化石（Pee Dee Belemnite，即PDB），$^{13}C/^{12}C = 11237.2 \times 10^{-6}$，定义 $\delta^{13}C = 0‰$。

在实际测量中，一般要对样本（由总体中抽取观测的部分个体组成）进行多次平行测定，以求得分析结果的算术平均值（arithmetic mean），用此算术平均值来代替真值作下一步的数据分析。在这种情况下，通常用偏差（deviation）来衡量所得结果的精密度。偏差（d）表示测量值（x）与平均值（mean，$\bar{x}$）的差值：

$$d = x - \bar{x}$$

式中，算术平均值 $\bar{x}$ 表示 n 次平行测定的数据，为

$$\bar{x} = \frac{x_1 + x_2 + \cdots + x_n}{n} = \frac{1}{n}\sum_{i=1}^{n} x_i$$

一组数据中各单次测定的偏差分别为

$$d_1 = x_1 - \bar{x}$$
$$\vdots$$
$$d_n = x_n - \bar{x}$$

显然这些偏差必然有正有负，还有一些偏差可能为零。如果将各单次测定的偏差相加，其和应为零或接近零，即

$$\sum_{i=1}^{n} d_i = 0$$

为了说明分析结果的精密度，对于一系列测量数据，将各单次测定偏差的绝对值的平均值称为单次测定结果的平均偏差（$\bar{d}$）：

$$\bar{d} = \frac{1}{n}(|d_1| + |d_2| + \cdots + |d_n|) = \frac{1}{n}\sum_{i=1}^{n}|d_i|$$

平均偏差（$\bar{d}$）代表一组测量值中任何一个数据的偏差，没有正负号。因此它最能表示一组数据间的重现性。当一般平行测量次数不多时，常用平均偏差表示分析结果的精密度。相对平均偏差（$\bar{d}_r$）为

$$\bar{d}_r = \frac{\bar{d}}{\bar{x}} \times 100\%$$

当测量次数较多时，常使用标准偏差（standard deviation，s）或相对标准偏差（relative standard deviation，RSD，s_r）表示一组平行测量值的精密度。标准偏差的表达式为

$$s = \sqrt{\frac{\sum_{i=1}^{n}(x_i - \bar{x})^2}{n-1}}$$

相对标准偏差，也称变异系数（coefficient of variation，CV），为

$$s_r = \frac{s}{\bar{x}} \times 100\%$$

标准偏差通过平方运算，能将较大的偏差更显著地表现出来，因此，标准偏差能更好地反映测定值的精密度。在实际统计分析中，一般用相对标准偏差（RSD）表示分析结果的精密度。

偏差也可以用中位数（median，x_m）和全距（range，R）表示（将在第4章详细叙述）。中位数，是一组测量数据中从小到大排列中的中间数。中位数与平均值相比，其优点是受离群值的影响较小，其缺点是不能充分利用数据。全距，也称极差，是一组测量数据中最大值与最小值之差，用该法表示偏差，简单直观便于运算，其不足之处也在于没有利用全部测量数据。采用何种方式表示偏差，有赖于实际的观测数据。

1.2.5 错误率

到目前为止，我们主要讨论的是与数据相关的区间变量和比率变量中的误差。其实误差也会发生在名义变量上，我们把产生这种误差的原因归结为错分类（misclassification）。在名义变量上，已经不能用测量值和真值之间的差来表示造成的误差，而使用不确定性或者可信度来描述观察结果可能更合适。我们需要考虑分类的可靠程度，诸如把某特殊类型的器物放到当前类中是否合适，还是先前的类型分类就有问题，抑或是某种类型器物的数量在多大程度上反映了某种实际状况。

一般用错误率（error rate）来描述名义变量中产生的误差。简单地说，错误率就是错分类的数量所占的比例。但是在实际应用中也不可避免地碰到这样的情况，即水平再差的观测者也有可能做出一些正确的分类，反之也一样，这样似乎对错分类的统计也会造成误差。其实在统计意义上讲，这种情况并没有我们想象得那么严重，用错误率表示分类错误还是合适的。

有时错误率也被用来评价分类方法是否合适，或者评价统计方法在分类分析中的可靠程度。美国阿拉斯加地区阿留申岛链上的 Sanak 岛和 Amaknak 岛有年代相近的多个史前遗址，但是受近代几个世纪以来人类活动的影响，植被有明显差异（Misarti et al., 2011）。Misarti 用多元素分析方法研究了人类活动对土壤化学（主要是元素含量）的影响，探讨自然条件下不同岛屿土壤中元素含量的差别，以及史前遗址内、外化学元素的变化。对化学元素含量的主成分分析表明，两个岛屿考古遗址上的土壤还是有明显区别的（图 1.2），而判别分析表明，铁（Fe）、钛（Ti）、锶（Sr）和锌（Zn）等元素能够区分遗址内、外 97%的土壤样品。这里的"遗址内"和"遗址外"就是二分法的名义变量，同样地，"Sanak 岛"和"Amaknak 岛"也是分类下的名义变量，而 3%就是针对元素含量用判别分析方法进行分类所产生的错误率，本案例中的错误率还是可以让人接受的。

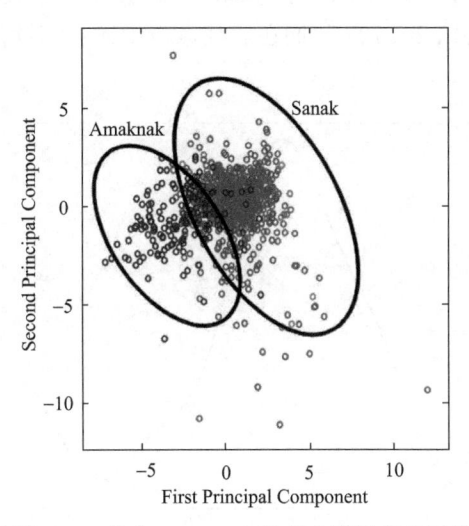

图 1.2 美国阿拉斯加地区 Sanak 岛和 Amaknak 岛上土壤元素含量的主成分分析示意图，包括第一主成分（First Principal Component）和第二主成分（Second Principal Component）（Misarti et al., 2011）

1.2.6 异常值

有时，一组数据中会包含一两个非常令人惊讶的测量值，与其他数据相比差异如此之大，很难相信它们是"正确的"数值，我们称之为异常值（outlier）。有时候很明显它们就是由人为因素造成的，例如，将现场记录中的数据转移到计算机时输入错误，或者用卡尺时的测量错误。当我们能够以这种简单方式合理地解释这些异常值时，就可以直接把这样的数据剔除，或者重新测量来检验不同寻常的数据。

另外一种常见的做法是将任何超过样本平均值两个或三个标准偏差的观测值判为异常值，把这种方法称为"95～99.7"规则（95～99.7 rule）。但是有时候用此规则也会遇到问题，例如，一组数据不是正态分布，而是明显有两个分布峰（Santos，2020）。图1.3所示为美国 Ipituaq 遗址14个成年个体左右肱骨长差的数密度分布图，由于图右边极值的影响，样本的平均值为 $\bar{x}=-2.929$，标准偏差为 $s_x=5.129$。显然"平均值加正负两个标准偏差"规则缺乏鲁棒性，未能把两个异常值包括其中，即 $[\bar{x}\pm 2s_x]=[-13.186;7.329]$。尽管有人认为该案例可能有其特殊性，具有低样本量和恰好有两个极值。但是不管怎么样，用平均值和标准偏差来讨论异常值，有时候就会表现出其局限性，只有在非常谨慎的情况下，并在仔细检查数据以确保所需的假设后（如数据为正态分布）才能适用。因为平均值和标准偏差本身对异常值非常敏感，上述情况可以使用中位数和中位数绝对偏差来判别异常值（Leys et al.，2013），我们在后续章节中还会继续讨论（见第5章"5.5.4 MAD 方法"）。

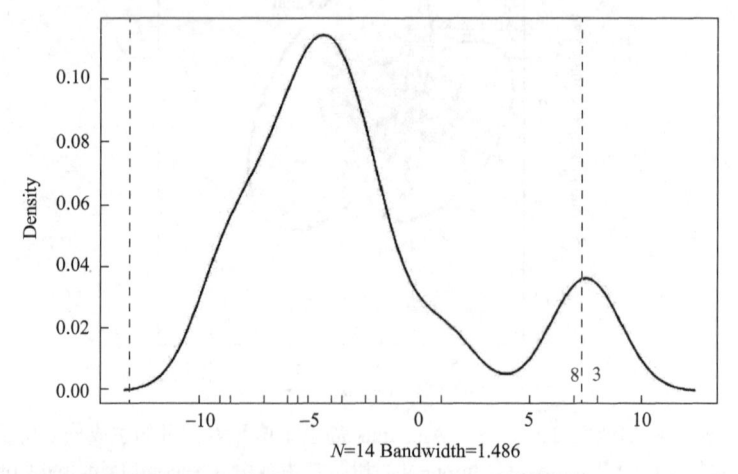

图1.3 Ipituaq 遗址狩猎人的左右肱骨长差（Bandwidth）的数密度（Density）分布图，垂直虚线代表基于样本平均值和标准偏差 $[\bar{x}\pm 2s_x]$ 标识线，按此规则样品3号和8号为异常值（Santos，2020）

在多数情况下，人为错误造成的异常值并不明显，也就是说对一组数据中是否有异常值，也只能通过统计方法作出评判。正如我们在后续章节中所叙述的那样，即使一组表现良好的数据，在统计学分析上也会预见性地发现异常值。另外一层含义是，我们一直谈论的精密度和准确度，除了与测量相关以外，还与数据统计有关，如平均值，我们将在第 4 章继续讨论。

1.2.7 误差的传递与累积

在定量分析中，分析结果是通过多个测量数据按一定的公式运算得到的，该结果也称为间接测量值。每个测量值都有各自的误差，因此各测量值的误差将要传递到分析结果中，影响分析结果的准确度。误差传递（propagation of error）依据系统误差和随机误差略有不同，还与运算方法有关，本部分主要叙述随机误差的传递。

假设有测量值 A、B、C，则其绝对误差为 E_A、E_B、E_C，相对误差为 $\frac{E_A}{A}$、$\frac{E_B}{B}$、$\frac{E_C}{C}$，标准偏差为 s_A、s_B、s_C；计算结果用 R 表示，R 的绝对误差为 E_R，相对误差为 $\frac{E_R}{R}$，标准偏差为 s_R。表示随机误差最好用标准偏差 s，因此以下用标准偏差描述误差的传递。

1. 加减法

若分析结果的计算公式为 $R = A + B - C$，则

$$s_R^2 = s_A^2 + s_B^2 + s_C^2$$

即在加减运算中，无论是相加还是相减，分析结果的标准偏差的平方（称方差）都等于各测量值的标准偏差平方的总和。

例如，将两个长度的测量值相加，即（10.0±0.5）mm 和（5.3±0.5）mm，则总和为 15.3mm，总的标准偏差（即所说的误差）为 $\sqrt{0.5^2 + 0.5^2}$，即大约为 0.7，最后结果为（15.3±0.7）mm。

2. 乘除法

对于乘除法，误差的计算过程稍微复杂一些。在这种情况下，我们也对误差的平方求和，但不是像上面的例子使用标准偏差，而是使用相对标准偏差，也就意味着将标准偏差除以测量值。

若分析结果的计算公式为 $R = \frac{AB}{C}$，则

$$\frac{s_R^2}{R^2} = \frac{s_A^2}{A^2} + \frac{s_B^2}{B^2} + \frac{s_C^2}{C^2}$$

即在乘除运算中，无论是相乘还是相除，分析结果的相对标准偏差的平方等于各测量值的相对标准偏差的平方之和。

例如，要估计某区域内史前器物密度，通常做法是选择某区域地面，并对该区域内史前器物进行计数。如果在20m²的区域内发现了100个史前器物（如陶片），很容易就可以得到该区域内器物密度为5个/m²。但是需要考虑两方面的误差：一是计数，表现为同区域不同人的计数差异，假设标准偏差为±10个史前器物，这样相对标准偏差为10%（或者说0.1）；二是测量面积，假设由长宽引起的误差传递后的相对标准偏差为±0.03；这样总的标准偏差为$\sqrt{0.1^2+0.03^2}$，即大约为0.104，则绝对偏差为0.104×5，即0.52个/m²。相应地，我们可以说该区域的器物密度为（5.0±0.5）个/m²（这里考虑了有效数字）。在这种情况下，误差不会明显大于仅由计数引起的误差（主要是因为面积估计的误差很小），但是在有些情况下，会产生实质性的差异，需视实际情况而定。

1.3 考古数据的特性

1.3.1 可信度和间接测量

考古数据的可信度有赖于我们已有的考古知识，或常年的工作经验和基本的生活常识。例如，我们很可能相信（至少认为是很小的误差）"墓葬主人是青壮年"，或者"这个陶片来自第三文化层"，但是可能更怀疑"这个陶罐盛过蜂蜜"这样的说法。在传统考古学中，借鉴前辈们的科学发现和经验，根据一些考古观察所作的推测，会有不同程度的说服力，如可明确地解释（针对公认的现象，可信度极高），或认为相当可信（但程度上可信度稍有降低），但是也会对某些考古现象只能认为这仅仅就是一种推测（此时可信度很低）（Banning，2020）。

根据以往的推理过程，通过考古文物的制造技术，可以推测当时的生存状况和经济状况（可信度会很高），但是进一步确定当时的社会或者政治制度就会很困难（可信度会降低）。我们很容易确定某遗址中的房址类型和大小，但是在某些情况下，还很难确定房屋的功能，是住人、仓储、还是庙宇？这其中推断宗教、信仰等象征精神生活方面的遗存难度会更大。也就是说在考古观测中，一些推论是比较明确的，具有很强的说服力，而对于另外一些观测结果所得出的结论，其可信度并不一定很高。

从数据来源来看，测量可分为直接测量和间接测量。直接测量是应用测量工具直接得到的数据。我们可以用尺子上的刻度测量物体的长度，或者用天平称量硬币的质量，这些都属于直接测量数据。这样的测量结果可信度高。

间接测量数据是利用直接测量数据与某些物理量间的函数关系，先导出某些物理量，然后再利用理论方法得出的数据。间接测量可以导出与直接测量概念相关的另外的概念。在我们日常生活中，间接测量相当普遍，例如，速度等于测量距离除以测量时间，是距离与时间的函数关系；再如温度，用水银柱的高度反映温度，其实是根据水银的热胀冷缩原理对温度的间接测量。

类似上面提到的间接测量数据——速度（代表距离与时间的比值），在考古研究中最简单的间接测量就是比率。例如，考古上我们经常提到的人造器物密度，就是通过统计某区域内的人造器物除以区域面积，得出每平方米人造器物数，而区域面积也是间接测量数据（等于长度乘以宽度）。而且考古数据中的比率更多时候并没有单位。例如，史前墓葬陶器中彩陶的比例为15%，这就是一个无单位的间接测量数据。

除了比率这个相当简单的例子以外，在考古中还有许多与考古信息相关的间接测量。考古学家希望解释的（或者说想知道的）东西有很多，但往往并不能通过直接测量得到，而只能试图通过某种间接测量来关联所关注的考古事件。这样的间接测量（也可认为是考古信息）包括：墓葬主人的社会地位、两个遗址间的社会或经济互动程度、古代先民的饮食结构等，这些其实就是考古学家所关注的考古问题，是需要间接测量数据反映的考古信息。

考古学家想要做的这些，以及许多其他关注事件都是间接的，因为没有时间机器，我们并不能直接回去测量它们，而必须依靠各种证据来推断或估计这些信息。例如，为了推测古代人口规模，考古学家提出了许多不同的间接测量方法，这些方法有基于遗址面积、定居点规模、埋葬数量、建筑瓦砾数量、碎片散布面积和密度等。如图1.4所示，选择了哥伦比亚、委内瑞拉等美洲地区的史前遗址，或者通过人造器物分布所估计的家庭数量，或者根据住宅土墩、梯田面积等，利用回归分析方法对当时的绝对人口进行估计（Berrey，2018），也表明残留陶片密度与上述方法估计的人口数量之间有良好的线性关系。这些指标中的每一个都可能与遗址中古代人口规模有某种合理的可预测关系，但这种关系可能相当复杂。例如，要根据墓地中埋葬的人数来估计整个遗址的人口规模，需要对平均寿命、埋葬规模和使用年限等做出假设。对于这样的间接测量，我们有理由认为存在着相当大的误差，并且所得到的数据比我们直接测量的数据可能有更低的可信度。

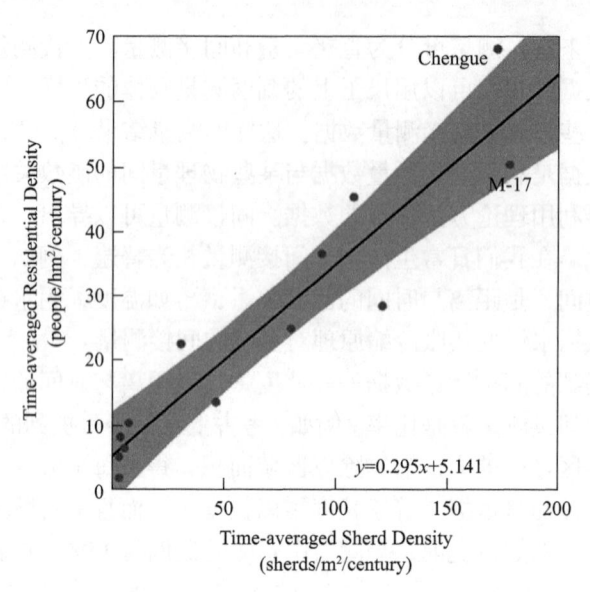

图 1.4 美洲 Intermediate Area 地区史前遗址陶片密度（Time-averaged Sherd Density）和人口密度（Time-averaged Residential Density）之间的线性关系（$r = 0.940, P < 0.0005$），灰色表示 90% 的置信区间，M-17 和 Chengue 为遗址名称（Berrey，2018）

即使我们精确地测量了遗址大小，基于遗址面积的人口规模也会受很多因素影响，如遗址可能是在不同时间段内被使用过然后才被遗弃，或是非定居区域（如家畜养殖区），抑或是兵营（自然人口密度会很高）等，这些都会引起判断误差。直接测量遗址面积等，通过算术运算（如乘除或加减）获取间接人口数据，自然就有了误差的传递，也就是说间接测量所展示的任何数据都放大了原先直接测量的误差。

1.3.2 理解考古误差

在考古背景下，我们是从观测数据得出考古结论。这就要求对如何进行测量、如何减少测量者之间的差异、如何定义测量容差、如何规范各种术语，以及后续数据输入等，都要有严格的规范标准，以确保数据准确、精确、可靠。无论是测量石器，还是在某个地域寻找遗址，我们不仅要确保不同观测者有相同的观测结果（可靠性），还要允许观测数据有可接受的误差范围。

在解释了某个考古疑问后，在误差上我们从中会发现有些数据需要认真对待，而有些数据则无需过多担心（意味着误差是可以允许的）。考虑到所研究的问题以及他人所关心的问题，我们需要清楚什么样的测量精度会影响到解释某些考古疑问。例如，对遗址面积的测量，3%、5%或 10%的误差，是否会改变我们对遗址的定性结论；在多数情况下，通过四舍五入得到的两位或三位有效数字，可能比高精度数据更有意义。其实这些都体现了我们对误差的容忍度。

换句话说，考古误差（或者说错误）不存在是不可能的。在考古研究中，需要诚恳认真地对待考古数据，包括可能的误差，同时尽量减小那些可能对我们的解释产生不利影响的误差，也要识别实际上并不重要的误差。用不同的态度对待不同的误差，重要的是要清楚识别哪些是可能导致致命结论的误差，哪些可能是得出错误解释的误差（如导致错误地判断遗址年代）。

考古测量数据不可避免地存在误差和不确定性，但我们可以利用统计方法估计这些误差和不确定性，并尽量减少最为关键的误差和不确定性。观测数据的可靠性以及我们从中得出的推论取决于考古常识和仔细的分析。总之，数据分析中误差是不可避免的，最重要的是如何应对这些误差，这是本书所要传达的观点。

主要参考文献

陈铁梅, 陈建立. 2013. 简明考古统计学[M]. 北京: 科学出版社: 1-6.

Banning E B, 2020. The Archaeologist's Laboratory: The Analysis of Archaeological Evidence[M]. 2nd. Switzerland: Springer Nature AG: 6-15.

Berrey C A. 2018. Making absolute population estimates in the intermediate area using the area and density of ceramic sherd scatters: An application of regression analysis[J]. Journal of Archaeological Science, 97: 147-158.

Leys C, Ley C, Klein O, et al. 2013. Detecting outliers: Do not use standard deviation around the mean, use absolute deviation around the median[J]. Journal of Experimental Social Psychology, 49: 764-766.

Lyman R L, Vanpool T L. 2009. Metric data in archaeology: A study of intra-analyst and inter-analyst variation[J]. American Antiquity, 74: 485-504.

Misarti N, Finney B P, Maschner H. 2011. Reconstructing site organization in the eastern Aleutian Islands, Alaska using multi-element chemical analysis of soils[J]. Journal of Archaeological Science, 38: 1441-1455.

Santos F. 2020. Modern methods for old data: An overview of some robust methods for outliers detection with applications in osteology[J]. Journal of Archaeological Science: Reports, 32: 102423.

第 2 章 可视化表达

"百闻不如一见",不仅仅是指实物实景,对大量图像也适用,体现的就是观察的重要性,也反映了其中的逻辑推理和图形化思维。例如,由无数文章对《蒙娜丽莎》的文字盛赞所引起的阅读效果,肯定不如直接到法国罗浮宫一睹名画真容所产生的震撼。在科技论文中,更具代表性的俗语是"一图胜千言"(英语里同义的一句话"a picture paints a thousand words"),表示图形对说明事件的重要性。

图表能够直观地展示数据,如果使用得当,既可以展示复杂的考古信息,也能够让读者更准确地理解图表所表达的含义。图 2.1 为近万年间非洲西北部新石器时期,以饼形图描述的摩洛哥人从狩猎采集到农耕生活方式的变化,体现的就是新石器时期不同遗址上的古人遗传信息的比率变化,让读者更容易理解不同民族之间的遗传与融合(Humphrey and Bouzouggar,2023)。相对文字而言,这种科技图表更具亲和力。科技论文中丰富多彩的图形总会让人赏心悦目,也更容易让读者接受其中的内容和观点。

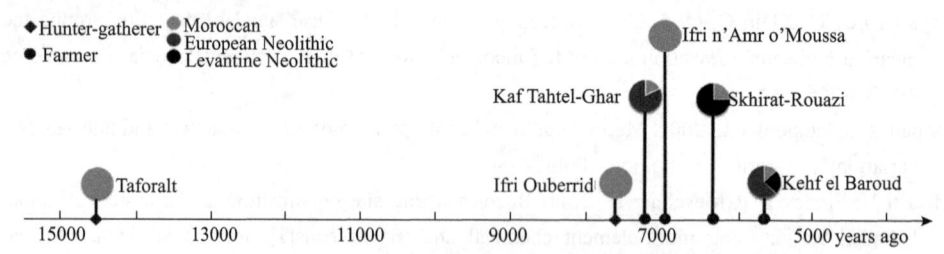

图 2.1　非洲西北部新石器时期摩洛哥人(Moroccan)从狩猎采集到农耕生活方式的变化。从摩洛哥六个新石器时期遗址(Taforalt, Ifri Ouberrid, Kaf Tahtel-Ghar, Ifri n'Amr o'Moussa, Skhirat-Rouazi, Kehf el Baroud)采集人类骨骼和牙齿并提取 DNA,数据表明:在 14500 年前至大约 7000 年前,摩洛哥人的狩猎采集(Hunter-gatherer)生活方式经历了一段漫长的发展时期,随后来自欧洲新石器时期(European Neolithic)和地中海地区新石器时期(Levantine Neolithic)的农耕(Farmer)生活方式在当地融合发展了起来(Humphrey and Bouzouggar,2023)

相比之下,一个不合适或设计不佳的图表,会让人迷惑甚至引起误解。在现有的考古分析中,根据数据类型以及所要表达的观点,选择正确的图表是很重要的。遗憾的是,许多绘图软件很容易生成不恰当的或误导性的图表。需要指出的是，商业绘图软件的目标与考古学家的目的有时候并不相同，需要根据数据特点在软件中找寻适合的、能够说明自己观点的图表类型，这体现考古学家的知识积累和经验。

也就是说，在决定使用哪种图表，或者决定是否使用图表之前，我们应该关注以下诸多问题：图表想要传达的考古观点是什么？考古数据类型是什么？数据是连续的还是分散的？图中数据的维度如何？数据是显示频数分布吗？还要考虑哪些人将来会用到该图表，是为了发表论文还是档案留存？浏览者能够从中得到何种信息，是获取信息还是对比信息？等等。这需要考古学家对数据进行科学的整理、合理的可视化处理。

2.1 表　格

无论什么样的观测数据，最终总是要作适当整理，或向他人展示，或留作资料备查。如果只是一组小数据集，或者为了留存原始数据，表格是数据最简单的展示形式。当显示少数几个属性的数据，或报告频数分布时，特别有效的手段就是制成数据表格。而表格的其他常见用途可参考后续章节的统计分析。

在最新《学位论文编写规则》国家标准中（GB/T 7713.2—2022），规范了学位论文中表格的形式，诸如包括表格的编号（如由"表"和从"1"开始的阿拉伯数字组成）、标题位置（表上方）、表格的编排等规范信息。学位论文中表格的编写形式也可推广到学术论文中。总体而言，表格中行、列的标注方式及其单位（如果有的话），应便于读者理解，而不必再查阅表格的标题。在某些部分可以通过加粗或者着色，引起读者对特定观察结果的注意。典型如表 2.1 所示，可清楚观察不同地域、遗址中青铜剑的元素含量差异。

表 2.1　西周晚期和东周青铜剑的铜锡铅元素含量（陈铁梅和陈建立，2013）

编号	中原地区				编号	辽西			
	出土地点	铜（%）	锡（%）	铅（%）		出土地点	铜（%）	锡（%）	铅（%）
1	洛阳	88.22	11.76		1	建平	95	1.5	3.5
2	洛阳	81.05	16.17		2	朝阳	88	5	7
3	洛阳	84.4	12.32	1.96	3	朝阳	91	3	6
4	洛阳	83.3	14.61	0.72	4	朝阳	84	3	13
5	洛阳	78.96	19.78	0.29	5	朝阳	84	3	13
6	洛阳	77.62	20.5	0.83	6	朝阳	84	4	12

如果有多个频数分布，制定的表格要便于读者能够辨别出彼此之间的相似性或差异。假设表格中的数据有某种关联，合理的表格就应该能够让读者一眼看出这种关联，而且也要让读者大致了解关联的程度。当然有些统计方法可以确定它们之间的关联程度，这是另外一种数据展示方式。

在学术论文中，针对表格的编排，我们建议采用国际通行的三线表。表 2.2 即为只留下顶线、底线和表头线（允许添加辅助线）的表格，称为"三线表"，可清晰对比不同年龄段猪的死亡比例，以及不同遗址间猪的死亡时间。三线表简单明了，一目了然，现在的科技论文中越来越多地采用三线表。

表 2.2　胶东半岛北阡遗址（Beiqian）和蛤堆顶遗址（Geduiding）中猪以月为单位的死亡时间，表中数据基于 MNI 计数（Lin et al., 2022）

死亡时间（月）	北阡遗址 n	北阡遗址 占比	蛤堆顶遗址 n	蛤堆顶遗址 占比
<6	10	4.2%	25	7.5%
7~12	49	20.8%	42	12.6%
13~18	33	14.0%	31	9.3%
19~24	25	10.6%	53	15.9%
>25	119	50.4%	182	54.7%
总计	236	100.0%	333	100.0%

除非用于归档（或者参考表、附录、补充材料等），否则在写作过程中不应该展示一个大型表格。对表格中所罗列的大量数据，没有人愿意去花费过多时间和精力去解读。大型数据表格不适合清晰、快速地传播复杂信息，这在学术会议、演讲过程中尤其无效。在这种情况下，精心设计图表通常更为可取。而有些情况下，更需要把大型表格分解成小表格，突出作者想要表达的观点。

对于科技论文用表，参照相关文献所述（Ehrenberg, 1981; Banning, 2020），在此我们提出制定表格的一些指导原则，供读者参考：①表题要简明扼要，是表中内容的概括；②表中数据有效数字原则上为两位；③以引导读者关注最重要信息为原则进行数据布局；④表格宽度与文字大小适当，最大宽度数据放到第一行；⑤需要比较的数据应放在同一列，而不是同一行；⑥适当增加备注，以说明数据的主要情况或异常情况。

当然在考古学中，对于表格指导原则还有一个例外，就是按照时间顺序排列的考古数据。在这种情况下，按照地层学或者时间顺序排列数据应该更有意义，而不是按照表格宽度排列，此时年代最早的数据要放在表格的最后一行，应与地层顺序相一致。

2.2 考古图的常见类型

以下是摘录于考古文献中的图，并阐述常见不同类型图的特征和用途，以及一些可能有用但目前并不常用的图。需要说明的是，有些图只适合于探索性分析，而有些则更适合于出版印刷或作演示用。在作考古图时，需要注意图中数据类型（如名义变量、区间变量等），这样才能清楚以什么样的图形展示这些数据，如离散的或者连续的、一维的或是多维的，等等。本节介绍的图形实际上并不全，考古数据的图例有赖于考古学家的研究目的，读者需要大量阅读相关文献，仔细选择合适的图形以展示观测数据。

2.2.1 箱形图

箱形图（box-plot，或者 box and whisker plot），又称箱线图，是一种用作显示数据分散情况的统计图，因形状如箱子而得名。箱形图于 1977 年由美国统计学 John Tukey 发明，它显示出一组数据的最大值、最小值、中位数及上下四位分数，能提供有关数据位置和分散情况的关键信息，尤其在比较不同的原始数据时更能表现出差异（更多箱形图中的集中量可参考第 4 章）。

箱形图可完整地总结一维数据，且并不特别关注大部分单个测量值，但是反映了数据的整体分布状况。有时候还可以用点或小圆圈单独表示异常值。箱形图在探索性研究中很有用，也恰是展示考古信息的特色之一。箱形图在很多考古文献中都是具代表性的数据分布图，图 2.2 为非洲南部莱索托高地（Lesotho highland）史前狩猎-采集人使用的燧石长度（Nodule Length）、宽度（Nodule Width）的统计结果（Pargeter and Dusseldorp, 2022），可见不同材质的燧石的长度、宽度还是有差别的，箱形图可以对数据进行统计分析并作对比讨论。这里还需要强调，在箱形图中保留原始数据点的重要性。图中的散点可让读者除了关注中位数及上下四位分数以外，还可以观察各数据的分布状况，如图 2.2 所示，可让读者清楚各数据在整个样本中的大致分布。

2.2.2 方位图

方位图（azimuth plot）是显示方向分布的图，形状是圆形，顶部指向北，辐射线段可以表示房屋、寺庙或者墓室的方向，也可以指明纪念碑的排列、墓地中骨骼的头部位置或者其他有方向的遗迹。

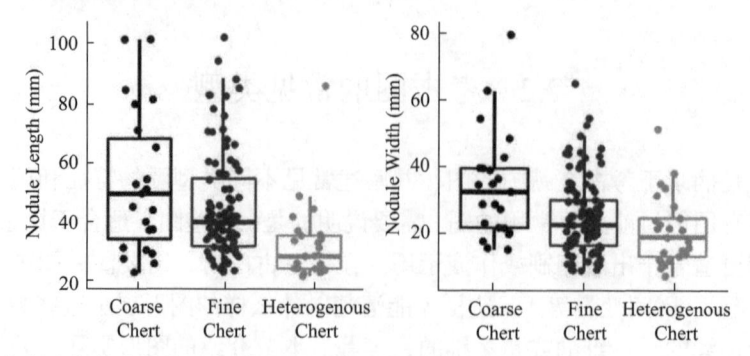

图 2.2 非洲南部莱索托高地史前遗址不同材质燧石长度（Nodule Length）和宽度（Nodule Width）的箱形图。

图中燧石分别为粗燧石（Coarse Chert）、细燧石（Fine Chert）、非均质燧石（Heterogenous Chert）（Pargeter and Dusseldorp，2022）

典型的如爱尔兰通道墓（passage tomb）的轴向方位。通道墓是西欧史前的一种石室墓类型，通常为家族或集体墓地，其外观为一巨大圆冢，冢下有一条狭长的通道连接冢口与中央墓室，由草皮、泥土、河卵石混合堆积而成。冢边或有一圈镶石及其他附属建筑。如图 2.3 所示的爱尔兰通道葬群，为多个卫星墓围绕中心墓的墓葬形式。此类墓葬建筑可能起源于伊比利亚（Iberian）半岛，在新石器时代后期和青铜时代早期（公元前 4000～前 2000 年）广泛分布于法国、英国、荷兰、丹麦、瑞典等国沿海地区，以爱尔兰博因遗址最为著名。Prendergast 曾经统计了 132 座爱尔兰通道墓的通道方向（Prendergast，2016），发现各个墓葬通道的方向分布可能与当时日出日落时太阳在地平线上的位置有关，呈现形式即为方位图（图 2.4）。

图 2.3 爱尔兰米斯郡 Boyne Valley 地区 Knowth 通道墓群，其中 16 个卫星墓葬中有 11 个墓通道朝向中间墓葬

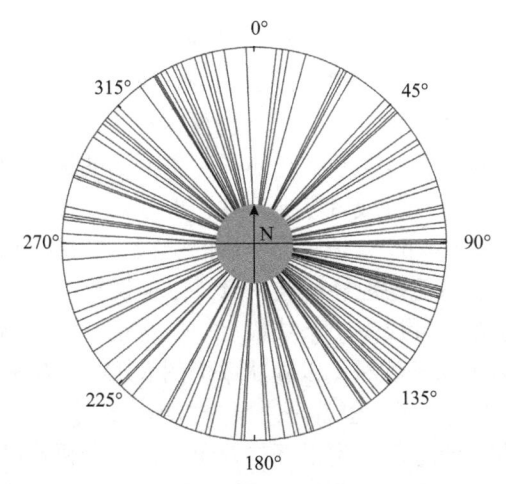

图 2.4　爱尔兰 123 座通道墓的轴向方位（Prendergast，2016）

2.2.3　条形图

考古学家有时候会将条形图（bar graph）和直方图（histogram）混淆。直方图所代表的数据（纵轴上）是具体的频数分布，横轴为定量数据，是连续型数据；图形中条纹之间不存在间隔，其宽度也可以不一致，可宽可窄。而条形图所代表的数据（纵轴上）体现的是大小，横轴为分类数据，是离散型数据；图形中条纹之间有间隔，其宽度一致，而且条纹可随意排序。典型的如图 2.5 所示，可清晰示出条形图和直方图的区别。需要指出的是，条形图中条纹的方向如果是纵向的，也称为柱形图。

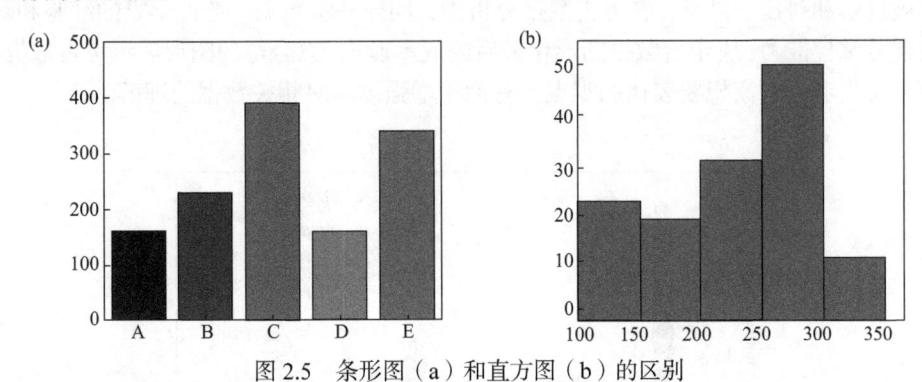

图 2.5　条形图（a）和直方图（b）的区别

条形图可直观地显示多个类别的观测值的大小，或彼此之间的比例，因此条形图可有效地替代规模较小的概率表。但是大多数电子表格、统计软件或者专用的绘图软件，会产生很多复杂的条形图，有时候软件还会错误地将其标注为直方图。其实在作图过程中，应当尽量避免采用过于复杂、过多修饰的图形，以免分散读者的注意力（本章"2.3 作图原则"部分我们还要阐述作图原则）。

条形图中条纹的长短与每个类别的观测值（或比例）成正比，这是条形图最重要的特征。即使不关注纵轴上的刻度，也很容易一眼就能看出某个类别的观测值是多还是少，因此条形图也是频数分布图。条形图的纵轴通常为线性刻度，但是有时候也可以是对数、平方或者其他刻度。如果需要在一个图中同时显示非常小和非常大的值，非线性刻度会是一种不错的选择。如果选择了非线性刻度，在图标签或者图标中就应该清楚地标注这一点，以免误导读者。

在条形图中，通常设计成一个条纹代表一个组别，但是当存在多个组别而每个组别又具有 2 个以上的条纹时（以簇状条形图表示），感知不同条纹之间的长短变化，在视觉上效果并不佳，也就是说要分析不同组别不同条纹的位置和长度，多条条纹放到一起在视觉上起不到很好的效果，而且分析难度会随着条纹数量的增加而增大。图 2.6（a）为簇状条形图，显示在骨骼风化的六个阶段（WS0～WS5），每个阶段相对百分比（Percent Abundance）的数据变化（Lyman and Faith, 2018），显然比较不同阶段（六个阶段）之间的变化并不容易。如果类别数量和每个类别中的条纹数量更多，趋势将更难分析和对比。

当条形图呈三维柱状时[图 2.6（b）]，又会增加读者对图形的感知难度。因为对三维中不同位置不同高度的柱，读者需要同时从左到右、从前到后（即当柱形既有深度又有宽度时）进行比较，显然难度又有增加，而且前面的柱有可能会遮挡后面的柱。如果两个柱差异细微，这种三维显示模式很有可能就区分不开。相对于图 2.6（b），在相同数据下图 2.6（a）的展示形式似乎更容易让人接受。

但是我们也发现，同样的数据以图 2.7 所示的条形图模式会更清晰可见，更容易被理解和对比。可见，在考古数据分析中，同样一组数据，考古学家的经验和对数据的掌控能力，决定着数据图形化最后的展示形式。以合适的图形展示考古数据，利于突出考古学家想要表达的观点，有助于增强读者对相关数据的理解。

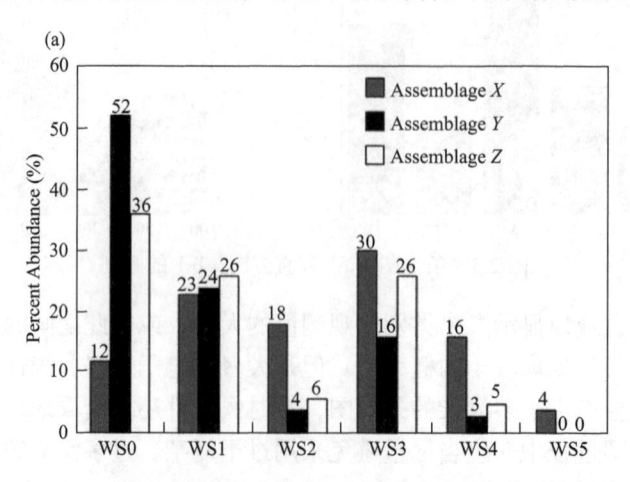

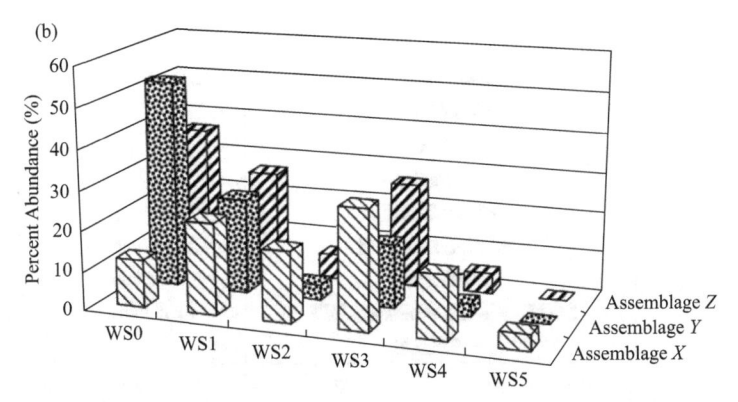

图 2.6　三个样本（Assemblage X，Assemblage Y，Assemblage Z）六个时间阶段（WS0～WS5）风化程度的相对百分比。(a)簇状条形图；(b)三维柱状图（Lyman and Faith，2018）

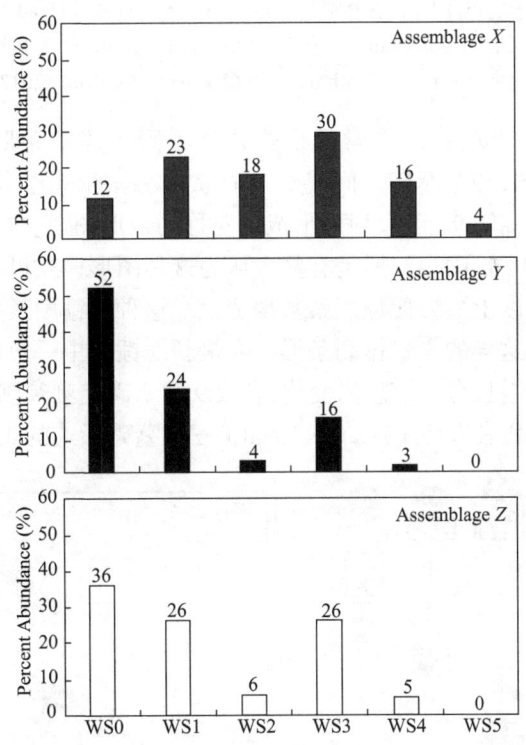

图 2.7　三个样本六个时间阶段风化程度对比的条形图（Lyman and Faith，2018）

另外可以把想要比较的两组类别横纵 90°翻转，形成一个共享的横轴，便于数据比较。图 2.8 可清晰显示在灰坑（Pit Contexts）和其他文化层（Cultural Layers）之间鹿的不同部位被发现的数量对比。条形图比较的是频数分布状况，其表现形式也应该是多种多样的，制作人应该根据考古数据的特点，选择不同的展示模式，以利于读者更便捷读取数据信息，这是选择图形展示数据的目的。

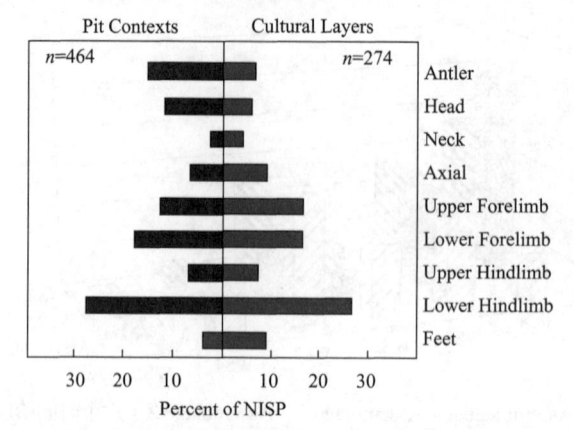

图 2.8　塞尔维亚 Gomolava 遗址灰坑和其他文化层之间的鹿骨可识别标本数百分比（Percent of NISP）的对比图。图中鹿的不同部位分别为鹿角（Antler）、鹿头（Head）、鹿颈（Neck）、中轴骨（Axial）、上前肢（Upper Forelimb）、下前肢（Lower Forelimb）、上后肢（Upper Hindlimb）、下后肢（Lower Hindlimb）、鹿蹄（Feet）（Orton，2012）

条形图在考古上的另一个常见形式是纺锤图（居中条形图）或战舰曲线（battleship curve）图，以显示随时间流逝某个考古数据的变化。纺锤图[图 2.9（a）]，实际上是围绕 x 轴旋转 90°经反射所形成的对称的条形图。它包含的信息并不比普通的直方图[图 2.9（b）]多，但是有些人认为这种图形模式可更有效地利用制图空间，可在时间尺度上更方便地观察数据变化。这种纺锤图最大的特点在于条形图的旋转，允许以这样的方式排列条形。在最新纺锤图中一般把类别放到顶部，可生动展示随年代增长考古信息的变化，图 2.9 为墓碑上刻瓮柳（Urn & Willow）、天使（Cherub）或死者头像（Death's Head）三种墓碑形式的比例关系变化。

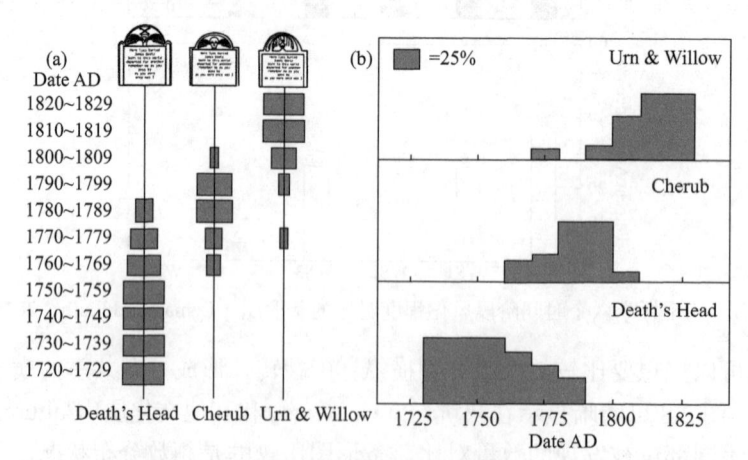

图 2.9　新英格兰某地区墓碑上刻瓮柳、天使或死者头像比例随年代（Date AD）变化的纺锤图（a）和直方图（b）的对比（Banning，2020）

2.2.4 堆积条形图

堆积条形图（stacked bar graph）是指以宽度相同的条纹通过长短表示不同数据比例的图形。条纹可纵置可横置，如果纵置通常也称堆积柱形图。堆积条形图是条形图中的一种，可显示单项与总体之间的关系。堆积条形图能够使人们一眼看出各个数据间的比例大小，易于比较数据之间的差别。肉眼对长短差异很敏感，通过条形长短，反映数据的差异，可以使数据更加直观；而且堆积条形图不仅可以直观地看出每项的数值大小，还能够反映出数值总和，尤其是当需要比较各项的比例时，最适合使用堆积条形图。

在堆积条形图中，长度表示不同组分之间的比例，其总和为 1.0 或者 100%。通过改变颜色或阴影搭配，在一个条形中可以区分各组分的比例。如果想比较几个遗址间不同动物种群或者不同石质原材料的分布状况，选择堆积条形图，可肉眼观察到差别（图 2.10）。需要注意的是，在采用堆积条形图时要仔细考虑某组分在条形图中的位置，其排列顺序应在每个条形中保持一致。而且通常将读者容易区分的组分（一般是最大比例）放到条形的两端，这样读者会更容易注意到，并用可鲜明区别的颜色或阴影标记。

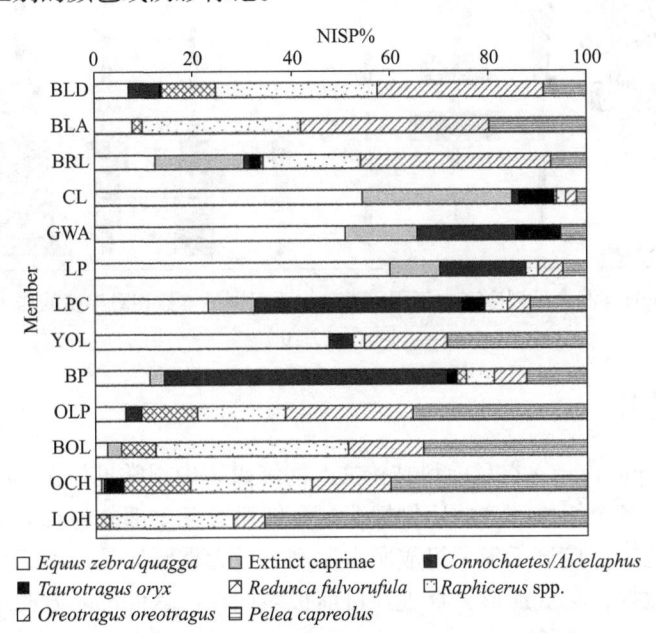

图 2.10 Boomplaas 洞穴地层序列（从 BLD 到 LOH）中不同蹄类动物可识别标本数相对丰度（NISP%）的堆积条形图。图中动物分别为山斑马（*Equus zebra/quagga*）、绝种的山羊（Extinct caprinae）、角马属/麋羚属（*Connochaetes/Alcelaphus*）、旋角大羚羊（*Taurotragus oryx*）、山苇羚（*Redunca fulvorufula*）、小岩羚属（未定种）（*Raphicerus* spp.）、山羚（*Oreotragus oreotragus*）和短角羚（*Pelea capreolus*）（Lyman and Faith，2018）

如果组成堆积条形图的组分较少，会很容易根据条形长短比较各组分比例；但是当组分比较多时，堆积条形图就不太适合，读者用肉眼比较多个组分的长短还是有一定困难的。针对相同的数据，图 2.11 所示的居中条形图（centered bar graph）似乎要比图 2.10 对比性要强烈一些。顺便提一下，如果每个条形图中只有两类，并不适合用堆积条形图表示。如果只有两类，如驯养动物和非驯养动物，或存在和不存在，在这种情况下选择常规的条形图就可以。如果选择堆积条形图，那就是多此一举。

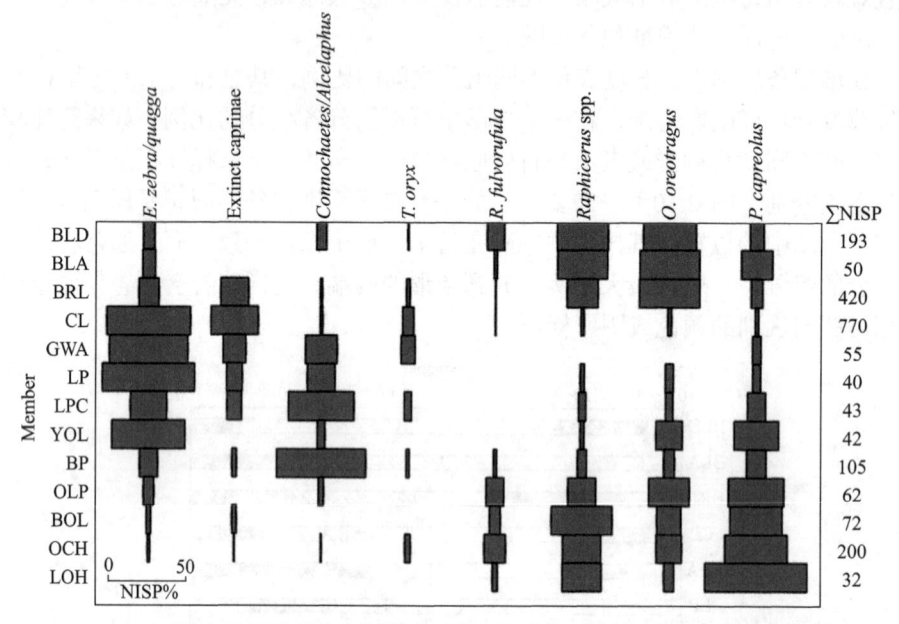

图 2.11 Boomplaas 洞穴地层序列中不同蹄类动物可识别标本数相对丰度的居中条形图（数据同于图 2.10）

2.2.5 饼形图

饼形图（pie chart）在目前科技论文、网络媒体中很常见，它以频数分布的形式显示总额与各个组成部分的比例情况，一般通过各个部分与总额相除来计算。通过饼形图能够直接显示各个组成所占比例，更为重要的是，由于采用图形的方式展示相关数据，会更加形象直观。目前很多计算机软件都能方便地绘制出饼形图，如 Excel、Origin 等。

饼形图由一个圆组成，从圆心向外辐射的线将圆分成若干扇形，扇形角度与每一类别中的观测比例相一致。网络上可能更倾向于描述诸如"收入组成"之类的事情，而考古学家经常用它展示动物、植物等组成情况。El Portalón de Cueva Mayor 遗址是位于西班牙伊比利亚半岛的史前考古遗址，饼形图可形象生动地反映新石器时期（Neolithic）和铜石并用时期（Chalcolithic）古人食用动物肉食资源的比例（图 2.12），其中有牛、羊和猪等。

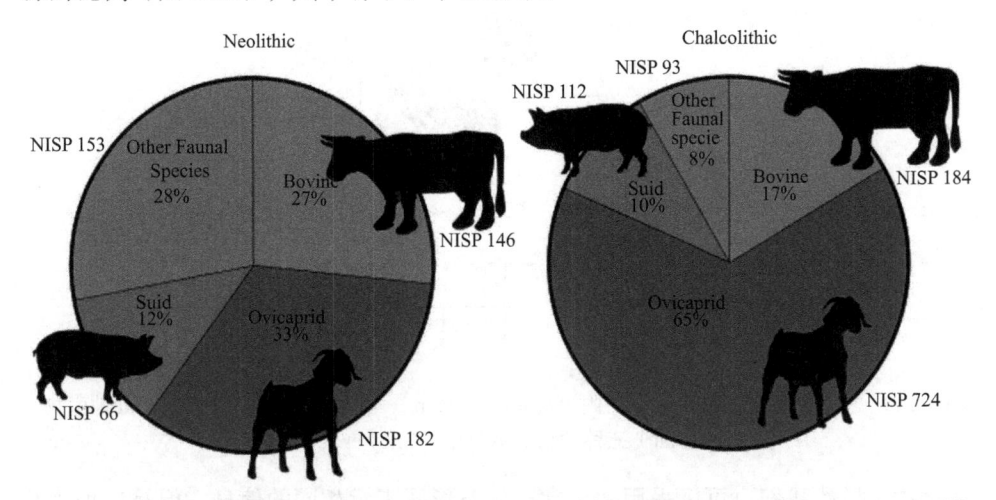

图 2.12　西班牙史前遗址新石器时期和铜石并用时期，由陶器有机残留物鉴定的不同文化时期三种动物牛（Bovine）、羊（Ovicaprid）和猪（Suid），以及其他动物物种（Other Faunal Species）可识别标本数（NISP）比例关系（Francés-Negro et al., 2021）

因为饼形图用来显示的是频数分布，所以人们也可以方便地使用条形图展示相同的数据。事实上，条形图通常在多个方面更具优势。虽然饼形图扇形面积与观测次数成正比，但是人们估计矩形面积要比估计扇形面积容易，比较高度也比比较角度容易，因此条形图会更方便解释和比较。在饼形图中，很多用户试图通过在每个扇形上贴上数据标签来指示比例以弥补这一缺陷。然而，这样的处理方式有时候使得饼形图显得有些多余，还不如直接使用表格更直观。因此，在表达数据方面，许多情况下条形图或小表格比饼形图效果要好。

但是也有例外，当我们想显示一组频数分布如何在地理空间或者时间演化上变化时，选择饼形图会有出其不意的效果。可以在地理空间中每一个位置放一个小饼形图，甚至改变饼形图的大小，使它们的大小与样本大小相一致，而每个饼形图中的每个扇形，表示其中的人工制品、动物、植物、原材料等的比例（图 2.13），这样就容易观察不同地理空间上个体的比例关系变化（Choy et al., 2006）。图 2.13 显示不同食物资源比例如鲑鱼、淡水鱼和陆地生物在空间位置上的差异。

2.2.6　风向玫瑰图

风花图（windflower）因其通常用于指示风向而得名。与方位图一样，风花图是非常有用的显示方位的图形。然而，像条形图一样，它们更多地通过使用从中心辐射出的扇形长短表示数据大小，也可表示特定风向吹来的时间，如天数或

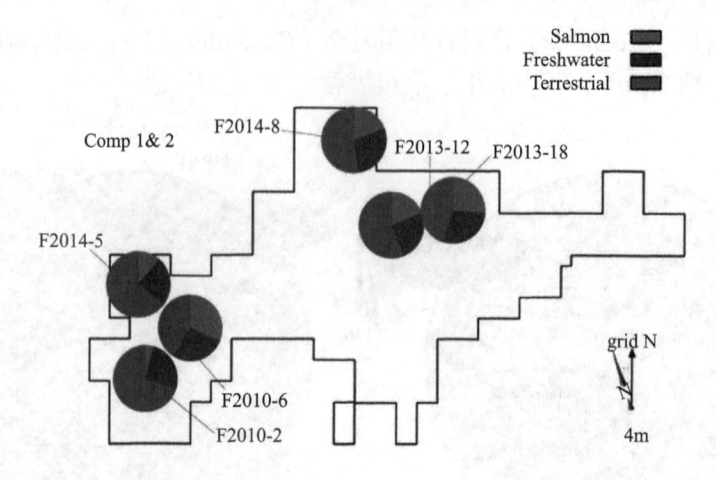

图 2.13 考古遗址上不同房址壁炉附近鲑鱼（Salmon）、淡水鱼（Freshwater）和陆地生物（Terrestrial）三种食物贡献对比（Choy et al.，2006）

小时数。虽然我们也可以采用一个常规的条形图表示相同的信息，但是这种风花图的优点在于除了频数分布以外，还可以传达人们更感兴趣的方向（图 2.14）。

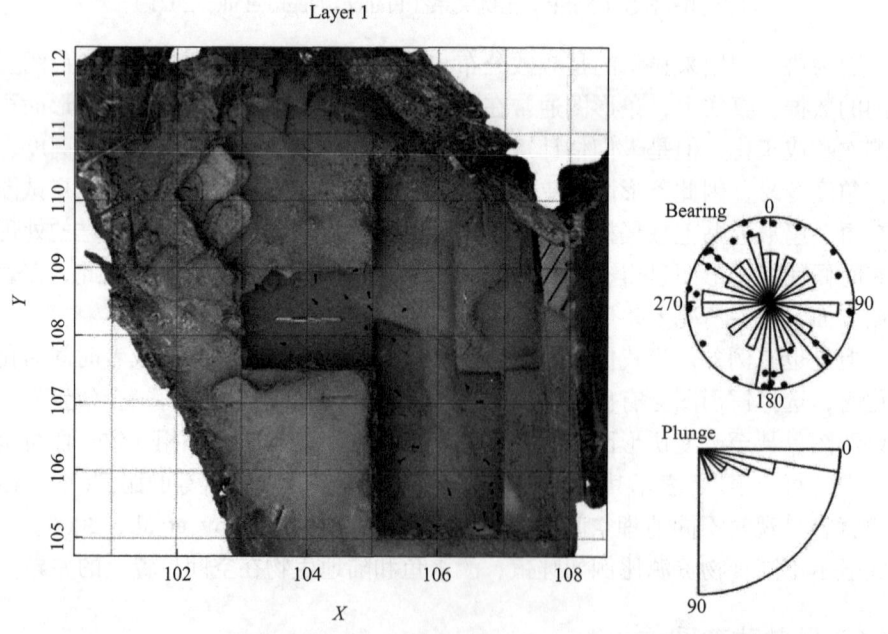

图 2.14 法国 La Ferrassie 遗址第一层（Layer 1）器物的水平方向（Bearing）和倾斜方向（Plunge）分布的风花图，以及器物在网格中的分布位置（左图中不规则黑点）（McPherron，2018）

考古学家使用风向玫瑰图（wind rose plot）指示房屋、寺庙、墓室的方位、器物排列、骨骼位置，以及倾斜角度等。如图 2.15 所示，在捷克摩拉维亚（Moravia）

地区铜器时代早期，两种墓葬形式中遗骸方向有很大差别（Pankowska and Monik，2017）。在墓葬（GBs）中，可以得出埋葬遗骸总体上有一个大概的方向，男性和女性的头部多数指向西方或者西南方；相反，在坑葬（FBs）中，个体的埋葬方向随机，其中女性似乎更倾向于南北方向，然而这个方向并不具有统计意义。两种埋葬方式的不同，可能体现对墓葬遗骸的人为干预和对坑葬遗骸的随意放置，风向玫瑰图的统计分析可直观展示这种差异。

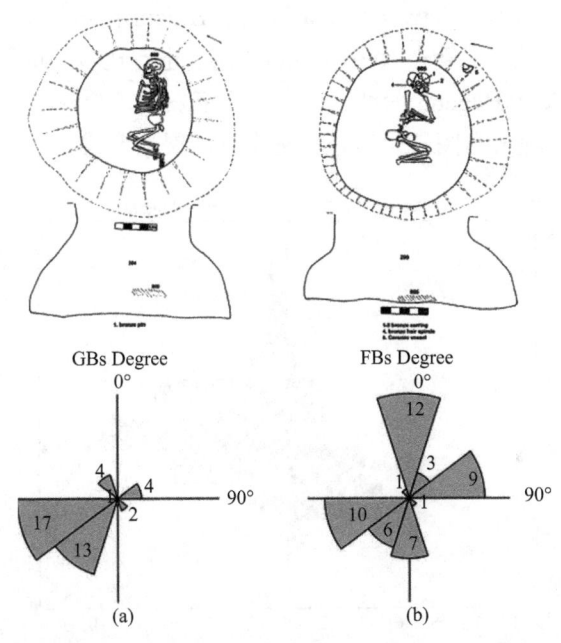

图 2.15　捷克摩拉维亚地区铜器时代早期墓葬（a）和坑葬（b）中身体方位角度（Degree）分布的风向玫瑰图（Pankowska and Monik，2017）

风花图（或者风向玫瑰图）的一个缺点是，违反了面积比例原则，夸大了较大的数值，从而造成了图形失真，但是风向玫瑰图可作统计定性分析对比，这也是它的特点。

2.2.7　直方图

直方图（histogram）是一种统计分析图，由一系列高度不等的纵向条纹或线段表示数据分布的情况，是连续变量数据的频数分布图。一般以横轴表示数据，纵轴表示频数分布。为了构建直方图，需要将数据按一定间隔分组，即将整个观测数据分成若干系列组，然后计算每个组中的数据个数。这些间隔通常被指定为连续的、不重叠的变量组。条形间必须相邻，并且通常有（但不是必须的）相等的间隔（Banning，2020）。

正如前面所述（2.2.3 节），直方图可能看起来像条形图，但实际上二者却大不相同。其中一个区别是直方图表示连续数据，而且重要的一点，直方图体现的是条形的面积而不是条形的高度（高度只是代表频数），这使得我们可以不必纠结数据而关注条形的宽度；另一个区别是，我们可以用相连的条形表示连续数据，也可以用间隔的条形表示连续数据。图 2.16 所示为相连条形的直方图，表示中东地区以色列和黎巴嫩边界地区两个遗址发现的新石器时期人造工具的长度对比（Rhodes et al., 2020），Netiv Hagdud 遗址中 Khiam points 人造物的长度一般比 Nachcharini 遗址的长，尽管在 Netiv Hagdud 遗址也有比较短的器物（但是从发现的数量对比上，Netiv Hagdud 遗址有较大的概率发现较长的器物）。而图 2.17 为带有离散条形的泊松分布图，是另外一种直方图展示形式。

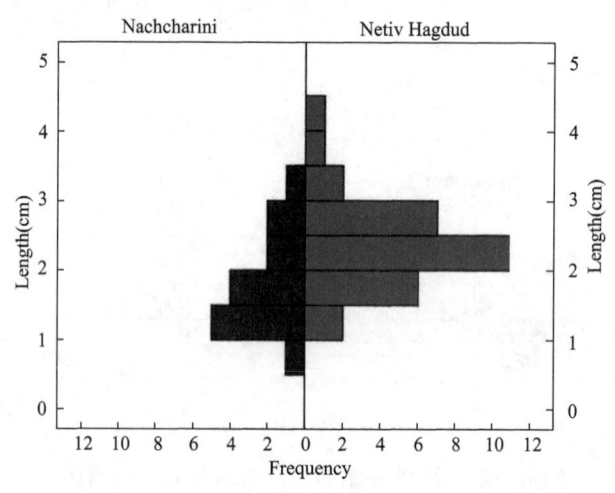

图 2.16　中东地区 Nachcharini 与 Netiv Hagdud 遗址 Khiam points 人造物长度（Length）与频数（Frequency）分布的连续直方图（Rhodes et al., 2020）

1. 直方图绘制原则

在直方图中，横轴是区间变量或比率变量，需要将这些数据分成若干组，并计算每个组内有多少个观测数据。如果使用现成的软件，我们就可以设定组距，绘图软件会自动生成直方图，但是需要注意以下几点（参照图 2.16）：

（1）选择合适的组距。在制作直方图过程中，可以尝试找到一种能有效显示数据的组距，或者可以选择一种能够将数据分成合适组数的数据，组数太少会引起较大计算误差，组数太多，会影响观察分组规律。合适的组距能够显示数据变化，也能看到峰值和谷底。没有必要选择 5、10 等这样整数的组距，需要根据实际情况进行调整。

（2）定义分组数据要唯一。一般选择$1 \leqslant x < 3$，$3 \leqslant x < 6$，…的形式，数值大小取决于数据的有效位数，而且在写组距时只标记组间的边界。另外需要注意的是，不能出现">10"这样的组，因为它的组距是无限的。

（3）每个条形面积与组内的观测次数成比例，如果组距相等，最简单的方法就是观察条形的高度。但是有时候直方图的等宽策略并不是最好的解决方案，甚至是不可能的，这样就不能以条形高度作为判断标准。另外需要注意的是，直方图的数据是连续的，要确保条形之间没有间隔，除非有空的间隔（就是没有观测数据）。

（4）最好对直方图进行必要的说明，并进行标记。例如，在空白处画出一个条形标记观测次数（如代表 20 次），或者在纵轴上显示坐标，标记观测次数。

2. 离散条形的直方图

对于离散条形的直方图，例如显示 Iroquoian 屋中发现黑曜石器物数量的直方图（Banning，2020），我们用以下操作绘制直方图（图 2.17）：

（1）条形组通过使用一个离散的正整数设置，所以每栋房子里表示有 0 个、1 个、2 个、3 个或 4 个等整数的黑曜石器物（而不是像 3.7 这样的数据）。

（2）以具体数据为中心，以单独的线段或条形高度表示频数。

（3）使用带标签的纵轴，条形高度表示某房间发现不同数量的黑曜石所占的比例（这里与面积无关，因为线或条形没有宽度，组间距离固定）。

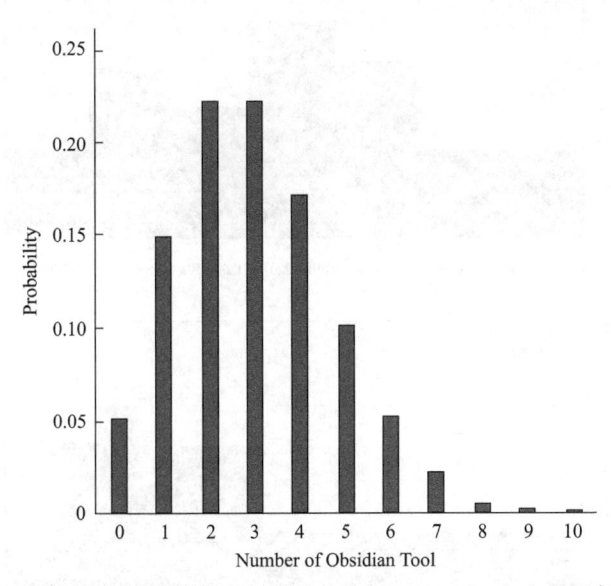

图 2.17 Iroquoian 屋中黑曜石器物数量（Number of Obsidian Tool）出现概率（Probability）的条纹直方图（本例中是以平均值为 4 的泊松分布图）（Banning，2020）

3. 组距不等的直方图

有时候在制作直方图时，改变组距也是必要的。形象点说，改变组距就像改变目筛的规格，对同一批砂粒用不同规格的目筛筛选，最后统计的砂粒数量是不相同的；这种现象类似于直方图中不同组距的条纹长短，其形状不尽相同。在考古研究中，某个地域内不同时间段（如不同考古文化下）与遗址数量相对应，这种情况经常在考古报告中出现，一般选择的是以考古文化或者以朝代为时间间隔，而不是以世纪为时间间隔。此时，如果用代表频数的条形高度制作直方图，而忽略组距不相等的情况（如果选择的组距是不同的考古文化或者朝代），其结果就是组间宽度代表着不恰当的权重。换句话说，当我们肉眼习惯性地用条形面积来衡量它的"重要性"时，就会夸大了较宽组距的贡献。类似地，如果在横轴上应是不相等的时间组距，而我们用相等的组距来描述直方图，就会夸大了较短时间组距的"重要性"。这是考古研究中非常常见的错误，有时候也会得出完全错误的结论，如图 2.18（a）所示。

在直方图中，要避免这种错误就是确保频数与面积成正比。因此，如果两个组距有相同的观测值，其中一个组距的宽度是另一个组距宽度的两倍，那么这个组距的高度就应该是另外一个组距的一半[图 2.18（c）]。这样看来，似乎同一组数据在不同直方图下会有不同的观察效果，也就可能得出不同的考古结论，因此

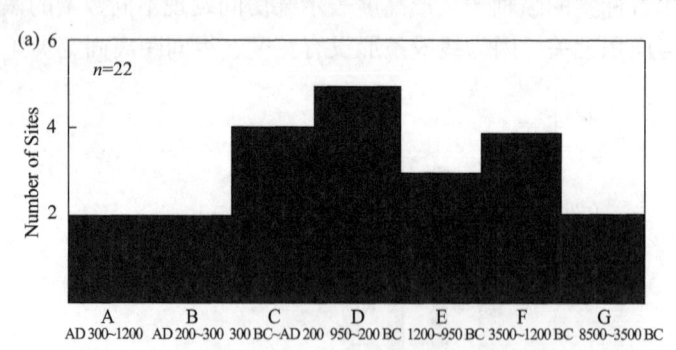

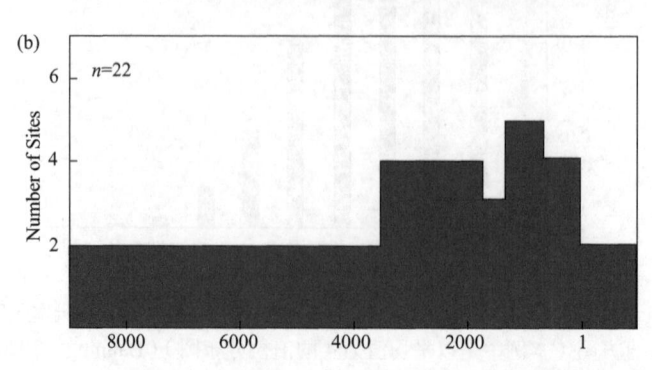

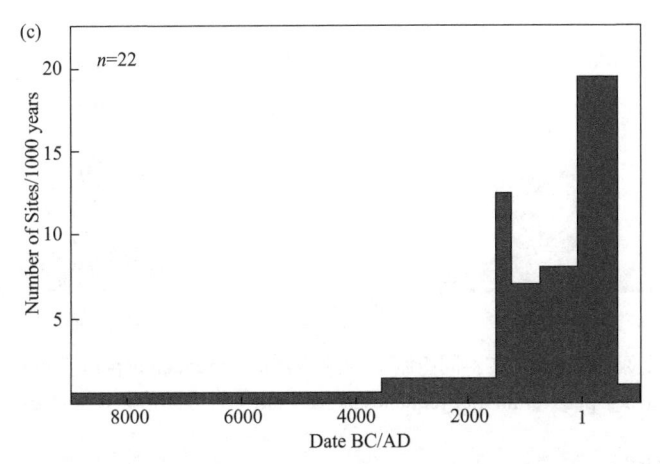

图 2.18　不同时间间隔（Date BC/AD）下遗址数量（Number of Sites）的直方图：（a）将不相等的时间间隔视为相等而扭曲了数据信息（横轴英文字母代表不同的考古文化时期）；（b）除非遗址在整个时间段持续存在，否则条纹高度会扭曲实际情况；（c）可以通过使每个间隔中的面积与频率成比例进行校正（Banning，2020）

需要根据考古问题仔细规划选择什么图形。例如，图 2.18（a）所示，如果仅考虑不同考古年代的遗址数量，可以采用条形图表示，而不是直方图。此外，假设横轴为间隔不等的时间段，应该在横轴上尽可能标记准确的时间，并且如果可能，以年（或者世纪）为单位的时间轴来标记横轴（如类似放射性碳测年），得到的直方图就减少了某些作图麻烦。

4. 组距的影响

有必要指出的是，组距位置或宽度的改变都会对直方图的整体形状产生影响（图 2.19），因此，有时候在统计分析过程中不应过分强调直方图的形状。如果制作直方图基于非常小的样本，或者时间组距与数据的离散度相比是非常小或非常大，此时应该小心地看待直方图的总体形状。其实如果要关注频数分布的总体状况，最好使用累积频数曲线（见 2.2.9 节），此种图形可以克服上述缺点。

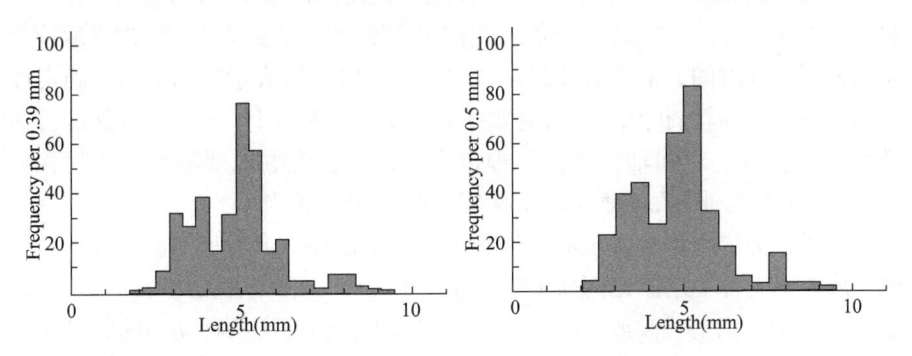

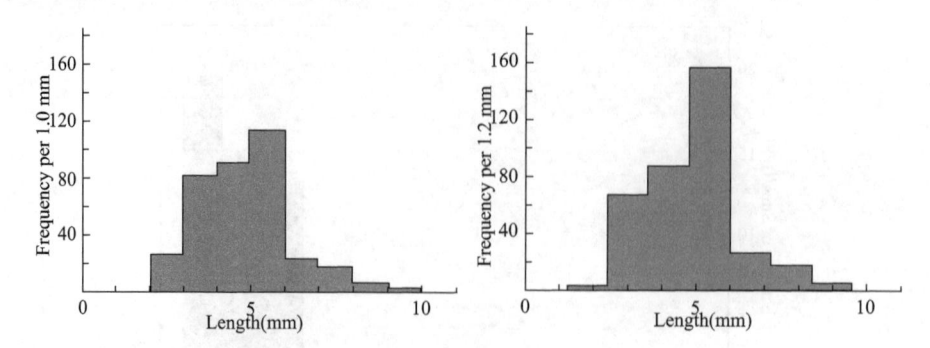

图 2.19 物体长度（Length）在不同组距下的频数分布（Frequency per 0.39mm、Frequency per 0.5mm、Frequency per 1.0mm 和 Frequency per 1.2mm）直方图形状比较（Banning, 2020）

2.2.8 折线图

折线图（line graph），也称曲线图，是最简单的一种绘制图形。这种图形可清楚地记录在连续变量下（称为自变量）某变量（称为因变量）的变化。虽然看起来有点与直方图相似，但是区别在于折线图中纵轴不是频数分布（即某个间隔下的比例），而是相关的数据或者统计值，如温度、彩陶比例、平均长度、灰坑面积等。图中的连线为测量点之间的线段，这些点之间可能有等距间隔，也可能没有等距间隔。在作图中为了强调纵轴不是频数分布，应该避免在标记线段下绘制阴影。

对折线图来说，最方便的地方是可以在同一坐标下绘制多条曲线，而不影响数据分析，也不会造成混乱，但是却可以方便地比较数据间的差别。另外，还可以在这些折线上标记误差线（图 2.20）。现在的数据处理软件（如 Origin）有很多后续处理功能，可生动显示折线图。

考古学家通常会研究随时间变化的古代信息（以数据体现的），因此以连续时间为横轴的折线图是一类特别重要的图形。如果时间曲线处理得当，在某个时间段内曲线斜率的陡变有可能意味着某考古事件的发生（图 2.20）。但是如果时间尺度处理不当，如持续时间很长，而在横轴上选用等宽的时间周期，这样图中的曲线斜率是失真的，此时我们仍以此作出判断就会产生误导。考古学家应该尽可能地采用精准时间，而且必要时可以选用误差线，以表示时间上的不确定性。

以时间系列为轴，折线图通常是水平绘制的，但是有时候也可以将其旋转 90°，这样纵轴就变成了时间轴。这样处理也容易理解，隐喻地层顺序与年代相对应（Lyman, 2023）。图 2.21 表明地层深度 100cm 处（相当于 6600BP），存在一个明显分界线，分界线以上发现的平齿囊鼠属（未定种）遗骸比例高，分界线以下棉尾兔属（未定种）遗骸比例高（Guilday, 1969），意味着在此时间段上可能发生了某事件（可能是气候或实物资源的变化等），引起了两种动物的数量比例急

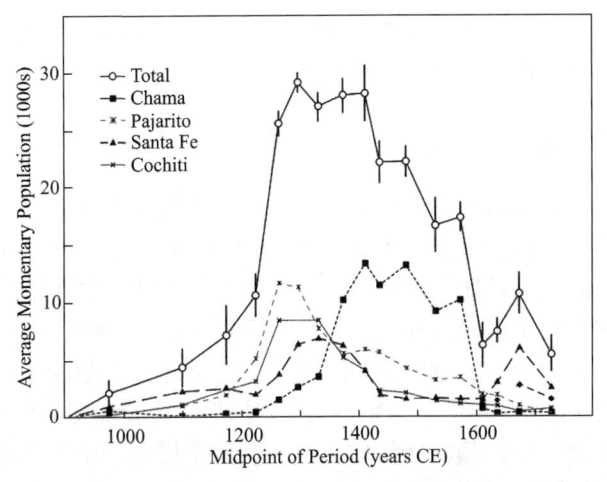

图 2.20　不同遗址（Chama、Pajarito、Santa Fe 和 Cochiti）平均人口规模（Average Momentary Population）随特定时期中点（Midpoint of Period）时间的变化。虚线上的陡变表示人口的快速增长或下降，数据点上的竖线代表推测误差（Orton et al.，2016）

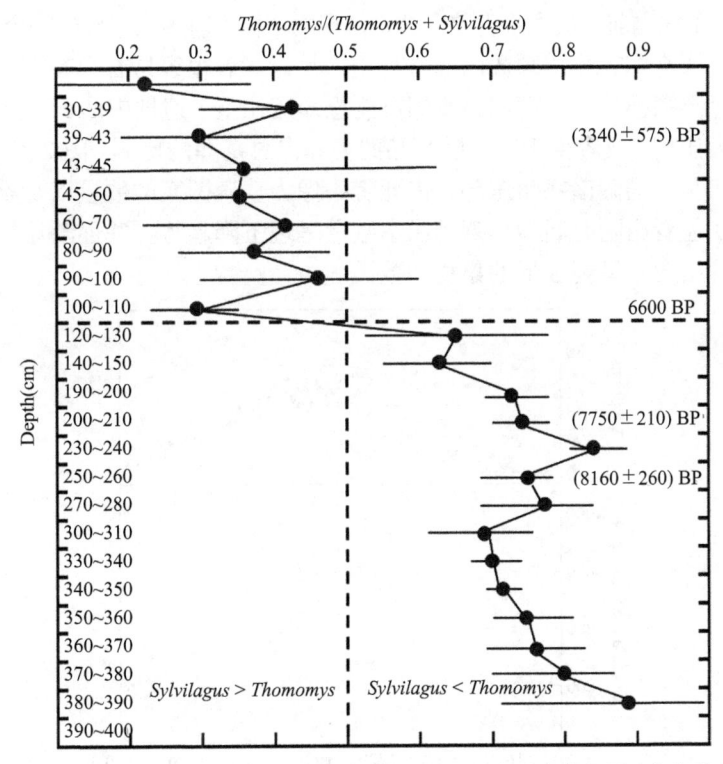

图 2.21　美国爱达荷州 Wasden 遗址随挖掘地层深度（Depth）平齿囊鼠属（未定种）（*Thomomys* sp.）与棉尾兔属（未定种）（*Sylvilagus* sp.）占比关系的折线图，图中每个比例的置信区间为 95%（Guilday，1969；Lyman，2023）

剧翻转。现在的绘图软件中能绘制很多种折线图,选用何种折线图反映时间轴下的考古信息,需要根据考古背景作出选择。

2.2.9 累积频数图

累积频数图(cumulative frequency graph)又称帕累托图,是表示到某个上限为止的总频数图,纵轴代表累积频数,横轴代表类别。它对于确定频率分布是均匀的还是不均匀的,以及比较区间变量或比率变量的频数分布很有用。

累积频数图常用于表示区间变量或比率变量(x 轴)和相对比例或百分比(y 轴)的关系。当我们沿着 x 轴从左向右移动时,y 轴上的值会累积,因此它们总是从 0 上升达到 1.0 或 100%。在 Origin 软件中制作累积频数图的步骤与制作直方图的步骤大致相同,只是频数转换成比例,将每个区间的值与它左边的所有区间值相加,得出相应的坐标点。一旦我们将这些以这种方式绘制的点相连接,相应的连线就从左下角上升到了右上角。

这种类型的图形的一个重要应用就是在统计检验中,可在绘制的两个累积分布图中找到两条线之前的最大垂直差,这是体现两个样本有多大差异的一个很好量度。

在考古研究中,累积频数图的常见用途是让读者很容易看到有多大比例大于或小于某个感兴趣的值。例如,我们可能想知道在整个遗址中面积大于 30 m² 的房屋占多大比例,或者少于三个随葬品的墓葬占总墓葬的比例。图 2.22 为 17~18 世纪早期,美国马萨诸塞州东部,以死者头像为墓碑图案的数量以及累积频数分布状况,明显看出随时间增加墓碑图案数量呈现下降趋势,并逐渐让位于小天使图像的墓碑图案,呈现 S 形的累积频数图。

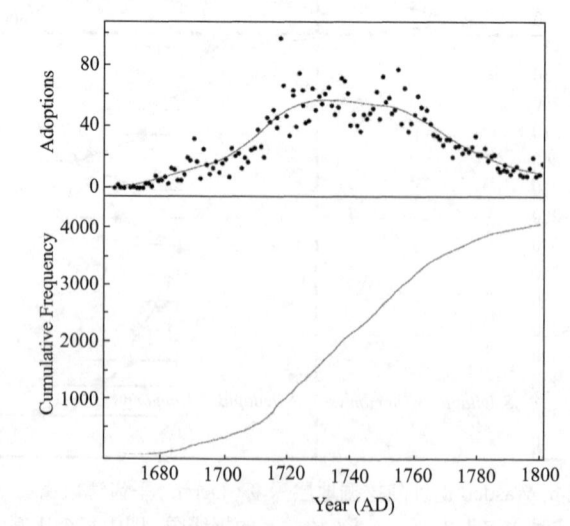

图 2.22 美国马萨诸塞州东部某地区每年墓碑采用(Adoptions)镶嵌死者头像的频数分布图和累计频率(Cumulative Frequency)曲线图(Scholnick,2012)

2.2.10 散点图

散点图（scatter plot）是区间变量或比率变量在二维上（有时候也用到三维）显示数据坐标点分布的最合适方式。通过散点图可以判断两个变量之间是否存在某种关联，也或总结坐标点的分布模式。散点图可用于比较同一图中两组或三组数据，以及判断不同组间数据关系（图 2.23）。

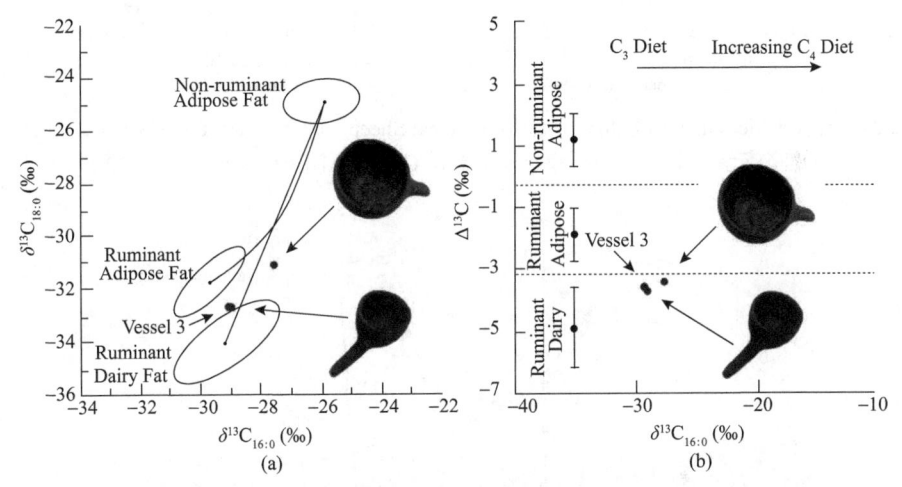

图 2.23 德国巴伐利亚州 Dietfurt 和 Augsburg 儿童墓中喂养容器有机残留物 $\delta^{13}C_{16:0}$ 与 $\delta^{13}C_{18:0}$ 的散点图。其中图（a）中椭圆范围是现代脂肪的检测数据，图（b）表示±1s 的范围（详见第 7 章说明）：包括非反刍动物脂肪（Non-ruminant Adipose Fat）、反刍动物脂肪（Ruminant Adipose Fat）和反刍动物乳脂（Ruminant Dairy Fat）（Dunne et al., 2019）

大多数散点图都是两个维度，是连续的区间变量或比率变量间的二维关系。在考古图中，散点图中的每个点（x, y）代表着陶片、遗址、黑曜石等，或某化学组成。在二维坐标下，如果增加的第三维度为名义变量，最简单的处理方式就是用不同的符号标记不同的组别。例如，用圆形代表薄片，用正方形代表碎片等，或者用不同的圆或三角表示不同遗址等，抑或再加上虚线、粗线作标记，还可以增加误差线，以表示我们对测量的不确定程度。图 2.24 表示现代羊和古代羊（为名义变量）的牙釉质无机元素含量比值与碳稳定同位素之间的关系。

如果增加的第三维度是区间变量或比率变量，我们也可以使用软件将数据放于一个立体的三维盒子中，并旋转到合适的角度方便观察坐标点在三维空间中的分布。当然也可以将空间点投射到三个二维平面上，这种处理方式有时候也会产生不错的视觉效果。在现代功能强大的绘图软件下，完全可以利用三维图形并配以细线或虚线圈定选定的视图点，方便观察不同观测数据间的关联关系（图 2.25）。

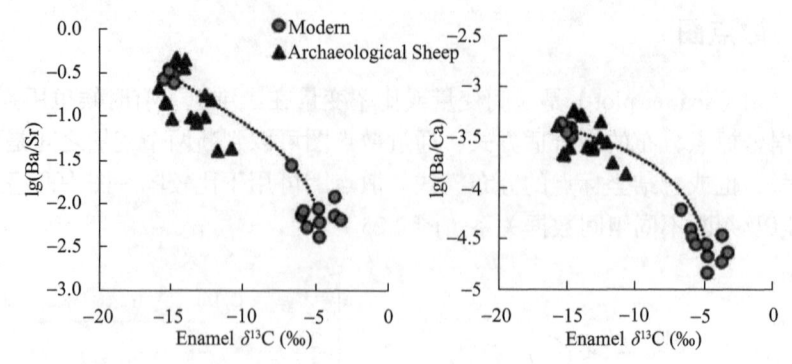

图 2.24　现代（Modern）和考古羊（Archaeological Sheep）的牙釉质（Enamel）中以对数表示的部分元素含量比值与碳稳定同位素 $\delta^{13}C$ 的散点图（Blanz et al.，2022）

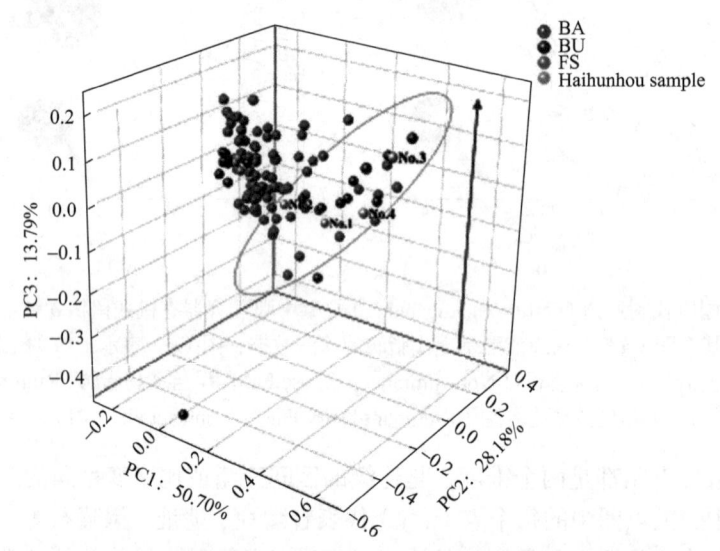

图 2.25　缅甸琥珀（BU）、菠萝的海琥珀（BA）、抚顺琥珀（FS）和海昏侯考古样品（Haihunhou sample，No.1～No.4）的红外光谱的前三个主成分分析图（Zhao et al.，2023）。预测海昏侯考古样品可能来自缅甸，见证了古丝绸之路上的文化交流与互动

　　散点图是揭示二维变量关系的绝佳方式，本书第 7 章主要阐述数据间的相关性就是以散点图为基础配以不同的函数关系（主要是线性关系）。图 2.26 是统计的肉食动物加工时间与肉食质量的对数关系，图中拟合的直线表明两个变量之间构成了一个比较好的函数关系（Morin et al.，2022）。

　　有时候在复杂的散点图中，标定坐标点之间的函数关系并非是一件容易的事情。试图寻找定居点人口数量与建筑面积之间的函数关系，并作为估计古代人口规模的一种方法，这样的研究思路还是有一定难度的。当考古学家简单将其视为线性关系，如大约每 10 m² 的建筑面积就有一个居民（图中回归方程大约为 $y=10x+\cdots$），

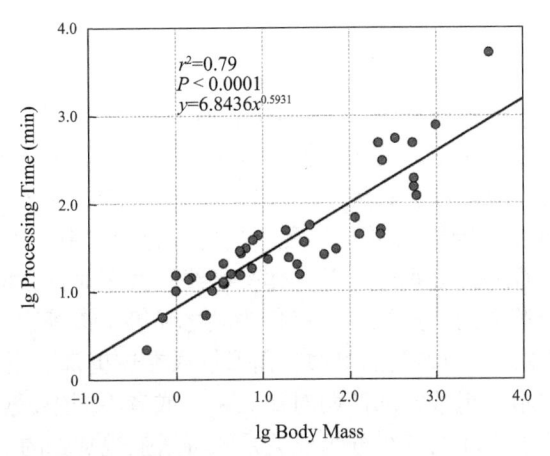

图 2.26　动物质量（Body Mass）与加工时间（Processing Time）之间的函数关系，采用了对数形式。图中有函数方程和相关系数的平方（参见第 8 章）（Morin et al.，2022）

显然如图 2.27 所示的这种数学关系还是有问题的。从统计上讲，这样的处理方式似乎并不可靠，得到的回归方程严重依赖数据最大的两三个点（图 2.27 中右侧几个点），这表明二者的相关性并不强（在后续分析中会以相关系数等参数判断相关程度）。应该说明的是，人口数量不仅仅与居住面积有关，也会与社会结构、经济状况等很多因素有关，仅选取居住面积这一变量并不合适。

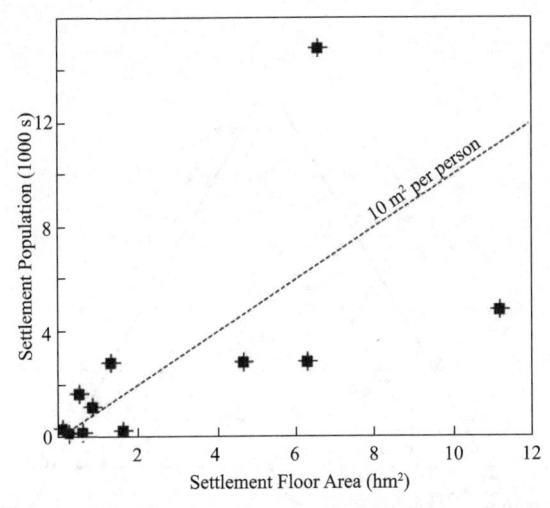

图 2.27　遗址居住面积（Settlement Floor Area）与人口数量（Settlement Population）的散点图。图中虚线代表每人相对应 10 m² 的建筑面积，不过线性回归严重依赖数值大的两个点，说明这种线性关系比较勉强（Morin et al.，2022）

2.2.11 三元图

三元图（ternary graph）是一种特殊的散点图。三元图有三个变量，且三个变量之和为常数，常以一个等边三角形坐标系中的某点来表示三个变量之间的比例关系。在等边三角形中，三个变量之和为100%（图2.28）。等边三角形有很多特性，如三角形内任意一点到三角形三边的距离之和等于其中一边上的高（为常数）；过等边三角形内任意一点分别向三条边作平行线，按顺时针方向或逆时针方向读取平行线在各边所截取的三条线段，三条线段之和等于该等边三角形任一边的长（为常数）；以上在数学中涉及的等边三角形性质在这里都适用。在考古分析中，三元图常被用于展示三组数据间两两对比关系，或者不同坐标点（即可能代表不同遗址、残留物等）之间的三组分组成关系，可增强视觉上的对比度。

三元图常用于表征土壤和沉积物（含有一定比例的黏土、粉和沙），也可以用于显示遗址内三种特别重要动物遗骸的比例，或者三种炭化种子的比例。在三元图中，三角形顶点附近的点代表此组成中占据主导地位的类别（逆时针方向表示顶点组分含量为100%），而靠近中间的点代表所有类别有大致相同的贡献。图2.28为芬兰中世纪时期，不同地点如乡村（Rural）、城镇（Town）、庄园（Manor）、城堡（Castle）和教会场所（Ecclesial）等所发现的家养动物山羊/绵羊（Sheep/Goat）、牛（Cattle）和猪（Pig）遗骸的比例关系，以此研究当时的生产和消费模式（Bläuer, 2022）。

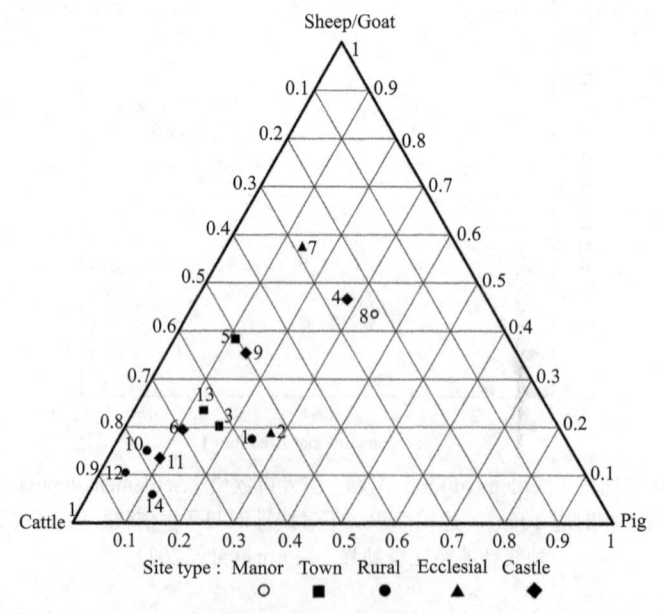

图2.28 由芬兰中世纪时期乡村、城镇、庄园、城堡和教会场所发现的动物遗骸比例的三元图（Bläuer, 2022）

三元图虽然看起来像散点图，但图中各点实际上表示名义变量或有序变量的频数分布，它们用到的数据类型与条形图或堆积条形图中的数据类型相同，都是比例数据或者频数分布数据。有时候在对比多个遗址中三个比例（或频数）之间的关系时，三元图比条形图会更有视觉效果。

2.2.12　空间直方图和等值线图

许多考古数据与空间地理相关。将考古数据中的频数分布与地理相关的地图相结合，在地理学中就形成了专题地图（thematic map）。这里所说的专题地图，是指突出与考古数据相关的、表达形式多种多样、用途专门化的地图。它由两部分构成，一是要有考古专题内容，即专题地图中要有表示与考古现象相关的特征；二是要有地理标识，即用于标明考古专题空间位置与地理背景的普通地图内容，主要是河流、水系、海拔高度等。

地区分布图（choropleth map，又称面量图）可能是最常见的一种地理可视化方法，其核心就是对某考古数据进行有意义的分层，并对这些分层选择合适的阴影、灰度或颜色，最后完成对地图的着色。其优点是美观且直观，即使对不懂考古信息的人，也能通过颜色区分不同层面之间的同质性与异质性。如图2.29所示，色度差异表示地面上化学元素磷的不同浓度，意味着不同的人类活动面（Middleton，2004）。需要指出的是，由于经常碰到地域面积不等的情况，因此在选择考古数据时可以选取浓度（如每平方米磷含量）、数密度（如每平方米陶片数量）、比例（如烧骨与未烧骨的比率）等比率变量数据，而不是单纯的数量（如陶片数），以避免图形失真。

在空间直方图（spatial histogram）中，直方图为三维柱状，其体积正比于单位面积上可观测物的数量（如人工器物的数量）。在器物高密度处会有一个高的立体柱，而低密度处会有一个低密度柱（图2.30）。这能让我们一眼就能判断出

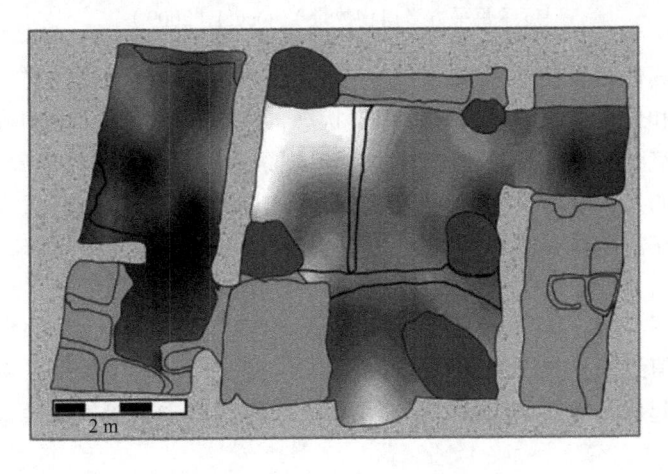

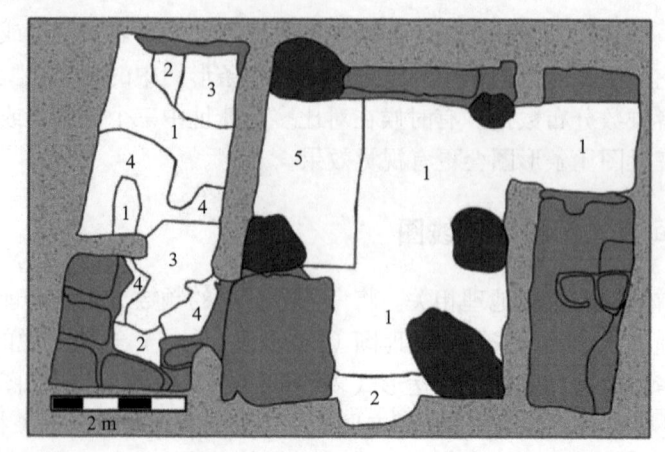

图 2.29　土耳其 Çatalhöyük 遗址五号建筑地面磷元素分布的地区分布图及分析后认为的五个功能区（Middleton，2004）

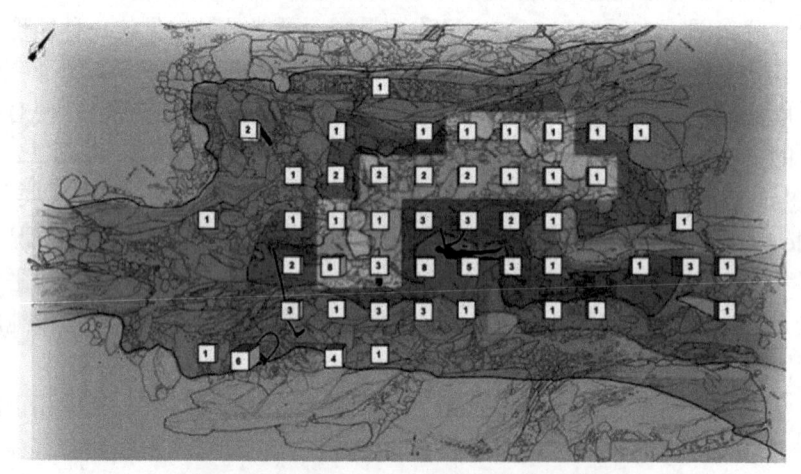

图 2.30　意大利冰人奥兹周围发现的考古遗存的空间直方图（俯视图），柱上数字为遗物数密度（每平方米遗物数量）（Oeggl，2009）

人工制品或其他物品在地理空间中的富集状况。与常规直方图一样，地图中的间隔网格大小和位置会影响空间柱的聚集状态，Oeggl 用几乎完全俯视图展示了遗物数密度的空间直方图（Oeggl，2009），可观察遗物在此遗址处的聚集疏密。（这里需要指出的是，笔者认为该图中数据墨水比过低，会干扰读者读取其中的考古信息，此图在清晰度方面仍有提升空间。数据墨水比的概念参见"2.3 作图原则"小节。）

等值线图（isopleth map）是以一组相等数值的连线表示制图对象数量、特征的地图。等值线图是专题地图中的重要图形，最先用于描述地形，例如，常见的有表现地势起伏和地貌结构的等高线图等。在考古学中，等值线通常类似表示不同位置的陶片数密度（如每平方米陶片数量）、房址地面元素浓度、时间年代变化等，均称为表示等值的曲线。当等值线中的两条线靠得很近时，就表示陶片数密度发生了陡变，就像地图中等高线间紧凑情况下表示陡坡一样。现在，有很多绘图软件可以将不连续的观测值作成等值线图。等值线图在考古学中有广泛的应用，例如，以千年为间隔描述史前陶器从亚洲、非洲两个中心向欧洲传播的路线，此时体现的就是以年代表示的等值线图（Jordan et al.，2016）。

最后我们还要介绍最普通的地理标识地图，描述不同遗址间或者遗址内不同墓葬、房址等的地理位置关系，此种地图在目前考古发掘报告中较为常见。图 2.31 表示日照两城镇遗址探方、房址、灰坑等的位置地图（Underhill et al.，2021）。这种空间地图带有一般地理信息特征，方便读者观察与辨析。

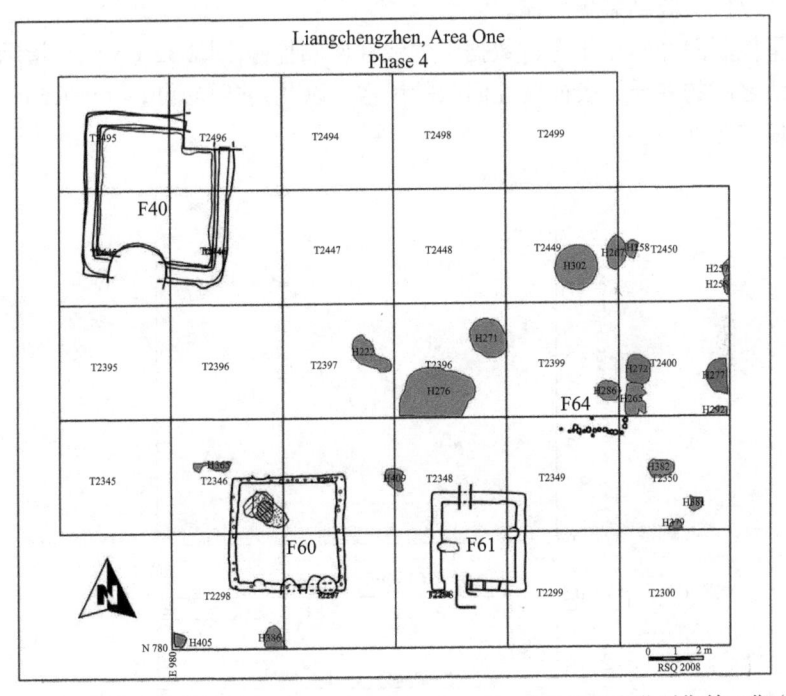

图 2.31　日照两城镇遗址某地区（Liangchengzhen，Area One）大汶口文化时期第四期（Phase 4）表示探方、房址、灰坑等的方位图（Underhill et al.，2021）

2.2.13　质量控制图

我们将从第 5 章开始讨论观测数据的统计检验，会经常用到质量控制图（quality control chart）。质量控制图是一种根据假设检验原理，以横轴表示样组编号、以纵轴表示根据质量特性或其特征值求得的中心线和上限控制线、下限控制线。在考古学中上限控制线、下限控制线定义了我们希望质量所处的范围（图 2.32）。

其实，质量控制图在工业应用中更为常见。在工业应用中，控制极限定义了对产品质量的某些测量必须位于的公差范围。在考古学中，质量特性可以是两名实验人员对同批次测量之间的平均差异，上限控制线和下限控制线定义了该差异的"可接受"范围。在本例中（图 2.32），水平中心线的差异为零，因为在理想状态下，两名实验人员之间的测量应该没有差异（Lyman and Vanpool, 2009）。

根据考古测量数据的质量控制图，将有助于评估实验过程中的数据测量，以确保实验结果落在可接受的误差范围内。有些考古测量以时间为序，可以揭示随时间变化质量控制的变化趋势。例如，如果图上的点向中心线集中，这将表明实验人员变得更有经验，更善于作测量。另外，如果图中突然出现偏离上限控制线或下限控制线，这可能与实验人员或实验程序的变化有关，需要额外的培训或程序审查，以使实验结果更可靠。

质量控制图经常用于考古数据中的线性回归检验[图 2.32（b）]，指示预测值与实验值之间的差异，表征线性回归的优劣，以此判断异常值（outlier）（位于2倍标准偏差之外）。

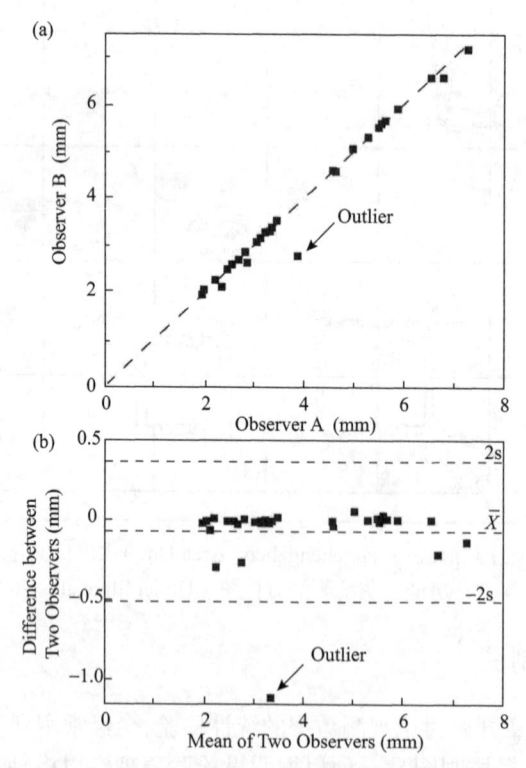

图 2.32 两名实验人员（Observer A 和 Observer B）对同一批次物体测量数据的散点图，以及表示观测数据差异（Difference between Two Observers）的质量控制图（Lyman and Vanpool, 2009）

2.3 作图原则

功能强大的现代绘图软件很容易将考古数据"优化"出令人眼花缭乱的图形，也会"创造"出令人困惑、可能误导、分散注意力或者失真的图形。因此，在制作考古图时，我们需要考虑哪些读者将要浏览这些图形，他们熟悉这些数据吗？会接受这样的呈现方式吗？我们应该清楚以何种方式引导读者浏览这些数据，并帮助他们理解软件所导出的考古图。只有清楚了这样的疑问，我们才清楚要利用软件绘出什么样的图形。

在考古学中，考古图是为了清晰、准确和有效地传达考古信息，还要配以相关的统计分析和文字说明。考古图能够把大量的数据放到一个小小空间，方便读者观察总体模式和局部细节，比较或识别不同模式间的异同。配加的统计分析和文字描述，不应该歪曲数据或者误导读者，但是应该做到通过数据统计引导读者思考数据的本质，而不是过度关注图形本身。

2.3.1 数据墨水比和图形完整性

Tufte 在 *The Visual Display of Quantitative Information* 一书中提出了数据墨水比（data-ink ratio）的概念（Tufte，1983），定义为图形中的数据墨水量除以图形中的总墨水量。可以认为，所有的图形均由"墨水"组成，其中数据墨水是墨水中代表实际数据或者信息的那部分，是图形中不可擦除的核心内容；除去代表数据的墨水之外，图中剩余的墨水（包括元数据、冗余数据、装饰数据等）用来辅助展现数据。通常图形中的数据墨水比越高，也就意味着干扰读者视线的冗余信息就越少，图形传递的信息就越有效。因此，在创建图形时，设计图形的指导原则就是在合理范围内最大化数据墨水比。

图 2.33 为不同数据墨水比下的二维图形，显然图 2.33（a）的数据墨水比较低，对实际的数据表达已经产生了干扰，增加了不必要的冗余数据，这样会增加图形的复杂性，而不会产生任何实质内容，有时候会导致读者分心。Tufte 将这种极端情况称为"图表垃圾"（chartjunk）。不幸的是，很多商业软件（笔者认为也包括 Excel）很容易产生图表垃圾。所有这些只会分散读者的注意力，其实保持"简单"最好。图 2.34 为碳氮同位素含量的小提琴图（Ganiatsou et al.，2023），这就是一种信息干扰，读者会更多关注奇形怪状的图标，而很难集中精力对比数据间的差异。同样的数据，笔者相信采用箱形图，或者在小提琴图中加上原始数据点，显示效果会更好。

图 2.33　不同数据墨水比下的数据展示

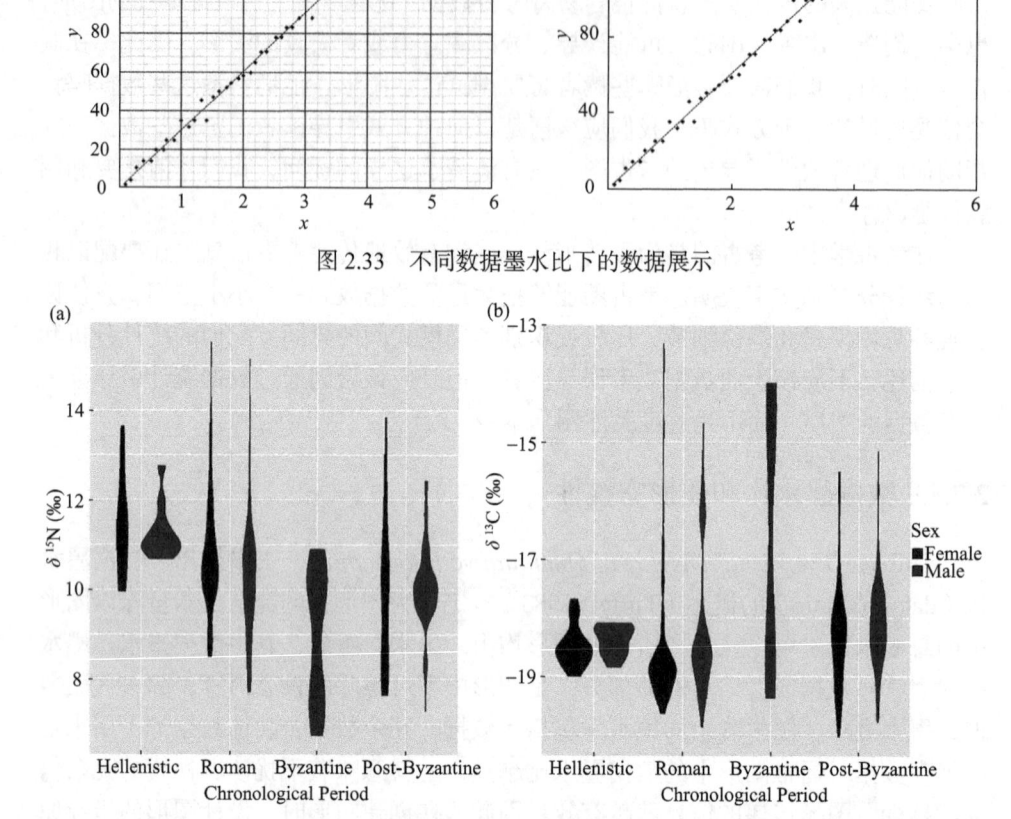

图 2.34　希腊北部 Thessaloniki 地区的男性（Male）和女性（Female）之间的碳氮同位素比率的小提琴图。(a) 为氮同位素，(b) 为碳同位素。图中希腊文化（Hellenistic）、罗马文化（Roman）、拜占庭文化（Byzantine）和后拜占庭文化（Post-Byzantine）表示三个考古文化年代时期（Chronoloical Period）（Ganiatsou et al.，2023）

另外，绘图也不能走向另外一个极端，去掉过多的标签说明也是一种错误，以至于读者不得不反复阅读标题来理解图形，这样的操作也是不可取的。有效的图形应该包括适当的标签，每个轴的测量比例、单位，以及标记的一组或多组数据；同时有一个合理标题，图中显示相关信息如关键词、误差线，或描述性统计数据，也或样本数量等，这些内容将有助于读者理解图形信息。

Tufte 在该书中还强调另一个概念——图形完整性（graphical integrity），它与数据墨水比一起，共同形成有效图形。图形完整性所表示的就是用图形"诚实"地表达数据，但是有时候有意或无意地，在设计图表时我们所做出的决定会造成误导。对图形完整性最常见的忽视之一是扭曲了数据间的线性比例。在条形图、直方图或以时间序列相关的比例图中，隐藏或者删除了 y 轴的基线，如 y 轴底线不是零的情况（图 2.35），这样往往夸大了观察结果之间的差异。更为糟糕的是，一些作者将基线定义到一个大的负数位置，这样就更加消除和掩盖了数据间的差异。虽然有时候在 x 轴（或 y 轴）上采用非线性标度会对显示数据有利，如对数据取对数，但是为保护图形完整性，我们需要明确地标记上这些数据是经过对数处理的，以提醒读者。

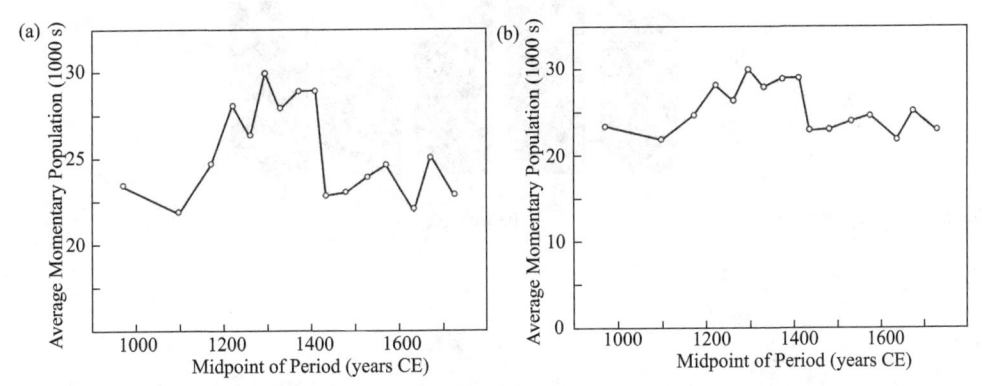

图 2.35 消除（a）与保留（b）底部基线以时期中点时间（Midpoint of Period）表示的平均人口变化图对比。在消除底部基线下，曲线（a）所代表的人口变化在 1200~1400 CE 年间显得非常陡峭，显然相对于真实的曲线（b），曲线（a）是失真的误导；实际上真实曲线（b）的斜率变化并不太明显，大多数差异可能都在误差范围内（Banning，2020）

图形完整性的另一个常见疏忽是忽略面积比。如果有一个二维图形，例如一个条形图的面积与条形高度成比例，但是在添加了三维效果后条形图就变成了立体图（图 2.36），这种情况下其实我们就已经扭曲了原"条形"的比例（变相地把面积比变成了体积比）。而我们的肉眼很大程度上受面积的影响，有时候并不单单盯着高度（特别是三维柱横截面积不一致的情况下），这其实就是一种误导。因此，对于二维图形，应该避免作三维处理。只有对三维数据才使用三维效果，如在空间直方图中，使用三维效果图实际上有助于读者对数据的理解。

对于带有颜色的图，对比色度可能帮助传递信息，也有可能是无用的干扰，这取决于我们如何分配它们。例如，在一些以温度相关的图形中，用蓝色与寒冷、红色与炎热相关联，以显示温度变化；当某个数据为正值或负值时，用对比色调显示等值线；当针对陶片数密度时，通常最好只用一个色调（高值时颜色深，低值时颜色浅），这样的处理都会增加图示效果，便于读者理解观测数据。再如，在研究石质原材料的饼形图中，出现的色调应该与所代表的物质相对应，如深灰色或棕色代表黑曜石，浅棕色或灰色代表各种燧石。相比之下，不代表实质内容的明亮颜色只会分散读者的注意力，而使用一些颜色特别是红色和绿色，对色弱人士无用。

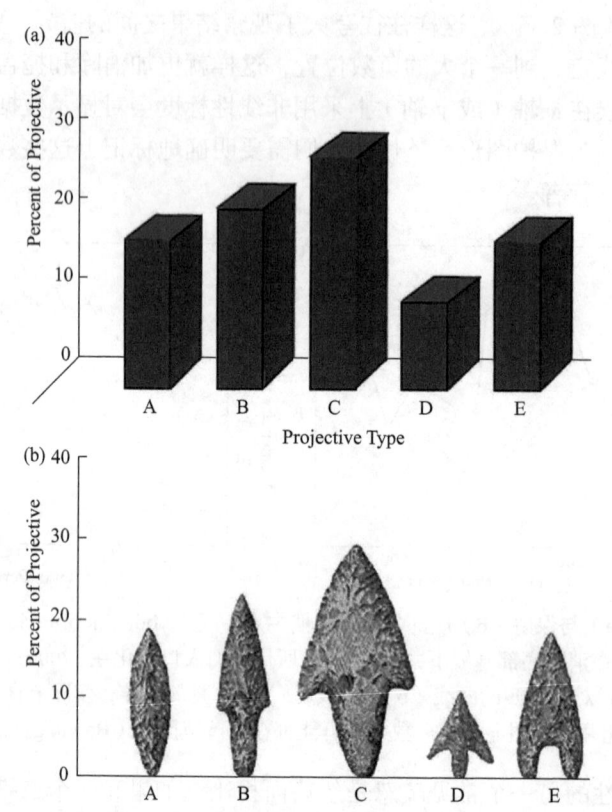

图 2.36　无意义的三维效果图（a），尽管高度相适应但是增加面积比例的图标（b）会造成数据失真，这些处理方式都会分散读者的注意力。其中横轴为投射箭头类型（Projective Type），纵轴为投射类型百分比（Percent of Projective）（Banning，2020）

总的来说，根据数据绘制出一张有效图形，需要注意以下几点（Banning，2020）：首先所采取的策略就是以数据为先，确认设计图是为了成功传递这些数据并表达作者的观点；其次，要有合理简明的标题，坐标轴上有单位和测量数据等完整信息，要有清晰的标签（而不是在标题中）等；再次，围绕要传递的观点，在图中补充辅助信息（不要让读者揣测我们的意图），如增加斜率变化、用虚线椭圆标记数据组等；最后，要懂得提升数据墨水比，不产生图表垃圾（指与数据以及传递观点无关的设计内容）。最终形成一个合理的有效图形。

2.3.2　数据转换问题

在某些情况下，需要对原始数据进行非线性标度处理，这样才能使图形更有观赏性，数据的对比性也增强了。例如，一组数据中含有一些比其他值大几个数量级的观测值，如果还是用原始数据作图，较小的值会在图形的底部靠近零线，就不太可能看出它们之间的变化关系，而几个非常大的值会在图的顶部，图形总体上会看起来很空。针对这个问题的一个解决方案是在坐标轴上加入一个断点，以切除坐标轴上一段距离，这样处理其实是削弱了我们目测上对较小值与较大值的分辨能力。

另外一种处理方法是进行数据转换。数据转换通常使用测量值的平方或对数，而不再使用原始数据，如图 2.26 所示。这种处理方式有将高值和低值"拉近"的效果，例如，两个变量之间的指数关系可以转换成线性关系；在比较两个具有完全不同均值和离差数据时，把数据转换成标准分数，这一点在多元统计分析中经常用到。

考古学家经常使用另一种转换图，就是在坐标轴上采用比率数据。例如，在研究陆生动物和海洋鱼类的碳氮同位素时，两种碳同位素（$^{14}C/^{13}C$）的比率 $\delta^{13}C$ 和两种氮同位素（$^{15}N/^{14}N$）的比率 $\delta^{15}N$ 都是数据比率（图 2.37）。当然 $\delta^{13}C$ 和 $\delta^{15}N$ 数值，是分析检测实验室（如美国 Beta 公司）已经处理过的数据，但是我们需要知道拿到手的这些数据其实是一个比率值。在考古统计中，我们还会遇到另外一个数据转换的图形，如主成分分析中由原始数据所导出的数据，请参见本章第 8 章内容（图 8.12）。

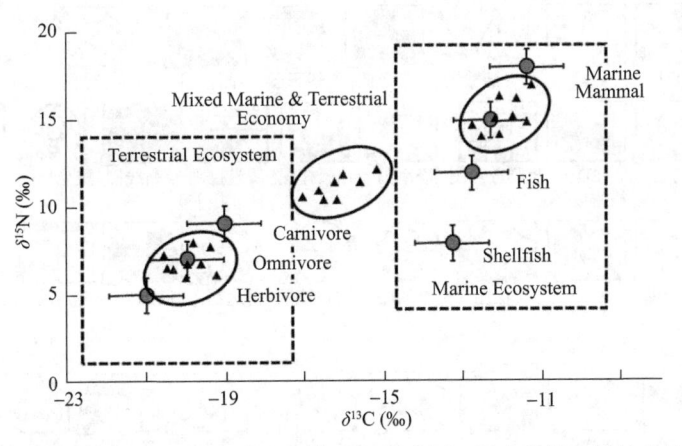

图 2.37 欧洲西北部陆地和海洋动物碳氮同位素的散点图，其中纵轴和横轴上的 $\delta^{13}C$ 和 $\delta^{15}N$ 数值其实是同位素比值。图中包括陆地生态系统（Terrestrial Ecosystem）中的食肉动物（Carnivore）、杂食动物（Omnivore）和食草动物（Herbivore）；海洋生态系统（Marine Ecosystem）中的海洋哺乳动物（Marine Mammal）、鱼类（Fish）和贝类（Shellfish）；海洋陆地混合经济（Mixed Marine & Terrestrial Economy）（Müldner，2009）

2.3.3 再论考古作图

考古学中，图形是非常重要的展示观测数据的方式，合理的图形可帮助读者了解数据，理解作者作图的意图，而失真的图形会误导读者导出错误的结论。在考古绘图之前，我们需要清楚目标受众，这样才能清楚数据所要展示的考古信息。我们是为了帮助读者比较多组数据找寻考古事件，还是为了介绍两个变量之间的关系？读者是关注总体还是局部，是关注变化大趋势还是小细节？无论抱有何种作图目的，都应该确保读者的注意力关注的是数据所展示的特征图形，而不是其他的点缀。

最后有必要指出，许多绘图软件经常会错误标注图表，提供许多分散注意力的"装饰"，并且有可能在某些情况下产生误导性的输出，因此我们最好明智地选择绘图软件，通常统计软件或专用绘图软件比电子表格有更好的表达效果。除了绘图以外，还需要仔细编辑图形中用到的字体、线条粗细、颜色搭配、标签等。

对比 Excel 和 Origin 软件，前者能提供更优秀的表格，而后者会给出更丰富的图形设计，因此笔者建议在科技论文中采用 Origin 软件绘制图形，在图形设计方面 Origin 软件要优于 Excel。Origin2018 软件中包括几十种图形，可供读者选择（图 2.38）。

图 2.38　Origin2018 软件中所示图形

主要参考文献

陈铁梅, 陈建立. 2013. 简明考古统计学[M]. 北京: 科学出版社: 219.

Banning E B. 2020. The Archaeologist's Laboratory: The Analysis of Archaeological Evidence[M]. 2nd. Switzerland: Springer Nature AG: 59-81.

Blanz M, Stewart S, Mainland I, et al. 2022. Trace element ratios in tooth enamel as paleodietary indicators of seaweed consumption and coastal grazing, and their broader applicability[J]. Journal of Archaeological Science, 139: 105551.

Bläuer A. 2022. Animal husbandry and faunal material: Integrating data from Finland (AD1200-1800)[J]. Environmental Archaeology: 1-12.

Choy K, Potter R A, McKinney H J, et al. 2006. Chemical profiling of ancient hearths reveals recurrent salmon use in Ice Age Beringia[J]. PNAS, 113: 9757-9762.

Dunne J, Salisbury R, Salisbury R B, et al. 2019. Milk of ruminants in ceramic baby bottles form prehistoric child graves[J]. Nature, 574: 246-249.

Ehrenberg A S C. 1981. The problem of numeracy[J]. American Statistician, 35: 67-71.

Francés-Negro M, Iriarte E, Galindo-Pellicena M A, et al. 2021. Neolithic to Bronze Age economy and animal management revealed using analyses lipid residues of pottery vessels and faunal remains at EI Portalón de Cueva Mayor (Sieera de Atapuerca, Spain)[J]. Journal of Archaeological Science, 131: 105380.

Ganiatsou E, Georgiadou A, Souleles A, et al. 2023. Application of machine learning on isotopic data from tooth microsections for reconstructing weaning patterns and physiological stress[J]. Journal of Archaeological Science: Reports, 47: 103765.

Guilday J E. 1969. Small mammal remains from the Wasden Site (Owl Cave), Bonneville County, Idaho[J]. Journal of the Idaho State University Museum, 12: 47-57.

Humphrey L, Bouzouggar A. 2023. Onset of farming in northwest Africa traced[J]. Nature, 618: 460-461.

Jordan P, Gibbs K, Hommel P, et al. 2016. Modelling the diffusiong of pottery technologies across Afro-Eurasia: Emerging insights and future research[J]. Antiquity, 90: 590-603.

Lin M H, Song Y B, Wang F, et al. 2022. Live on the land and fed by the sea: Diverse subsistence economies in the Neolithic Dawenkou period in Shandong peninsula, China[J]. Archaeological and Anthropological Sciences, 14: 132.

Lyman R L. 2023. A history of graphing zooarchaeological data (taxonomic heterogeneity, demography and mortality, seasonality, bone survivorship, butchering, etc.): Toward the design of effective and efficient zooarchaeology graphs[J]. Journal of Archaeological Method and Theory, 30: 1326-1377.

Lyman R L, Faith J T. 2018. Observations on graphing paleozoological data: Suggestions for better graphs[J]. Geobios, 51: 435-451.

Lyman R L, Vanpool T. 2009. Metric data in archaeology: A study of intra-analyst and inter-analyst variation[J]. American Antiquity, 74(3): 485-504.

McPherron S P. 2018. Additional statistical and graphical methods for analyzing site formation processes using artifact orientations[J]. PLoS One, 0190195.

Middleton W D. 2004. Identifying chemical activity residues on prehistoric house floors: A methodology and rationale for multi-elemental characterization of a mild acid extract of anthropogenic sediments[J]. Archaeometry, 46: 47-65.

Morin E, Bird D, Winterhalder B, et al. 2022. Deconstructing hunting returns: Can we reconstruct and predict payoffs from pursuing prey?[J]. Journal of Archaeological Method and Theory, 29: 561-623.

Müldner G. 2009. Investigating medieval diet and society by stable isotope analysis of human bone[M]//Gilchrist R, Reynolds A. Reflections: 50 Years of Medieval Archaeology. Leeds: Maney: 327-346.

Oeggl K. 2009. The significance of the Tyrolean Iceman for the archaeobotany of central Europe[J]. Veget Hist Archaeobot, 18: 1-11.

Orton D. 2012. Taphonomy and interpretation: An analytical framework for social zooarchaeology[J]. International Journal of Osteoarchaeology, 22: 320-337.

Orton D, Gaastra J, Vander Linden M. 2016. Between the Danube and the deep blue sea: Zooarchaeological meta-analysis reveals variability in the spread and development of Neolithic farming across the western Balkans[J]. Open Quaternary, 2(6): 1-26.

Pankowska A, Monik M. 2017. Evidence of innovation and social differentiation in burial practices in early bronze age Moravia[J]. Archaeological and Anthropological Sciences, 9: 915-933.

Pargeter J, Dusseldorp G. 2022. The technology and ecology of Lesotho's highland hunter-gatherers: A case at Schonghong rock shelter[J]. Quaternary International, 611: 134-145.

Prendergast F. 2016. Interpreting megalithic tomb orientation and siting within broader cultural contexts[J]. Journal of Physics: Conference Series, 685: 012004.

Rhodes S, Banning E B, Chazan M. 2020. Mugharat an-Nachcharini: A specialized sheep-hunting camp reveals high-altitude habitats in the earliest Neolithic of the Central Levant[J]. PLoS One, 15(1): 0227276.

Scholnick J B. 2012. The spatial and temporal diffusion of stylistic innovations in material culture[J]. Advances in Complex System, 15: 1150010.

Tufte E R. 1983. The Visual Display of Quantitative Information[M]. Cheshire: Graphics Press.

Underhill A P, Cunnar G E, Luan F S, et al. 2021. Urbanization in the eastern seaboard (Haidai) area of northern China: Perspectives from the late Neolithic site of Liangchengzhen[J]. Journal of Anthropogical Archaeology, 62: 101288.

Zhao T, Peng M H, Yang M X, et al. 2023. Effects of weathering of FTIR spectra and origin traceability of archaeological amber: The case of the Han Tomb of Haihun Marquis, China[J]. Journal of Archaeological Science, 153: 105753.

第3章 量化与丰度

在考古资料整理过程中，考古学家一旦对考古遗存进行了分类，自然就会按类别统计数量。显然对于任何考古学家而言，不会只是说两个遗址都发现了彩陶，总希望做个比较，哪个遗址发现了更多数量的彩陶；也不只是说在发现的动物遗骸中有鹿骨，而是说在一大堆动物骨碎片中有百分之多少的是鹿骨。在这个意义上讲，量化遗存材料对许多考古分析而言都是非常重要的，如统计墓葬中陶器数量、估计遗址中的石器与可能的矿藏之间的距离，抑或估计驯养家畜对史前社会的饮食贡献。在现代考古分析中，由于统计遗存的具体数量确实有一定的难度，有时候就会用一些代表性的参数来描述遗址中的遗存，如体现多样性和普遍性的参数等，这些都是对考古遗存的量化。

其实要量化典型的考古遗存（如陶器、动物骨等）还是会面临许多挑战，最典型的问题就是很多遗存经过长期的地下埋藏通常是不完整的，会发生破损。我们可以统计出某个墓中有多少青铜器，也可以统计出史前某个大墓中的彩陶数量，但是我们还是有理由怀疑史前遗址"灰坑中有15%的陶器是彩陶"这种说法，因为没有人能够统计出或者计算出灰坑中陶器数量，我们面临的是灰坑中大量的陶器碎片。图 3.1 是焦家遗址挖掘的一处灰坑，可见灰坑中存有大量破碎的、大小不一的陶器碎片，根据这些碎片精确统计出完整陶器的数量还是有相当难度的。

图 3.1 焦家遗址 H826 灰坑中的陶器碎片

这样，我们首先要考虑的就是考古遗存的破碎问题。例如，粗糙的陶器灶具比精细的陶器餐具破损比例要高，但并不能证明灶具比餐具更为常见。古代食物加工的部分灶具很有可能是一次性的，它的破损率和废弃率本身就高得多，而餐具会在使用过程中倍加小心，其破损率要低得多。在某一时间段内，尽管餐具的使用量可能要数倍于灶具的使用量，但是最终粗糙灶具陶器的碎片数量要远高于精细陶器餐具的碎片数量。因此，考古学家无法回避的问题就是：我们发现的许多考古遗存不仅仅是零碎的，不同的器物还有不同的破损率、不同的使用寿命，并且会受到不同的处理方式和后续不同保存条件的影响。

考古学家往往碰到的不是完整的陶器、完整的动物骨，而是陶器碎片和骨头碎片，那么怎样才能把这些碎片映射到完整遗存上呢？骨头碎片多就能说明这类动物有相对的高丰度吗？两块骨碎片可能来自同一骨，抑或同一动物的两根骨，抑或来自不同死亡时间的两只动物，等等，想想就觉得这两块骨的来源会有太多的可能性。

因此在量化考古遗存时，首先考虑的就是某件完整陶器、每一只动物等最终会破碎或分解后的数量。有些动物本身骨就比其他动物多，某些类型的陶器比其他陶器更容易破碎，有些种类的植物会产出更多的种子，而某些种子或骨头会代表更多的食物资源。在考古研究中，其实我们总想通过这种间接关系如种子、陶片、骨碎片的数量，来推测食物、陶器或者动物的数量，这些才是我们所关心的事情。

遗物的碎片化也与保存条件有关。任何遗存在几个世纪或几千年后能够被保留下来的可能性既取决于它自身的特性，也取决于它最后所处的环境。举例来说，骨的保存与埋藏土壤的酸碱性有关，植物种子的保存取决于它们是否被炭化以及周围的干湿环境等。另外，遗存"保存程度"也会与考古学家们感兴趣的关注度有关，例如，研究植物我们会更多关注种子，而不太关注不易留存下来的根茎，这样自然就不会去注意植物根茎最后所分解成的材料。也许在将来的某一天，我们会发现某种材料可能更有利于估计古代器物数量（包括上面提到的植物根茎），那可能就意味着另外一套考古理论的诞生。

这样分析起来似乎对考古遗存进行量化还是相当困难的。也不外乎许多考古学家对某些问题已经不再关注数量，更多的是指出某类遗存是否存在，抑或不作量化处理而集中作定性分析，或者将量化限制在普遍性和多样性方面（我们在本章3.4节讨论）。

但是在过去的几十年间，考古学家确实也投入了许多精力去量化考古遗存，对特定研究问题仔细选择量化方法并得出了许多有价值的结论。在量化遗存之前，我们需要清楚所关注的量化问题是否是想知道动物或者陶器的绝对数量，还是就想知道它们的相对丰度；抑或是我们仅是为了估计事物或者原材料的数量，推断某个遗址比另一个遗址有更多的特殊器型等。重要的是，我们应该认识到，有些测量只有基于样本才能计数，此时看起来这种方法似乎也挺简单；而另外一些测量需要基于总体才能估计数量，是间接测量结果，使用的方法可能要复杂得多。

大多数关于量化遗存的考古文献集中于动物遗骸，也有一部分则集中于陶器或植物遗存，对石器的关注较少。本章将选取不同领域的量化案例，阐述针对考古样本进行量化的常用方法，叙述方法的工作原理及其优缺点。

3.1 样本量化与丰度

3.1.1 可识别标本数

在描述样本时，最简单对样本进行量化的方法就是计数。考古学家通常把可识别的陶片、种子、骨头碎片等的绝对数值称为可识别标本数（number of identifiable specimen，NISP）。相比之下，还有一个不太常用的概念为标本数（number of specimen，NS），它不考虑遗存物是否可识别（Banning，2020）。

NISP 只是一个简单的计数，并不需要一个特殊的计算方程，但是我们可以使用数学表达式来讨论影响 NISP 大小的因素，反过来也可以通过这些因素探讨 NISP 的价值。其表达式为

$$NISP = Nrsf$$

式中，N 为标本所属的个体（如动物、陶器、石器等）的数量；s 为个体中的组成元素（element，如骨头）的数量；r 为保存率（recovery rate）或者组成元素能够保存下来的概率；f 为破碎数（fragmentation rate）或是整个组成元素破碎后的平均碎片数。几乎在任何情况下，N 都是未知的，我们只能估计 r 和 f 以及相对应的误差，但是有时候可以相当准确地知道 s。

根据上式，我们可以知道 NISP 数值取决于骨碎片、陶片或木炭碎片所来源的动物、陶器或树木的数量 N；也取决于动物、陶器和植物的组成元素（如骨头、陶盖或种子）的数量（$s \geqslant 1$），以及这些组成元素的破碎数（$f \geqslant 1$）和保存率（$r < 1$）。

举例说明：如果在某特定地理环境下有高保存率的骨，它在动物体内有 2 块特征骨，每块骨会平均分裂成 4 个可识别的骨碎片，假设我们在该遗址的取样比例为 5%（或者说 0.05），那么我们预计（假设可识别）在样本中这些特定骨碎片数为 $N \times 0.05 \times 2 \times 4$，即 $0.4N$。因此，如果随机样本中有 10 只动物（即 $N = 10$），这样我们预计该骨碎片的 NISP 为 4。对于动物和其他种类的样本，会有多种组成元素，每种组成元素都有不同的 r、s 和 f 值。在计数过程中，当我们尽量避免同

一个骨或陶罐被统计两次时,实际上是在尽量减小 f 对最终估计值的影响。

尽管 NISP 看起来很简单,其实它也有非常明显的局限性,即 NISP 提供的是对我们感兴趣的有关考古信息(如食物、财物等)的间接测量数据。由于存在 r、s 和 f,陶器碎片的 NISP 并不直接给出陶器数量(即 N),骨碎片的 NISP 也不直接提供完整骨的数量,更不用说对样本(骨)有贡献的动物数量。NISP 对"可识别的"遗存很敏感,例如,共同保存下来的复合体算作一个还是两个,对 NISP 数值的影响还是很大的,通常这取决于遗骸的大小和特征表现。即使对于一些不再分裂(或破碎)的遗存,如种子或者石质珠子,NISP 也只是提供如食物、项链或财富的间接定量数据。

在使用 NISP 时,我们更感兴趣的是用它来讨论不同类别间的相对丰度,而不必纠结每块骨头碎片必须来自不同的动物个体。这其中就假设了所有动物都有相同数量的骨,所有骨头都有相同的概率在埋葬后保存下来并最终出现在统计样本中,而且平均而言,所有动物都碎成了相同数量的骨碎片,这样在使用 NISP 分析时样本来自哪只动物就不再有差别。其实这种假设处理在考古研究中经常用到,如后面提到的对质量和面积的量化处理也是如此。显然根据上述等式中对 r、s 和 f 的描述(即不同材料会有不同的数值),这种假设并不是实际情况,或者说并不成立,因此如果想用 NISP 作为能够表示某考古遗存的特征参数,我们需要考虑这些变量的综合影响。

关于破碎数(f),考古学家发现它并不像定义说的那样简单。随着骨碎片的增加,因为是从可识别的碎片继续分裂成更多可识别的碎片,NISP 倾向于先增加;但随着更细小碎片的出现而变得不再可识别时,NISP 会再次减少。在我们分类中,不同类别的碎片具有不同的破碎数,会过多或过少地影响类别的分类。动物考古学家试图通过检测不同骨骼的密度和形状来降低这种情况的发生,但是这个问题在非动物类材料分类中受到的关注并不多。很显然,例如,陶罐的底座和手柄比器壁具有更低的破碎数。

在 r、s 和 f 三个参数中,我们通常可以知道 s 的数值(至少对动物或某些种类的人造器物而言),而且也可能估计组成元素保存或沉积下的 r,但是在技术上不可能知道 f,除非我们指定碎片的最小尺寸。另外,f 还有其他用途,当我们发现不同环境下材料具有不同的 f 值时,这有助于我们用材料沉积状况来推断遗址形成过程。

用碎片还原考古信息,其实是一个概率问题。这种保存概率是不同概率的组合:某个特定样本被存放于该遗址的概率,在遗址保存足够长的时间并被发现的概率,以及被考古学家发现、保存和记录的概率。在考古研究中,我们可以在一定程度上知晓最后一个概率,因为它就是取样概率,取决于考古学家的研究目的和方法,但是我们通常连猜测第一种情况的依据都没有。

正如上面讨论，既然由 r、s 和 f 三个参数所体现的 NISP 有那么多的不确定性，读者可能会问我们为什么还要花费心思去研究 NISP？这里需要指出的是，尽管 NISP 存在这样或那样的问题，但是它也有几个优点：第一，容易计数，我们只需要在样本分类时统计它们的数量。第二，NISP 值是可加和的，这就意味着当把两个样本混合时，可以把两个 NISP 相加。第三，在比较两个或两个以上的样本中碎片比例时，NISP 也许至少比其他方法会更好。因为只要样本足够大且包括相同的类别，因子 r 和 f 就可能相似，这种情况下就可以合理地判断它们之间的相似性和差异性。第四，与 NISP 相关的许多考古问题都相当复杂，且很多难以解决，可用 NISP 作简单化处理。例如，基于 NISP 的碎片测量，可以帮助我们理解特定遗址的埋藏环境变化。

3.1.2 最小个体数

面对大量的碎片遗物，考古学家长期以来试图寻找一种能估计总的整体遗物数或某种个体（典型如动物或陶器）实际数量（actual number of individual，ANI）的方法，它至少能消除在统计 NISP 中对某些个体重复计数的问题。这就引出了另一概念——最小个体数（minimum number of individual，MNI）。MNI 在动物考古研究中的广泛应用始于 20 世纪 70 年代，其数学表达式为（Banning，2020）

$$\text{MNI} = \max \sum s_i$$

此式意味着 MNI 等于样本中不同组成元素 s 之和中的最大数，即如果我们计算一个样本中每种类型骨的数量（左骨和右骨要分别计数），MNI 就等于最多那类骨所统计的数值。

举例说明，如果样本中包含 38 根左肱骨，说明在我们研究的系统中至少有 38 只动物。如果其他组成元素的数目不超过 38（如统计的右肱骨为 35 根），那么该样本中的 MNI 就是 38，而不是 35。这似乎可以有效地确保没有一个动物被统计两次。

事实上，实际情况要比上述状况复杂得多，部分原因是肱骨本身就可能不完整。在这种情况下，有必要具体说明我们选择的"组成元素"是什么。例如，在肱骨碎片中最常见的部分可能是左肱骨近端。在计算 MNI 时，考古学家也会由于是否考虑性别、年龄或大小等有所不同。例如，一些人可能使用上述公式来计算 MNI，而不考虑其他因素；然而另一些人会仔细比较左右肱骨，根据它们的大小或年龄来判断是否来自同一动物。后者会通过添加右肱骨（作为另外一个组成元素）来完善计数，两种情况下产生的 MNI 是有差别的。

此外，严格来说对每个动物只计数一次也是相当困难的，这也取决于我们如何汇总得到的数据。例如，在地层第六层（以左肱骨为组成元素）发现了羊的左肱骨远端残留，而该残余骨有可能与地层第七层（以右肱骨为组成元素）中的右肱骨近端残留来自同一动物，这样调研者有可能在不同地层间选取了同一动物。在此过程中，不同研究人员也可能使用略有不同的方法处理碎片、性别、年龄等，这些都有可能重复计数，因此重要的是进行仔细记录以备后续查验。

将这种方法用到量化陶器，我们称之为最小容器数（minimum number of vessel，MNV）。需要清楚的是，不像动物骨，陶器没有一个破碎程度相对固定的"组成元素"。通常选择陶器口沿（rim）计算 MNV，偶尔也选择陶底（base）。为了计算 MNV，有必要测量陶器口沿碎片的长度，并进行加和。如果总长度是 4.7 倍的口沿周长，说明在此样本中至少含有 5 个陶器。我们也清楚直径 10cm 的口沿肯定不会来自一个口沿为 20cm 的陶器，因此，有必要测量每个口沿碎片的直径和周长，以确定每个陶罐的直径可能发生了多大的变化（如±2cm 或 10%，因为即使是轮制陶器也不会有完美的口沿），然后将数据归入不同大小的类别中。将每个尺寸的碎片口沿长度相加，向上舍入，计算出陶器的 MNV（表 3.1）。例如，在口沿直径为 10～12cm，有三个口沿碎片，其碎片长度加和超过了 100%的周长，计为 2 个陶器，即该类型的陶器 MNV=2。需要指出的是，在有些情况下，首先区分陶器类型也是有帮助的，而不仅仅是通过直径来确定陶器碎片是否来自同一陶器。

表 3.1 特定圆形陶器依据口沿直径和周长计算 MNV，各种口沿直径可在 **2cm** 间隔区分，忽略陶器类型。小于 **100%**的总周长（以整个口沿 **100%**测量计）计为 **1**

口沿直径（cm）	周长（%）	总周长（%）	MNV
10～12	37		
10～12	43		
10～12	28	108	2
13～15	29		
13～15	15	44	1
16～18	12	12	1
19～21	9		
19～21	22		
19～21	18	49	1
22～24	24	24	1
合计	237	237	6
n	10		

在文献里也有采用 MNI 计算植物残留，估计最少数量的完整植物；更直接的就是将 MNI 使用于石器，用最小工具数（minimum number of tool，MNT）对石器碎片进行量化估计完整工具数，也可比较不同材质的差异（Shott，2000）。

MNI、MNV 和 MNT 似乎对考古学家很有吸引力，因为这些数据可以在大量碎片中量化完整动物、陶器或石器的数量，至少避免了对个体的重复计算（在统计上而言）。事实上，在某些情况下，这种策略是有效的，例如，对于保存完好并彻底挖掘的灾难杀戮现场的骨遗骸，或者整体坍塌压碎的陶窑等情况，此时量化的最小数可能相当接近发掘点的个体实际数量（ANI）。

然而对于大多数考古样本并非如此，结果就是 MNI、MNV 或 MNT 都是对 ANI 有偏估计。一般来说，得到的 ANI 有可能被大大低估了。针对典型的考古样本，MNI 有如下特征：对于稀有类型，MNI 会过高估计，因为即使一小段都会被统计为一个整体，这就会造成误差；基于 MNI 的分类比例会有偏差，小样本中的比率与大样本中的比率并不一致；在同一样本中，MNI 与选择的"组成元素"有关。

总的来说，MNI 对大样本或保存完好的灾难性遗址效果最好。如果用于计算样本中分类比例，得到的数据会有未知程度的偏差，导致一些研究人员认为 MNI 充其量只能提供一些定性的描述。

3.1.3 称量质量

另外一个对遗物数量或碎片进行计数的方法是"称量"。在实际应用中，为计算遗物的相对丰度，常使用所谓的"重量法"称量遗物质量（以克为单位）并与所有遗物总质量相比，得到相对丰度。遗物总质量（Banning，2020）：

$$\text{Mass}_x = \sum \text{Mass}_{i_x}$$

这仅仅意味着 x 型的总质量等于每个 x 型碎片之和，以克为单位。同样，我们也可以用影响其价值的因素来阐述其意义，即总质量为

$$\text{Mass} = Nmr$$

式中，m 为一个完整个体中所有组成元素的平均质量，如个体动物中骨头的平均质量、每块木炭的平均质量等。如果样本中来自木材的所有木炭的保存率 r 相同，那么木炭质量将与 N 成正比，这里 N 是贡献木炭的木材数量。

利用木炭或其他考古材料的质量推测个体数量的前提是碎片的差异并不显著，我们所做的就是在测量过程中小心地确定最小碎片。除了那些保存的无法辨认的材料以外，不管一块木炭来自多大的木材，最终遗存的大小（或质量）都应

该是相同的，这样才能比较不同类型木材间的相对丰度。

称量质量可能是在沉积物考古中测量木炭含量最常用的方法。在我们有理由相信沉积的木炭就是来自燃料木材的情况下，木炭质量可以作为燃料使用的间接证据。当然也存在一个极端情况，就是幸存的木炭可能属于某一类，而未能保存下来的木炭则属于另一类（二者有不同的保存率 r）。和 NISP 一样，木炭可能来自不同木材，而我们更感兴趣的是不同类型木炭的质量比所代表的不同类型木材间的相对丰度。

动物考古学家有时候也使用质量作为一种测量方法，根据骨质量推测样本所代表的肉食量，但是这种方法也会遇到骨破碎的问题。使用此方法的最大的不确定性是骨量与肉量的关系。在不同性别和年龄的动物中，骨量与肉量是异速生长的，大型动物比小型动物有更大的骨量，并且动物中骨与软组织的比率也随着性别和年龄呈非线性变化。尽管如此，使用质量测量作为动物肉量或动物数量的间接测量，并不妨碍我们使用质量来表征样本中动物间的相对丰度。

陶器考古分析中通常不使用质量来量化碎片，因为即使所有碎片的质量接近整个陶器的质量，也有可能只是更多代表了壁厚的陶器而忽略了壁薄的陶器。如果不作校正，这种偏差将影响用质量推测的陶器数量。但是，如果我们感兴趣的是这些陶器中可能储存的食物或者其他材料的体积（以体积计），称量的方法还是有其独到之处（Rodriguez and Hastorf, 2015）。也有一种观点认为，由于陶器碎片质量几乎与原整个陶器的质量很接近，因此可以使用质量合理地估计不同类型陶器间的比例。

当然，自然就会引申出人们关注的问题，就是材料的质量容易受到保存环境的影响。沉积过程中，如矿化、腐蚀等，都可能增加或减少埋藏物质的质量，特别是金属制品和骨制品。

3.1.4 测量面积

另外一种不太常见的方法是通过表面积表征丰度，这种方法已被用于陶器分析。因为陶器质量与面积和厚度有关，而在有些情况下我们只需关注表面积而不关注厚度的影响，这样就可以只测量陶器碎片的面积，这是该方法有利的一面。但是测量面积可能对研究窗玻璃更有意义，因为窗玻璃的功能恰恰与面积直接相关（Baxter and Cool, 1990）。

当我们考虑陶器碎片尺寸时，可以通过测量面积来量化陶器：

$$A_x = \sum a_i$$

式中，A_x 为全部陶器的总表面积；a_i 为该类型中每个碎片的面积。在实际工作中，测量碎片的面积不像称量碎片的质量那样方便（至少一般实验室如此），有学者提出了"有效面积"，就是制作一套不同孔径的嵌套目筛，进而统计每个碎片的孔径来统计面积。

早在三十多年前，Baxter 等通过测量玻璃的碎片面积来估算总体的窗玻璃面积，并根据样本质量、面积和厚度数据，使用回归分析估计了面积与质量和厚度的关系。他们使用的方法可在小样本数量的基础上有效估计大批量碎片所代表的总面积，大幅节省测量时间（Baxter and Cool，1990）。

借助计算机，目前通过拍摄碎片照片并经软件处理，获取每个碎片表面积已经不再是难事。克服了早期测量表面积的难题，通过测量面积量化古代遗物（如陶器、玻璃等）也许在将来会重新焕发出新的生命力。

3.1.5 相对比例

虽然考古学家对埋藏于地下的动物、陶器或者其他实际遗物的数量很感兴趣，但是大多数情况下关注的还是它们之间的相对丰度，即不同类型间的比例或百分比，毕竟在大量碎片中确定完整遗物的具体数量还是有一定难度的。而且这些比例（或者说相对丰度）也是基于其他的测量方法，典型的如上面提到的 NISP 或者称量质量。某类型植物种子所占比例为（Banning，2020）

$$P_x = \frac{\sum x}{\sum x + \sum y}$$

这意味着 x 型植物种子的比例 P_x 等于 x 型种子总数除以所有种子的总数。也就是说，如果我们在一个遗址内某样本中共计发现 110 粒葡萄籽和 890 粒其他植物种子，那么葡萄籽的比例就是 11%（当然还要标记上适当的统计误差）。

一个典型的例子——沉积物中不同类型的孢粉相对丰度随地层深度的变化。在某一地层深度，某类型孢粉的比例上升，其他类型的比例必然下降，因为在这一深度，总的比例必须是 1.0 或者 100%。也就是说，各种孢粉相对丰度并不是相互独立的，即使多个沉积层中某类孢粉数量（或者说密度）相同，仍然会因其他种类型孢粉的数量不同，在不同沉积层中的丰度也是不同的。此外，当某一种类的相对丰度接近 100% 时，这种比例也失去了对比的意义，因为它的丰度掩盖了其他种类的数量变化。另外需要说明的是，不同样本间即使是同一类型，其比例也不具有加和性，但是它的方便之处在于改变样本后，再重新计算相对丰度并不复杂。

3.1.6 密度测量

上面提到的比例缺乏独立性，为了避免这个问题，一些考古学家倾向于使用密度的概念，如每平方米地面陶片数量，或者每立方米沉积的植物种子数量等。其实密度也是一种比例。典型的密度定义，就是用 NISP 或者其他方法计算的样品数量除以样本所占地面面积（m²）或沉积物体积（m³），即

$$\text{Density} = \frac{\text{NISP}}{\text{Area}}$$

例如，在体积为 10m³ 的粮仓沉积物中发现了 130 粒烧焦的大麦种子，而在体积为 4m³ 的炉膛沉积物中发现了 26 粒大麦种子，这样粮仓沉积物中大麦种子的密度为 13 粒/m³，而炉膛沉积物中大麦种子密度为 6.5 粒/m³。当然我们还需要考虑体积测量误差和计数的统计误差，以确定是否存在显著差异（将在第 6 章叙述）。

密度测量允许每种类型样本不受其他类型影响而独立变化，但是仍有很多因素影响密度计算，使问题变得复杂起来。密度计算不仅与我们感兴趣的类型有关（即我们选择的研究对象），也与物质在地层中的沉积速率、侵蚀速率、沉积物的材质等因素有关。此外，密度计算也无法避免其他计数所固有的问题，即密度测量也基于 NISP、质量或其他测量方法，其他方法所面临的问题在密度测量中同样存在。

3.2　总体量化与丰度

上述定量计算方法都是针对一定量的考古样本。因为动物、陶器或其他完整个体曾经在考古遗址附近生活、死亡或被使用、丢弃过，上一节所采用的有些方法就试图用影响样本的因素去量化总体数量，但是实际上这些方法所得数据与真正的总体数量还是有差距的。需要清楚的是，即使对样本的原始数据进行了精心处理，在遗物保存率方面，这些方法也无法弥补样本和总体上的差异。下面将利用另外的理论去探讨考古遗存中对总体的量化。

3.2.1　Krantz 估计量

Krantz 首次尝试根据一个样本（如骨残骸）去估计总体（如所有动物）中的个体数量（某种动物）（Krantz, 1968），得到的数据被称为 Karntz 估计量（Krantz estimator）。该方法假设一个遗址内初始的所有个体都对遗存有贡献，无论这些个体在现在的样本中是否存在（似乎听起来有点奇怪，我们在以下继续叙述）。Krantz 估计量只适用于成对的组成元素，如在脊椎动物骨骼中的左肱骨和右肱骨（Banning, 2020）。

如何理解样本中不存在的动物骨骼也对总体量化有贡献？其实 Krantz 估计量所考虑的是基于考古抽样理论，Karntz 巧妙地利用了骨骼中成对存在的组成元素。

第3章 量化与丰度

对于任何成对的骨骼，在动物活着或死亡后，其左、右骨的数量应该都是相等的，即 $p=l=r$，其中，p 表示总体下的成对数，l 和 r 分别表示左、右骨组成元素数。同样，在由该类动物组成的样本中（$p=l=r$），没有理由认为骨已经丢失，而且假设样本包括所有最初的动物骨。

但是在大多数考古样本中，在遗址形成过程中许多骨会丢失（或是保存原因造成的），这样考古取样比例必然会远低于 100%。事实上，在典型的考古样本中，左、右骨的数量也是不相等的，这本身就证明了一些骨骼是缺失的，因为在生命体中 l 和 r 一定是相等的，而 Karntz 估计量非常重视丢失骨的贡献。

如果我们假设某类骨的丢失（即没有保存下来）是随机的，也就意味着所有此类的骨都有相同的概率不出现在样本中。在这种情况下，样本中由此类骨所代表的动物有四种情况：一部分动物由左骨（作为组成元素）代表，一部分动物由右骨代表，一部分动物由左骨和右骨共同代表（代表匹配情况），而另一部分动物既不由左骨代表也不由右骨代表（意味着骨已不存在）。其中第四种情况更有可能表示许多动物个体根本就没有保留下此类骨（此种情况的可能性更大）。

Krantz 估计量考虑了上述情况，同时再假设左、右骨是独立样本。例如，如果破损过程（也包括考古取样情况）导致现样本缺失 80% 的左胫骨（即 $l/N=0.2$），其中，l 是破损后剩余的左胫骨的数量，这样我们也可以认为 80% 的右胫骨不会匹配上左胫骨。这也意味着

$$l/N = p/l$$

其中 p 是样本中剩余的左右骨成对数。对上式进行重排，有

$$N = \frac{l^2}{p}$$

因为左、右骨的情况是一样的，这样也有

$$N = \frac{r^2}{p}$$

Krantz 对两种方法进行平均，得到 Karantz 估计量：

$$N_K = \frac{l^2 + r^2}{2p}$$

例如，在鹿的股骨样本中，我们可能会发现有 26 个左股骨和 39 个右股骨，其中 12 个似乎是匹配的（根据大小和对称性判断）。我们将这些数字代入上式，得

$$N_K = \frac{26^2 + 39^2}{2 \times 12} = 91.5$$

这里需要说明的是，所得鹿的数量是一个比这些股骨的数量大得多的数字，因为左股骨和右股骨之间有巨大差异，以及配对数相对较低（表明样本中缺失许多骨骼）。

Krantz 估计量总是比下面讲到的 Peterson 估计量高，除非 $r = 1$ 时二者有相同的结果。因为 Krantz 估计量与 Peterson 估计量相类似，我们将在下一节一并讨论二者的优缺点。

3.2.2 Peterson 估计量

类似于 Krantz 估计量，Peterson 估计量（Peterson estimator）也是在样本的基础上估计总体中的个体数量（Fieller and Turner, 1982），该方法模拟生态学、野生动物管理和某些古植物学中用到的"取样-再取样"（sample-resample）或者"捕获-再捕获"（capture-recapture）方法（Banning, 2020）。

例如，要估计某国家公园中有多少只熊，公园管理人员不会把所有的熊都聚集起来再统计计数。通常的做法是，管理人员会进行随机取样（捕捉熊），给捕捉熊进行标记然后再放生。假设他们捕捉到 100 头熊进行取样并做上标记，经过足够长的时间让这些被标记的熊"很好地混合"到总体熊中，管理人员再次对熊进行捕捉取样。这一次，他们不仅统计样本中熊的数量，还统计了其中有多少只熊已经被标记过。为了简单起见，假设第二个样本也是 100 只熊，其中有 20 只被标记过，即标记率为 20%。我们可以得出以下结论，在采样误差范围内，总体种群中有五分之一的熊被标记了。因为我们先前已经知道被标记熊的数量是 100，这样就可以估计出熊的总数是 100/0.2=500 只。用代数式表示，即

$$N = \frac{n_1 n_2}{p}$$

式中，n_1 为第一个样本中熊的数量；n_2 为第二个样本中熊的数量；p 为第二个样本中标记熊的数量（即两个样本中都存在的熊的数量）。

虽然考古学家肯定不能回到古代对任何物质进行标记，但是可以用类似"捕获-再捕获"方法去估计总体中某物质的数量。Peterson 估计量就是利用了此思路。Peterson 估计量在动物考古研究中有明确的应用：左骨类似第一个样本中的熊，右骨类似第二个样本中的熊，成对骨类似两个样本中都捕捉到的熊。如果我们假设左骨和右骨也是"很好地混合"，并且我们也很自信地认为识别了其中的所有配对骨，那么 Peterson 估计量的定义为

$$N_P = \frac{lr}{p}$$

相比之下，除了在 $l = r$ 情况下，一般 Krantz 估计量要有稍低的数值。例如，用 3.2.1 节相同的数据计算，得到

$$N_P = \frac{26 \times 39}{12} = 84.5$$

Peterson 估计量所基于的"取样-再取样"方法也可应用于古生物、微化石等方面，这些研究需要分析人员估计大量沉积物中可能存在的数百个微小的孢粉粒、种子，或燧石、贝壳、陶器的显微碎片数。分析人员可以添加已知数量的一些"外来"颗粒，如在孢粉样本中添加石松孢子，或者在微熔颗粒中添加小颗粒，并在二次取样前彻底混合沉积物。这些添加粒子类似于上面野生动物场景中的标记熊；因为我们知道沉积物中有 100 颗珠子，如果在一个样本中发现了 10 颗珠子，我们就知道样本大约占到总量的 10%，然后将此样本乘以 10，就可以合理地估计出总体数量。当然，我们还需要考虑标准误差和置信区间。

Krantz 估计量和 Peterson 估计量的主要优点是，它们提供了估计总体的数量，而不仅仅是定性地描述总体，并且还可以给出估计数据的概率分布和置信区间（现在的统计软件可方便得出）。但是，Krantz 估计量和 Peterson 估计量在实际应用中还面临一些挑战：

它们仅适用于成对的组成元素（如左、右股骨），这种情况在动物考古研究中较为常见，但在其他类型的考古材料中就不容易识别。例如，对于有两个把手的陶器，我们很难区分"左"和"右"把手，也很难识别成对的"把手"（除非在基本完整的陶器中一起被发现）。而且即使在动物样本中，成对的组成元素也可能很少或者很难被识别，我们不能确定"匹配"的左右组成元素（即使是左、右骨）实际上是否来自同一个动物，而不是大小非常相似的不同骨，除非发现时这两个骨是相连的，如下颌骨或骨盆。而左右骨相连的情况，又违背了独立随机抽样的假设，即在总体中骨骼是"很好地混合"的，这种情况下会导致偏低的 N。另外，在屠宰场，有可能屠宰人对动物样本中的组成元素有左、右偏好，这种情况下左右骨就不是随机的，会有人为因素，这又是低估 N 的另一个原因。

与 MNI 一样，这两个估计量实际上并不能相加，因为在样本容量增加的情况下，有必要将新的样本与以前分析过的样本进行核对，看是否出现匹配的样品。而且这两种估计量受碎片配对的影响，而对碎片配对的判断实际上取决于一个人的识别能力。如果把两个骨误认为来自同一动物，相当于增加了成对数 p。另外，如果样本中成对数 p 非常低，对 N 值会有较大的估计误差。

另外，选取不同的组成元素，即使是同一样本，估计量也不相同。这种情况

是合理的，也从另外一个侧面可以评价估计方法的可靠性，也或表明沉积模式对不同组成元素有影响。

总的来说，如果我们对组成动物群落中的死亡个体数量感兴趣，使用 Krantz 估计量或 Peterson 估计量还是有用的，因为它们能够在一定的误差范围和置信区间下估计相关种群的数量，这有助于间接推测肉食资源。然而，如何在动物考古研究之外使用这种估计量，我们需要小心对待匹配的组成元素，并认真处理可能的假设情况。

3.2.3 估计当量

Egloff（1973）和 Orton（1980）根据陶器口沿的完整性，提出了一个代表不同类型陶器相对丰度的度量——器物估计当量（estimated vessel equivalent, EVE）。尽管 Egloff 强调 EVE 可代表样本中的"最小数量"（类似于 MNV），但是 Orton 是将 EVE 用于讨论总体中不同类型陶器之间的比例。类似方法也适用于骨、石器和其他完整性的实物（Banning, 2020）。其表达式为

$$EVE_x = \max \sum c_{xi}$$

式中，EVE_x 为代表 x 型陶器口沿的器物估计当量；c_{xi} 为第 i 个 x 型陶器口沿碎片的残留比率（百分比）。例如，一个残留陶器口沿为原口沿周长的 18%，而另一个具有相同直径和相同类型的口沿保留了原周长的 12%，则两个陶器口沿残留总和为 30%，即 EVE 就等于 0.30。

显然，计算 EVE 的第一步与计算 MNV 相同，但是它省略了向上舍入的步骤（"3.1.2 最小个体数"节），即我们不将 EVE 等于 0.30 舍入成 1.0。也就是说，计算 EVE 并不是基于完整陶器，而是基于陶器残留之间的比例（表 3.2）。在计算 EVE 过程中，相同直径和类型的两个陶器口沿碎片是来自同一陶器还是不同陶器并不重要，通过这些陶器口沿碎片周长的总和就可以估计总体中不同类型陶器间的比例。与 MNV 相比，EVE 在估计原始总体规模方面更具优势。由于测量中假设陶器口沿为圆形，这样有学者对陶器口沿占圆周比率提出疑问，后来的研究考虑了直径和周长的不确定性（以累积误差体现），以尽量消除可能的影响因素。

表 3.2　以口沿直径和周长表示的遗址内三种陶器（A 型、B 型、C 型）之间的比例

口沿直径（cm）	总周长（%）		
	A 型	B 型	C 型
1~3.5	140	0	0
4~6.5	230	290	80

续表

口沿直径（cm）	总周长（%）		
	A 型	B 型	C 型
7～9.5	110	350	0
10～12.5	420	160	110
13～15.5	40	0	250
16～18.5	0	420	0
19～21.5	0	680	370
22～24.5	0	210	130
25～27.5	0	0	90
MNV	13	24	13
MNV%	**26**	**48**	**26**
EVE	9.4	21.1	10.3
EVE%	**23**	**52**	**25**
NISP	46	115	74

注：陶器口沿直径以 1.25cm 进行分段，黑体显示 MNV 和 EVE 之间有结果差异：MNV 给出有偏估计，夸大了 A 型器物的重要性，且低估了 B 型器物，而 EVE 给出无偏估计。

Corredor 等在后来的研究中修正了陶器口沿的计数方法（Corredor and Vidal，2016），该方法考虑了不同类型陶器最终所产生的平均陶器口沿碎片数，但是要获得该平均值至少需要计算一个已知样本陶器口沿的 EVE。将 EVE 用到骨制或石制工具时，最简单的方法是根据工具上是否存在有明确"标记"，再计算工具当量（estimated tool equavalent，ETE）。例如，对于石器，我们可以将破碎的石器分成近端碎片、中间碎片和远端碎片，并且将包含这三个区域的任何碎片计为 1/3，将包含除近端之外的大碎片计为 2/3。当然如果石器碎片大小超过了中间碎片，这种方法会引起有偏估计。EVE 策略也可以用于估计骨碎片占整骨的比例，或者估计某些有标记骨占整个动物骨的比例。

EVE 在估计不同类型器物之间的比例方面有它的优势，在置信区间内它几乎提供的是无偏估计。然而不同于 Krantz 估计量或 Peterson 估计量，EVE 并不提供总体种群中个体的实际数量，而只估计沉积或者样本组合中各单元的相对比例。而且 EVE 没有考虑不同器型的使用寿命问题（如某种陶器容易破裂，而另一种陶器会使用很多年）。但是 EVE 具有相对简单、可加和、对碎片化不太敏感的优点。

至于缺点，计算 EVE 耗费时间要比计算 NISP 长，而且相对陶器而言，容易受到口沿直径和周长测量误差的影响。更需强调的是，EVE 提供的是各种陶器类型的比率，而不是完整陶器的估计数。

3.2.4 伪计数

Orton 和 Tyers（1992）用伪计数变换（pseudo-count transformation）将 EVE 转换为陶器信息当量（pottery information equivalent，PIE）来评估个体数量，其表达式有（Banning, 2020）

$$\text{PIE} = \frac{(n-1)\sum(n\text{EVE})^2}{n\sum(\text{EVE})^2}$$

式中，n 为与 EVE 相对应的陶器口沿数量。以表 3.1 中 10 个陶器碎片数据为例，我们可以得到

$$\text{PIE} = \frac{(10-1)\times\left[(3\times1.08)^2+(2\times0.44)^2+0.12^2+(3\times0.49)^2+0.24^2\right]}{10\times(1.08^2+0.44^2+0.12^2+0.49^2+0.24^2)} = 7.3$$

由于 PIE 单位和行为就像是对陶器进行计数（实际上 PIE 并不是），因此称为伪计数，或者赝计数。1996 年，Moreno-Garcia 等将这种方法用于动物计数（Moreno-Garcia et al., 1996）；2000 年，Shott 将 ETE 用于石器计数（Shott, 2000）。不像 MNV 和 MNT 总是低估 ANI，PIE 有时会低估有时会高估（上例中的 MNV 为 6），表明 PIE 有偏估计弱，属相对无偏估计。

3.2.5 最小动物单位总数

尽管名字称为最小动物单位总数（total minimum animal unit，TMAU），但是它和 MNI 还不太一样。实际上，TMAU 根本不是最小数值，而是类似 EVE，它的目的是精确估计总体中各类物质之间的相对丰度。Chase 和 Hagaman 在 1987 年采用一种加权组成元素丰度方法（weighted abundance of elements，WAE）处理总体中个体的"数量"（Chase and Hagaman, 1987）。如果平均保存率 r 的差异很小，并且沉积物中个体数 N 也不太小，它们认为一个沉积总体（种群）中的各类遗存的相对丰度符合如下的式子（Banning, 2020）：

$$\text{TMAU} = \sum_{i=1}^{g}\frac{\text{NISP}_i}{s_i}$$

式中，TMAU 为完整动物中 g 个组成元素的 NISP 之和；s_i 为完整动物中第 i 组组成元素数，这里使用像本章 3.1 节那样的 N、r、s、f 定义 NISP。

这个表达式的意思是，将整个动物中的每个组成元素的 NISP 除以整个动物

中的这类组成元素数 s_i，然后再将已经被组成元素修正的 NISP 相加，就是整个动物的 TMAU。例如，假设我们将鱼的椎骨分为前尾椎骨、尾椎骨、倒数第二椎骨和尾柱。如果一个某种鱼有 14 个前尾椎骨、15 个尾椎骨、1 个倒数第二个椎骨和 1 个尾柱，而样本中发现 26 个前尾椎骨、56 个尾椎骨、2 个倒数第二个椎骨和 1 个尾柱，那么样本中这类鱼的 TMAU 就等于

$$\text{TMAU} = \frac{26}{14} + \frac{56}{15} + \frac{2}{1} + \frac{1}{1} = 8.6$$

TMAU，类似于 EVE，对动物考古而言，这是一个很好的尝试，去理解与动物相关的丰度问题。毕竟它提供了一种思路，可以很好地估计总体中不同动物种群的比例。但是它的主要缺点是假设所有组成元素的保存率 r 相似，而众所周知，r 与动物种类、骨密度，以及很多因素如埋藏条件等有关。

3.3 肉食资源的量化

动物考古学研究的目的之一就是构建古代人类的生业经济结构。虽有季节轮换，依据一定数量的畜牧业和狩猎所得，可供给饮食中的肉食资源（包括质量或比例），这也是估计动物数量（或比例）的再延伸——古代饮食中肉食资源的量化与丰度。

1953 年，White 就曾经尝试研究动物可肉食量与动物数量的关系（White，1953），尽管受到了许多质疑但是后人还是在其基础上不断地修正和改进，而 White 的研究思路一直沿用至今。White 方法基于两个步骤：首先用成对组成元素估计动物总体的 MNI，然后将每个类型的动物个体总数乘以预计的可食用肉量，以确定所代表的可食用肉量，其中可食用肉量等于动物总质量乘以肉量所占的百分比。后来人们对此方法进行了改进，如考虑了动物年龄、性别和大小的差异，以及肉食比例等。特别是后者，有学者曾经建议将重点区分动物质量或可食用肉量。再后来，动物（考古）学家提出了异速生长法，以讨论可食用肉量（或动物体重）与骨长度的关系。

举例说明：虽然我们可以根据现代鹿的肉/骨比率，乘以古代已经可识别的鹿骨质量，就得到相应的鹿肉量，但是这种关系并不是线性的，而且这种肉/骨比率会随着鹿的年龄、性别、营养状况、健康状况，以及其他可能的因素而变化。因此，简单地汇总性别和年龄的动物数据并乘以一成不变的比率（如平均数，而且是从现代动物样本中进行统计的）是不可能给出一个非常让人信服的结论。基于非常小的现代动物样本的肉/骨比率也不可能代表现代的总体种群中的关系，更不用说回到过去了。

异速生长方程描述的是随着动物生长，生物体内各部分（包括骨质量或生物体长度）之间的比例变化，所使用的比例公式基于动物体重与骨骼质量（或长度）之间的关系。例如，随年龄的增长，在动物质量与其股骨长度，或者动物身高与胫骨的长度之间呈现出独特的变化曲线。许多脊椎动物和无脊椎动物的特征量与体重之间是异速增长，考古学家更多使用幂函数来描述骨骼或外壳（如贝类等）质量与长度之间的关系，其函数关系为

$$Y = aX^b \text{ 或 } \ln Y = \ln a + b \ln X$$

式中，a 和 b 分别为根据实验数据经线性拟合得到的截距和斜率。式中的数值 Y 在考古学上是未知量，如可以是总质量、可食用肉重或总长度等；独立变量 X 从考古样本中获得。例如对于一种皇冠香螺（*Melongena corona*），X 代表香螺壳的宽度，Y 为去壳后的可食用量。表 3.3 列出了部分水生鱼类和贝类体重（肉量）与骨（壳）重之间的函数关系。

表 3.3 部分脊椎动物和非脊椎动物体重（肉量）与骨（壳）重之间的函数关系（Reitz et al., 1987）

	n	R^2	$\log a$	b	肉量 Y（g）	壳量 X（g）
马珂蛤（*Rangia cuneata*）	34	0.98	−0.78	1.07	0.6~6.8	3.3~35.2
北圆蛤（*Mercenaria mercenaria*）	30	0.96	−0.51	0.86	6.5~103.8	37.1~741.0
硬壳蛤（*M. mercenaria*）	40	0.95	−0.50	0.94	5.0~41.4	16.1~168.7
	n	R^2	$\log a$	b	体重 Y（kg）	骨重 X（kg）
硬骨鱼纲（Osteichthyes）	393	0.80	0.90	0.81	0.004~188.0	0.0005~5.84
鲈形目（Perciformes）	274	0.76	0.93	0.83	0.004~188.0	0.0005~5.84
石首鱼科（Sciaenidae）	186	0.78	0.82	0.73	0.012~7.95	0.0001~0.45

考古学家在考虑提供肉食贡献的动物数量时，一般会限于总体中可识别的某动物个体的 NISP 或 MNI（可由以上两节讨论方法获得），而其他的如骨数量或骨质量很少用于量化肉食资源，因为它们可能受文化习俗、肉食处理方式以及分析方法等的影响。能够长期埋藏并保存下来的组成元素，似乎具有解决肉食贡献的最佳潜力，这需要后人持续不断地努力研究，去寻找彼此的关联。

特别说明的是，尽管这种确定动物数量（如 MNI）和确定肉/骨比率的方法如异速增长方程，持续在改善之中，但是在每一个环节也要考虑其误差。由于可食用肉量或者类似数值都是间接测量数据，可以预见的是，其误差要比其他量化测量数据如 MNI，甚至肉/骨比率的误差都要大，体现的是误差传递（见第 1 章），这也是我们在肉食分析中所要强调的。

3.4 非丰度测量

3.4.1 分形维数

针对遗址中大量的陶器碎片、骨碎片等遗物，采用第 4 章所描述的统计平均的方法，确实也没有合适的物理量（如大小、质量或密度）来描述这些碎片材料的分布状况，甚至都无法决定多大的碎片应该在我们的统计范围之内。理论上讲，如果剔除了最小和最大的极端碎片，就会对这些小碎片的平均结果和密度产生很大的影响，这样就需要我们用一个新的特殊度量（及其相关误差）来描述整个碎片的分布状况（Banning，2020）。

针对考古学中许多看似无规则的考古事件，我们会发现一个非常有趣的现象：那就是大到遗址面积分布、小到破碎陶片或石器工具的大小分布，也或是遗址内人工制品的密度分布等，都呈现分形性质（fractal property）（Brown et al.，2005）。分形是以非规则和非线性物体为研究对象，主要揭示复杂的自然和社会现象中所隐藏的规律性、层次性和标度不变性。将分形理论用于考古学研究是考古学与自然科学发展的又一重要成就，也从另一方面体现了在看似无规则的考古信息中所蕴藏的复杂而又简单的数学关系，更似乎这种数学关系就存在于自然界和我们日常生活之中，需要的是我们去寻找和去发现。Brown 等在 2005 年"The broken past: Fractals in archaeology"一文中曾经写到（Brown et al.，2005）：（分形分析）是一个非常开放和令人兴奋的研究领域，如果我（们）是研究生，我（们）就会选择在这一（考古分形研究）领域工作。（"As the reader will see, fractals are part of the large and rapidly advancing field of nonlinear science. This is such a wide-open and exciting field of study that, if we were graduate students, we would choose to work in it."）

例如，考古学家几十年前就意识到遗址规模遵循 Zipf 规则（图 3.2），即聚落遗址规模大小与其等级之间存在幂函数关系（Cavanagh，2009）。当然，在当时他们也并没有意识到这也是一种分形性质，毕竟分形理论的发展也仅仅是最近几十年的事情。分形几何（fractal geometry）描述了自然和社会中许多粗糙、复杂的现象，尽管许多事情看起来杂乱无章，分形却让它们在不同尺度下具有了相似的数学函数关系。在考古研究中，由图形所表示的不同尺度下的考古现象看起来也有类似的函数关系。物体破碎，通常在考古学家眼里代表着毁坏了的考古世界，但是分形性质就是它的特点之一。如果我们开始研究这些微观碎片时，如统计燧石碎片长度与厚度的关系，可能就会发现除了尺寸有差距以外，不同燧石薄片分布规律是多么相似。宏观和微观尺度下的许多考古事情都是如此，有相似的幂函数指数，这里体现的就是分形性质。

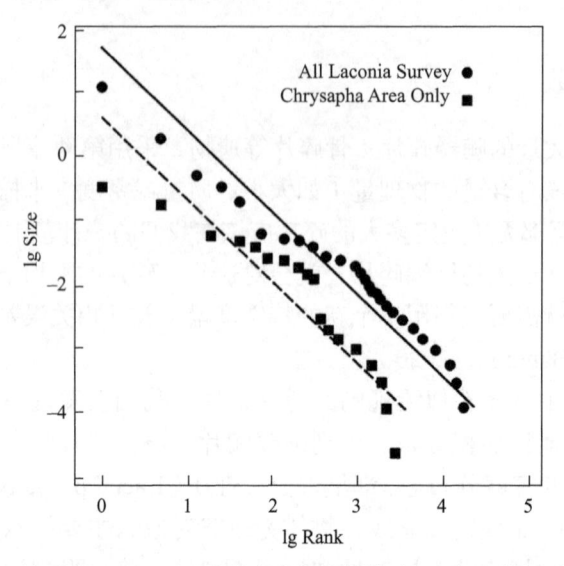

图 3.2　希腊 Laconia 地区和 Chrysapha 地区考古遗址规模（Size）和等级（Rank）遵循 Zipf 规则（Cavanagh，2009）

分形几何不仅仅是对大量杂乱数据的统计，我们能够用分形维数 D（fractal dimension）来表征分形分布。D 是一个非整数维度，我们大多数人都习惯空间维度，如一维、二维和三维，但分形是我们一般理解下的奇怪维度，如 1.5 或者 1.7 这样的非整数。这个维数 D 的作用就是表示由比例变化所引起的相应变化，相应的函数关系如下

$$f(x) = kx^D$$

式中，k 为常数。

碎片（如陶片或燧石薄片）的大小分布可以用幂函数描述，特定线性尺寸的人工制品数量 N 与大小 s 之间也体现幂函数关系，幂次为 D。Brown 等（2005）对燧石碎片大小（经筛网统计）和数量进行统计，取对数作图得回归斜率 D 等于 1.37，为一常数。

$$N(>s) \sim s^{-D}$$

对于陶器或动物骨骼这样的易碎物，分形维数能给出一些关于如何破碎的信息。事实上，D 值与破碎的概率直接有关。具有不同密度、硬度等的陶器或骨骼的破碎方式是不同的，而跌落、踩踏，也或食肉动物的咀嚼、锤击等也都会影响

D 值，而且很有可能不再符合幂函数分布。根据图、函数以及 D 值可估计当时易碎物质可能存在的状况。

用计数格子方法，我们也可以用维数 D 统计遗址大小的分布模式。这包括在考古空间上划分网格，并计算每个网格中的遗址或文物的数量，然后合并网格再重复这个过程多次，直到所有东西都放到一个格子中（看起来似乎这项研究是矩形格子才有效）。根据数量 N 与格子大小（s）之间的函数关系，取对数作图就可以根据直线斜率估计出分形维数 D（类似于图 3.2）。在考古聚落模式研究中，关于遗址等级与规模的分析，可以用 $D = 1/k$ 将遗址等级与大小分布相联系，在经典的 Zipf 规则情况下 $k = 1$，而在希腊 Laconia 遗址，D 在 0.7~1.0 范围内（Banning，2020）。

3.4.2 普遍性

有时候一些考古学家会用普遍性（ubiquity）来描述一个遗址内发现陶器碎片或植物种子的数量。这里所说的普遍性其实还谈不上是丰度，更准确地说是描述样本中某个组成元素出现的概率。例如，对由 n 个大小相等的空间单位组成的样本（这个空间单位可以是正方形的地面网格，或 10L 大小的沉积物），某类组成元素（如陶器碎片或者植物种子）的普遍性就是一个比例，等于存在组成元素的空间单位数量 x 除以所有空间单位数量 n（即样品数）：

$$\text{ubiquity} = \frac{x}{n}$$

举例说明：针对某挖掘遗址，假设有 100 袋每袋体积为 4L 的浮选土，经浮选发现其中在 48 袋里含有至少一粒炭化稻种子，那么炭化稻的普遍性就是 0.48。另外，如果在 80 袋里发现至少有一粒炭化大麦种子，那么炭化大麦的普遍性为 0.80。但是二者相比并不表明炭化大麦种子的数量一定多，有可能 80 袋里每袋只有两三粒炭化大麦，而许多袋中可能含有 20 粒或 30 粒炭化稻。在这里强调的是，每袋里是否存在炭化种子，存在计为 1（事实上，其存在的数量是大于等于 1 的），不存在计为 0。这里存在与不存在是名义变量。

普遍性的统计模型用二项分布描述，涉及二项分布的参数有 n，即样本中"实验"的数量，如上面提到的 n 袋浮选土（我们进行了 n 袋浮选就是进行了 n 次实验），以及 p，即实验"成功"的概率，如至少发现一粒炭化稻或炭化大麦算作一次成功实验，那么这个概率就是由成功的比例所计算的估计数。对成功的实验数量作统计分布，当数量 n 很大时呈正态分布，当 n 很小时呈二项分布（正态分布和二项分布概念参见第 5 章）。

普遍性受很多方面影响。只有当代表特定总体的样本容量 n 足够大时，作普遍性讨论才有意义；普遍性对选择的空间单位大小和密度（如每升中含有的炭化种子数）非常敏感；对比的空间单位要一致，否则作存在与否的统计分析将毫无意义，如选取每袋体积不等的浮选土进行筛选和分析。根据普遍性可以推测遗址形成过程，但是需要仔细选择要统计分析的类别。另外需要强调的是，普遍性高并不代表组成元素数量丰富，它只是一个特殊的统计分析度量。

在部分考古文献中，对遗物普遍性的讨论有时候仅仅基于不超过 10 的样本容量，这样小的样本容量会有很大的误差，提供的信息并不足以让人信服。以简单数学为例，当 $n=3$ 时，普遍性只能是 0.0、0.33、0.66 和 1.0 四个可能结果；而对于 $n=5$，只能取 6 个值；即使 $n=10$，也只有 11 个值。因此样本空间单位中选择何种组成元素会影响对普遍性的判断，得到的数据也有很大差异。当 n 选择得很小，我们稍微增加样品容量，那么普遍性就可能发生很大的变化。

因此，确定样本容量非常重要。通常有固定的采样方法用于预先确定 n 值，这可以保证产生可接受的误差和置信度。这里需要注意的是，普遍性模型是二项分布，而不是正态分布。另外，也可以采用逐步采样的方式选取样本。例如，在野外收集了大量的沉积土，我们可以随机地选择其中的一部分进行分析并作统计；在每次增加样本容量后绘制统计的普遍性变化图，当普遍性趋于稳定时停止采样。

但是样本容量并不是唯一问题，包含组成元素的样品，其单位大小或者密度对普遍性也有很大影响。例如，如果以 10L 浮选土为样品单位，那么对于许多炭化种子其存在程度可能就是 1.0 或者稍低一点，而如果选择 1L 浮选土为样品单位，其存在程度可能接近 0.1 或 0.2，因此样品单位大小和样品数量同样重要。理想情况下，我们希望样品单位足够小，这样在一些情况下统计量中会有部分为 "0"（即不存在）；另外，我们也希望样本容量足够大，不能让统计量 "0" 占据了大多数。因此，也可以用泊松分布来模拟密度，采用基于检验 λ 值分布选择合适的空间单位体积。所以，我们需要清楚，普遍性不是统计整个遗址，而是遗址中以网格划分的不同数量 x 的网格（或体积），当 x 选择 10L、5L 或 1L 时，统计的普遍性会有很大差别（此部分中讨论的泊松分布，请参见第 5 章）。

另外还需要说明，普遍性高并不意味着存在的数量多。也就是说，在某遗址中如果某炭化种子 "非常普遍"，实际上只是告诉我们在分类空间单位下的高普遍性，并不能确定它是否 "丰富"。低普遍性意味着在分类空间单位中很少被发现，即使它出现的时候在数量上可能非常多。例如，虽然藏有文物的窖藏的普遍性很低，但是当窖藏被发现时，文物的数量可能就会很多。尽管有证据表明，在某些特定情况下 NISP 与普遍性之间相关性很强，但是丰度与普遍性之间没有必然的联系，而且也没有理由认为二者之间存在必然联系。

3.4.3 多样性

多样性（diversity）是另一个与丰度无关的数据表达。总体多样性是指总体中包含一定数量类别，且各类别呈均匀分布状态。由一、两个类别支配的总体并不能说总体呈多样性。生态学家经常用多样性描述生物群落结构，将生物学多样性概念和测量方法应用到考古学中其实并不是一件容易的事情。

尽管如此，多样性仍在考古学中有许多应用。例如，多样性是分析专门化的好方法。遗址或人类活动场地的人工制品多样性低，说明当时的人们更有可能专门从事某项特定目的的活动。动物或植物组合的多样性低有可能表明是非常集中的狩猎、采集或者农业耕作，与之形成对比的是与"广谱革命"（broad spectrum revolution）相关的高多样性，一些考古学家认为广谱革命产生的时间更应该发生在最早的驯化植物和动物之前。

丰富度（richness）是描述多样性最简单的物理量，用以体现样本中所含类别的数量。显然，丰富度必然受样本大小的影响，一个小样本不太可能代表总体中所有类别。

另外一种方法是将样本大小考虑其中，使用丰富度指数（richness index）描述总体的多样性：

$$dl = \frac{s-1}{\ln n}$$

式中，dl 为丰富度指数；s 为样本中所包含的类别数；$\ln n$ 为样本中个体数量 n 的对数。这种丰富度指数在一定程度上补偿了小样本带来的偏差，但是如上述所述，估计个体数量仍然是一个难题，而有学者用 MNI 代替 n 也会产生偏差。

其他后续类似上式的改进方法，不仅仅试图包括所有类别数量，也试图体现类别的分布状况。

为解决样本大小所带来的偏差，研究中经常用图来比较两个总体间的多样性。如果以分类种数（Number of Taxa）或丰富度为 x 轴，分类种数的累积比例（Cumulative Proportion）为 y 轴作图，我们就可以同时比较一个总体（或多个总体间）总体的丰富度和均匀性（evenness）。例如在图 3.3 中，种群 A（Population A）比种群 B（Population B）更具多样性，尽管种群 A 只有五类而不是六类，相对种群 B 前两个类别几乎占据了 70%，而种群 A 中的各类分布更均匀。然而这种方法更适合对总体的讨论，如果用于样本讨论时也会产生偏差。

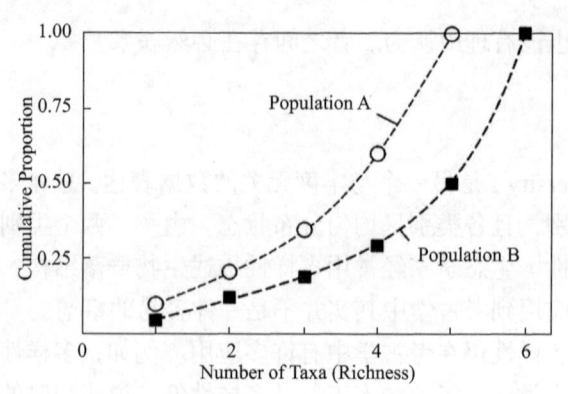

图 3.3 丰富度与分类种数的累积比例，显然种群 A 比种群 B 更具多样化，但是其有更少的分类种数（Banning，2020）

常见的描述多样性的，还有 Shannon 指数（Shannon index）：

$$D_{Sh} = \sum_{i=1}^{s} p_i \lg p_i$$

它是总体中每类别的比例乘以其比例的常用对数之和，我们可以用类似 EVE 或 TMAU 的计算方法来估计类别比例。例如，对于 0.5、0.3 和 0.2 的比例组成的三类的总体，其 Shannon 指数为

$$D_{Sh} = 0.5 \times \lg 0.5 + 0.3 \times \lg 0.3 + 0.2 \times \lg 0.2 = -0.4$$

这里 Shannon 指数还是有偏差的，最大的类别严重影响 Shannon 指数。

另外一个较好描述多样性的是 Simpson 指数，它在计算公式中对各类别的组成比例进行了重排：

$$D_{Si} = 1 - \sum_{i=1}^{s} p_i^2$$

也就是用 1 减去每个类别比例的平方和。对于由多个比例相近的类别组成的总体，其 Simpson 指数要低于由一两个主要类别所组成的总体 Simpson 指数。和上面讨论一样，该指数对前一两个主要的类别非常敏感，但是它的优点是对样本有一个无偏估计。

近些年来，许多考古工作者采用多样性指数描述总体多样性，也相继提出了多种改进方法，然而多数指数也对类别的比例非常敏感，也有人尝试从总体中抽样，以获取给定样本下表示多样性的平均值和方差。

最后需要注意的是，由于不同遗址（或场所）沉积环境不同而导致沉积物中类别比例不同，也就造成了最后统计的考古样品（如植物残留）多样性的不同。

本节所涉及的各项表示多样性的数据（指数），重要的决定因素还是样本中某类别的保存率 r，它对最终的多样性数据有很大的影响。

3.5 应用实例

其实在考古发掘中，陶器碎片、骨头和炭化植物种子等的数量与完整陶器、动物和植物的数量之间很可能没有像前面讲述的那样有确定的函数关系，因此有时候这样的计数可能就没有什么意义，除非让这些量化数据作为间接测量用于相应考古信息的解释和推理。在大多数获得的量化和丰度数据中，需要尝试一些"校正"因素，如总体中个体数量、破碎程度和保存率等，当然这些因素对量化数据会有误差。采取增加置信区间的措施似乎能弥补上述不足，但是仍然不能排除对这些观测数据的质疑。在以下的应用实例中，会体现这些讨论。

3.5.1 动物骨骼及其反映的家养动物的差异化

统计方法或数据类型：NISP、MNI。

文献：人类学学报，2022，41：406-418。

近年来，为探讨早期家畜饲养业的发展，学术界对二里头文化时期的多处遗址，如偃师二里头、登封王城岗、登封南洼、新密新砦、洛阳皂角树、临汝煤山等开展动物考古学研究。涉及的家养动物有狗（*Canis familiaris*）、猪（*Susscrofa domestica*）、绵羊（*Ovis aries*）、山羊（*Capra hircus*）和黄牛（*Bos taurus*）等。根据现有资料可知，二里头文化先民相继发展猪和狗的家畜饲养业，对猪的主要开发利用方式是获取肉食资源。而原本驯化于近东地区的黄牛和绵羊于 2500～2000 BC 进入中原地区，也被广泛饲养，丰富了人类的肉食资源。与此同时，绵羊的次级产品——羊毛在二里头遗址也得到开发和利用。除此之外，黄牛和绵羊在宗教祭祀方面也发挥重要的作用，与历史时期祭祀活动的等级制度的形成密切相关。

虽然学界已对二里头文化部分先民消费动物资源的方式形成一定认识，但是尚未对早期国家内部不同等级聚落开发利用家养动物的方式进行系统的对比分析。河南省新郑市望京楼遗址面积达 160 万 m^2，是二里头文化时期的一处重要城址，属于大型聚落。尤悦等通过种属鉴定、数量统计、测量数据分析、死亡年龄推算等动物考古学的研究方法，尝试分析中原地区居于大型聚落的先民消费和利用动物资源的特点，比较不同等级聚落开发利用动物资源的方式和早期国家内部的差异化，进而理解中华文明形成与早期发展过程中的关键时期的社会和经济（尤悦等，2022）。

1. 材料与方法

选择望京楼遗址中二里头文化时期的动物骨骼，主要来自地层和灰坑，分属二里头文化三期（T3）和四期（T4）。参考河南文物考古研究院动物考古实验室和中国社会科学院考古研究所动物考古实验室收藏的现代和古代的动物骨骼标本，以及相关动物骨骼图谱鉴定动物种属。对于无法判断到种（species）的标本，将其归入上级的属（genus）、科（family）或目（order）中。

尤悦等使用可识别标本数和最小个体数进行数量统计。参照《考古遗址出土动物骨骼测量指南》进行测量。绵羊颅后骨骼的测量数据使用梅德提出的对数指数法（logarithmic size index）进行分析和比较。

2. 统计结果

望京楼遗址 T 时期，内城东半部出土动物骨骼标本共 1847 件，其中可识别标本数（NISP）为 1036 件。T3 期动物骨骼的可识别标本数为 207 件，最小个体数（MNI）为 36；T4 期动物骨骼的可识别标本数为 829 件，最小个体数为 97。

哺乳动物数量及比例见表 3.4。T3 时期，野生动物的可识别标本数和最小个体数比例分别为 3.90% 和 17.64%，家养动物的可识别标本数和最小个体数比例分别为 96.10% 和 82.34%。T4 时期，野生动物的可识别标本数和最小个体数比例分别为 1.48% 和 6.74%，家养动物的可识别标本数和最小个体数比例分别为 98.52% 和 93.26%。可见望京楼遗址先民消费的动物资源以家养动物为主，其中猪的数量最多。野生动物只占很小的比例，其中梅花鹿的数量相对较多。

表 3.4　哺乳动物的可识别标本数和最小个体数

动物种属		T3 时期 NISP 数量(n)	T3 时期 NISP 百分比(%)	T3 时期 NISP 合计(%)	T3 时期 MNI 数量(n)	T3 时期 MNI 百分比(%)	T3 时期 MNI 合计(%)	T4 时期 NISP 数量(n)	T4 时期 NISP 百分比(%)	T4 时期 NISP 合计(%)	T4 时期 MNI 数量(n)	T4 时期 MNI 百分比(%)	T4 时期 MNI 合计(%)
野生动物	兔	1	0.49	3.90	1	2.94	17.64	1	0.12	1.48	1	1.12	6.74
	虎	1	0.49		1	2.94							
	梅花鹿	3	1.45		1	2.94		9	1.11		3	3.37	
	狍	1	0.49		1	2.94		2	0.25		2	2.25	
	野猪	1	0.49		1	2.94							
	小鹿	1	0.49		1	2.94							

续表

动物种属		T3 时期					T4 时期					
		NISP			MNI			NISP			MNI	
		数量(n)	百分比(%)	合计(%)	数量(n)	百分比(%)	合计(%)	数量(n)	百分比(%)	合计(%)	数量(n)	百分比(%)	合计(%)
家养动物	猪	114	55.61	96.10	18	52.94	82.34	492	60.67	98.52	63	70.79	93.26
	狗	14	6.83		4	11.76		44	5.43		5	5.62	
	黄牛	54	26.34		2	5.88		198	24.41		7	7.87	
	绵羊	2	0.98		1	2.94		7	0.86		3	3.37	
	山羊							1	0.12		1	1.12	
	羊	13	6.34		3	8.82		57	7.03		4	4.49	
总计		205	100	100	34	100	100	811	100	100	89	100	100

哺乳动物中的猪，通过猪下颌骨统计猪的年龄。为避免左右两侧重复计算，取每侧的最小个体数后相加得到用于计算年龄结构的部分，T3 期有 18 件，T4 期有 43 件（表 3.5）。这一年龄结构推算的存活曲线（见原文献中图 2）显示，T3、T4 期中只有少数个体能够活过成年（30~52 个月），大量未成年个体的死亡说明遗址先民养猪的主要目的是获取猪肉。

表 3.5　望京楼遗址二里头文化时期猪年龄信息（基于下颌牙齿）

死亡年龄（月）	T3 时期				T4 时期			
	左侧	右侧	MNI		左侧	右侧	MNI	
			数量(n)	百分比(%)			数量(n)	百分比(%)
<1	1		1	5.56				
3~5	1		1	5.56		2	2	4.65
6~8					5	10	10	23.26
8~12	4	2	4	22.22	6	7	7	16.28
12~16	1		1	5.56	2	10	10	23.25
18~30	3	1	3	16.66	4	8	8	18.60
30~52	5	2	5	27.78	3	3	3	6.98
52~72						3	3	6.98
72~96		3	3	16.66				
合计	15	8	18	100	21	43	43	100

3. 家养动物的差异化

在利用野生动物资源方面，二里头遗址的野生动物明显比中小型聚落的动物种类丰富，这与二里头遗址作为都邑可以辐辏更多资源有很大的关系。望京楼遗址和二里头遗址都发现虎这一狩猎难度相对较大的大型食肉动物，与两者较高的聚落等级相吻合。但是望京楼遗址野生动物的丰富度远低于二里头遗址，由此可见聚落等级的差异化。

二里头文化时期，二里头遗址 T3 期和望京楼遗址 T3 期，家养动物在哺乳动物中的数量比例占优势。在以家养动物可识别标本数为整体的统计中，猪是各遗址中数量最多的动物，其次为黄牛，绵羊数量为第三，在以家养动物最小个体数为整体的统计中（图 3.4），各遗址中猪是数量最多的动物，而绵羊的数量比例在各遗址中有着明显差别，黄牛数量比例较为稳定。根据各遗址中家养动物的可识别标本数和最小个体数的数量比例显示，猪的数量始终最多。绵羊的数量比例在二里头遗址最高，在望京楼、南洼和皂角树遗址逐渐减少，呈现随聚落等级降低而递减的趋势。

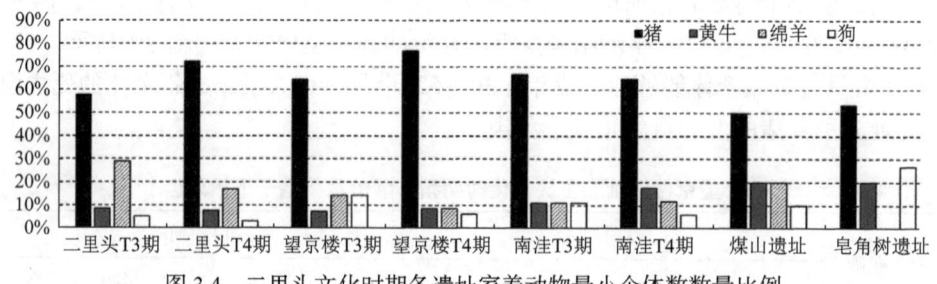

图 3.4 二里头文化时期各遗址家养动物最小个体数数量比例

在对绵羊骨骼与身体尺寸的研究中，尤悦等运用对数指数法进行评判讨论绵羊的尺寸变化。对数指数法是选择合适的成年绵羊的骨骼测量数据作为标准，将遗址中绵羊的每个颅后骨骼的测量值（X）的常用对数，与标准动物测量值（Y）的常用对数相减，即 $d = \ln X - \ln Y = \ln(X/Y)$，数学含义上表示标准动物测量值 X 相对于标准动物测量值 Y 的大小。分析表明，新砦遗址和二里头遗址都包含一些大于标准动物（即 $d>0$）的绵羊，而望京楼、南洼和煤山遗址的绵羊都小于标准动物（$d<0$），这说明最高等级的聚落中包含体格更大的绵羊，它们的身体尺寸更加多元化，这一现象是否与人类的行为（如选择策略或经济政治策略）有关，这些由动物反映到古代人类经济和社会的问题值得我们进一步思考。由图 3.5 可见高等级聚落的绵羊整体较其他等级聚落的身体尺寸更大，双样本异方差 t 检验显示两者差异性显著。

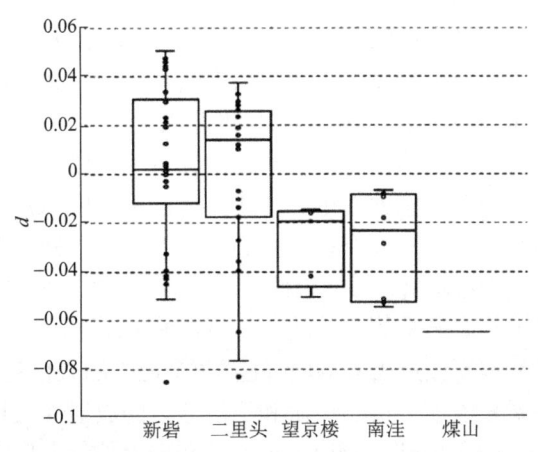

图 3.5 各遗址掌、跖骨对数指数差值（d）所体现的羊身体尺寸差异箱式图

尤悦等利用对数指数法对中原地区早期青铜时代绵羊的身体尺寸进行比较分析，较以往对羊骨测量数据的分析方法有所突破。作为一处早期国家的重要城址，望京楼遗址的动物考古学研究说明家养动物是城市居民肉食消费的主体，家养动物的次级产品——羊毛也得到开发和利用。通过比较二里头文化时期的二里头、望京楼、南洼、煤山和皂角树遗址，在家养动物的种类、家养动物的数量比例、绵羊的身体尺寸和以获取羊毛为主要目的养羊业这四个方面都体现出早期国家内部不同等级聚落开发利用家养动物的差异化。

3.5.2 放射性碳年代数据估计遗址的人口变化

统计方法或参数：OxCal 4.3 软件、放射性碳年代数据。

文献：Journal of Archaeological Science：Reports，2022，44：103512。

一定规模的人口、适宜的环境和充足的食物供给是人类安居稳定的基础，它们的变化会影响史前聚落发展，造成社会等级分化、冲突或战争、人口流动等。对世界各地的古代聚落内或聚落间的差异变化，仍有很多疑问需要我们去解释、作答。史前社会中，食物储存是人们应对食物季节变化所采取的常见措施，对提高人类寿命有显著影响。最重要的是，这样的措施在粮食储存充足下会起到积极的正向作用，而在储存粮食发生短缺的情况下，则可能导致灾难性的后果。无论是农业，还是依赖季节性非驯化资源（如海洋鱼类），这一假说都是正确的。因此在相同条件下，拥有更广泛生存资源的社会会较少遭受频繁、严重的人口危机。

Prentiss 等利用放射性碳测年数据（Prentiss et al.，2022），对加拿大不列颠哥伦比亚省中南部的 Fraser 河中游山谷地区（Mid-Fraser）与西南部的 Fraser 河下游山谷地区（Lower Fraser）进行比较，探索新石器中晚期史前人口的动态变化（两地区地形图参见图 3.6）。在这两个地区，萨利希语的土著人群居住了几千年，彼此通过商品交换，有着经常性的相互交往。Fraser 中游和 Fraser 下游地区的人们都有长期居住的村庄，通过捕鱼、狩猎和采集促进社会发展，特别依赖 Fraser 河渔业。两个地区是在 1000~1500BP 年间发展起来的。

相比之下，Fraser 下游地区有更早永久性的冬季村庄，生产更多的食物和商品。这两个地区在环境和生态方面也有一些显著区别。Fraser 下游地区比高海拔的中游地区有更温和的冬季，具有多样性的季节性鱼类物种、更多样和丰富的植物群落以及更丰富的大型哺乳动物。因此，可以预见随着时间推移，生活在 Fraser 下游地区的人将经历不太严重的人口波动，而在 Fraser 中游地区则有可能相反。

本文研究目标就是模拟过去 4000 年间这两个地区的人口变化，重点探究潜在人口波动的因果关系。依据 Fraser 中游和下游地区的放射性碳日期数据，利用求和概率分布（summed probability distribution，SPD）估计人口波动，并用置换检验（permutation test）方法来评估两个地区的变化模式是否有区别。结果表明，尽管两个地区在社会发展方面有一些共同点，但它们在人口统计方面还是有区别的。Prentiss 等提出这样的假设：即太平洋西北部内陆人口数量比那些靠近沿海的人口数量更不稳定，因为前者更依赖受气候因素影响的食物资源。

1. Fraser 中游和下游地区的放射性碳材料

正如图 3.6 所示，在 Fraser 中游地区有多条小溪汇集，多个河谷附近有多处聚落遗址，这些人类居住地都有放射性碳材料数据。根据前期多人几十年的工作积累，包括选自原始报告、文章、论文和书籍，以及加拿大考古放射性碳数据库中的数据，同时为了避免来自非受控样品（如野火）的偏差，通过评估原始材料、测年程序以及样品环境，如只接受木材数据，大大减少海洋鱼类污染的可能性，而木材也不能选自粪坑或壁炉环境以免受其他因素污染，最终 Prentiss 等共收集了 Fraser 中游地区 8 个遗址的 155 个放射性碳日期数据。

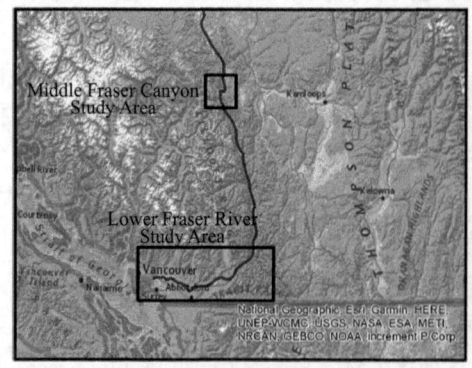

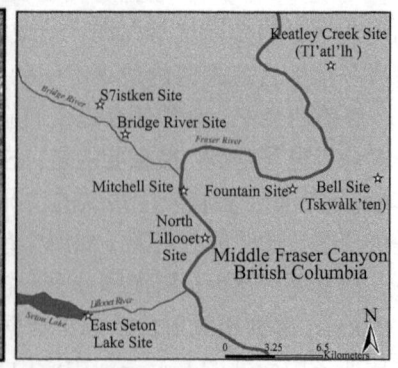

图 3.6　Fraser 中游（Middle Fraser Canyon Study Area）和下游地区（Lower Fraser River Study Area）的地理位置（两个方框所划定区域）和中游地区（Middle Fraser Canyon British Columbia）的 8 个遗址（由图中五角星所代表）分布位置

关于 Fraser 下游地区已有前人的考古报告，其测年样品中排除了可能受海洋或淡水分馏以及碳酸盐沥滤影响的样品，最后共收集了 95 个遗址的 599 个放射性碳日期。从中也发现在 Fraser 中游和下游地区，符合研究放射性碳日期的遗址数量明显有差别，从一个方面也可能预示着人口波动会有显著差异。

2. 分析方法

放射性碳日期的 SPD 在模拟人口变化方面有广泛的应用。这类研究依赖于这样的假设，即遗址、房址等的频数波动反映了人口变化，而放射性碳日期波动与遗址等的频数波动相一致。对这种方法的批评也一致存在，即人口变化之外的其他因素，如校准曲线、与人口波动相关的数据丢失、样品来源（如旧木材）和样本大小等，都可能影响放射性碳日期的分布。当然其中的许多问题可以通过假设检验解决，就是将相关推理作统计评估。

使用复合核密度估计（composite kernel density estimate，CKDE）检测每个地区的放射性碳日期密度，并使用置换检验确定是否有足够的证据来表示两个地区的人口数量变化是否有差异。这两种方法都是专门用来确定 SPD 的变化是人口密度波动引起的结果，还是小样本容量所引起的统计波动。使用 1000 个自输入样品以 50 年带宽计算 CKDE，在 4000~200cal. BP 之间进行模拟计算。最终样本量包括 Fraser 中游地区 8 个遗址的 137 个放射性碳日期的 31 个间隔，以及 Fraser 下游地区 82 个遗址的 384 个放射性碳日期的 243 个间隔。选择间隔参数 h 为 50 年、150 年和 200 年进行置换检测，探讨间隔大小的影响。使用 *rcarbon* R 软件作统计计算。

3. 结果

模拟结果显示，Fraser 中游和下游地区有不同的人口变化趋势。首先，Fraser 中游地区的样本容量要远低于 Fraser 下游地区的样本容量，也从一个侧面说明了地理空间上的人口差异。CKDE（图 3.7）和置换检验（图 3.8）都显示了在两个

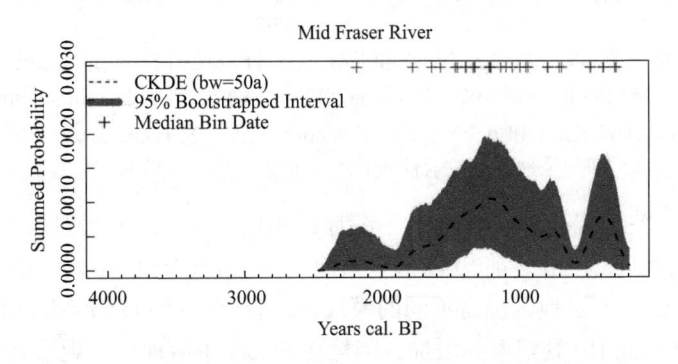

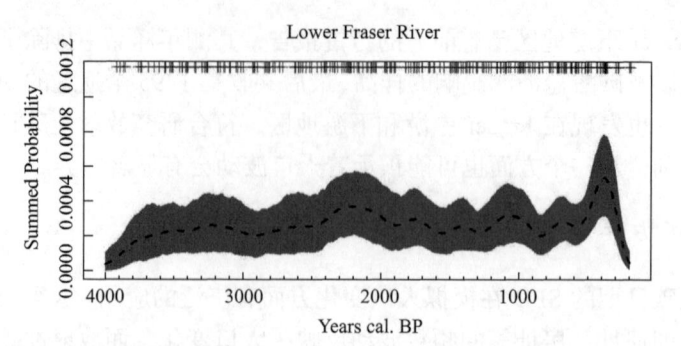

图 3.7 自举置信区间（Bootstrapped Interval）为 95% 下 Fraser 河中游（Mid Fraser River）和下游地区（Lower Fraser River）的 CKDE 曲线，其中横轴为距今年代（Years cal. BP），纵轴为总概率（Summed Probability），图中"+"号表示区间中位日期（Median Bin Date）

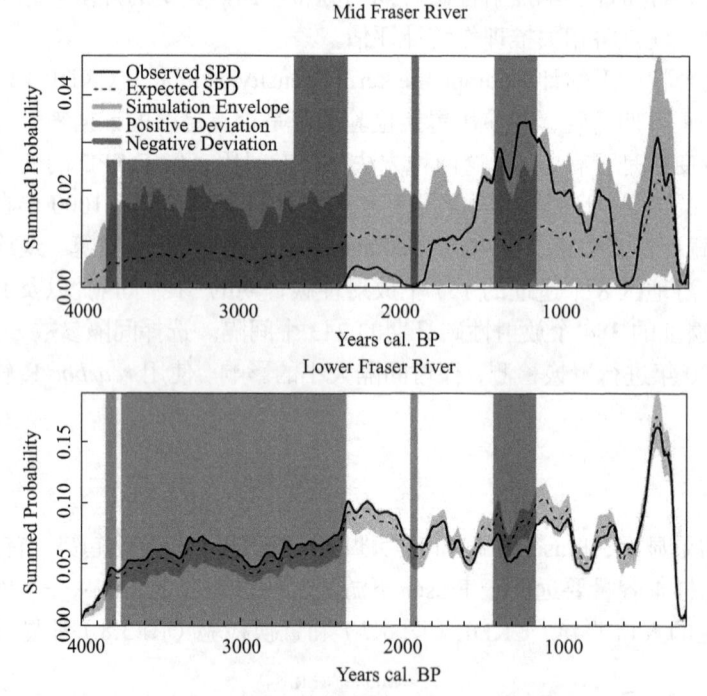

图 3.8 Fraser 河中游（Mid Fraser River）和下游（Lower Fraser River）地区 SPD 曲线，包括观测 SPD（Observed SPD）、期望 SPD（Expected SPD）、模拟包络 SPD（Simulation Envelope），显示正（Positive Deviation）和负（Negative Deviation）偏离零假设的区域。虚线表示在零假设下（即两个地区的放射性碳日期与频率一致）预期的变化趋势

地区上的几个关键特征。与 Fraser 下游地区相比，Fraser 中游地区的放射性碳日期显示，在 2300cal. BP 之前 SPD 低于预期，而在 1400～1100cal. BP 之间 SPD 高于预期。而 Fraser 下游地区确有不同的模式，放射性碳日期的 CKDE 总体变化稳定，仅在 400～300cal. BP 处观察到增加，当然在 Fraser 中游地区也观察到这种变化。

即使考虑到抽样误差的原因,CKDE 确实表明在 400~4000 cal. BP 年间 Fraser 中游地区人口波动性要大于 Fraser 下游地区。如果人口波动是文明进程的结果,我们可以去寻找战争、交换关系的破裂,也或生存技术创新的标志。虽然在 Fraser 中游地区确实发现了许多为防御目的而修建的遗址,但是实际上并没有找到战争的考古证据。考古记录中也持续发现了非本地的石器和海洋贝类材料,也从一个方面表示这种族群之间的交换关系始终未曾中断。在考古调查中也发现了 Fraser 中游地区技术和生存的连续性。在大约 2000 年的历史中,Fraser 中游地区的人们就有弓、箭和狗(可能用足狩猎和运输资源的辅助工具),并且有足够的技术手段来捕获鱼类。因此,在这一点上似乎不太可能解释 Fraser 中游地区人口变化与任何文化危机有关,包括战争、中断至关重要的交换关系或技术改造等。

从 Fraser 中游地区生存生态可洞察人口的变化。Fraser 中游地区的人们以红鲑鱼(*Oncorhynchus nerka*)为冬季食物,生存资源缺乏;相比之下,Fraser 下游地区保持了更广泛的海洋、淡水和 Fraser 河鱼类资源,以及高度多样性的陆生植物和动物资源。对于 Fraser 中游地区,如果关键食物资源发生短缺,而少数替代资源(如鹿或地质植物)恰巧也稀少,那么在该地区就有可能面临生存危机。另外,鉴于 Fraser 中游地区水流形态利于高渔业生产,有可能出现红鲑鱼过剩,此种状况下会促进人口快速增长。

在当时的生存条件下,土著人群不太可能使用传统技术在太平洋地区过度捕捞红鲑鱼,因此 Fraser 鲑鱼数量的波动更有可能与当时的气候变化相关,像其他种类的鲑鱼一样,红鲑鱼非常容易受气候变化的影响。发源于高海平面的暖湿气候会导致鱼的质量减少,从而导致产卵成功率降低。正是由于海洋食物链的不利影响,浮游生物、软体动物、小型鱼类等的数量减少,这些都是以红鲑鱼为食物来源。区域气候数据表明,西北太平洋的气候变化可能反映了全球气候变化。在西北太平洋地区的冰川期发生在 1300~1800cal. BP 和 450~750cal. BP,这与同一时期估计的北美西部较寒冷时期相一致,分别对应古典时代晚期小冰期(the late antique little ice age)和小冰期(the little ice age)。

可以认为在持续的 2000 年间,SPD 波动与多种气候指标的变化趋势相一致,表明 Fraser 中游地区人口波动可能受到区域气候因素的影响,继而转嫁到了渔业生产能力上。不稳定的鲑鱼食物资源、当地野生鹿的减少,以及更频繁地获取距离村庄更远的植物资源,最终导致人口数量的急剧变化。

主要参考文献

尤悦, 陈相龙, 余翀, 等. 2022. 河南新郑望京楼遗址出土的动物骨骼及其反映的家养动物的差异化[J]. 人类学学报, 41: 406-418.

Banning E B. 2020. The Archaeologist's Laboratory: The Analysis of Archaeological Evidence[M]. 2nd. Switzerland: Springer Nature AG: 105-126.

Baxter M J, Cool H E. 1990. An approach to quantifying window glass. In: Lockyear K, Rahtz S. CAA 90: Computer Applications and Quantitative Methods in Archaeology 1990 (BAR International Series 565)[M]. Oxford: Tempus Reparatum: 127-131.

Brown C T, Witschey W R T, Liebovitch L S. 2005. The broken past: Fractals in archaeology[J]. Journal of Archaeological Method and Theory, 12(1): 37-78.

Cavanagh W G. 2009. Settlement structure in Laconia and Attica at the end of the Archaic period: The fractal dimension[J]. American Journal of Archaeology, 113(3): 405-421.

Chase P G, Hagaman R M. 1987. Minimum number of individuals and its alternatives: A probability theory perspective[J]. OSSA, 13: 75-86.

Corredor D M, Vidal J M. 2016. Archaeological quantification of pottery: The rims count adjusted using the modulus of rupture[J]. Archaeometry, 58(2): 333-346.

Egloff B J. 1973. A method for counting ceramic rim sherds[J]. American Antiquity, 38: 351-353.

Fieller N R J, Turner A. 1982. Number estimation in vertebrate samples[J]. Journal of Archaeological Science, 9: 49-62.

Krantz G S. 1968. A new method of counting mammal bones[J]. American Journal of Archaeology, 72: 286-288.

Lu G, Wang F, Tang Z, et al. 2019. The Jiaojia site of the Neolithic age in Zhangqiu district, Jinan[J]. Chinese Archaeology, 19(1): 13-27.

Moreno-Garcia M, Orton C, Rackham J. 1996. A new statistical tool for the comparison of animal bone assemblages[J]. Journal of Archaeological Science, 23: 437-453.

Orton C. 1980. Mathematics in Archaeology[M]. London: Collins.

Orton C, Tyers P A. 1992. Counting broken objects: The statistics of ceramic assemblages[J]. Proceedings of the British Academy, 77: 163-184.

Prentiss A M, Edinborough K, Crema E R, et al. 2022. Divergent population dynamics in the middle to late Holocene lower Fraser valley and mid-Fraser canyon, British Columbia[J]. Journal of Archaeological Science: Reports, 44: 103512.

Reitz E J, Quitmyer I R, Hale H S, et al. 1987. Application of allometry to zooarchaeology[J]. American Antiquity, 52: 304-317.

Rick J W. 1987. Dates as data: An examination of the Peruvian radiocarbon record[J]. American Antiquity, 52(1): 55-73.

Rodriguez E C, Hastorf C A. 2015. Calculating ceramic vessel volume: An assessment of methods[J]. Antiquity, 87(338): 1182-1190.

Shott M. 2000. The quantification problem in stone-tool assemblages[J]. American Antiquity, 65(4): 725-738.

Turcotte D L. 1986. Fractals and fragmentation[J]. Journal of Geophysical Research, 91(B2): 1921-1926.

White T E. 1953. A method of calculating the dietary percentage of various food animals Utilized by Aboriginal peoples[J]. American Antiquity, 38: 266-278.

第4章 描述性统计

考古学家所关注的问题往往涉及与人类生活息息相关的遗址、器物、墓葬和随葬品等，由这些遗存可以推测当时人类的生活和经济状况。但是考古学家们不会通过单件器物、单座墓葬或者单个遗址就得出有关生活、经济状况的结论，而需要对大量器物、大量墓葬和不同遗址间进行对比观测与统计分析。在此过程中自然就会产生大量的、不同类型的考古数据（如第1章所述），考古学家会在其中寻找能够反映古代生活信息的数据。

在考古研究中语言文字可以描述数据所代表的考古信息。考古学家可以用文字描述典型的考古事件，如描述遗址中最常见的陶器种类，以及一些值得注意的"例外"发现（这些例外会给人留下的印象就是数据发生了变化）。有时候文字总结可能会比数字总结要丰富，也更有趣，它们的优势是传达了研究者的思维过程和研究目的。然而，无论是否使用统计方法，文字描述都不适合精确地比较数据集之间的差异。文字描述在考古研究中有着重要的作用，但不应该成为考古研究的唯一方式。

考古数据，可以用表格和图形展示（参见第2章）。图表最为直观，可以方便罗列大量数据；也可用函数形式表示数据之间的数学关系（参见第7章）。有时候也可以从大量的数据报表中概括出一两个数字，这样会更容易对大量数据进行识别和判断，总结出更具意义的考古结论，这也是统计分析的目的（我们本章的内容就关注于此）。

考古学中通常所说的数据统计针对的是区间变量和比率变量为主的数值变量，其研究目的旨在总结数据"中心"特征，以及与"中心"相关的离散量，因此这种描述性统计包括三方面内容：①寻找数据的代表值（体现趋中性）；②分析数据间的离散度（即离散性）；③观察数据的频次分布。对于名义变量数据，在考古学中使用相对丰度（即比例或百分比）来概括总结。我们将在下面逐渐展开。

4.1 数据的趋中性

趋中性（central tendency）代表一组数据集中的趋势，反映频数分布中大量数据向某一点集中的情况。例如，我们想要比较渤海莱州湾地区两个遗址间盔形器（一种熬盐陶器）的容积大小，没有必要将两个遗址中每个盔形器的容积都一一测量并进行比较。因为每个盔形器的容积由于制作工艺（包括制作人）等原因大多是不相同的，在个别盔形器之间作比较是得不出什么结论的。如果将两个遗址中盔形器的平均容积加以比较，就简单明了了。虽然有的盔形器的容积高于平均数，有的低于平均数，与平均数之差有正有负，但是在求平均数的过程中会相互抵消。这样得出的数据就具有统计上的意义，就可作为信息数据解释考古疑问。

常用的表示数据趋中性的量称为集中量，包括平均值、中位数、众数等。

4.1.1 平均值

对于区间变量和比率变量数据，最常见的表示趋中性的量为平均值（mean），或称算术平均值（arithmetic mean）。一组数据的平均值 $\bar{x}$ 定义为该组全部数据之和除以数据的数量所得之商。对某一样本（由总体中抽取观测的部分个体组成），求平均值的统计表达式为

$$\bar{x} = \frac{1}{n}(x_1 + x_2 + \cdots + x_n) = \frac{1}{n}\sum_{i=1}^{n} x_i$$

或写成：

$$\bar{x} = \frac{1}{n}\sum x_i$$

式中，$\sum$ 表示总和的意思，上下标有时候可以省略。

平均值就像数字分布的"重心"，它是把所有的数据都考虑在内。每个观测值与平均值的偏差（deviation），即每个观测值与平均值的差值为

$$d_i = x_i - \bar{x}$$

而且，这些偏差的总和为 0，即

$$\sum_{i=1}^{n} d_i = 0$$

也就表明在平均值周围存在一种"平衡"。

为了说明分析结果的精密度，对于一系列测量数据，将各单次测定偏差的绝对值的平均值称为单次测定结果的平均偏差（$\bar{d}$）

$$\bar{d} = \frac{1}{n}\sum |d_i|$$

平均偏差 $\bar{d}$ 代表一组测量值中任何一个数据的偏差，没有正负号。因此，它最能表示一组数据间的重复性。当平行测定次数不多时，常用平均偏差表示分析结果的精密度。

另外需要注意的是，样本的平均值对极值非常敏感，这里所说的极值是指与样本中典型的观测值偏离较大的值，或者说任何与正态分布（参见第 5 章）有明显偏差的值，有向左或向右偏离的趋势（图 4.1），因此统计学家认为这是最不稳定的趋中性量。

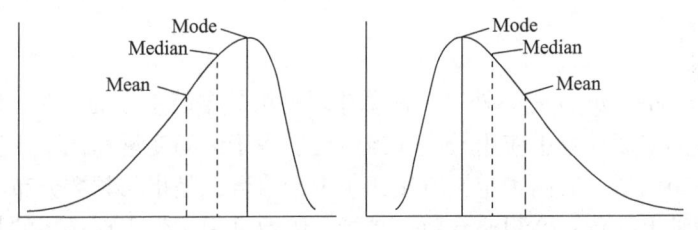

图 4.1　对称性和偏度对趋中性的一些常用度量的影响。在正态分布中，样本均值、中位数和众数相等，位于曲线的中心。然而，在偏态分布中，样本平均值与中位数和众数相差很大，因为长尾中的极值会将其向左或向右拉。在这种情况下，平均值不能很好地反映数据的趋中性（其中 Mean 为平均值，Median 为中位数，Mode 为众数）（Banning, 2020）

在考古数据分析中，以往普遍使用平均值来处理一组数据，而且平均值确实也代表了一定的统计信息，但是在现在的统计分析中会更多使用更稳健的表示趋中性的方式，其中之一就是截尾平均值（trimmed mean），这包括剔除数据组中两侧的数据，以消除极值数据的影响。例如，选取 5% 的截尾平均，也就意味着我们剔除了高于 5% 和低于 5% 的数据，并根据剩下的围绕中心 90% 的数据所计算得到的平均值[此称为容许误差（tolerance error）]。其实在很多领域，10% 或 20% 的截尾平均的处理方式也是很常见的。但是大多数考古学家并不习惯使用截尾平均的概念，而是使用平均值加偏态分布（图 4.1）或异常值的方式来处理数据。

4.1.2　中位数

中位数（median，m_d）是位于依一定大小顺序排列的一组数据中央位置的数值，各有一半数据大于及小于中位数。它是数据趋中性的一种指标，是百分位数的一种。

将一组原始数据依大小顺序排列后，若总频数为奇数，则以位于中央的数据作为中位数；若总频数为偶数，则以最中间的两个数据的算术平均数为中位数。

由此可见，中位数可能是一组数据中的某一个数值，也可能不是这组数据中的某一个数值。

因为中位数只参考了围绕大于和小于中位数的数值的数量，而不是数值的大小，所以对两侧的极值并不敏感。也就是说，中位数的产生并不是由每个数据都参与而运算得到的（这是与平均值最大的区别），而是由数据的数量决定的，所以它对极值不灵敏。但这也正是中位数特殊应用价值的地方，它更多适用于有极大或极小极端数值，或有个别数据不确切、不清楚的情况。另外，中位数也适用于按顺序测量的数据，当所有数据按顺序排列时，简单地取中间值，就是中位数。

4.1.3 众数

众数（mode，m_o）是另外一个常见体现一组数据趋中性的度量，在名义变量和有序变量的丰度计算中应用较多，当然也适用于区间变量和比率变量。根据数据频数的分布图形，有两种定义方法：①理论众数，是指与频数分布曲线最高点相对应的横轴上的点；②粗略众数，是指一组数据中频数出现最多的数值。理论众数可根据资料的分布形态，用数学积分求得，但计算烦琐。一般用经验公式求理论众数的近似值，或用观察法直接定义粗略众数。众数只对大容量的一组数据具代表性，考古样本包含的数据一般较少，因此考古研究中也很少使用众数作为数据的代表值。

粗略众数在考古学中应用相对较多，即通过直接观察得到，既方便又直观。理论众数也可以通过平均值和中位数三者的关系近似计算（这样省去了烦琐的数学积分），其经验公式为（也称皮尔逊经验法）：

$$m_o \approx 3m_d - 2\bar{x}$$

上述公式只有当频率分布呈正态或接近正态时才适用，即不出现图 4.1 中数据的分布情况时才适用。

通过表格数据可以方便计算平均值，也可以方便计算中位数，但是对于众数还需要进行相应的统计分析。在考古数据分析中，经常用到图表化的频率分布图，我们可以根据图表中每"条"对应的观测值（即频率）直接得到众数，也可以计算平均值。如图 4.2 所示，根据直方图或表中数据可直接观察得到众数 m_o=13。中位数和平均值尽管不能直接观察获取，但是计算起来也不麻烦。例如，平均值可以将各个直方图中的数据乘以数量（即频数 f）再加和得到总数，然后除以总频数，即使用公式：

$$\bar{x} = \frac{f_1 x_1 + f_2 x_2 + \cdots + f_k x_k}{f_1 + f_2 + \cdots + f_k} = \frac{\sum f_i x_i}{\sum f_i} = \frac{\sum f_i x_i}{n}$$

得到 $\bar{x} = 16.5$。当然，如果频数是以百分制（%）为标记的，还需将其转换成频数再进行计算。这里需要说明的是，在得到平均值时，选取了比原始数据多一位的有效数字（这里增加了小数点后一位），因为平均值的估测精度要高于数据表格中的数据精度，因此多增加了一位有效数字，这种处理方式对平均值来说非常重要。

数据x	频数f	众数、平均数和中位数
5	1	
9	2	
13	4	$m_o = 13$
17	3	$m_d = 17$
21	3	$\bar{x} = 16.5$
25	3	
29	1	
	17	

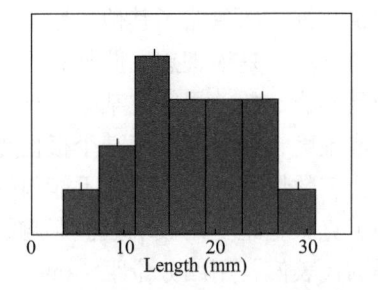

图 4.2 分组数据的直方图及相应的数据，以及计算的平均值、中位数和众数

4.2 数据的离散度

除了趋中性（体现在集中量上）以外，了解数据的离散度也是非常必要的。趋中性体现的是一组数据的平均状况，但是由于某些偶然因素，数据集还会呈现一定的分散状况。也就是说，即使趋中性相同的两组数据，它们的离散度也不一定相同。例如，两组数据分别为

甲组：[1.8、2.0、2.2、2.3、2.6、2.8]

乙组：[1.5、1.8、2.1、2.4、2.8、3.1]

虽然它们的平均值均为 2.28，中位数为 2.25，但很明显这两组数据的离散程度是不相同的。甲组的数据更为集中，差异性较小；而乙组数据更为分散，差异性较大。因此，对于一组数据而言，除了用趋中性描述以外，还要用离散度进行描述。

表示样本数据的离散度的量称为差异量。差异量越大，表示数据分布的范围越广，离散度越大。常用的差异量指标有：全距、四分位距、百分位距、平均差、方差、标准偏差、变异系数等。需要注意的是，在统计分析中经常将平均值与标准差组成一对指标，或者中位数与四分位距组成一对指标，来描述数据的趋中性和离散度。

在考古研究中，可以用数据的离散度表征古代生产中的标准化程度。例如，

针对偃师商城遗址的大口尊，邓玲玲等采用统计方法通过标准偏差、变异系数等代表数据离散度的量对陶器尺寸作量化分析，对遗址内生产区和消费区陶器标准化生产差异进行了讨论（邓玲玲等，2022）。

4.2.1 全距和四分位距

在区间变量或比率变量数据上，离散度最简单的度量是全距（range，R）。全距是最小值与最大值之间的差，即 $R = x_{max} - x_{min}$，也称极差，因此它只取决于两个测量数据，而忽略了其他的数据。因为这是最极端的两个数据，所以用全距表示离散度还不是很理想。此外，每当增加样本量时，往往全距会发生变化，因此全距是不稳定的。尽管在某些情况下，全距确实很重要，例如，我们通常所说的温度或湿度，如果超出了某个极值点（如某个温度），生物就有可能会死亡。但是在大多数情况下，全距并不能很好地衡量数据的离散度。

为了克服全距受两极端数值影响的缺点，现在很多统计分析中则以中位数当作数据的代表值，用四分位距（interquartile range，IQR）作为离散度的差异量。四分位距包含中间50%的数值。定义的四分位数是在按大小排列的数组中处于四分之一和四分之三位置上的两个数值，分别称为上四分位数、下四分位数，分别用 Q_{25} 和 Q_{75} 表示。二者之差即为四分位距：

$$Q_d = Q_{75} - Q_{25}$$

四分位距适合用箱形图表示。

例如有数据组：

[4、17、7、14、18、12、3、16、10、4、4、11]

从小到大排列：

[3、4、4、4、7、10、11、12、14、16、17、18]

分割成四等份：

[3、4、4 ∶ 4、7、10 ∶ 11、12、14 ∶ 16、17、18]

本案例中所有的四分位数正好都在两个数之间，则第一个四分位数 $Q_{25} = 4$，第二个四分位数（即中位数）$Q_{50} = 10.5$，第三个四分位数 $Q_{75} = 15$；并有最大值 $x_{max} = 18$，最小值 $x_{min} = 3$（图4.3）。

得四分位距：$Q_d = Q_{75} - Q_{25} = 11$。

其箱点图表示如下：

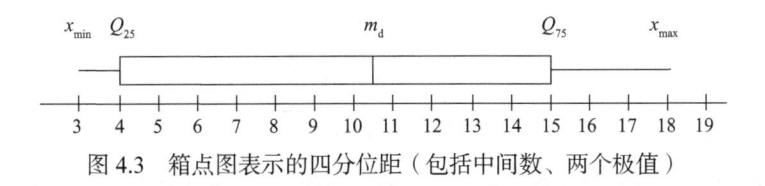

图 4.3　箱点图表示的四分位距（包括中间数、两个极值）

四分位距简明易懂，计算简便，较少受两极端数值的影响，比全距可靠。但它忽略了近 50% 数据的差异，又不适合代数运算，因而也限制了它的应用。当一组数据用中位数表示趋中性时，就用四分位距表示离散度。在考古研究中普遍使用该方法表示数据的离散度，常被用来说明古代器物的标准化生产。

4.2.2　方差和标准差

正如 4.2.1 节所言，计算出一组数据的平均值后，可进一步计算每个数据与平均值的偏离程度，称为偏差（deviation，d_i），所有数据的偏差之和为 0 或近似为 0。如果对每个偏差取绝对值再进行平均，称之为平均绝对偏差（mean absolute deviation），或简称平均偏差。在考古研究中，平均偏差并不常用。

在统计学中一般使用方差（variance，s^2）和标准偏差（standard deviation，s）表示数据对平均值的离散度。统计中的样本方差（简称方差）是每个样品值与全体样品值的平均数之差的平方值的平均数，除数为样品数减 1，即 $(n-1)$。样本方差的计算公式：

$$s^2 = \frac{\sum(x_i - \bar{x})^2}{n-1}$$

标准偏差，也称标准差，是方差的算术平方根，也反映一组数据的离散度。样本标准偏差的计算公式为

$$s = \sqrt{\frac{\sum(x_i - \bar{x})^2}{n-1}}$$

式中，$d_i = x_i - \bar{x}$ 表示偏差（或者称为离差），在计算标准偏差 s 时，先计算平均数和偏差，比较麻烦，结果还不精确。特别是当平均值包含小数时，偏差也会包含小数，平方后小数位数会更多，很不方便。经过简单的数学推导，对上述定义式加以整理，可变成不必先求偏差，直接用原始数据计算标准偏差的公式：

$$s = \sqrt{\frac{\sum x_i^2 - \frac{(\sum x_i)^2}{n}}{n-1}}$$

观察上述公式的表达式，我们发现样本方差并不等于平均偏差平方的和，而是稍大于后者，特别是样本容量 n 比较小的时候。也就是说，在计算样本方差时，公式中除以的是 $(n-1)$ 而不是 n。这涉及统计学中的一对基本概念：总体和样本。总体是被研究对象的全部，而样本只是从总体中随机抽取的部分，总体和样本是全体和局部的关系。

以南京汤山肿骨鹿为例（陈铁梅和陈建立，2013），要研究与南京汤山古人共存的全部肿骨鹿，我们不可能提取到当时生存在汤山的全部肿骨鹿样品，它们也不可能被全部保存下来。研究中只掌握了 25 个下颚骨，是从总体中抽取到的样本。也就是说，我们试图根据这 25 个个体的下颌骨厚度的离散度去估计当时生存在南京汤山的全部肿骨鹿下颌骨厚度的离散度，即根据样本的离散度去估计总体的离散度，这样就应该在该地适当扩大样本离散度的范围。统计学上，可证明上述公式定义的样本方差是总体方差的最佳估计值，即满足无偏、有效和一致性等条件。与之相对应的，一般计算总体方差用 σ^2 表示，相应的总体标准偏差用 σ 表示，涉及的计算公式中的除数为 n，而不是 $(n-1)$。

方差和标准偏差反应灵敏，会随任何一个数据变化而变化，也或说一组数据必有确定的方差和标准偏差。其计算简单，适合代数计算，不仅求方差和标准偏差的过程中可以进行代数运算，还可以将几个方差和标准偏差综合成一个总的方差和标准偏差。用样本数据推断总体离散度时，方差和标准偏差是最好的估计量。

方差和标准偏差在避免两极端数值影响方面大大超过了全距；在考虑到全部离散度方面优于四分位距；在避免绝对值方面优于平均值。但是方差和标准偏差也存在不太容易理解、易受两极端数值影响等缺点。

与其他表示离散度的量相比，方差和标准偏差应用最广。它们最直接的用途是描述一组数据的离散度，当一组数据的趋中性用算术平均数表示时，离散度就要用标准偏差表示。除此之外，在计算其他统计量时，如计算差异系数、相关系数等，也都需要用到标准偏差，而方差往往在统计推断中经常被用到。特别是方差分析（对多组平均数差异性检验）的基本原理，就是利用了方差的可加和性。

4.2.3 变异系数

上述全距、四分位距、标准偏差都是带有与原观测值相同的单位，是绝对差异量。当这种差异量应用到相同类型的两个样本时，不会产生太大的问题；但是对于不同类型的两个样本，其数值差异就很难进行相互比较。例如，陶罐的高度大于陶壶的高度，在一般情况下陶罐高度的标准偏差也会大于陶壶高度的标准偏差，但这并不表示陶罐高度的波动一定比陶壶高度的波动大，两个高度的标准偏差之间缺乏可比性，缺少一个相同的"基准态"（类似我们经常说的海平面）。因此，要比较两组数据间的差异程度，可以选取相对标准偏差（relative standard deviation，RSD），也称变异系数（coefficient of variation，CV），即标准偏差与其算术平均值的百分比。它是没有单位的相对比例，文献里有的简写成 CV。用公式可表示为

$$CV = \frac{s}{\bar{x}} \times 100\%$$

相对于标准偏差 s，使用变异系数 CV 描述样本离散度的优点在于它消除了不同样本间数值大小的影响，从而使不同样本的变异系数具有可比性。变异系数仅应用于比率变量数据（即数据要具有等距单位，又具有绝对零点，这样所测出的数据的平均值才不会为零；如果所测数据的平均值为零，则变异系数就不适用）。变异系数在很多的考古文献中有广泛的应用，我们将在后续案例分析中继续介绍。

根据经验，一般变异系数在 5%～35% 之间认为是合理的。如果变异系数大于 35% 时，可怀疑所求得的平均值已经失去了意义。

4.3 偏度和峰度

描述数据分布特征的量还有偏度和峰度。在考察频数分布是否呈正态分布时，也可以用偏度和峰度作判断。

4.3.1 偏度

偏度（skewness），也称偏态、偏态系数，是统计数据分布偏斜方向和程度的度量，是对非对称程度的数字描述。偏度是区间变量或比率变量数据相对于其平均值所表现的不对称程度。

偏度有以下两种计算方法。

1. 利用算术平均数和众数（或中位数）计算

从 4.1 节可知，算术平均（$\bar{x}$）、中位数（m_d）和众数（m_o）的大小与分布的形态有关；当频数分布呈正态分布时，三者合为一点，即 $\bar{x} = m_d = m_o$；当频数

分布呈正偏态时，$\bar{x}$ 与 m_d 较近，而与 m_o 较远，即 $\bar{x} > m_d > m_o$；分布呈负偏态时，$\bar{x} < m_d < m_o$。Pearson 根据这一关系，提出了用来描述分布形态的偏度：

（1）以众数表示，称为 Pearson 第一偏度系数（Person's first skewness coefficient）

$$SK = \frac{\bar{x} - m_o}{s}$$

（2）以中位数表示，称为 Pearson 第二偏度系数（Person's second skewness coefficient），由于众数具有不稳定、不确定性，常可用中位数和平均数来表示偏度，即

$$SK = \frac{\bar{x} - (3m_d - 2\bar{x})}{s} = \frac{3(\bar{x} - m_d)}{s}$$

2. 根据动差计算

动差是力学中测量力的旋转趋势的指标。旋转趋势的大小，随力点及其与原点距离大小而变化。动差等于力与该距离的乘积，统计学中用这一概念表示频数分布的离散度，即把各个数值看作力，把各个数值与原点（数据的平均数）之差看作距离，这样计算出的动差称为中心动差（central moment）。在物理学中，力的动势分为一级、二级、三级、四级，分别以 1 次方、2 次方、3 次方、4 次方表示，在统计学中也有相应四级中心动差，它们分别是平均差、方差、偏态量和峰态量的计算依据。因此，偏度系数采用的是三级中心动差计算，即

$$SK = \frac{\sum (x_i - \bar{x})^3}{(n-1)s^3}$$

当分布是对称分布时，正负总偏差相等，偏度值等于 0；当分布是不对称分布时，正负总偏差不相等，偏度值大于 0 或小于 0。偏度值大于 0 表示正偏差值较大，为正偏或称右偏，直方图中有一条长尾拖在右边；偏度值小于 0 表示负偏差值较大，为负偏或称左偏，直方图中有一条长尾拖在左边。偏度绝对值越大，表示数据分布形态的偏斜程度越大。

4.3.2 峰度

峰度（kurtosis），又称峰态系数，表征统计数据分布在平均值处峰高低的特征数。直观来看，峰度反映了峰部的尖度。可用峰度检验分布的正态性。通

常情况下,峰度系数采用的是四级中心动差计算,也称 Pearson 四阶距(Pearson's fourth moment),

$$KU = \frac{\sum(x_i - \bar{x})^4}{(n-1)s^4} - 3$$

当数据分布与标准正态分布的陡缓程度相同时,峰度值等于 0;峰度值大于 0 表示数据的分布比正态分布更陡峭,称为尖峰分布;峰度值小于 0 表示数据的分布比正态分布更平缓,称为平峰分布。

4.4 应用实例

4.4.1 史前陶器使用功能的生产方式探究

统计方法或参数:聚类分析、平均数、标准偏差、变异系数。

参考文献:南方文物,2019,6:101-107。

史前陶器生产的专业化程度与社会复杂化之间有着紧密的联系。典型的分析角度是选择比较同时段不同聚落、同一聚落不同时间段,或同一聚落不同位置出土的陶器,通过比较研究了解陶器生产的多元性和复杂性。从研究结论来看,多数研究关注的是通过陶器的专业化生产反映"复杂"社会中社会层级关系。

淅川马岭遗址出土的仰韶文化早期陶器,根据使用功能和墓葬形式,可分为居址出土的日用陶器,器型包括釜、鼎、假圈足碗、小口瓮等;墓葬出土的随葬陶器,包括陶鼎、陶钵、陶瓮等。其墓葬可分为以黑陶钵覆面的甲类墓葬,以及随葬有陶鼎、小口瓮等"冥器"的乙类墓葬。中国社会科学院考古研究所李默然研究员使用 X 射线荧光光谱仪(XRF)检测陶土化学成分,通过测量陶器口径,借助统计分析方法,推断陶器制作的标准化程度,探讨居址和墓葬陶器在陶土选择和制备上的差异(李默然,2019)。选择的统计方法和参数包括聚类分析,以及平均值、标准偏差、变异系数等。

居址陶器共选取样本 270 件,按照器型对样本口径进行数据分析。之所以选择口径为变量是因为样本大多为残片,底径、通高等其他变量没有数据。墓葬陶器种类较少,甲类墓以黑陶钵为主,少见陶器随葬品;乙类墓则以随葬陶鼎和弦纹罐为主。在统计分析中,如果样本量小于 20,需要通过公式对变异系数进行校正。图 4.4 为居址陶器和墓葬陶器统计分析数据。

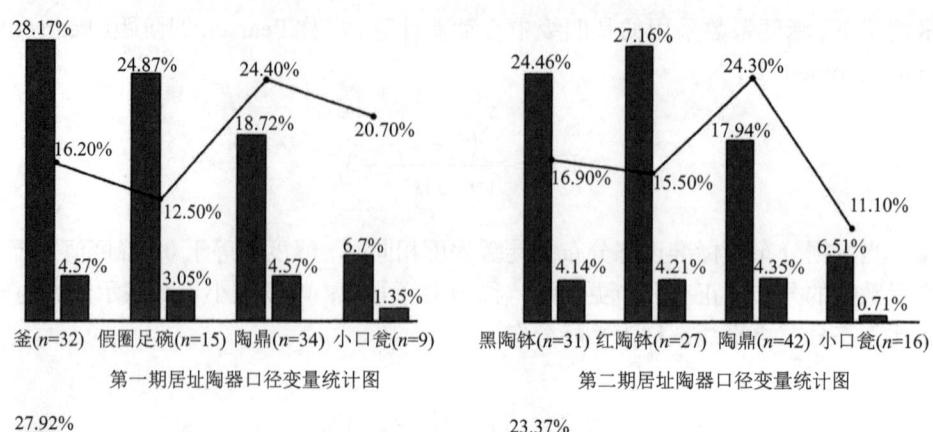

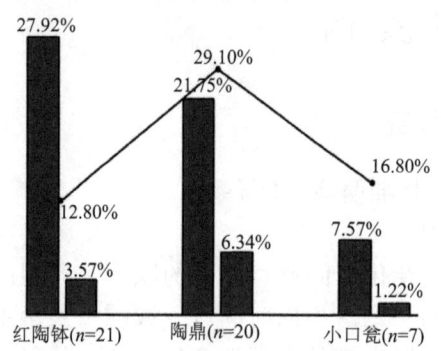

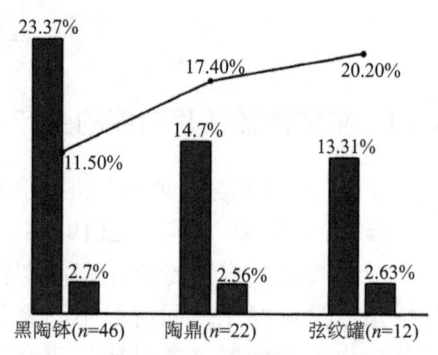

图 4.4　淅川马岭有遗址居址陶器（共三期）和墓葬陶器口径统计图

统计数据表明，居址陶器三个时期变异系数的范围差异不大（11.10%～29.10%），同类陶器的变异性尤其接近。但是不同器类的变异系数差异明显，陶鼎的变异系数最高，瓮类和钵类变异系数相对较低。标准化研究结果显示，墓葬陶器口径尺寸的变异系数明显低于居住中同类陶器的变异系数：甲类墓黑陶钵口径的变异系数为 11.50%，而居住黑陶钵口径的变异系数为 16.90%；乙类墓陶鼎口径的变异系数为 17.40%，而在第二、三期居址陶鼎口径变异系数分别为 24.30% 和 29.10%。上述结果表明，墓葬陶器比居址同类陶器标准化程度高；甲类墓中覆面黑陶钵，其标准化程度比乙类墓葬中的随葬品陶鼎和弦纹罐高。

依据化学分析结果和陶器口径变量的统计分析（这里只摘要介绍了统计分析结果），李默然认为马岭仰韶早期居址和墓葬的陶器生产方式有较大差异，并至少可以分辨出三种不同的陶器生产方式（李默然，2019）：

第一种是居址陶器的生产。陶土选择和制备比较多样和随意，标准化程度很低，专业化程度也很低，表明可能大量的家户都在从事这种生产活动。

第二种是乙类墓的随葬品如陶鼎、弦纹罐等的生产。此类陶器对陶土选择和制备要严格，标准化程度也相对较高，但总体的专业化程度可能仍然较低。鉴于这些陶器在墓葬中的作用主要是象征居址中的生活用器，而且每个墓葬的组合往往不同，因此，这种陶器可能更多是一种与墓葬相关的"特殊经济产品"，且生产此类产品的家户相对少一些。

第三种是甲类墓覆面黑陶钵的生产。陶土选择和制备比较严格，其口径变异系数接近10%，标准化和专业化程度较高。这些黑陶钵仅用于墓葬中覆面，不具有经济属性，应当是一种仪式物品。它们的生产可能由固定的陶工（或家户）完成，并且整个生产过程有一定的规范和控制。

史前社会陶器生产的复杂性，体现在诸如陶土的选择和制备、标准化程度、生产者的准入、生产控制程度等方面（表4.1）。此项研究表明，即便是在史前一些非分层社会中（如马岭遗址），陶器生产也不是简单的一种模式。不同消费（或者说使用）目的导致陶器生产的不同方式。对马岭遗址仰韶早期而言，人们明显对甲类墓葬的丧葬仪式用品——黑陶钵更加重视，而对于日用陶器来说，重视程度要差一些。由此推测，丧葬仪式和活动在马岭遗址仰韶早期社会中可能占据了比较重要的地位。

表4.1 马岭遗址仰韶早期三种陶器生产方式对比

	陶土制备	标准化程度	生产者	性质	专业化程度
甲类墓中黑陶钵	单一	较高	陶工	仪式用品	较高
乙类墓中陶鼎、弦纹罐	较固定	较低	少数家户	特殊经济产品	较低
居址日常陶器	多样化	低	大量家户	日常必需品	低

4.4.2 陶器尺寸标准化程度的量化分析

统计方法或参数：中位数、平均数、标准偏差、变异系数等。
参考文献：中国国家博物馆馆刊，2022，226（5）：124-133。

考古学中对社会复杂化与文明进程的研究离不开手工业专业化的讨论，主要集中在两个方面：首先是专业化生产的判定，其次是专业化所依凭的生产组织模拟。对产品的物理性质、化学性质、器物风格特征及尺寸的标准化程度分析，可判断专业化生产存在与否与程度深浅的标尺。

陶器尺寸的标准化程度分析是通过测量陶器口部、底部、器高等关键部位的尺寸，统计其各自的平均值、标准差、变异系数，以此为依据讨论陶器各部位尺寸的数据离散程度，从而对陶器的标准化程度进行度量。与此同时，通过t检验、非参数检验、方差分析等统计分析方法判断不同陶器组在尺寸上是否存在显著性差异，进而对陶器群的标准化程度进行综合考量，并为陶器生产的专业化程度、生产效率、组织模式等问题的研究提供数据支撑。以陶器尺寸的标准化程度为依据，易于形成可量化的评价体系和参考标准，便于相同遗址内部及不同遗址之间的陶器群的对比研究。

邓玲玲等以偃师商城大口尊为主要分析对象，以变异系数为核心对陶器尺寸进行描述统计，以此判断陶器标准化程度，为陶器生产的规模、效率及专业化程度提供依据（邓玲玲等，2022）。选择偃师商城遗址生产日用陶器为主的制陶作坊区（Ⅳ区）和宫城生活区（J1区）出土的大口尊陶器为研究对象，使用平均值、标准差与变异系数研究不同区域内大口尊（及残片）尺寸上的共性特性，讨论大口尊的标准化程度，并对不同区域的大口尊使用情况进行对比，从而对偃师商城大口尊消费情况及消费群体进行讨论。

研究中选择制陶作坊区66件和宫城生活区出土51件大口尊进行数据统计，统计数据如表4.2和表4.3所示。数据表明制陶作坊区大口尊的口径集中于30～35cm，口径变化范围小，但是存在较大的异常值，说明主要生产30～35cm口径大口尊外，还存在小型和大型两类大口尊产品（图4.5），可推测制陶作坊区发现的异常尺寸大口尊应供应于宫城生活区及其附近的居民使用。

表4.2　偃师商城遗址制陶作坊区和宫城生活区出土陶器统计表

	数量	平均值（cm）	中位数（cm）	标准偏差（cm）	变异系数（%）	极小值（cm）	极大值（cm）	全距（cm）
制陶作坊区	66	33.16	33.0	3.2	9.62	26.0	41.4	15.4
宫城生活区	51	39.74	41.9	10.7	26.85	19.5	52.7	33.2

表4.3　偃师商城遗址大口尊口径分组统计表

年代分组	数量	百分比（%）	平均值（cm）	标准偏差（cm）	变异系数（%）	校正变异系数（%）
偃师商城3段	11	32	35.10	3.47	9.88	10.10
偃师商城4段	11	32	33.63	1.04	3.10	3.17
偃师商城5段	7	21	33.39	2.28	6.83	7.08
偃师商城6段	5	15	32.18	5.09	15.83	16.62
未分组汇总统计CV	34	100	33.84	3.13	9.26	
分组汇总统计CV*	34	100	33.84	2.98	8.80	

注：除百分比外，皆保留2位小数。分组汇总统计中，$\bar{x}=\dfrac{\sum_{i=1}^{k}n_i\overline{x_i}}{\sum_{i=1}^{k}n_i}$，$s=\sqrt{\dfrac{\sum_{i=1}^{k}(n_i-1)s_i^2}{\sum_{i=1}^{k}(n_i-1)}}$，$k$为分组数。个案少于25件时，使用$CV^*=\left(1+\dfrac{1}{4n}\right)\times CV$校正。

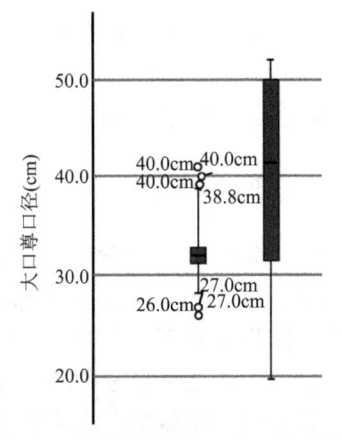

图 4.5　偃师商城遗址制陶作坊区和宫城生活区出土大口尊陶器口径分布相图（○点表示异常值，旁边数据为异常大口尊的口径）

显著性检验：为确认制陶作坊区和宫城生活区出土大口尊之间的差异，对口径数据进行独立样本 t 检验、方差检验，显著性均小于 0.05，表明两组间大口尊口径之间存在显著差异；使用非参数检验中双独立样本检验，再次验证两组间存在差异。

变异系数：制陶作坊区陶器变异系数为 9.62%，远低于宫城生活区的 26.85%，表明作坊区大口尊的标准化程度远高于消费区。造成这种差异可能源于两方面的因素，首先，宫城生活区大口尊的年代跨度更广，基本涵盖了偃师商城的全部时段，而制陶作坊区绝大多数大口尊集中在 3~5 段；其次，宫城生活区大口尊的产地不局限于作坊区，宫城生活区附近可能也存在制陶点。由此可见，对遗址陶器的标准化程度进行分析时，制陶作坊区的数据能够更加准确地反映产品的真实情况，在对陶器进行分组统计时，需将生产区与消费区的陶器分别计算。

偃师商城的时间跨越约 200 年，可分为三期 7 段。以时段为依据进行分组统计（表 4.3），发现 4 段与 5 段大口尊口径的变异系数分别为 3.17% 与 7.08%，已完全符合大规模高效率专业化陶器生产中的产品标准化程度要求。偃师商城制陶作坊在 3 段时兴起，4~5 段时兴盛，6 段时逐渐废弃，作坊的兴衰过程同大口尊口径变异系数的变化趋势相吻合，此对应关系的出现既说明产品的标准化程度同作坊的组织模式息息相关，同时也为今后讨论手工业作坊的历时性变化提供了新的思路。即陶器的时间跨度过大容易带来统计误差，同时易受到累积效应的影响，对陶器尺寸进行标准化度量之前，需要细化样品的时间跨度和出土地点，尽量选择生产区特定时段的同类产品进行变异系数的统计。

偃师商城制陶作坊的大口尊在尺寸上表现出的高度标准化，符合作坊区陶器生产组织模式上所显示出的规模化和专业化的特点。制陶作坊内部，不仅存在陶器成型区与烧造区的空间划分，工匠内部也存在明显的分工。推测当时可能针对陶器的工艺难易程度及特定消费需求，合理分配制陶技术熟练程度不同的工匠，以期实现高效率的生产，提高产品合格率，满足偃师商城各阶层的陶器需求。

4.4.3 计算容器容积方法的统计比较

统计方法或参数：AutoCAD 程序、绝对偏差、标准偏差、变异系数等。

参考文献：Journal of Archaeological Science：Reports，2019，27：101966。

估计陶器或者其他容器的体积（容积）有助于我们理解史前社会是如何管理陶器生产、分配和消费的。例如，通过一组考古陶器容量的变化程度，我们可以在超越传统风格、技术或形态上讨论陶器生产的标准化。此外，对特定类型的容器，如陶碗或烹饪陶器，容积的低变化可能就暗示着食物的集中分配。

在考古学家以往讨论中，提出和改进了各种计算容器容量的方法，大致分为三种类型：①直接测量，就是直接用细颗粒物质（或者水）测量；②二维几何方法，将容器图纸（手工或者计算机制作）分成多个基本几何图形，其体积使用数学公式计算；③基于容器的三维几何模型作计算机辅助计算。

Felipe 使用统计参数（包括标准偏差、变异系数等），评估了二维和三维方法的精确度（Felipe and Beltran, 2019），我们在此逐一介绍。

1. 方法简介

直接测量在感官上为最佳选择。它可以直接测量容器容积，作为另外两种方法比较的参考值。这种方法需要在容器中填充一种能够适应内部形状的便捷材料，最好是液体水（可获得更高的精确度），如果液体不行可以选择填充颗粒状物质（如苯乙烯塑料颗粒）。但是这也有个问题，因为留存下来的古代陶器通常不完整，而且受文物保护的器物一般也不会让人们这么做。

几何学启发了估算容器容积的新方法。从最初将器物解析成基本形状（如球形、椭球形、圆柱形等）开始，运用众所周知的数学公式计算每个"子形状"的体积，然后再加和得到整个容器的容积。这种方法的优点是它不需要直接处理容器，使用图纸就可以进行，可方便使用计算软件来完成（编写这些程序并不复杂）。在持续的几十年间，总有学者在不断改进，如针对更多变形、更不均匀的容器体积容积的计算，其计算精度也在不断提高。例如，Karasik 使用了一个名为 Capacity 的软件（Karasik and Smilanski, 2006），根据从二维插图中提取的长、宽数据来计算容器的体积，但是此类操作需要事先通过 Photoshop 或者类似软件编辑插图，然后从中导出.jpg 格式图片再进行计算。

Felipe 重点介绍了商业软件 AutoCAD，他认为 AutoCAD 是实现计算容器容量的最佳软件（Felipe and Smilanski, 2019）。现在的版本能够将容器的矢量图旋转360°，将其转换为三维模型，然后自动计算容器的体积。这种方法需要产生容器整个内部轮廓的矢量图，通过使用 AutoCAD command_REVOLVE 命令，就可以围绕图形的中心轴扫描图形，以生成三维实体；然后使用 command_MASSPROP 命令计算容器的物理性质，其中之一就是"Volume"。这种方法的优点是可以使用相同的软件制作容器的矢量插图。因此，就所需计算时间而言，该程序也是最佳的。

其他类似软件还有 Rhinoceros^{TM}（Zapassky et al.，2006），该程序从矢量插图生成一个三维模型，然后自动计算容器的体积。该程序的缺点就是为了生成三维模型，它需要在另一个计算机程序中创建矢量图，然后将其导入，该过程稍耗时。

2. 计算

选择 40 个具有不同技术、类型和年代的陶器作为样品容器。为了使样品尽可能具有代表性，包括高度和体积差异较大的容器。此外，为了便于比较和直接测量，所选的容器都是完整的。第一组 20 个手工制作器物均来自 La Bastida 遗址，可追溯到阿尔加尔文化青铜时代早期；第二组包括收藏于洛尔卡考古博物馆（西班牙穆尔西亚）的 12 个器物及 8 件现代工业品。

直接测量的目的是提供一个精确度高的比较值。采用聚苯乙烯颗粒填充容器，然后用 100mL、500mL 和 2000mL 的量筒作体积测量。

二维几何方法使用截锥（truncated cone）方法，可以在容器内侧和分段形状之间留有更小的空隙空间，该方法的优点是只需要一个数学公式来计算堆叠圆柱体体积。对于二维矢量轮廓图也可以通过软件 AutoCAD 产生，当然也可以手动完成（即手工绘制或打印图纸）。采用一个 Excel 电子表格，其中包含计算截锥体积的数学公式，通过测量最短和最长的半径，以及每一段的高度；将这些测量值插入电子表格中，然后将容器的所有部分的体积相加，就可以计算它们的总容量。计算过程如图 4.6 和表 4.4 所示。

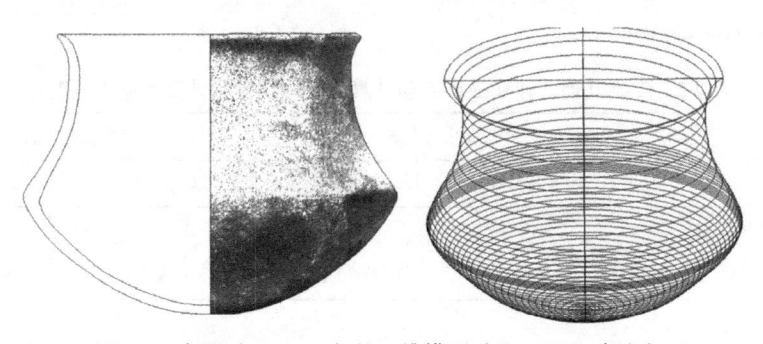

图 4.6　容器（BA-40-9）的三维模型（AutoCAD 产生）

表 4.4　采用截锥方法计算的容器（BA-40-9）体积过程

截锥区域	H（cm）	r（cm）	R（cm）	体积（cm³）
1	0.1200	9.2200	9.6000	33.3865
2	0.1700	8.9000	9.2200	43.8431
3	0.4200	8.6800	8.9000	101.9531
4	0.6100	8.5900	8.6800	142.8925
5	0.5800	8.3900	8.5900	131.3452
6	0.8200	8.3500	8.3900	180.4748
7	1.1700	8.3500	8.4800	260.2877
8	1.6200	8.4800	8.7500	377.7566
9	0.9000	8.7500	9.1000	225.2504
10	2.600	9.1000	10.3500	773.5724
11	0.8200	10.3500	10.7000	285.3967
12	0.4100	10.7000	10.8000	148.8520
13	0.6100	10.6300	10.8000	220.0261
14	1.1500	9.7000	10.6300	373.5651
15	2.2000	7.2300	9.7000	498.7673
16	0.7000	6.0500	7.2300	97.2135
17	0.7300	4.4300	6.0500	63.4719
18	0.6500	2.3500	4.4300	24.2036
19	0.1500	1.1600	2.3500	1.5070
总计				3983.7655

注：表中包括截锥区域有19个，H、r、R分别表示每个截锥区的高度、内径、外径。

选择AutoCAD软件计算三维模型的容器体积，可从容器的轮廓矢量图开始，通过三维模型计算。表4.5罗列了针对两组样本[手制（hand-made）和轮制（wheel-made）]的二维几何计算（two-dimensional geometrical method）和三维几何计算（three-dimensional geometrical method）的平均偏差（mean deviation）及计算时间（average time）。

表 4.5　二维几何估计和三维自动计算在平均偏差和计算时间上的对比

制作工艺	二维几何方法		三维几何方法	
	平均偏差（%）	计算时间（min）	平均偏差（%）	计算时间（min）
手制	3.42	约11	3.12	<2
轮制	2.54	约7.5	2.28	约2

3. 结果与讨论

总的来说，采用 AutoCAD 计算的三维容器的体积，其准确性稍高于计算的二维截锥体积。手制样本中的三维测量平均偏差为 3.12%，而二维截锥测量的平均偏差为 3.42%；同样地，对于轮制陶器平均偏差分别为 2.28%和 2.54%，计算时间上也有优势。

为了更好地了解截锥法在容量计算中的有效性，Felipe 等对手制与轮制陶器样品进行了一系列统计测试。统计分析表明，直接测量数值，与两个间接测量值相关程度高，结果几乎相等（$r = 0.99$），这也证实了两种间接方法测量是可靠的。

在测量中，如果将直接测量作为"真值或理论值"，间接估算越接近于直接测量结果，表明准确性越高。通过与真值之间的偏差来比较两种方法的可靠性，可得出结论：①基于平均值和中位数的偏差，这两种方法都略超真实体积；②两种方法在精度上是相似的，它们计算的在平均值呈现相似的分布（截锥方法为 40.4cm 和 AutoCAD 方法为 44.5cm）；③截锥法稍微准确一些，其偏差值（平均值为 1.89，中位数为 0.76）比 AutoCAD 法（平均值为 6.37cm，中位数为 0.55cm）更接近于 0（图 4.7）。

总之，二维截锥方法和三维 AutoCAD 方法的平均偏差相差不大（差异几乎可以忽略不计），但是也可以说三维模型稍微更精确。当然对于单独测量容器，在直接测量与基于二维、三维模型的方法之间没有显著性差异。需要说明的是，由于 AutoCAD 生成三维模型并以自动方式计算体积，相较于截锥的几何方法，

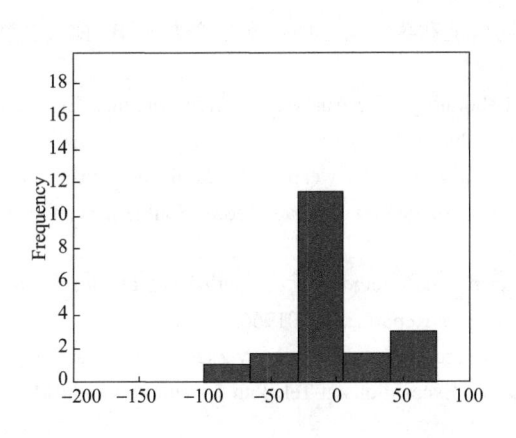

N	20
Min	−100.1
Max	80.47
Sum	37.83
Mean	1.8915
Std.error	9.035338
Variance	1632.747
Stand.dev	40.40726
Median	−0.765
25 percent	−24.0525
75 percent	14.3525
Skewness	−0.1466365
Kurtosis	1.437436
Geom. mean	0
Coeff. Var	2136.255

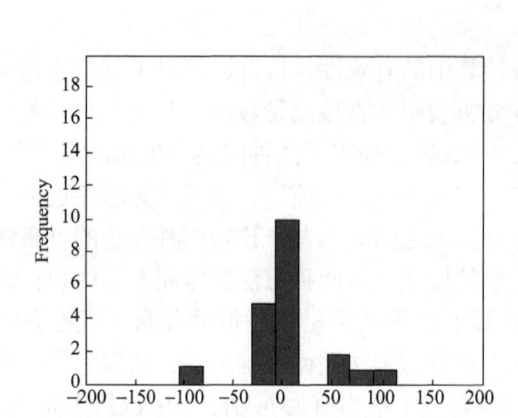

N	20
Min	−102.49
Max	114.12
Sum	127.45
Mean	6.3725
Std. error	9.957903
Variance	1983.197
Stand. dev	44.5331
Median	−0.55
25 percent	−11.3925
75 percent	11.7675
Skewness	0.3264089
Kurtosis	2.311767
Geom. mean	0
Coeff. Var	698.8324

图 4.7　二维截锥方法和三维 AutoCAD 计算的轮制陶器偏差值分析

在时间上会有一定的优势（由于以分钟作讨论单位，这种时间优势并不突出）。不管如何，我们还是推荐使用现成的软件 AutoCAD 来估计考古容器的容积，尽管采用自编程序实现体积计算也不是难事。

主要参考文献

陈铁梅, 陈建立. 2013. 简明考古统计学[M]. 北京：科学出版社: 6-15.
邓玲玲, 曹慧奇, 田苗, 等. 2022. 陶器尺寸标准化程度的量化分析：以偃师商城遗址的大口尊为例[J]. 中国国家博物馆馆刊, 226(5): 124-133.
李默然. 2019. 淅川马岭遗址仰韶早期居址和墓葬陶器的不同生产方式[J]. 南方文物, 6: 101-107.
Banning E B. 2020. The Archaeologist's Laboratory: The Analysis of Archaeological Evidence[M]. 2nd. Switzerland: Springer Nature AG: 17-20.
Birch T, Martinon-Torres M. 2019. Shape as a measure of weapon standardization: From metric to geometric morphometric analysis of the Iron Age "Havor" lance form Southern Scandinavia[J]. Journal of Archaeological Science, 101: 34-51.
Felipe C F, Beltran E C. 2019. Towards an optimal method for estimating vessel capacity in large samples[J]. Journal of Archaeological Science: Reports, 27: 101966.
Karasik A, Smilanski U. 2006. Computation of the capacity of pottery vessels based on drawn profiles (appendix 1A to chapter 12). In: Mazar A. Excavations at Tel Beth Shean 1989-1996[M]. Vol. I.

Israel Exploration Society and the Hebrew University, Jerusalem.

Zapassky E, Finkelstein I, Benenson I. 2006. Ancient standards of volume: Negevite Iron Age pottery (Israel) as a case study in 3D modelling[J]. Journal of Archaeological Science, 33: 1734-1743.

第 5 章　概率与概率分布

第 4 章所讲的与一组数据相关的趋中性、离散性、偏态性等，都是对实际观测数据的直接整理和描述。但是考古研究的目的不仅限于对已经掌握的观测数据作描述，更重要的是利用这些数据信息，对数据所属总体的特征作出具有一定可靠度的估计和推断。考古学家就是利用这些观测数据推测过去发生了什么事情，或者推测当时的人们生活状况，也或推测此区域发生的事情是否具有普遍性等。这样，这些数据就有了更深层次的考古意义。

做出令人信服的推断，不仅需要仔细关注测量和误差（正如第 1 章所阐述的那样），也需要对这些数据与其他数据进行比较，或者与某种假设成立时可预期的数据进行比较，后一种比较下的推断就涉及统计学上的"验证"（verification）或"假设检验"（hypothesis testing）。也就是说，作出考古假设以及随后的假设检验，需要用到统计分析（包括概率分布），用于判断假设是否成立，或者推断某事件发生的概率。

概率和推断统计在考古领域有着广泛的应用。大多数情况下，考古学家会说这种假设比另一个假设更有可能（当然在考古学上说"确定"是比较少见的）。即使部分考古学家对概率统计有所排斥，但是他们也会经常隐含地使用统计学论点：如相对于内陆遗址，贝类制品在沿海遗址中更为常见；或者说随着时间推移，古人食谱中海洋鱼类的减少与农业社会发展相一致（潜意识就是先作了海洋食物与农业关系的假设，然后用海洋鱼类数据作验证）。因此，不管我们承认与否，概率统计在考古分析中是被普遍使用的。

本章将回顾概率和一些统计上的基本检验方法，主要目的是让读者了解使用概率处理数据进行判断和假设推断的方法，如需要专业性统计检验还需要参考更专业的统计学书籍。

5.1　概　　率

5.1.1　概率的定义

其实，我们大多数人在日常生活中都会不自觉地使用概率，至少我们对概率是有基本了解的，即使只是为了解释天气预报，或是为了玩好纸牌游戏。

概率因寻求方法不同有两种定义，即后验概率和先验概率。

1. 后验概率

简单来说，概率就是一个比例，在更长的时间段下它代表我们期望某个事件发生的频率。也就是说，某个事件 A 在 n 次试验中出现了 m 次，m 与 n 的比值就是随机事件 A 出现的频率（即相对频数）。用公式表示为

$$W_{(A)} = \frac{m}{n}$$

随着试验次数 n 的无限增大，随机事件 A 发生的频率将趋于一个稳定值 P，近似表示为

$$P_{(A)} \approx \frac{m}{n}$$

以随机事件 A 在大量重复试验中出现的稳定频率值作为随机事件 A 频率的估计值，这样寻得的概率称为后验概率（posterior probability）。

例如，在掷硬币时出现正面或反面的概率为 0.5。同样，在一个考古的动物骨骼体中，对于那些具有左、右之分的骨骼，我们期望任意随机抽取的骨骼来自动物左侧的概率也是 0.5。我们抛掷的次数（或者说挑选的骨骼数量）越多，这个比例就越接近 50%。随着样本量的增加，我们期望的比例达到极限（即 50%），这个极限就是在极大样本中所成功尝试获取的比例（最终得到的概率），我们把这样产生的概率称为后验概率，也称统计概率。

2. 先验概率

在像抛硬币和挑选动物骨骼（左、右之分）这样的情况下，我们有一个先验知识，即知道在一组样本中"正面"或"左骨"的比例应该就是 0.5。我们把事先在特定条件下计算得到的比例（即概率），称为先验概率（prior probability）。

例如，根据我们通常的知识，从一副除去大小王的扑克牌中，抽取一张黑色牌的概率肯定是 0.50，抽取一张 A 的概率为 $4/52 = 0.077$；或者我们已经知道在某盛有陶器碎片的袋子中，彩陶碎片的比例为 0.30（或者说 30%），那么我们在此袋子中随机抽取的彩陶碎片的概率就是 0.30。这就属于先验概率。

先验概率模型要求满足两个条件：其一，试验中所有可能结果是有限的；其二，每一种可能结果出现的可能性（概率）相等。这样，若所有可能结果的总数为 n，随机事件 A 包括 m 个可能结果，则发生事件 A 的概率为

$$P_{(A)} = \frac{m}{n}$$

先验概率在特定的条件下是直接计算出来的，是随机事件的真实概率，不是由频率估计出来的；如果试验重复次数足够大时，后验概率就接近先验概率。也就是说，我们在抛掷硬币试验中，比例 0.5 将是一个非常大的抛硬币试验样本的极限，这是后验概率；但是在每一次投掷正面朝上的概率我们事先就知道为 0.5，这是先验概率。

在许多考古案例中，我们只能从有限的样本中猜测总体下可能的概率（属于后验概率），数据的概率统计就是解决这样的问题。

5.1.2 概率的性质

一谈到概率，似乎它离考古学家很远，其实概率统计在考古学中有广泛应用，只不过有时候是潜意识的应用。因此即使没有统计背景的考古学者，也应该尝试学习简单的概率知识（Banning，2020）。

首先，正如前面定义，概率就是比例，任何随机事件 A 发生的概率都是介于 0~1 之间的正数。

$$0 \leqslant P_{(A)} \leqslant 1$$

当 $P_{(A)} = 0$，该事件为不可能事件；当 $P_{(A)} = 1$，该事件为必然事件。

1. 概率的加法（addition rule）

同一试验中不可能同时出现的事件称为互斥事件，或者说两个事件 A 和 B 是互不相容、相互独立的，例如，一次掷硬币不能同时出现正面和反面，只能是其中之一。两个互斥事件的和的概率等于这两个事件的概率之和。例如掷骰子，产生 1 和 5 的概率总和就是 1/6+1/6=1/3。用公式表示为

$$P_{(A \cup B)} = P_{(A)} + P_{(B)}$$

式中，$P_{(A \cup B)}$ 也可以写成 $P_{(A+B)}$。这里还要强调一点，加法规则适用于两个非重叠事件，并不适用于同时发生的事件。

如果两个事件能够同时发生，称为重叠事件，则需要在概率加法规则基础上进行修正。例如，在一盛有陶器残片的袋子里，陶罐碎片的概率为 $P_{(A)}$（假设袋子里有陶罐、陶壶等碎片），红陶碎片的概率为 $P_{(B)}$（意味着陶罐或者陶壶可能是红陶，也或者不是红陶），在这种情况下需要对加法规则进行修正，以描述陶器

残片是陶罐或者红陶的概率（$P_{(A \cup B)}$）：

$$P_{(A \cup B)} = P_{(A)} + P_{(B)} - P_{(A \cap B)}$$

式中，$P_{(A \cap B)}$ 也可以写成 $P_{(A \cdot B)}$，表示既为陶罐（事件 A）又是红陶（事件 B）的概率，就是红陶罐的概率。以图 5.1 所示，方框表示包含有所有事件的样本空间（表示所有的陶片）；两个椭圆分别代表事件 A（陶罐碎片）和事件 B（红陶碎片），其中交叉部分表示事件 A 和 B 同时发生（为红陶罐），为重叠事件。

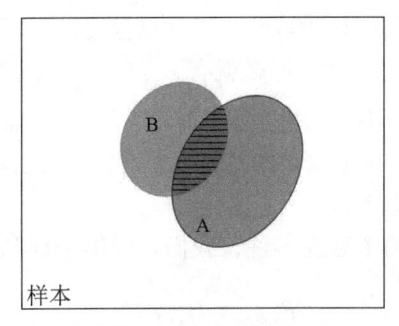

图 5.1　表示事件发生的维恩图（Venn diagram）

2. 概率的乘法（multiplication rule）

有时候我们会对两个重叠事件出现的状况感兴趣（即重叠事件出现的概率），如上面提到的一个红陶罐碎片出现的概率 $P_{(A \cap B)}$，此概率等于事件 A 的概率 $P_{(A)}$ 乘以事件 B 的条件概率（conditional probability）。

我们继续阐述条件概率。事件 B 的条件概率是在事件 A 发生的情况下，事件 B 发生的概率，在这里我们定义为 $P_{(B|A)}$，用符号"|"表示，因此有

$$P_{(A \cap B)} = P_{(A)} \times P_{(B|A)} = P_{(B)} \times P_{(A|B)}$$

需要注意，可以有两种途径得到 $P_{(A \cap B)}$，即无论从 $P_{(A)}$ 还是 $P_{(B)}$ 出发，最终的结果都应该是一样的。当意识到概率表示的就是比例，这样对上述公式我们就容易理解了。

还是以上面提到的陶罐和红陶为例：假设袋子里陶器碎片有 15% 来自陶罐（视作事件 A），而陶器碎片中有 5% 为红陶（视作事件 B），也就意味着 $P_{(A)} = 0.15$，$P_{(B)} = 0.05$；假设陶罐中有 20% 是红陶，即 $P_{(B|A)} = 0.2$。因此，从袋子里随机选取一个碎片，它来自红陶罐的概率（即图 5.1 中两个圆交叉部分所占样本的概率），即为

$$P_{(A \cap B)} = P_{(A)} \times P_{(B|A)} = 0.15 \times 0.2 = 0.03$$

反过来，根据上述结论，我们也可以推断袋子里的红陶属陶罐的概率（即两个椭圆交叉部分占事件 B 的比例）为

$$P_{(A|B)} = P_{(A \cap B)} / P_{(B)} = 0.03 / 0.05 = 0.6$$

表示有 60% 的红陶碎片来自陶罐。

概率的乘法规则也适用于相互独立的事件。如果一个事件 A 的发生并不影响另一个事件 B 的发生，我们认为这两个事件是独立的（即独立事件）。在数学上，如果事件 A 和事件 B 是独立的，那么就有 $P_{(A|B)} = P_{(A)}$，或者 $P_{(B|A)} = P_{(B)}$。换句话说，此时符号"|"所表示的条件概率已经不起作用了。在上面举例中，碎片中陶罐的概率为 0.15，陶罐中是红陶的概率为 0.2，而碎片中是红陶的概率为 0.05，显然陶罐和红陶并不是相互独立事件。

如果确信存在的是两个独立事件，我们可以简单地利用乘法规则，有

$$P_{(A \cap B)} = P_{(A)} \times P_{(B)}$$

例如，假设在袋子里有 20 个陶器碎片，其中含 14 个红色陶片，此时随机抽出一个红色陶片的概率为 $\frac{14}{20}$；抽取第二个陶片时，袋子里还剩下 19 个陶片，剩余 13 个红色陶片，因此第二次随机抽到红色陶片的概率就变成了 $\frac{13}{19}$。根据两个独立事件概率计算的乘法规则，可以计算出两次都抽到红色陶片的概率为 $\frac{14}{20} \times \frac{13}{19} \approx 0.48$。在这里，第二次抽取陶片时（在减少一个红色陶片的基础上）样本已经变成了 19 个陶片，再抽取陶片的时候也变成了一个独立事件。

然而，与此案例不同的是，大多数考古研究并不允许我们事先作出独立的先验假设（即可知的先验概率），这就涉及下面要讲到的贝叶斯定理。

5.1.3 贝叶斯定理

根据概率的乘法规则，如上面的讨论，有

$$P_{(A)} \times P_{(B|A)} = P_{(B)} \times P_{(A|B)}$$

整理得

$$P_{(A|B)} = \frac{P_{(A)} \times P_{(B|A)}}{P_{(B)}} = P_{(A)} \times \frac{P_{(B|A)}}{P_{(B)}}$$

此式被称为贝叶斯定理。其中 $P_{(A)}$ 称为事件 A 发生的先验概率，而当事件 B 发生后，非独立事件 A 发生的概率会相应地发生变化，因此等式左边的 $P_{(A|B)}$ 称为后验概率。式中的条件概率 $P_{(B|A)}$ 称为似然度（likelihood），$\dfrac{P_{(B|A)}}{P_{(B)}}$ 称为标准似然度（standardised likelihood）。

贝叶斯定理体现了新事件的发生对先验概率的修正，或者说新的事件发生后，人们获得了更多的信息，信息量的增加会导致原先判断的事件概率发生了变化。例如，在挖掘某墓葬时，考古学者根据资料和经验判断该墓葬大概率为唐代的，随着挖掘的进行及唐代器物的不断出土，这个先前判断的先验概率会不断变大，最终体现的就是后验概率。

有时候，事件 B 发生的概率并不是那么容易直接测得，这时可以利用图 5.1 来推算：

$$P_{(B)} = P_{(B \cap A)} + P_{(B \cap \bar{A})} = P_{(B|A)} \times P_{(A)} + P_{(B|\bar{A})} \times P_{(\bar{A})}$$

式中，事件 $\bar{A}$ 表示事件 A 的互补，即如果事件 A 不发生，在样本空间中除 A 以外的地方仍然可看作一个事件，用符号 $\bar{A}$ 表示，体现必然发生事件与不可能发生事件之间是互补关系，即 $P_{(\bar{A})} = 1 - P_{(A)}$。

这样，贝叶斯公式可写成：

$$P_{(A|B)} = \frac{P_{(A)} \times P_{(B|A)}}{P_{(B|A)} \times P_{(A)} + P_{(B|\bar{A})} \times P_{(\bar{A})}}$$

举例说明：

假设两同期墓葬出土陶器，甲墓中有 7 件红陶和 3 件灰陶，乙墓中有 3 件红陶和 7 件灰陶。二者混合后，现随机选取一件红陶，问选择的红陶来自甲墓的概率是多大。

我们规定，事件 A 为选择甲墓，事件 B 为选择红陶。根据上述描述，从总体中取出红陶的概率为 $P_{(A)} = (7+3)/20 = 0.5$，则 $P_{(\bar{A})} = 1 - P_{(A)} = 0.5$；$P_{(B|A)} = 0.7$，则 $P_{(B|\bar{A})} = 0.3$。根据贝叶斯定理，得

$$P_{(A|B)} = \frac{P_{(A)} \times P_{(B|A)}}{P_{(B|A)} \times P_{(A)} + P_{(B|\bar{A})} \times P_{(\bar{A})}} = \frac{0.5 \times 0.7}{0.7 \times 0.5 + 0.3 \times 0.5} = 0.7$$

也就是说，如果选取的是红陶，来自甲墓的概率为 0.7（从最初的先验概率 0.5 变成了 0.7）；同样也可以算出，如果选取的为灰陶，来自甲墓的概率为 0.3。

可以把贝叶斯定理扩展。假设一个样本空间中有 n 个事件发生，贝叶斯定理可写成：

$$P_{(A_i|B)} = \frac{P_{(A_i)} \times P_{(B|A_i)}}{\sum_{i=1}^{n} P_{(B|A_i)} \times P_{(A_i)}}$$

贝叶斯定理是一种在已知先验概率的情况下求解逆概率的方法，它的数学原理并不难理解。总体过程就是在主观判断的基础上，先预估一个值（给出一个先验概率 $P_{(A)}$），然后根据客观事实有了新信息（实验结果 B）不断进行修正，最终得到对事件 A 更加准确的预测。

在考古学中，统计方法的应用更多出现在假设检验中（即第 6 章所讲内容）。常规的假设检验是根据一个关于总体的假设来陈述某种数据所占的概率，而贝叶斯方法则根据数据来陈述假设发生的概率。例如，贝叶斯方法允许研究人员使用数据来为他们的假设分配相应的概率，而不是使用 P 值来拒绝或不拒绝一个零假设（参见第 6 章讨论）。

考古学家最早使用贝叶斯统计主要集中在断代数据的校准和建模上，目前在更多考古学领域应用贝叶斯模型来解决考古问题。

5.2 二项分布和泊松分布

如果样本数据可能符合某一个特定概率分布，就可以根据样本结果推断预期结果。但是这并不意味着某项考古结果一定会符合某种形式的概率分布，只不过我们选择了此概率分布作为标准进行下一步的推断。与概率分布相对应的是分布模型，选择何种模型需要考虑观测数据是离散的还是连续的，是限于非负值还是限于某特定范围的值。这样的分布模型有二项分布、泊松分布和正态分布等，本节讨论二项分布和泊松分布，正态分布将在下节讨论。

5.2.1 二项分布

我们可以用二项分布（binomial distribution）来模拟抛硬币。二项分布适用于有固定数量的独立试验情况,而且每个试验只能是两个结果中的一个,例如,抛硬币只能是正面或反面。对于抛硬币,我们已经知道先验概率为 0.5,并且可以预计,在数千次抛硬币后出现正面和反面的次数大致相同(Banning,2020)。

二项分布的参数有 n(尝试次数,如抛硬币的次数)和 p(每次尝试获得特定结果的概率)。抛 10 次硬币,即 $n=10$,$p=0.5$。我们将这种特殊的二项模型写成 $B(10,0.5)$,表示进行 10 次试验的二项分布,而且在任何一次试验中获得正面的概率为 0.5。二项分布的平均值(mean)或者期望值(expected value)为

$$\mu = np$$

这种情况下,抛 10 次硬币获得正面的平均次数为 $10 \times 0.5 = 5$。二项分布的标准偏差为

$$\sigma = \sqrt{np(1-p)}$$

二项分布就是 n 个独立的成功(或失败)试验中成功次数的离散概率分布,其中每次试验的成功率为 p。那么 n 次试验中正好得到 k 次成功的概率 P 由概率质量函数给出:

$$P\{x=k\} = C_n^k p^k (1-p)^{n-k}$$

式中,$C_n^k = \dfrac{n!}{k!(n-k)!}$ 是二项系数(这就是二项分布名称的由来),表示 k 次成功分布在 n 次试验中共有 C_n^k 个方法。

有许多考古案例可以用二项分布建模。任何固定数量、离散的观测数据,都适用此方法。例如,在植物考古中,假设在每平方米(1 m²)挖掘单元中发现炭化稻的概率可能为 0.4(为先验概率)。当我们发掘了 10m²(即包含 10 个 1 m² 的单元),在这种情况下我们记为 $B(10,0.4)$,在概率质量函数中记为 $n=10$,$p=0.4$。可以想象在以 1m² 为单元的土壤中,在给定先验概率 0.4 的前提下,我们期望在 $\mu = np = 10 \times 0.4 = 4$ 个单元内发现炭化稻。但是发掘现场会有很多可能的情况,例如,长期埋藏炭化稻保存不好就有可能没有被发现,也或挖掘区域选择错误,或者样本的概率有问题等,这样会出现 11 种可能的情况,如图 5.2 所示,其中横轴为炭化稻被发现的数量(Number of Successes),纵轴为发现的概率(Probability)。

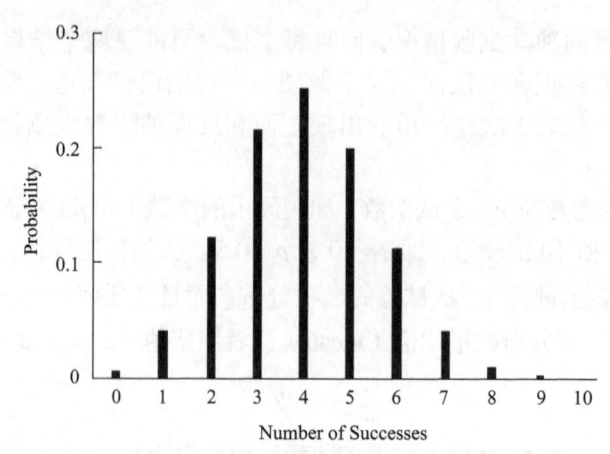

图 5.2　10 个单元中发现炭化稻的二项分布（其中每个单元发现的概率为 0.4）记为 $B(10,0.4)$，属离散分布

也可以用这样的案例检验二项分布是否合适，如果 0.4 的先验概率是正确的，我们就不太可能只在 1 个单元（$1m^2$）中发现炭化稻。根据概率质量函数可以计算出，在 10 个单元中只在一个单元发现炭化稻的概率只有 0.0404，或者说不到 5%。表示这种情况的二项分布如图 5.2 所示，在 $k=4$ 时概率最大，即表示 10 个单元中有 4 个单元发现炭化稻的可能性最大；而在 10 个单元中均发现炭化稻的可能性很小（为 0.01%）。对于 $B(10,0.4)$，样本的标准偏差为

$$s = \sqrt{npq} = \sqrt{10 \times 0.4 \times 0.6} = 1.55$$

这意味着我们期望在 (4 ± 1.6) 个单元内发现炭化稻。下面将考虑当我们发现一个不符合这个期望的案例时会发生什么。

5.2.2　泊松分布

另一个在考古上可能用到的模型是泊松分布（Poisson distribution）。泊松分布是一种统计和概率学中常见的离散概率分布（discrete probability distribution）。与二项分布不同，这些事件的数量没有上限。这种分布可以模拟遗址内每平方米的陶片数量，或者每立方米挖掘土中炭化稻的数量等。

泊松分布的概率函数为

$$P\{x=k\} = \frac{\lambda^k}{k!} e^{-\lambda}$$

式中，$k=0,1,\cdots$。泊松分布的参数 λ 是单位时间（或单位面积）内随机事件发生的次数，它既是平均值（或期望值），也是方差；相应的标准偏差就是 $\sqrt{\lambda}$。

例如，在以平方米为单位的样本中，假设密度为每平方米 3 个陶器碎片（即期望值或者说平均值 $\lambda = 3$），那么在 $1m^2$ 内发现 2 个陶器碎片（即随机数 $k=2$）的概率为

$$P\{x=2\} = \frac{3^2}{2\times 1}e^{-3} = 0.224$$

图 5.3 是在 $\lambda = 5$ 情况下，每平方米发现陶器碎片 x 从 0 开始到整数值情况下的概率分布，其中横轴为每单位下的陶片数（Number of Artifacts in a Unit），纵轴为出现的概率（Probability of Outcome）。通常除非 λ 非常大，否则泊松分布明显不对称。在 λ 非常大时，概率分布形状的对称性更好，已经接近正态分布的形状。

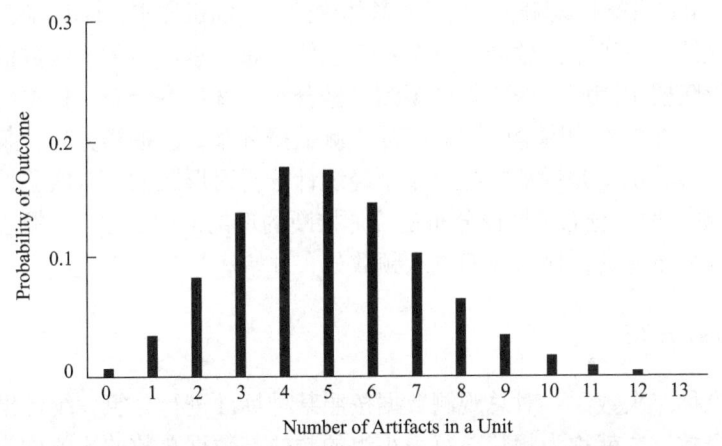

图 5.3　每平方米 5 个陶器碎片（$\lambda = 5$）密度下的泊松分布

当 n 很大和 p 很小时，泊松分布可近似为二项分布，其中 λ 等于 np。通常 $n \geqslant 20$，$p \leqslant 0.05$ 时，就可以用泊松公式近似地计算（此时 np 也不是很小）。事实上，泊松分布正是由二项分布推导而来的，具体推导过程读者请参阅相关文献。

正如上面提到的有关每平方米陶器碎片数量发现的概率，许多的考古观察可能就符合泊松分布。探讨这种考古现象与泊松分布模型关系，可以优化选择多大的样本大小，解释样本大小对考古观察的影响。但是泊松分布在考古中并不经常被使用，我们也期望文物分布现象（表示每单位空间内的文物数量）能够符合或者偏离泊松分布，在这种情况下就可以用泊松分布函数去描述空间中的随机分布状况。

5.3　正　态　分　布

在统计分析中非常重要的应用模型是正态分布（normal distribution），也称高斯分布（Gaussian distribution）。该模型可处理与区间变量和比率变量相关的测

量数据, 如石斧的长度或者纺锤轮的质量等, 统计的数值没有上限和下限, 适用于连续变量。

在正式讨论正态分布之前, 我们先阐述与总体相关的分布和概念。

5.3.1 总体、样本和样本容量

在统计学中, 将考察对象的某特性值的全体称为总体 (或母体)。自总体中随机抽取的一组测量值, 称为样本 (或子样本)。样本中所含测量值的数目, 称为样本的容量。例如, 对某批陶器碎片进行元素含量分析, 经归类将一定数量 (如 400 片) 的试样作为研究对象, 这就是供分析用的总体。若选择 50 个陶器碎片作化学元素分析, 则这一组测量就是该陶器分析试样总体中的一个随机样本, 样本容量为 50。

这样就涉及三种不同性质的分布: ①总体分布, 总体内某个体数值的频数分布, 如一批陶器中陶鼎、陶罐等的观测数据分布; ②样本分布, 样本内个体数值的频数分布, 即样本中陶鼎、陶罐等的观测数据分布; ③抽样分布, 某一种统计量的概率分布, 也就是说从频数分布中经统计分析而形成的一个实验性的平均数 (或相关系数) 抽样分布, 抽样分布是统计推断的理论依据。这三种概念直接或间接都与频数分布有关, 那么我们先从频数分布开始。

5.3.2 频数分布

频数也称"次数", 对总观测数据按照某种标准进行分组, 统计出各个组内含个体的个数, 这就称为频数。每一小组的频数与数据总数的比值称为频率。我们把各个类别及其相应的频数 (或频率) 全部列出来就是频数分布 (frequency distribution)。

表示频数分布的方法有两种:

(1) 频数分布直方图。在直角坐标系中, 横轴表示样本数据, 纵轴表示频率与组距的比值, 将频率分布表中各组频率用相应的条形面积表示, 由此图画成的统计图称为频率分布直方图。频率分布直方图既能清楚显示各组分分布情况又易于显示各组之间频数的差别, 它主要是为了将我们获取的数据直观、形象地表示出来, 让我们能够更好地了解数据的分布情况。

(2) 频率分布表。也称次数分布表, 是一种统计学数表, 表示样本数据频率分布规律的表格。

举例说明:

例 5.1 测量周口店遗址 107 件肿骨鹿下颚骨 M3 处的厚度, 共测定了 107 个测量值 (陈铁梅和陈建立, 2013)。由于每件样品厚度不一, 所以观测结果并不一致。将此 107 个测量值按照大小顺序排列并按组距 2mm 分成 12 个组。频数是

指每组中测量值出现的次数，频数与数据总数之比为相对频数，即概率密度。将它们一一对应列出，得到频数分布表 5.1（具体数据参见表 5.6）。

表 5.1　频数分布表

分组（mm）	频数	相对频数
29.5～31.5	1	0.01
31.5～33.5	1	0.01
33.5～35.5	5	0.05
35.5～37.5	9	0.09
37.5～39.5	15	0.14
39.5～41.5	28	0.26
41.5～43.5	20	0.19
43.5～45.5	14	0.13
45.5～47.5	5	0.05
47.5～49.5	5	0.05
49.5～51.5	2	0.02
51.5～53.5	2	0.02
加和	107	1.00

以各组区间为底，相对频数为高作成一排矩阵形的相对频数分布直方图（图 5.4）。如果测量数据非常多，组距更小些，这样组成就分得更多一些，直方图的形状将趋于一条平滑的曲线。

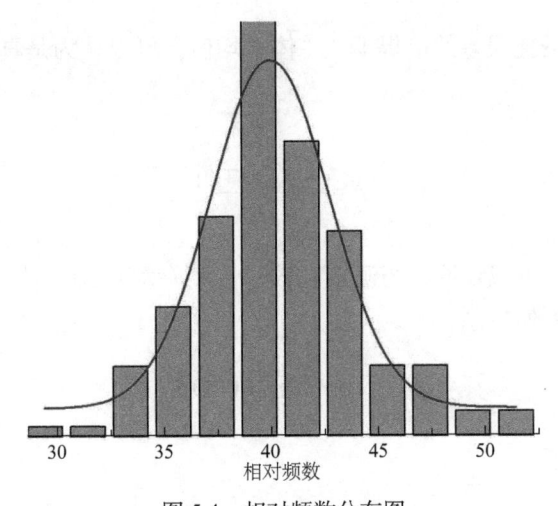

图 5.4　相对频数分布图

观察上述相对频数分布直方图会发现它有两个特点。

1. 离散度

全部数据是分散的、各异的，具有波动性，但这种波动性是在平均值周围波动，或比平均值稍大些，或比平均值稍小些，所以离散特性用偏差表示，最好的表示方法当然是标准偏差 s，它更能反映出数据的离散性。

当测量次数为无限多时，其标准偏差称为总体标准偏差（population standard deviation），用符号 σ 表示，计算公式为

$$\sigma = \sqrt{\frac{\sum_{i=1}^{n}(x_i - \mu)^2}{n}}$$

式中，μ 为总体平均值，将在下面予以解释。

2. 趋中性

各数据虽然是分散的、随机出现的，但当数据多到一定程度时就会发现它们存在一定的规律，就是它们有向某个中心值集中的趋势，这个中心值通常是算术平均值。当数据无限多时，将无限多次测定的平均值称为总体平均值（population mean），用符号 μ 表示，则有

$$\lim_{n \to \infty} \sum_{i=1}^{n} x_i = \mu$$

在确认消除系统误差的前提下，总体平均值就可以认为是真值 x_T。此时总体平均偏差 δ 为

$$\delta = \frac{\sum_{i=1}^{n}|x_i - \mu|}{n}$$

用统计学方法可以证明，当测定次数非常多（大于 20）时，总体标准偏差与总体平均偏差有下列关系：

$$\delta = 0.797\sigma \approx 0.80\sigma$$

5.3.3 正态分布

正态分布是德国数学家高斯首先提出来的，所以又称高斯曲线（Gaussian

curve），图 5.5 即为正态分布曲线，其数学表达式为（武汉大学，2006）

$$y = f(x) = \frac{1}{\sigma\sqrt{2\pi}} e^{\frac{-(x-\mu)^2}{2\sigma^2}}$$

式中，y 为概率密度（frequency density）；x 为测量值；μ 为总体平均值；σ 为总体标准偏差。μ 和 σ 是此函数的两个重要参数，μ 是正态分布曲线最高点的横轴，σ 是总体平均值 μ 到曲线拐点的距离。μ 和 σ 的值一定，曲线的形状和位置就固定了，正态分布就确定了。这种正态分布曲线以 $N(\mu,\sigma^2)$ 表示，$x-\mu$ 表示随机误差。若以 $x-\mu$ 为横轴，则曲线最高点对应的横轴为零，这时曲线称为随机误差的正态分布曲线。

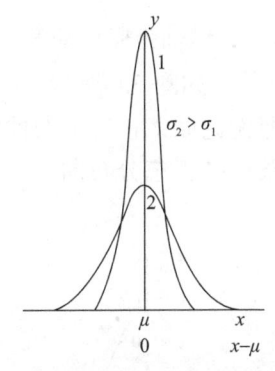

图 5.5　两组精密度不同的测量值的正态分布曲线

图 5.5 是一个以平均值为中心的典型正态分布曲线。正态分布曲线基于样品量的增加而变窄，这意味着它的标准差随着样本量的增加而减小。从图 5.5 可知：①在 $x=\mu$ 时，y 值最大，此即分布曲线的最高点。也就是说，大多数测量值集中在算术平均值附近。②曲线以通过 $x=\mu$ 这一点的垂直线为对称轴，表明绝对值相等的正、负误差出现的概率相等。③当 x 趋向于 $-\infty$ 或 $+\infty$ 时，曲线以 x 轴为渐近线，说明小误差出现的概率大，大误差出现的概率小。

5.3.4　标准正态分布

如何计算某区间变量出现的概率，即如何计算某取值范围出现的概率？我们先从数学的角度考察正态分布密度函数。正态分布曲线和横轴之间所夹的总面积，即概率密度函数在 $-\infty < x < +\infty$ 区间的积分值，代表了具有各种大小偏差的测量值出现的概率总和，其值为 1，即概率为（武汉大学，2006）：

$$P(-\infty < x < +\infty) = \frac{1}{\sigma\sqrt{2\pi}} \int_{-\infty}^{+\infty} e^{\frac{-(x-\mu)^2}{2\sigma^2}} dx = 1$$

由于上式的积分计算与 μ 和 σ 有关，计算相当麻烦，为此，在数学上可以进行变量转换。令

$$u = \frac{x-\mu}{\sigma}$$

可将概率密度函数转化为（具体细节不再叙述）

$$y = \phi(u) = \frac{1}{\sqrt{2\pi}} e^{-u^2/2}$$

这样，曲线的横轴就变为 u，纵轴为概率密度。用 u 和概率密度表示的正态分布曲线称为标准正态分布曲线，如图 5.6 所示，用符号 $N(0,1)$ 表示。这样，曲线的形状与 σ 的大小无关，即无论原来正态分布曲线是瘦高还是偏平，经过这样的变换后都得到相同的一条标准正态分布曲线。标准正态分布曲线使用起来更方便。

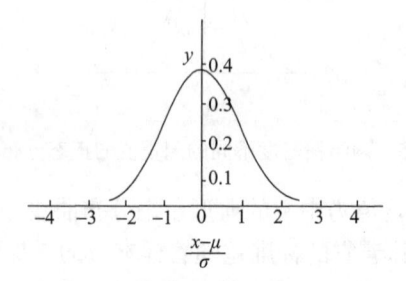

图 5.6　标准正态分布曲线

标准正态分布曲线与横轴由 $-\infty$ 到 $+\infty$ 之间所夹面积即为正态分布密度函数在区间 $-\infty < u < +\infty$ 的积分值，代表了所有数据出现的概率总和，其值为 1，即概率为

$$P(-\infty < u < +\infty) = \frac{1}{\sqrt{2\pi}} \int_{-\infty}^{+\infty} e^{-u^2/2} du$$

为使用方便，可将不同 u 值对应的积分值（面积）做成表，称为正态分布概率积分表，或简称 u 表。由 u 表可查表得到面积，也即某一区间的测量值出现的概率（表 5.2）。

表 5.2　正态分布概率积分表

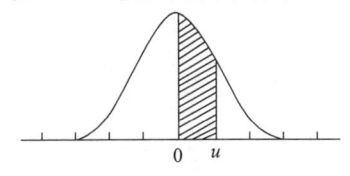

概率=积分面积=$\frac{1}{\sqrt{2\pi}}\int_0^u e^{-u^2/2}du$

$|u|$	面积	$|u|$	面积	$|u|$	面积
0.0	0.0000	1.0	0.3413	2.0	0.4773
0.1	0.0398	1.1	0.3643	2.1	0.4821
0.2	0.0793	1.2	0.3849	2.2	0.4861
0.3	0.1179	1.3	0.4032	2.3	0.4893
0.4	0.1554	1.4	0.4192	2.4	0.4918
0.5	0.1915	1.5	0.4332	2.5	0.4938
0.6	0.2258	1.6	0.4452	2.6	0.4953
0.7	0.2580	1.7	0.4554	2.7	0.4965
0.8	0.2881	1.8	0.4641	2.8	0.4974
0.9	0.3159	1.9	0.4713	3.0	0.4987

根据表 5.2，常用的几个概率数据见表 5.3

表 5.3　常用数值区间和概率数据关系

u 值出现的区间	测量值出现的区间	概率（%）
$u = \pm 1.0$	$x = \mu \pm 1\sigma$	68.3
$u = \pm 1.96$	$x = \mu \pm 1.96\sigma$	95.0
$u = \pm 2.0$	$x = \mu \pm 2\sigma$	95.5
$u = \pm 2.58$	$x = \mu \pm 2.58\sigma$	99.0
$u = \pm 3.0$	$x = \mu \pm 3\sigma$	99.7

由此可见，在一组测量值中，测量值在 $\pm 1\sigma$ 区间外出现的概率为 31.7%，而在 $\pm 2\sigma$ 区间外出现的概率接近 5%，在 $\pm 3\sigma$ 区间外测量值出现的概率很小，仅为 0.3%。也就是说，在实际工作中，如果个别数据的误差绝对值大于 3σ，则可以作为极值舍去，参考图如图 5.7 所示。

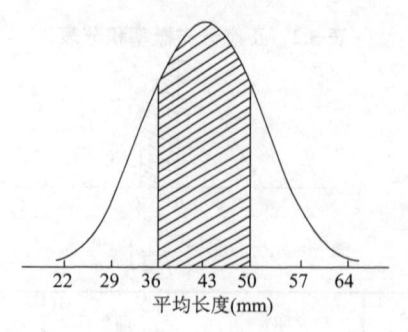

图 5.7 平均长度（μ）为 43mm，标准偏差（σ）为 7mm 的总体长度正态分布曲线。阴影代表 1σ 内的面积约为 68.3%，2σ 内的面积约为 95.5%，3σ 内的面积约为 99.7%

5.3.5 与正态分布相关的推断与计算

1. 推测组数据是否接近正态分布

再回到以周口店遗址 107 件肿骨鹿下颌骨 M3 处厚度的观测值（陈铁梅和陈建立，2013），数据的描述性统计结果中，样本的平均值和标准偏差分别为 41.29mm 和 4.05mm（具体数据参见表 5.5）。前面曾经提到，很多数值型变量的分布是接近正态分布的。下面将通过作图和考察正态分布的概率分布范围这两种方法来检验周口店肿骨鹿下颌骨厚度样本是否接近正态分布。

（1）图 5.8 同时绘制厚度分布直方图和 $\mu = 41.29$mm、$\sigma = 4.05$mm 的正态分布曲线，可见二者基本符合。

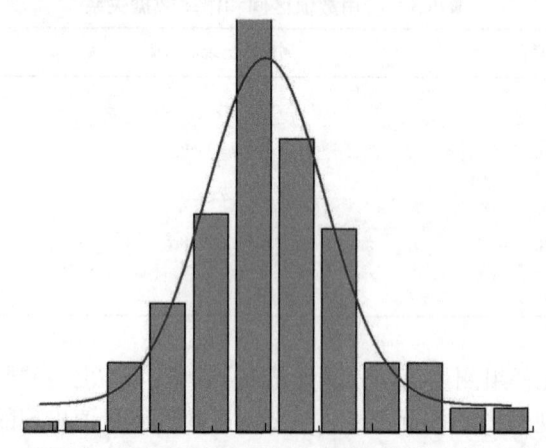

图 5.8 周口店肿骨鹿下颌骨 M3 处的厚度分布直方图与其正态分布函数拟合曲线

（2）表 5.4 列出了若干取值区间中正态分布的理论概率和周口店遗址样本的实际概率。对于服从正态分布的随机变量，取值在以平均值 μ 为中心，两个标准

差 σ，即在 $\mu\pm1\sigma$ 区间中的概率应为 68.3%，实际观测有 77 件下颌骨厚度在此区间，实测频率为 72.0%，两者很接近；同样在取值范围 $\mu\pm2\sigma$ 和 $\mu\pm3\sigma$，实测数据均符合正态分布理论概率。特别是针对超出 $\mu\pm3\sigma$ 的观测数据可以作为偏离严重的个体，在本次实验观测数据中并没有发现。

表 5.4　周口店肿骨鹿下颌骨厚度的实际分布与正态函数分布的比较

取值区间	$x=\mu\pm1\sigma$	$x=\mu\pm2\sigma$	$x=\mu\pm3\sigma$
理论概率（%）	68.3	95.5	99.7
实际取值范围（mm）	37.2~45.3	33.2~49.4	29.1~53.4
实测个体数	77	101	107
实测频率（%）	72.0	94.4	100

上面两种考察方法都表明，周口店肿骨鹿的下颌骨厚度观测数据分布是接近正态分布的。

2. 推测正态分布参数数据出现的概率

举例说明：

例 5.2　已知某青铜中锡质量分数的标准值为 14.8%，标准偏差 σ 为 1.0%，求测量分析结果落在 (14.8±1.0)% 范围内的概率，以及分析结果大于 17.0% 的概率。

（1）分析结果落在 (14.8±1.0)% 范围内的概率。

利用公式：

$$|u|=\frac{|x-\mu|}{\sigma}=\frac{|x-14.8\%|}{1.0\%}=\frac{1.0\%}{1.0\%}=1.0$$

查表 5.2，求得概率为 2×0.3413=0.6826=68.3%

（2）分析结果大于 17.0% 的概率。

利用公式：

$$|u|=\frac{|x-\mu|}{\sigma}=\frac{17.0\%-14.8\%}{1.0\%}=\frac{2.2\%}{1.0\%}=2.2$$

查表 5.2，得到阴影部分的积概率为 0.4861。整个正态分布曲线右侧的概率为 0.5000，则阴影部分以外的概率为 0.0139，即为 1.39%。

5.4 对总体平均数的推断

根据上述讨论，我们可以用概率统计的方法描述一组观测数据所蕴藏于背后的数据信息，例如，与平均数相差多大的数据可以删除，或者说哪些数据可信度（概率上讲）更有助于后续分析统计。其实用数理统计的方法处理观测数据，目的就是将由数据所得的推测结果作为一种科学表达，使考古学家能够认识到一组观测数据的精密度、准确度和可信度（这是前面所阐述的内容）。更重要的是，可以根据样本平均值对总体平均值进行估计和推断，在何种置信度下给出一个包含总体平均值所适用的范围。

5.4.1 平均值抽样分布的性质

用统计方法处理观测数据时经常用到平均值的标准偏差。什么是平均值的标准偏差？例如，我们从总体中分别抽出 m 个样本，每个样本各进行 n 次平行测定。因为有 m 个样本，也就有 m 个平均值，$\bar{x}_1, \bar{x}_2, \cdots, \bar{x}_m$，由 m 个样本计算的平均值 $\bar{x}$ 来估计总体平均值要比只用一个样本（做 n 次测定）求得的平均值好。显然，由 $\bar{x}_1, \bar{x}_2, \cdots, \bar{x}_m$ 计算得到的平均值的标准偏差 $s_{\bar{x}}$ 一定比单个样本内作 n 次测定所得的标准偏差 s 小，即 m 个样本的平均值之间的接近程度一定比单次测定的好些，精密度要高些。

关于平均值的抽样分布有如下性质：

（1）从总体中随机抽出容量为 m 的一切可能样本的平均值等于总体样本的平均值，或者说样本的平均值 $\bar{x}_i$ 和单个观测数据 x_i 有相同的数学期望值，即等于总体样本平均值 μ。用公式表示为

$$E(\bar{x}) = E(x) = \mu$$

数学期望值可以理解为无限多次观测所得平均结果的极限。这里 E 表示平均的符号。

（2）数理统计可以证明，用 m 个样本，每个样本作 n 次测量的平均值的标准偏差 $s_{\bar{x}}$ 与单次测量结果标准偏差 s 的关系为

$$s_{\bar{x}} = \frac{s}{\sqrt{n}}$$

对于无限次的测量值，总体平均值的标准偏差 $\sigma_{\bar{x}}$ 与总体的标准偏差 σ 之间有

$$\sigma_{\bar{x}} = \frac{\sigma}{\sqrt{n}}$$

从中我们也看到,样本平均值之间的离散度小于组成样本的个体间的离散度,而且样本容量越大,其平均值的离散度或说标准偏差越小。样本平均值的标准(偏)差(standard deviation of mean)也称样本的标准误(standard error)。样本的标准差 s 和样本的标准误 $s_{\bar{x}}$ 是两个有彼此相联的不同的概念,但都是随机变量,在数值上后者小于前者,是前者的 $1/\sqrt{n}$。样本的标准误用于衡量样本平均值和总体平均值之间的差距。或者说,标准误用于预测样本数据的准确性,标准误越小,样本平均值和总体平均值差距越小,样本数据越能代表总体数据。

平均值的标准偏差(即标准误)与测定次数的平方根成反比,当测量次数增加时,标准误减小,这说明平均值的精密度会随着测定次数的增加而提高。在实际观测过程中,一般对于平行测定选择 3~4 次即可,要求较高时,可测定 5~9 次。

(3)从服从正态分布的总体中,随机抽取的容量为 m 的一切可能样本平均值的分布也呈正态分布;即使总体不呈正态分布,如果样本容量较大,反映总体 μ 和 σ 的样本平均值的分布也接近正态分布。

上述三条反映了平均值抽样分布的形态,一切可能样本平均值与总体平均值之间的关系、平均值抽样分布的标准差与总体标准差的关系:当总体标准差为已知时(即 σ 已知,如某人某台仪器在长期测量过程中所造成的误差),平均值抽样分布的标准差与样本容量 n 的平方根成反比,即样本容量 n 越大,平均值抽样分布的标准差越小;当样本容量 n 确定时,平均值样本分布的标准差与总体标准差成正比,即总体内个体数值偏差程度越大,平均值抽样分布的标准差越大。

抽样分布是统计推断的理论依据。但是在实际工作中,不是通过抽取一切可能的样本来求总体参数,而是抽取一个随机样本根据一定的概率来推断总体的参数。即使抽取一切可能的样本,计算出的某种统计量的值与总体相应参数的真值,大多也是不相同的,这是抽样误差的缘故。抽样误差用抽样分布上的标准差表示,就是我们前面说的标准误。样本的标准误越小,表明样本统计量与总体参数的值越接近,样本对总体越有代表性,用样本统计推断总体参数的可靠度越大,所以样本的标准误是统计推断可靠性的指标。

举例说明:

例 5.3 以周口店遗址 107 件肿骨鹿下颌骨样本为例,对上述性质进行阐述(陈铁梅和陈建立,2013)。表 5.5 列出了肿骨鹿下颚骨 M3 处厚度的观测值,其中按照黄蕴平提供的数据系列每间隔 12 个实体抽取样品的方法将 107 个实体随机分成 12 个子样本,每个样本含 9 个实体(最后一个样本只有 8 个实体)。这样将分成的 12 个组别依次列入表中,每一行的 9 个数据组成一个子样本,计算每个子样本的平均值和标准差。对全部 107 个实体所组成的大样本以及由 12 个组平均值所组成的样本,均计算平均值和标准差,列于表格最后两行(表 5.5)。

表 5.5　周口店肿骨鹿下颌骨 M3 处厚度观测值统计表

组别	容量	观测值（mm）								组平均值（mm）	组标准差（mm）
1	9	51.9	45.2	44.4	36.2	42.1	41.3	47.0	38.7	38.0	42.72	4.92
2	9	47.5	29.6	44.8	42.2	39.5	38.0	38.9	39.0	32.1	39.07	5.63
3	9	46.8	45.9	37.1	45.0	40.0	38.5	41.0	36.2	34.9	40.60	4.40
4	9	44.0	46.1	45.4	40.0	42.5	43.9	40.0	35.2		41.96	3.40
5	9	44.6	44.8	43.6	34.9	40.3	41.1	40.0	37.0		40.70	3.34
6	9	48.0	40.7	41.0	40.4	41.0	44.0	41.5	36.2		41.48	3.16
7	9	39.7	43.1	42.8	42.8	42.9	39.0	42.9	40.2	36.0	41.04	2.49
8	9	47.5	43.0	42.0	44.4	37.5	43.0	51.0	43.0	40.2	43.51	3.92
9	9	47.7	47.0	40.0	38.2	39.0	48.3	41.1	38.9	34.0	41.58	4.97
10	9	50.0	41.5	42.0	42.1	42.1	39.1	41.2	37.8	33.8	41.07	4.34
11	9	40.5	41.6	36.2	45.0	36.5	39.0	40.0	41.5	52.0	41.37	4.81
12	8	40.0	40.0	45.0	40.2	39.5	37.7	42.0	37.3		40.21	2.44
组平均	12										41.28	1.15
不分组	107										41.29	4.05

表 5.6 是对 12 个子样本的平均值所组成的新样本和全部 107 个个体组成的总样本作描述性统计结果的汇总。表中数据显示，12 个子样本平均值的平均值经计算为 41.28mm，比全体的平均值 41.29mm 略小，这是因为第 12 组数据的平均值略偏低而容量仅为 8，容量比其他各组少。如果各组的容量相等，这两个平均值应该是一致的。

表 5.6　周口店肿骨鹿下颌骨 M3 处厚度的描述性统计分析

	容量	最大值（mm）	最小值（mm）	平均值（mm）	方差（mm²）	标准差（mm）	变异系数（%）	中位数（mm）	四位分距（mm）
组平均	12	43.5	39.1	41.28	1.32	1.15	2.8	41.25	1.28
不分组	107	52.0	29.6	41.29	16.4	4.05	9.8	41.00	4.90

注：组平均表示以 12 个子样本的平均值作描述性分析的结果；不分组表示以全部实体作为一个样本的分析结果。

从表 5.6 我们也注意到，12 个分组样本的平均值之间的离散度比单个数据之间的离散度要低，前者的最大值和最小值分别为 43.5mm 和 39.1mm，而全部样品的最大值和最小值分别为 52.0mm 和 29.6mm。组平均值的方差和标准差为 1.32mm² 和 1.15mm，比单个数据间的方差和标准差 16.4mm² 和 4.05mm 要小，分别接近个体间方差和标准差的 1/9 和 1/3（与表 5.6 最后一行数据相比）。这符合上述公式给出的结果，因为每个分组由9个独立的观测数据组成，有$n=9$和$\sqrt{n}=3$。

由此也可以推出，以周口店遗址107件肿骨鹿下颌骨实体组成的周口店样本的标准误，或者说周口店样本平均值41.29mm的标准差为$4.05/\sqrt{107}=0.392$mm。

5.4.2 少量观测数据的统计处理

正态分布是无限多次观测数据的分布规律，而在实际考古工作中，观测次数都是有限的，其观测数据的分布并不服从正态分布。如何以统计的方法处理有限测量数据，使其能合理地推断总体的特征，这就是下面要讨论的问题。

1. t 分布曲线

当观测数据不多时，无法求得总体平均值 μ 和总体标准偏差 σ，只能用样本的标准偏差 s 来估计观测数据的分散情况。用 s 代替 σ，必然使分布函数变得平坦，从而引起误差。为了得到同样的置信度（即曲线下面积），必须用一个新的因子代替 u，这个因子是由英国统计学家 Gosset 用笔名 Student 提出来的，称为置信因子 t，定义为

$$t = \frac{\bar{x}-\mu}{s_{\bar{x}}} = \frac{\bar{x}-\mu}{\frac{s}{\sqrt{n}}}$$

以 t 为统计量的分布称为 t 分布（t-distribution）。t 分布用于根据小样本来估计呈正态分布且方差未知的总体的平均值。当然如果总体方差已知（如在样本数量足够多时），则应该用正态分布来估计总体平均值。t 分布可说明 n 多大时（$n<20$）随机误差分布的规律性。t 分布曲线的纵轴仍为概率密度，但横轴则为统计量 t。图5.9为 t 分布曲线。

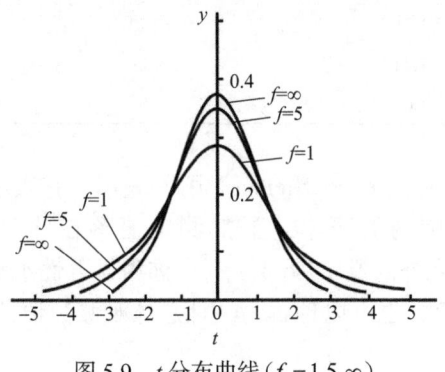

图5.9 t 分布曲线（$f=1,5,\infty$）

由图5.9可见，t 分布曲线与正态分布曲线相似，只是 t 分布曲线随自由度

(degree of freedom，f）而改变。自由度是指总体参数估计量中变量值独立自由变化的个数，等于样本容量 n 减去限制因子的个数，这里 $f=n-1$。即当利用样本 s 估计总体 σ 时，受到 $\sum(x-\bar{x})=0$ 一个限制因子的限制（这里代表限制因子为 1），即意味着只要确定 $(n-1)$ 个离差，第 n 个离差就已经确定了。研究发现，在 $f<10$ 时，t 分布曲线与正态分布曲线差别较大；在 $f>20$ 时，与正态分布曲线很近似；当 $f\to\infty$ 时，t 分布曲线与正态分布曲线严格一致。

与正态分布曲线一样，t 分布曲线下方一定区间内的积分面积，就是该区间内观测数据所占的概率。不同的是，对于正态分布曲线，只要 u 值一定，相应的概率也一定；但是对于 t 分布曲线，当 t 值一定时，由于 f 值的不同，相应曲线所包括的面积也不同，即 t 分布曲线形状不仅随 t 值而改变，还与 f 值有关。不同 f 值及概率所对应的 t 值已由统计学家计算出来，表 5.7 列出了最常用的部分 t 值。

表 5.7　$t_{\alpha,f}$ 值表

f	置信度、显著性水平		
	$P=0.90$ $\alpha=0.10$	$P=0.95$ $\alpha=0.05$	$P=0.99$ $\alpha=0.01$
1	6.31	12.71	63.66
2	2.92	4.30	9.92
3	2.35	3.18	5.84
4	2.13	2.78	4.60
5	2.02	2.57	4.03
6	1.94	2.45	3.71
7	1.90	2.36	3.50
8	1.86	2.31	3.36
9	1.83	2.26	3.25
10	1.81	2.23	3.17
20	1.72	2.09	2.84
∞	1.64	1.96	2.58

表中置信度（confidence coefficient）用 P 表示，它表示在某一 t 值时，测定值落在（$\mu\pm ts$）范围内的概率。显然测定值落在此范围内[也称置信区间（confidence interval）]之外的概率为（$1-P$），称为显著性水平（significance level），用 α 表示，即 $\alpha=1-P$，也可以理解为估计总体观测数值落在某一区间内可能出错的概率。

由于 t 值与置信度及自由度有关，一般表示为 $t_{\alpha,f}$。例如，$t_{0.05,10}$ 表示置信度

为 $(1-0.05)=0.95=95\%$、自由度为 10 时的 t 值；$t_{0.01,5}$ 表示置信度为 99%、自由度为 5 时的 t 值。f 小时，t 值较大。理论上，只有当 $f \to \infty$ 时，各置信度对应的 t 值才与相应的 u 值相一致。但由表 5.7 可以看出，当 $f=20$ 时，t 值与 u 值已经很接近了。

2. 平均值的置信区间

根据"5.3.4 标准正态分布"可知，在观测数据服从正态分布的情况下，当用单次测量结果（x）来估计总体平均值 μ 的范围，则 μ 包括在区间（$x \pm 1\sigma$）范围内的概率为 68.3%，在区间（$x \pm 1.64\sigma$）范围内的概率为 90%，在区间（$x \pm 1.96\sigma$）范围内的概率为 95%，…。它的数学表达式为

$$\mu = x \pm u\sigma$$

不同置信度的 u 值可查表得到（表 5.2）。（由表 5.2 可知，$u=1.0$ 至 $u=0$ 之间的面积为 0.3413，于是在 $u=+1.0$ 至 $u=-1.0$ 之间的面积为 $0.3413 \times 2 = 0.683$，即在 $u=+1.0$ 至 $u=-1.0$ 之间的概率为 0.683。）

在实际科研工作中，若以样本平均数（$\bar{x}$）来估计总体平均值可能存在的区间，可用下式表示：

$$\mu = \bar{x} \pm u\sigma_{\bar{x}} = \bar{x} \pm u\frac{\sigma}{\sqrt{n}}$$

说明：当置信度为 95% 时，此时总体平均值 μ 在 $\bar{x}+1.96\sigma/\sqrt{n}$ 和 $\bar{x}-1.96\sigma/\sqrt{n}$ 之间所出现的概率为 95%（查表可知当置信度为 95% 情况下 $u=1.96$）。就是说，总体平均值 μ 有 95% 的可能性出现在 $\bar{x} \pm 1.96\sigma/\sqrt{n}$ 的范围内。

在考古研究中，如果只有少量观测数据，必须根据 t 分布进行统计处理，按 t 的定义可得出

$$\mu = \bar{x} \pm ts_{\bar{x}} = \bar{x} \pm t\frac{s}{\sqrt{n}}$$

上述两式都表示在某一置信度下，以平均数 $\bar{x}$ 为中心，包括总体平均值 μ 在内的可靠性范围，我们也称为平均值的置信区间。对于置信区间的概念需要有适当的理解，如 $\mu = 47.50\% \pm 0.10\%$ 的区间内包括总体平均值 μ 的概率为 95%，采用这样的说法。

5.4.3 如何判断观测数据是否接近正态分布

对于利用小样本的观测数据估计总体平均值，这里我们一致强调观测数据本身必须服从或者接近正态分布，不然用 t 分布函数表示的统计量是不服从 t 分布的，

就不能使用 t 分布函数进行对总体平均值的区间估计，否则就会产生较大的误差。这样自然会产生两个问题：一是怎样考察观测数据是否接近正态分布；二是不服从正态分布的样本该如何处理。

首先介绍几种常用的考察观测数据是否服从正态分布的方法（陈铁梅和陈建立，2013）。需要说明的是，这些方法仅是大致的考察，并不是严格上的验证。

（1）绘制直方图，根据直方图可大致判断。如果样本容量较大，绘制直方图观察样本所含实体的分布是否呈现中间高、两侧逐步趋低的趋势，即观察是否为单峰分布，而且数据相对于峰位置左右基本对称，这是一种简易实用的检验方法。图 5.8 就是对周口店肿骨鹿样本所绘制的直方图，根据图形得出此组观测数据接近正态分布。

（2）计算样本的平均值 $\bar{x}$ 和标准差 s，考察处在 $\bar{x}\pm s$、$\bar{x}\pm 2s$ 区间内的样品个数是否接近 68%或 95%；此外对于样品数量不大于二三百的样本，不应该有两个以上偏离 $\bar{x}\pm 3s$ 的样品。表 5.4 是对周口店肿骨鹿样本所列的统计信息数据，根据在不同置信区间数据分布图，得出此组观测数据接近正态分布。

（3）在统计分析中，Q-Q 图（quantile quantile plot）是另一种判断观测数据集是否遵循给定分布的图形。对应于正态分布的 Q-Q 图，就是由标准正态分布的期望值为纵轴（y 轴）、样本观测值为横轴（x 轴）的散点图。要利用 Q-Q 图鉴别样本数据是否近似符合正态分布（Q-Q 图还可获得样本的偏度和峰度的粗略信息），只需要看 Q-Q 图上的点是否近似地在一条直线附近。图 5.10 是周口店遗址 107 件肿骨鹿下颌骨厚度数据的 Q-Q 图，数据点基本落在 $y=x$ 直线附近，且均在置信区间 95%以内，因此可以判断周口店样本是接近正态分布的。

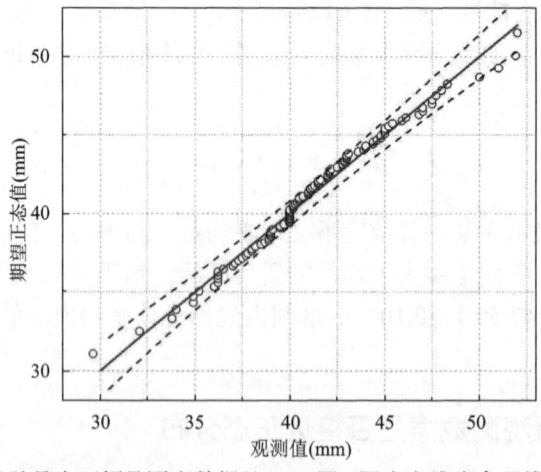

图 5.10 周口店遗址肿骨鹿下颌骨厚度数据的 Q-Q 图。图中实线为参照线，虚线表示 95%置信区间的上下限，平均值为 $\bar{x}=41.28\text{mm}$，标准偏差 $\sigma=4.05\text{mm}$（使用数据见表 5.5）

在上述三种方法中，直方图和Q-Q图相结合，可更直观观察和判断样本数据是否符合正态分布。当然选择何种方法作判断，需要看样本容量，也需要凭借读者的经验。

对于不服从正态分布的样本，有的情况下组成样本的个体很可能并非来自同一个总体，此时再谈论"对总体平均值的估计"也就失去了意义。特别是在直方图中出现两个峰的情况下，就无需再进行后续Q-Q图分析。在这种情况下，需要根据考古背景对观测数据先进行考古处理，或者根据判断先剔除可疑值再进行下一步的讨论（如何判断可疑值，我们将在下节讨论）。

另外还有K-S检验（Kolmogorov-Smirnov test）和S-W检验（Shapiro-Wilk test），我们不再讨论，读者可参考相关文献。

5.4.4 应用举例

在少量观测数据下，对总体平均值的估计要选用 t 分布进行统计分析。那么如何根据样本的 n、$\bar{x}$ 和 s 对总体平均值 μ 作区间估计？先选定显著性水平 α，查 t 表可找到相应的临界阈值 $t_{\alpha,f}$，所得 $\bar{x} \pm t \dfrac{s}{\sqrt{n}}$，就是对 μ 的置信度为 $(1-\alpha)$ 的区间估计。

例 5.4 测定某铜矿中铜含量的四次测定结果分别为 40.53%、40.48%、40.57%、40.42%，那么分别在置信度为90%、95%和99%时，求总体平均值 μ 的置信区间。

首先计算平均值 $\bar{x}$：

$$\bar{x} = \frac{1}{n}\sum_{i=1}^{n} x_i = \frac{40.53\% + 40.48\% + 40.57\% + 40.42\%}{4} = 40.50\%$$

标准偏差 s：

$$s = \sqrt{\frac{\sum_{i=1}^{n}(x_i - \bar{x})^2}{n-1}} = 0.06$$

置信度为90%时，查表得 $t_{0.10,3} = 2.35$，则

$$\mu = \bar{x} \pm t_{\alpha,f}\frac{s}{\sqrt{n}} = (40.50 \pm 0.07)\%$$

置信度为95%时，查表得 $t_{0.05,3} = 3.18$，则

$$\mu = \bar{x} \pm t_{\alpha,f}\frac{s}{\sqrt{n}} = (40.50 \pm 0.10)\%$$

置信度为 99%时，查表得 $t_{0.01,3} = 5.84$，则

$$\mu = \bar{x} \pm t_{\alpha,f}\frac{s}{\sqrt{n}} = (40.50 \pm 0.18)\%$$

例 5.5 以汤山肿骨鹿下颌骨为样本，$n=24$，平均值 $\bar{x} = 35.75\text{mm}$ 和标准差 $s = 2.37\text{mm}$，计算得到的标准误 $s_{\bar{x}} = 0.483\text{ mm}$，根据这些参数可知在置信度 90% 情况下，查 t 函数表有 $t_{0.10,23} = 1.714$，可得置信区间为

$$\mu = \bar{x} \pm t_{\alpha,f} s_{\bar{x}} = (35.75 \pm 1.714 \times 0.483)\text{mm} = (35.75 \pm 0.83)\text{mm}$$

这样可知区间宽度为 1.66mm（即 $2 \times 0.83 = 1.66$）。

但是如果按照适用于大样本的正态函数 u 处理，那么 90%置信度区间的宽度为 $2 \times 1.645 \times 0.483 = 1.59$ mm。可以看出，在同样置信度下，小样本的估计区间要比大样本宽一些，即估计的精密度要差些。这是很自然的，因为小样本包含的样品少，信息量比大样本小，估计总体平均值的精确度自然要低一些。

从上述两例可以看出，置信度越低，同一体系的置信区间就越窄；置信度越高，同一体系的置信区间就越宽，即所估计的区间包括真值（或者总体平均值）的可能性也就越大。在实际考古测量中，置信度不能定得过高或过低。若置信度过高会使置信区间过宽，往往造成判断失去意义；置信度定得太低，其判断可靠性就不能保证了。因此，置信度的高低应定得合适，要使置信区间的宽度足够窄，而置信度又要足够高。一般将置信度定在 95%或者 90%是认可的。

5.5 可疑值取舍

在检测分析中，当对同一试样进行多次平行测定时，常常会发现在某一组测量值中有个别数据与其他数据相差较大，这一数据称为可疑值（outlier），或者离群值、极端值。如果确定这是由人为过失造成的，则直接弃去不要，否则不能随意舍弃或者保留，应该用统计检验的方法确定该可疑值与其他数据是否来源于同一总体，以决定取舍。统计学中对可疑值的取舍有多种方法。下面简要介绍处理方法中较为简单的 $4\bar{d}$ 法、Q 检验法、效果较好的格鲁布斯（Grubbs）法（武汉大学，2006），以及最近考古统计分析中比较流行的 MAD 方法（Leys et al.，2013）。

5.5.1 $4\bar{d}$ 法

根据正态分布规律，偏差超过 3σ 的测量值的概率小于 0.3%，所以这一测量值通常可以舍去。而总体平均偏差 $\delta = 0.80\sigma$，即 $4\delta \approx 3\sigma$，偏差超过 4δ 的个别测量值可以舍去。

对于少量实验数据，可以用 s 代替 σ，用 $\bar{d}$ 代替 δ，所以可粗略认为偏差大于 $4\bar{d}$ 的个别测量数据可以舍去。采用 $4\bar{d}$ 法判断可疑值取舍虽然存在较大误差，但该法比较简单，不必查表，至今仍为人们所采用。需指出，当 $4\bar{d}$ 法与其他检测法判断的结果发生矛盾时，应以其他法为准。

采用 $4\bar{d}$ 法判断可疑值取舍时，首先应求出可疑值外的其余数据的平均值 $\bar{x}$ 和平均偏差 $\bar{d}$，然后将可疑值与平均值进行比较，如绝对值大于 $4\bar{d}$，则将可疑值舍去，否则保留。

5.5.2 格鲁布斯法

首先将测量值由小到大按顺序排列为 $x_1, x_2, \cdots, x_n$，并求出平均值 $\bar{x}$ 和标准偏差 s，再以统计量 T 作出判断。若 x_1 为可疑值，则

$$T = \frac{\bar{x} - x_1}{s}$$

若 x_n 为可疑值，则

$$T = \frac{x_n - \bar{x}}{s}$$

将计算所得 T 值与表 5.8 中查到的 $T_{\alpha,n}$（对应于某一置信度）相比较。若 $T > T_{\alpha,n}$，则应舍去可疑值，否则保留。

表 5.8　$T_{\alpha,n}$ 值表

n	显著性水准 α		
	0.05	0.025	0.01
3	1.15	1.15	1.15
4	1.46	1.48	1.49
5	1.67	1.71	1.75
6	1.82	1.89	1.94
7	1.94	2.02	2.10
8	2.03	2.13	2.22

续表

n	显著性水准 α		
	0.05	0.025	0.01
9	2.11	2.21	2.32
10	2.18	2.29	2.41
11	2.23	2.36	2.48
12	2.29	2.41	2.55
13	2.33	2.46	2.61
14	2.37	2.51	2.63
15	2.41	2.55	2.71
20	2.56	2.71	2.88

格鲁布斯法最大的优点是在判断可疑值的过程中，引入了正态分布中的两个重要的样本参数——平均值 $\bar{x}$ 和标准偏差 s，所以方法的准确性较好。此方法的缺点是需要计算 $\bar{x}$ 和 s，步骤稍麻烦。

5.5.3　Q 检验法

首先将测量值由小到大按顺序排列为 $x_1, x_2, \cdots, x_{n-1}, x_n$，若 x_n 为可疑值，则统计量 Q 为

$$Q = \frac{x_n - x_{n-1}}{x_n - x_1}$$

若 x_1 为可疑值，则

$$Q = \frac{x_2 - x_1}{x_n - x_1}$$

将计算所得 Q 值与表 5.9 中查到的 Q_P 值相比较，当计算所得的 Q 值大于表中的 Q_P 值时，则可疑值应舍去，反之则保留。

表 5.9　Q_P 值表

置信度（%）	n							
	3	4	5	6	7	8	9	10
90	0.94	0.76	0.64	0.56	0.51	0.47	0.44	0.41
96	0.98	0.85	0.73	0.64	0.59	0.54	0.51	0.48
99	0.99	0.93	0.82	0.74	0.68	0.63	0.60	0.57

举例说明：

（1）$4\bar{d}$ 法应用。

例 5.6 测定某食品中重金属铅的含量（μg/g），4 次测定结果分别为 1.25μg/g、1.27μg/g、1.31μg/g、1.40μg/g。试判断 1.40μg/g 这个数据是否应保留。

根据题意，首先求出除去 1.40μg/g 外的其余数据的平均值 $\bar{x}$ 和平均偏差 $\bar{d}$

$$\bar{x}=1.28\mu g/g, \quad \bar{d}=0.023\mu g/g$$

可疑值与平均值之差的绝对值为

$$|1.40-1.28|=0.12>4\bar{d}(=0.092)$$

所以 1.40 这一数据应舍去。

（2）格鲁布斯法应用。

上例中的实验数据，用格鲁布斯法判断时，在置信度为 95%时判断 1.40 是否应保留。

根据题意，计算总的平均值 $\bar{x}=1.31\mu g/g$，$s=0.066\mu g/g$，则

$$T=\frac{x_n-\bar{x}}{s}=\frac{1.40-1.31}{0.066}=1.36$$

查表 5.8，$T_{0.05,4}=1.46$，有 $T<T_{0.05,4}$，所以 1.40 这个数据应保留。

此结论与前一例中用 $4\bar{d}$ 法判断所得结论不同。在这种情况下，一般取格鲁布斯法的结论，因这种方法的可靠性较高。

（3）Q 检验法应用。

上例中的实验数据，用 Q 检验法判断时，在置信度为 90%时，1.40 这个数据是否保留？

根据题意，可计算：

$$Q=\frac{x_n-x_{n-1}}{x_n-x_1}=\frac{1.40-1.31}{1.40-1.25}=0.60$$

查表 5.9，在 $n=4$ 时，$Q_{0.90}=0.76$，此时 $Q<Q_{0.90}$，所以 1.40 这个数据应予保留。

5.5.4 MAD 方法

相对于上面提到的后两种方法，在实际应用中，多数文献会采用较为简化的平均值和标准偏差的方法处理异常值（如对表 5.4 中数据的讨论）。当使用平均

值作为数据的趋中性度量时，会存在三个问题：①首先要假设这组数据是正态分布的（包括异常值）；②平均值和标准偏差会受到异常值的强烈影响；③这种方法不太可能检测小样本中的异常值。

例如，对于一组 $n=8$ 的观测值，1、3、3、6、8、10、10 和 1000，显然数据中 1000 为异常值。经统计计算，此组数据的平均值为 130.13，标准偏差为 328.80。当使用 $\pm 3s$，即只有在[-856.27, 1116.52]范围之外才会判为异常值。该样本数据显然不是正态分布（峰度为 8.00，偏度为 2.83），且平均值与前 7 个值并不一致，根据此方法，数值 1000 并未判为异常值，这说明平均值和标准偏差的组合方法是有局限性的。

Hampel 在 1974 年推广了中位数绝对偏差方法（median absolute deviation, MAD）以判断异常值。中位数和均值一样，也是表示数据趋中性的一种度量，但是它的优点是对异常值不敏感。因此，MAD 方法最近也逐渐被考古学者认可。具体方法如下：

（1）首先将测量值由小到大按顺序排列为 $x_1, x_2, \cdots, x_{n-1}, x_n$，计算一组数据的中位值 $m_d = M(x_i)$；

（2）计算所有数据与中位值 m_d 的绝对偏差：$d_i = |x_i - m_d|$；并计算由绝对偏差组成的组数据的中位值 $M(d_i)$；

（3）计算 $\text{MAD} = bM(d_i)$，其中 b 为与正态假设相关的常数，一般取 $b = 1.4826$；

（4）确定阈值，以（$m_d \pm a\text{MAD}$）数据范围评判异常值，一般选 $a = 2.5$ 或 3。

MAD 方法不受样本容量的影响，也无需考虑此样本中的数据是否呈正态分布，对长尾分布数据的异常值检测效果较好。

举例说明：

例 5.7 仍以系列数据[1、3、3、6、8、10、10、1000]为例。

（1）可计算中位数为 $M(x_i) = 7$；

（2）得到与中位值相关的绝对偏差数据为 6、4、4、1、1、3、3 和 933，按照从小到大顺序重新排列为[1、1、3、3、4、4、6、933]，得绝对偏差的中位值为 $M(d_i) = 3.5$；

（3）计算 $\text{MAD} = 1.4826 M(d_i) = 5.1891$

（4）确定阈值为 3，则决策标准为[7±15.56]范围，显然可以判断数据 1000 为异常值。

在上面计算的第（4）步时，Leys 等建议使用 2.5 倍作为异常值的阈值计算（Leys et al., 2013）。MAD 方法很容易程序化，可方便读者实施。

主要参考文献

陈铁梅, 陈建立. 2013. 简明考古统计学[M]. 北京: 科学出版社: 33-44.
武汉大学. 2006. 分析化学[M]. 5 版. 北京: 高等教育出版社.
Banning E B. 2020. The Archaeologist's Laboratory: The Analysis of Archaeological Evidence[M]. 2nd. Switzerland: Springer Nature AG: 129-139.
Leys C, Ley C, Klein O, et al. 2013. Detecting outliers: Do not use standard deviation around the mean, use absolute deviation around the median[J]. Journal of Experimental Social Psychology, 49: 764-766.

第6章 显著性检验

第 5 章讨论了观测数据在接近正态分布情况下，使用样本的平均值和标准误对样本所属总体的平均值做出估计，属于统计推断中的参数统计。本章将讨论统计推断的另一个重要应用——假设检验，主要讨论样本与总体，或者不同样本之间的一致性检验。

考古研究中有时需要检验某观测数据是否符合某理论模式，例如判断某青铜器中的铅是否来自某铅矿，或者比较两类不同生态环境地域同时期的聚落密度是否有差异等。类似问题都需要使用假设检验，体现在样本的平均值 $\bar{x}$（如多个青铜器中铅的含量）与预期的理论值 μ（如铅矿中铅的含量）之间的比较，或者是根据两个样本的平均值 $\bar{x}_1$ 和 $\bar{x}_2$（如两个聚落密度）之间的差异评判两个相应总体的平均值之间的差异。需要注意的是，样本的平均值是有涨落的随机变量，所以样本平均值 $\bar{x}$ 与理论值 μ 不太可能绝对相等，同样地，来自同一总体的两个样本的平均值 $\bar{x}_1$ 和 $\bar{x}_2$ 也不会精确相等。因此，需要确定一个定量的判断标准，当 $\bar{x}$ 与 μ，或者 $\bar{x}_1$ 与 $\bar{x}_2$ 之间的差别要达到多大时，才可以认为这个差别超出了随机涨落的范围，从而判断彼此之间确实存在差别。

假设检验就是要寻求这样的一个判断标准。通过设定假设，根据样本数据所获取的某统计量，在一定的置信水平上，对总体特征做出统计推断。针对掌握的观测数据的分布状况，或者不同的观测数据类型，假设检验方法可分为参数检验和非参数检验，通常在以下两种情况下应用：

（1）总体分布已知（如总体为正态分布）的情况下，根据样本数据对总体分布的参数（如均值、方差等）进行推断。此时，总体的分布形式是给定的或假定的，只是一些参数的取值或范围未知，分析的主要目的是估计参数的取值范围，或对其进行某种统计检验。例如，正态总体的平均值是否与某个值存在显著差异（属单总体平均值的假设检验），两个总体的平均值是否有显著差异（属两总体平均值的一致性检验）等，这类统计推断问题通常采用参数检验的方法。

（2）总体分布未知的情况下，根据样本数据对总体的分布形式或特征进行推断。事实上大多数情况下，我们事前很难对总体的分布做出较为准确的假设，或者无法保证样本数据来自假设的总体，或者由于数据类型所限（如名义变量和有序变量），不符合假定分布的要求等。此时通常采用非参数检验的方法。

下面将从假设检验的基本原理开始，介绍理论判断方法，结合相应实例，探讨参数检验和非参数检验的实际应用。

6.1 假设检验的基本原理

利用样本观测数据，根据一定概率对总体参数或分布的某一假设做出拒绝或肯定的判断称为假设检验（hypothesis testing）。假设检验，又称统计假设检验，是用来判断样本与总体（或者样本与样本）的差异是由抽样误差引起的还是本质差别所造成的统计推断方法。以下我们以总体参数的假设检验简要、概括地说明假设检验的基本原理（两个样本之间的假设检验与之相类似，可相应推之）。

当对某一总体参数（如针对可能符合正态分布的 u 值）进行假设检验时，首先从该总体中随机抽取一个样本，计算出统计量的值，并根据经验对相应的总体参数提出一个假设的值。这个假设就是认为选择的样本来自总体，而样本统计量的值与总体参数值之间的差异是由抽样误差引起的。根据这一假设，可以认为像这样的一切可能样本统计量的值，应当以总体参数值（假设的）为中心形成一个抽样分布，如果这个随机样本统计量的值在其抽样分布上出现的概率较大，这时只好保留这个假设，就是说不得不承认这个样本是来自这个总体，而样本统计量的值与总体参数值的差异是由抽样误差所导致的；如果这个随机样本统计量的值在其抽样分布上出现的概率极小，根据小概率事件在以此随机抽样中几乎是不可能发生的，于是不得不否定这个样本统计量的值是来自这个总体参数值的假设，同时也不得不承认样本统计量的值与总体参数值（假设的）的差异不是由抽样误差所导致的，而是存在着本质差异，所以称这个样本统计量的总体参数值与假设的总体参数值差异显著。

6.1.1 零假设和备择假设

假设检验一般有两个相互对立的假设，即零假设和备择假设。所谓零假设（null hypothesis），也称原假设，就是关于当前样本所属的总体（指参数值）与假设的总体（指参数值）无区别的假设，往往是研究者根据样本信息期待拒绝的假设。零假设一般用 H_0 表示。所谓备择假设（alternative hypothesis）是与零假设相互排斥的假设，就是关于样本所属的总体（指参数值）与假设的总体（指参数值）相反的假设，是研究者根据样本信息期待证实的假设，是根据样本信息否定了零假设时应当采取的假设。备择假设一般用 H_1 表示。

假设检验是从零假设出发，视其被拒绝的机会，如果根据样本的信息，不得不否定零假设的真实性时，就不得不承认备择假设的真实性，这时就要拒绝零假设而接受备择假设；如果根据样本的信息不能否定零假设的真实性时，就要保留零假设而拒绝备择假设。显然统计推理采用的是反证法。

6.1.2 小概率事件

如果样本统计量的值（随机事件）在其抽样分布上出现的概率小于或等于事先规定的显著性水平时，就认为小概率事件发生了。我们把出现小概率的随机事件称为小概率事件（small probability event）。

小概率事件是否出现，这是对假设作决断的根据。在用样本统计量的值推断总体参数值时，要注意到在此之前我们已经对总体参数值提出了一个零假设。现在是在假定零假设真实的前提下，来考察样本统计量的值在以假设的总体参数值为中心的抽样分布上出现的概率。如果出现的概率很大，则可保留零假设，不否定此样本来自该总体的结论；如果出现的概率很小，即小于或等于事先规定的显著性水平，这时认为小概率事件发生了。而当概率足够小时，就可以从实际可能性上把零假设否定。根据这个原理认为：在随机抽样的条件下，一次实践竟然抽到与总体参数值有这么大差异的样本，可能性是极小的，实际中也几乎是不可能发生的。因此，在小概率事件发生时，我们就不得不作出此样本不是来自该总体的结论，即不得不作出关于统计量所属总体参数值与原来假设的总体参数值有本质差异的结论。

小概率事件的意义重大。因为通过上面的推理，小概率事件是很难发生的。但是如果在一次抽样试验中它发生了，只能说明这件事违背常理，进一步说明假设不成立。这就是小概率反证法。需要注意，小概率事件在一次试验中发生的概率非常小，但是如果做了许多次试验，它必然发生。举例说明：如果置信区间为95%，做了 100 次试验，则小概率事件发生的大概次数为 5 次。

6.1.3 显著性水平

样本统计量的值在以总体参数值为中心的抽样分布上出现的概率，究竟要小到何种程度才能算小概率事件发生了？这是由研究者对于假设检验的结论所欲达到的可靠性程度决定的。一般多采用 0.05 或 0.01 两个值，即事件发生的概率在 0.05 以下或 0.01 以下的事件称为小概率事件。也就是说如果研究者在 0.05（或 0.01）的水平上对假设进行检验，那么只要样本统计量的值在抽样分布上出现的概率小于或等于 0.05（或 0.01），即样本统计量的值就落入了拒绝区域（图 6.1 阴影部分），就认为小概率事件发生了，应拒绝零假设。

统计学中把这种拒绝零假设的概率称为显著性水平，即用 $\alpha = 0.05$ 或 $\alpha = 0.01$ 表示如果零假设为真的情况下，发生备择假设的概率。也可以认为，显著性水平是统计推断时可能犯错误的概率。如果在95%的可靠度上对假设进行检验，则显著性水平为0.05；如果在99%的可靠度上对假设进行检验，则显著性水平为0.01，即显著性水平越低，越容易接受原假设。

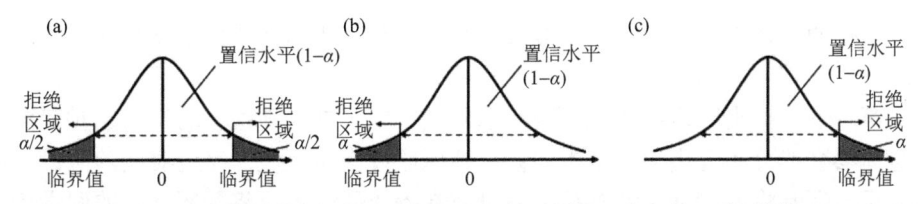

图 6.1　正态抽样分布上 $\alpha = 0.05$ 拒绝区域（阴影面积）的三种不同位置

如将拒绝性概率分置于理论抽样分布的两侧，称为双侧检验，如图 6.1（a）所示；如将拒绝性概率置于一侧（右侧或左侧）称为单侧检验。单侧检验在考古研究中并不少见，例如，检测某种动物的骨骼指数后期是否比前期增大或减小；钱币中的金银等贵金属含量后期是否有降低等，我们会发现在考古事件中特别是与时间先后顺序相关的事件会涉及单侧检验。

采用双侧或单侧哪种检验方式，需要根据实际情况加以注意。

6.1.4　关于统计判断错误的说明

我们通过样本数据判断总体参数的假设是否成立，但样本是随机的，因而有可能出现小概率的错误。这种错误分两种，一种为弃真错误，另一种为取伪错误。

弃真错误也称第Ⅰ类错误或 α 错误：它是指原假设实际上是真的，但通过样本估计总体后，拒绝了原假设。明显这是错误的，我们拒绝了真实的原假设，所以称为弃真错误，这个错误的概率记为 α。这个值也就是显著性水平，例如，在 0.05 显著性水平上检验假设，若犯此类错误的概率就是 5%。

取伪错误也称第Ⅱ类错误或 β 错误：它是指原假设实际上是假的，但通过样本估计总体后，接受了原假设。明显这是错误的，我们接受的原假设实际上是假的，所以称为取伪错误，这个错误的概率记为 β。β 值的大小也可以计算，但是比较烦琐，这里不再详细叙述。

事实上，在检验之前，一般不确定关于样本所属总体的假设是真还是假。因此在检验假设时，最好同时减少犯这两种错误的概率。从图 6.1 抽样分布上保留区域和拒绝区域的关系可以看出，若降低显著性水平可以减少不真实假设被保留的概率，却同时增加属真假设被拒绝的概率；若提高显著性水平，可以减少属真假设被拒绝的概率，却同时增加了不真实假设被保留的概率。其实要控制两种错误的概率，需要根据假设的情况在显著性水平上进行综合考虑，一般选择 $\alpha = 0.05$ 或 $\alpha = 0.01$ 就不会产生太大的误差。但是如果要仔细控制此类错误，也是一个复杂的问题，读者可参考相关文献，本书不做详细讨论。

6.1.5 假设检验的基本步骤

依据假设检验的基本原理，假设检验可以总结成以下四大基本步骤（薛薇，2021）：

第一步，提出原假设 H_0 和备择假设 H_1。即根据推断检验的目的，对待推断的总体参数或分布提出一个基本假设，即原假设。与原假设完全对应的假设为备择假设。通常将希望证实和支持的假设放在备择假设上，将希望推翻的假设放在原假设上。

第二步，选择检验统计量。在假设检验中，在原假设成立的条件下，样本值发生的概率是通过计算检验统计量观测值发生的概率间接得到的。这些检验统计量服从或近似服从某种已知的理论分布。对于不同的假设检验问题以及不同的总体条件，会有不同的检验统计量的理论和方法，这是统计学家所关注的课题，我们只需依据实际情况，懂得遵循理论套用即可。

第三步，计算检验统计量的观测值和对应的概率。选定检验统计量之后，在认为原假设成立的条件下，利用样本数据便可计算出检验统计量的观测值。目前的流行软件（如 SPSS、Origin、Excel 等）还可以直接计算出统计量的观测值所对应的概率，即概率 P 值或称为相伴概率（在原假设成立时该检验统计量在某个特定的极端区域取值的概率），该概率间接地给出了样本值在原假设成立条件下出现的概率。对此，可以依据一定的标准通过统计量的观测值或者相对应的概率 P 值来判断其发生的概率是否为小概率，从而判断是否发生了小概率事件。

第四步，给定显著性水平 α，并作出统计决断。显著性水平 α 是指原假设正确但被错误地拒绝的概率或风险，一般选择 0.05 或 0.01，意味着拒绝原假设不犯错误的把握程度（概率）为 95%或 99%。根据统计量观测值或对应的概率 P 值，可分两种情况作决断：①当得到的是检验统计量的观测值，我们可以查阅在显著性水平 α 下与样本相关的检验统计量的临界值。若统计量值大于临界值，则认为发生了小概率事件，拒绝原假设 H_0 而接受备择假设 H_1。反之，则接受原假设。②当得到的是对应的概率 P 值，如果概率 P 值小于显著性水平 α，认为此时拒绝原假设犯错误的可能性小于显著性水平 α，则拒绝原假设；反之，则接受原假设。

通过上述步骤可完成假设检验。在进行假设检验时，我们需要明确第一步中假设检验的原假设；第二步和第三步，在一般统计软件中会自动计算，我们需要清楚的是选择何种检验统计量；第四步需要人为设定显著性水平，查验相关统计量的临界表，或与概率 P 值相比较而做出决断。

无论参数检验还是非参数检验都需要经历上述四大基本步骤。

6.2 与平均值相关的参数检验

假设检验的基本思想是小概率事件原理，其统计推断方法是带有某种概率性质的反证法。小概率思想是指小概率事件在一次试验中基本上不会发生（发生的概率很小）。反证法思想是先提出检验假设，再用适当的统计方法，利用小概率原理，确定假设是否成立。即为了检验一个假设 H_0 是否正确，首先假定该假设 H_0 正确，然后根据样本对假设 H_0 做出接受或拒绝的决策。如果样本观察值导致了小概率事件发生，就应拒绝假设 H_0，否则应接受假设 H_0。这就是假设检验的基本思路。

显著性检验是假设检验中最常用的一种方法，也是一种最基本的统计推断形式，其基本原理是先对总体的特征做出某种假设，然后通过抽样研究的统计推理，对此假设应该被拒绝还是接受做出推断。常用的假设检验方法有 Z 检验、t 检验、F 检验等。

6.2.1 单样本的 Z 检验和 t 检验

单样本 Z 检验或 t 检验的目的是利用来自某总体的样本数据，推断该总体的平均值是否与指定的检验值存在显著性差异，是对总体平均值的假设检验。在单样本检验中仅涉及一个总体，且将根据所给样本量大小或数据信息，选择 Z 检验或 t 检验方法。单样本 Z 检验和 t 检验的前提是样本来自的总体应服从或近似服从正态分布。

1. Z 检验

Z 检验（Z-test），又称 U 检验。在实际问题中大多数随机变量服从或近似服从正态分布，这样 Z 值作为检测统计量与观测数据的平均值 $\bar{x}$ 是等价的，且查证 Z 分布表也比较方便，因此 Z 检验应用较为普遍。Z 检验主要是通过由样本观测值得到的 Z 值，去判断与期望值之间的显著性差异，我们把这种服从正态分布统计量的检验方法称为 Z 检验。

如果总体平均值 μ_0 已知（此值通常在应用案例中是给出的），在有关总体平均值的假设检验中，会有两种情况：

（1）总体方差 σ^2（或标准偏差 σ）已知时

$$Z = \frac{\bar{x} - \mu}{\sigma_{\bar{x}}} = \frac{\bar{x} - \mu_0}{\frac{\sigma_0}{\sqrt{n}}}$$

(2) 总体方差 σ^2 （或标准偏差 σ ）未知，而样本量较大时（一般 $n \geq 30$ ）

$$Z = \frac{\bar{x} - \mu}{s_{\bar{x}}} = \frac{\bar{x} - \mu_0}{\dfrac{s_x}{\sqrt{n}}}$$

式中，μ_0 为假设与样本平均值无显著性差异的常数，也表示已知（或给定）的总体平均值；σ_0 为给定的总体标准偏差，也为常数；s_x 为样本标准偏差；$\bar{x}$ 为样本平均值。

通过上述公式，计算出相应的 Z 值，与一定置信度上查阅的 Z_α 值（双侧检验）或 $Z_{\alpha/2}$ （单侧检验）相比较。若计算出的 $Z > Z_\alpha$，发生了小概率事件，则认为 $\bar{x}$ 与 μ_0 之间存在显著性差异，否定零假设；否则认为 $\bar{x}$ 与 μ_0 之间并非显著性差异，接受零假设。通常以 95% 的置信度作为检验标准，即显著性水平为 5%。

需要说明的是，当样本容量大于 30 时，样本标准偏差 s_x 与总体标准偏差 σ_x 的误差非常小，样本容量越大，它们之间的误差越小。

2. t 检验

在总体方差 σ^2 （或标准偏差 σ ）未知，且样本量较小时（ $n < 30$ ），在判断单列正态分布数据是否与某一给定值（如标准值）有显著性差异，或单列正态分布数据是否来自满足某一均值的总体时，需要根据样本标准偏差 s 进行计算，常用 t 检验方法。例如，针对某试样的元素含量，利用 t 检验比较测定结果的平均值与标准试样的标准值之间是否存在显著性差异。

这里强调的是，只有小样本的观测数据本身接近于正态分布的情况下，才能进行关于总体参数的假设检验。

（1）进行 t 检验时，首先按照下式计算 t 值：

$$t = \frac{\bar{x} - \mu}{s_{\bar{x}}} = \frac{\bar{x} - \mu_0}{\dfrac{s_x}{\sqrt{n}}}$$

再根据置信度和自由度在 t 值表中（附录Ⅱ.2）查出相应的 $t_{\alpha, f}$ 值。若算出的 $t > t_{\alpha, f}$，则认为 $\bar{x}$ 与 μ_0 之间存在显著性差异，说明该分析方法存在系统误差；否则认为 $\bar{x}$ 与 μ_0 之间的差异是由随机误差引起的正常差异，并非显著性差异。在分析中通常以 95% 的置信度作为检验标准，即显著性水平为 5%。

（2）上述公式也可以转换成由原始观测数据进行计算，这样 t 检验公式转化为

$$t = \frac{\overline{x} - \mu}{s_{\overline{x}}} = \frac{\overline{x} - \mu_0}{\sqrt{\dfrac{\sum x_i^2 - \dfrac{\left(\sum x_i\right)^2}{n}}{n(n-1)}}}$$

针对总体平均值的 t 检验和 Z 检验，总结如下：

t 检验和 Z 检验都用于检验样本平均值是否符合某个假设值（如总体平均值）。t 检验用于总体方差未知的小样本（<30），Z 检验用于总体方差已知或者总体方差未知的大样本（≥30）。在实际统计分析中 t 检验更常用，因为在多数情况下使用 Z 检验时需要知道总体方差，然而在很多情况下这是难以知道的。

另外，根据中心极限定理，总体服从正态分布的数据在小样本时呈现 t 分布（与 t 检验方法相对应），而服从 t 分布的数据在样本较大时会渐近于正态分布（与 Z 检验方法相对应），也就是说，无论样本大小，只要服从正态分布均可以使用 t 检验，显然 t 检验的使用条件比 Z 检验宽松。我们根据容量大小不同，总结总体平均值假设检验的流程如图 6.2 所示。

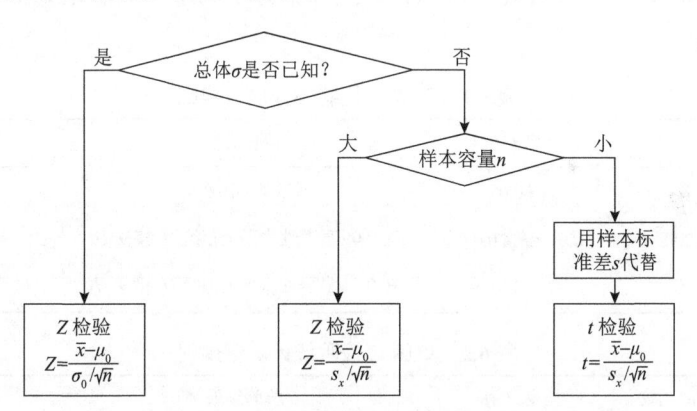

图 6.2 不同样本容量下总体平均值的假设检验方法选择

3. 应用举例

1）总体标准差已知，样本容量大于 30，比较某个总体的平均值与某个常数（如标准值）是否有显著性的差异

举例说明：

例 6.1 根据 43 把东周时期青铜剑铜锡铅的含量组成数据（华觉明，1999），陈铁梅等计算了锡的含量（陈铁梅和陈建立，2013），得到的数据如下：样本量 $n=43$，平均值为 $\overline{x}=16.27\%$，标准差 $s=2.42\%$。依据《考工记》中对青铜合金配方的描述，推测合金中锡含量为 25%，即 $\mu=25\%$，试判断样本（43 把青铜剑）

与总体期望值（即古典描述青铜锡含量）之间是否存在显著差异，或者说判断43把剑是否按照锡含量为25%的配方铸造的。

因为样本容量大于30，属大样本，可使用Z检验方法。

（1）零假设H_0，43把青铜剑样本锡含量与理论值25%相一致；备择假设H_1，43把青铜剑总体的锡平均含量偏离25%。

（2）计算统计量Z：

$$Z = \frac{|\bar{x} - \mu|}{\frac{s}{\sqrt{n}}} = 23.66$$

（3）确定显著性水平$\alpha = 0.05$，查正态函数表的判断阈为$Z_{0.025} = 1.96$（双侧检验）。

（4）因为$Z = 23.66 > Z_{0.025} = 1.96$，即认为发生了小概率事件，则拒绝原假设$H_0$而接受备择假设$H_1$（判断决断参见表6.1和表6.2），即根据实测的43把青铜剑的锡含量，在$\alpha = 0.05$的显著性水平上，拒绝了《考工记》记录对"大刃"锡含量为25%的说法，或者说本次的青铜剑样本并不属于《考工记》中记载的青铜大刃。

表6.1　双侧Z检验统计决断规则

Z与临界值的比较	概率P值	检验结果	显著性
$Z < 1.96 = Z_{0.05}$	$P > 0.05$	接受H_0拒绝H_1	不显著
$1.96 < Z \leq 2.58$	$0.01 < P \leq 0.05$	在0.05显著性水平上拒绝H_0接受H_1	显著（*）
$Z \geq 2.58 = Z_{0.01}$	$P \leq 0.01$	在0.01显著性水平上拒绝H_0接受H_1	极其显著（**）

表6.2　单侧Z检验统计决断规则

Z与临界值的比较	概率P值	检验结果	显著性
$Z < 1.65 = Z_{0.05}$	$P > 0.05$	接受H_0拒绝H_1	不显著
$1.65 < Z \leq 2.33$	$0.01 < P \leq 0.05$	在0.05显著性水平上拒绝H_0接受H_1	显著（*）
$Z \geq 2.33 = Z_{0.01}$	$P \leq 0.01$	在0.01显著性水平上拒绝H_0接受H_1	极其显著（**）

2）总体标准差已知，样本容量小于30，比较某个总体的平均值与某个常数（如标准值）是否有显著性的差异

举例说明：

例6.2　根据青海都兰热水墓群2018学渭一号墓的墓葬形制和出土遗物（包括出土印章），中国社会科学院考古研究所韩建华认为该墓是吐蕃化的吐谷浑王陵；结合敦煌本藏文文献，认为墓主是吐蕃赤德祖赞时期的吐谷浑王莫贺吐浑可

汗，其母后是公元 689 年嫁给吐谷浑王的赞蒙墀邦（韩建华，2022）。在证实墓主身份过程中，墓葬树木测年为公元（744±35）年，墓主人骨年龄为 55～60 岁（本案例分析中取 58 岁），据推测莫贺吐浑可汗可能诞生于公元 690 年，进而推测死于公元 748 年（即 690+58=748）。文献根据上述数据推测墓主为莫贺吐浑可汗，这是考古学者的推论优势。

本例中，我们将通过 Z 检验方法在统计中作考古讨论，以此作为引子，方便读者遇到类似案例时作统计分析。

实测树木年轮为公元（744±35）年，已知 ^{14}C 测年结果是服从正态分布的，也意味着"35 年"即为测年过程中的标准偏差 σ，随后进行 Z 检验。检验过程如下：

（1）零假设 H_0，树木年龄与莫贺吐浑可汗死亡年龄无显著差别，即 $\mu=748$ 年；备择假设 H_1，二者有显著差异。

（2）计算统计量 Z：

$$Z = \frac{|\bar{x}-\mu|}{\sigma} = \frac{|744-748|}{35} = 0.11$$

（3）确定显著性水平 $\alpha=0.05$，查正态函数表的判断阈为 $Z_{0.025}=1.96$（双侧检验）。

（4）因为 $Z=0.11<Z_{0.025}=1.96$（判断决断参见表 6.1），则在 $\alpha=0.05$ 的显著性水平上接受 H_0，而拒绝 H_1，即在 $\alpha=0.05$ 的显著性水平上认为树木测年与莫贺吐浑可汗死亡时间相一致。

需要说明的是，本例中由于莫贺吐浑可汗可能的死亡时间（公元 748 年）与树木测年的平均值（公元 744 年）大致相同，简单通过数据比较也能提出二者相一致的结论。本例题分析的目的在于我们希望通过这样的统计分析，能够为相关研究提供科研思路，供读者借鉴。

3）总体标准差未知，样本容量小于 30，比较某个总体的平均值与某个常数（如标准值）是否有显著性的差异

举例说明：

例 6.3 根据东周时期青铜钟铃等响器锡铅的含量组成数据（华觉明，1999），陈铁梅等计算了 11 个样品（陈铁梅和陈建立，2013），得到数据如下：平均值为 $\bar{x}=14.72\%$，标准差 $s=1.75\%$。依据《六齐说》中对青铜响器配方的描述，推测锡的设计含量应为 14.3%，即 $\mu=14.3\%$，试判断东周钟铃响器锡的实际含量是否符合《六齐说》记录的配方设计值。

根据题意分析，此为双侧检验。因为样本容量为 11，属小样本，可进行 t 检验。

（1）零假设 H_0，青铜铃响器锡的含量与《六齐说》中设计值相一致，即为 14.3%；备择假设 H_1，青铜铃响器锡的含量偏离 14.3%。

（2）在 H_0 成立的条件下，计算统计量 t：

$$t = \frac{|\bar{x} - \mu|}{\frac{s}{\sqrt{n}}} = \frac{|14.72 - 14.3|}{\frac{1.75}{\sqrt{11}}} = 0.796$$

（3）确定显著性水平 $\alpha = 0.05$，查自由度为 10 的 t 函数表，$t_{0.025} = 2.585$（双侧检验）。

（4）因为 $t = 0.796 < t_{0.025} = 2.585$，未发生小概率事件，接受零假设。

检验结论是：在 $\alpha = 0.05$ 的显著性水平上，东周时期青铜铃响器的锡含量与《六齐说》记录的配方相一致。

6.2.2　两配对样本的 t 检验

在考古研究中，经常需要判断代表同层次实物属性的两组观测数据之间是否存在显著性差异，即要求检验两组观测数据是否来自同一总体，或者利用来自两个总体的两组数据，推断两个总体的平均值是否存在显著差异。例如，不同遗址间发现的金属残留是否来自同一矿藏，也或同一遗址发现的彩陶是否在时代上有先后。区别于"6.2.1 单样本的 Z 检验和 t 检验"所阐述的单总体平均值与标准值（或某参考数据）的假设检验，这类问题称为两总体平均值的一致性检验。根据两组考古数据间的关系，可分为两配对样本（表示相关性）和两独立样本（表示独立关系）的假设检验。

配对样本体现每个样本中的每个数据都可以在另一个样本中找到它的对应体，即数据是成对出现的。例如，两个实验室测量同一批次陶器的化学组成，则得到的两组数据就属于成对或配对样本；或者用同一测验方法对同一批次样品进行前后两次测试，所获得的两组观测数据也是配对样本。配对样本的特点是两个样本的成员之间是相互关联、成对出现的，因此两个样本的容量是相同的，都等于 n。

判断两个配对样本的总体平均值之间是否有差别也需要区别大样本和小样本，如果 $n \geqslant 30$，属大样本，采用 Z 检验；对于小样本，因为一般情况下总体方差是未知的，则进行 t 检验。相应地，所采用的计算公式简单叙述如下：

（1）小样本情况下，假定两个样本都是从两个正态总体中抽出的相关样本，样本数据之间的差数 D 也是正态分布的，而差数的总体标准偏差 σ_D 未知，于是样本的差数平均数与差数的总体平均数的离差统计量呈 t 分布。正是由于差数的总体标准偏差 σ_D 未知，其差数平均数的标准误 $s_{\bar{D}}$ 稍有变化（参见"6.2.4 对两样本平均值之差的标准误的说明"中的讨论），最后使用的公式有两种形式：

①用差数表示的 t 值

$$t = \frac{\bar{D} - \mu_D}{\sqrt{\dfrac{\sum D^2 - \left(\sum D\right)^2 / n}{n(n-1)}}}$$

式中，D 为每对数值间的差数；$\bar{D}$ 为差数的平均数，即 $\bar{D} = \sum D / n$。在 t 检验中的零假设为 $\mu_D = 0$，即表示两样本总体平均值一致。

②用样本标准差表示：

$$t = \frac{\bar{x}_1 - \bar{x}_2}{\sqrt{\dfrac{s_1^2 + s_2^2 - 2r_{12}s_1 s_2}{n}}}$$

式中，$\bar{x}_1$ 和 $\bar{x}_2$ 为两个样本的平均值；s_1^2 和 s_2^2 分别为第一个与第二个样本的方差；s_1 和 s_2 分别为第一个与第二个样本的标准差；n 为样本的容量；r_{12} 表示两组测量数据之间的皮尔逊相关系数，其数值的绝对值在 0 和 1 之间。对于完全相关的样本 $|r_{12}| = 1$，而对于完全独立（或者说完全不相关）的样本 $r_{12} = 0$。

（2）大样本情况下（样本容量 $n \geqslant 30$），若差数的总体标准偏差 σ_D 未知，差数的 t 分布接近正态分布，也可以用 Z 检验进行处理。其适用公式与上面两个公式相似，只是计算出来的是参数 Z，而不是参数 t。相应的公式为

$$Z = \frac{\bar{D} - \mu_D}{\sqrt{\dfrac{\sum D^2 - \left(\sum D\right)^2 / n}{n(n-1)}}}$$

或

$$Z = \frac{\bar{x}_1 - \bar{x}_2}{\sqrt{\dfrac{s_1^2 + s_2^2 - 2r_{12}s_1 s_2}{n}}}$$

（3）举例说明。

例 6.4 相关小样本间总体平均值的一致性检验。

美国犹他州立大学 Breslawski 教授在 2015 年选取了 5 个野牛桡骨（bison radius），组织了 15 名学生对其宽度和深度进行测量，该项研究的目的是考察不同测量人对测量的重复性和再现性的影响（Breslawski and Byers, 2015）。我们从中选取了两名学生对桡骨近端宽度的测量数据，根据这些数据判断两组测量数

据（针对桡骨宽度）之间是否存在显著性差异，或者说判断是否有人为的系统误差（即两名学生的测量是否有原则性错误）。每个桡骨近端的宽度为一对测量数据，指两名学生对同一样品进行了测量，组成了成对的样本。需说明的是，表6.3中的数据都是学生10次测量的平均数据。

表 6.3　野牛桡骨近端的测量数据

编号	学生 A- x_1（mm）	学生 B- x_2（mm）	差数 $D = x_1 - x_2$（mm）	差数平方 D^2（mm²）
1	79.42	79.48	−0.06	0.0036
2	95.31	94.95	0.36	0.1296
3	83.99	84.37	−0.38	0.1444
4	90.10	88.18	1.92	3.6864
5	84.30	83.98	0.32	0.1024
总和	433.12	430.96	2.16	4.066
平均值	86.624	86.192	0.432	
标准差	6.160	5.786	0.885	

下面讨论怎样对两名学生测量的桡骨近端成对数据间是否存在系统误差进行检测。检验过程如下：

① 提出假设，认为两名学生测量桡骨近端的数据相符，二者之间不存在系统误差，即零假设 H_0 为"差值的期望值为零"，$\mu_D = 0$；备择假设 H_1 为 $\mu_D \neq 0$。

② 选择检验统计量并计算其值。

因样本容量 $n=10$，属小样本，采用 t 检验方法，计算统计量 t。分别采用差数、样本标准差的两种形式进行计算：

用差数 D 计算：

$$t = \frac{\bar{D} - \mu_D}{\sqrt{\dfrac{\sum D^2 - (\sum D)^2 / n}{n(n-1)}}} = \frac{0.432 - 0}{\sqrt{\dfrac{4.066 - 2.16^2 / 5}{5 \times 4}}} = 1.092$$

用样本标准差 s 计算（其中线性拟合得 $r_{12} = 0.991$）：

$$t = \frac{\bar{x}_1 - \bar{x}_2}{\sqrt{\dfrac{s_1^2 + s_2^2 - 2 r_{12} s_1 s_2}{n}}} = \frac{86.624 - 86.192}{\sqrt{\dfrac{6.160^2 + 5.786^2 - 2 \times 0.991 \times 6.160 \times 5.786}{5}}} = 1.092$$

可见这两种结果基本相同（差别是由计算过程中的有效数字造成的），应用时可根据使用数据的方便性任选一种。另外需要指出的是，现在都是用软件进行计算（本书中的案例多使用 Origin 软件），其实使用何种方法从计算精度和速度上并没有区别，我们可能只需考虑问题的出发点。

实际上，计算过程还可以简化，只需要用到差值 D 的标准差数据，通过差值的标准误计算，即

$$t = \frac{\overline{D}}{s_{\overline{D}}} = \frac{\overline{D}}{\frac{s_D}{\sqrt{n}}} = \frac{0.432}{\frac{0.885}{\sqrt{5}}} = 1.092$$

③选取 $\alpha = 0.05$，查 $f = 4$ 的 t 分布函数，得 $t_{0.025,4} = 2.776$。
④统计判断。

计算的 $t = 1.092 < t_{0.025,4} = 2.776$，接受 H_0，$\mu_D = 0$，即在 $\alpha = 0.05$ 的显著性水平上没有观察到两名学生之间测量桡骨近端的数据有系统误差。

需要说明的是，在上述检验过程中我们使用了两个样本间的相关系数 $r_{12} = 0.991$，其实如此高的相关系数（接近 1）同样表明两名学生的测量结果高度一致，也就是说用相关系数的方法也可以做出判断，我们将在第 7 章继续讨论。

6.2.3 两独立样本的 t 检验

正如上面所举案例（即对野牛桡骨近端的测量），在考古研究中同一组样品被不同人员检测，或者被同组人员先后两次检测（属相关样本），这样的考古检测状况在实际工作中还是很少见的，更多的是利用独立样本对总体平均值的差异进行检验，例如比较不同遗址间发现的野牛桡骨近端测量的数据。这样两个样本内的个体是随机抽取的，它们之间不存在一一对应关系，两个样本容量也不一定相同，这样的两个样本称为独立样本。

我们按照样本大小进行分类讨论。

1）样本容量大于 30（两个样本容量 n_1 和 n_2 都大于 30）或总体方差已知，比较两个独立样本的平均值是否有显著性的差异

检验公式如下：
总体标准方差 σ^2 已知：

$$Z = \frac{(\overline{x}_1 - \mu_1) - (\overline{x}_2 - \mu_2)}{\sqrt{\frac{\sigma_1^2}{n_1} + \frac{\sigma_2^2}{n_2}}} = \frac{\overline{x}_1 - \overline{x}_2}{\sqrt{\frac{\sigma_1^2}{n_1} + \frac{\sigma_2^2}{n_2}}}$$

总体标准方差 σ^2 未知但样本容量大于 30：

$$Z = \frac{(\bar{x}_1 - \mu_1) - (\bar{x}_2 - \mu_2)}{\sqrt{\dfrac{s_1^2}{n_1} + \dfrac{s_2^2}{n_2}}} = \frac{\bar{x}_1 - \bar{x}_2}{\sqrt{\dfrac{s_1^2}{n_1} + \dfrac{s_2^2}{n_2}}}$$

式中，$\bar{x}_1$ 和 $\bar{x}_2$ 为两个样本的平均值；μ_1 和 μ_2 为两个样本的抽样总体的平均值，检验时假设两个总体的平均值相等，所以二者的差 $\mu_1 - \mu_2 = 0$；σ_1^2 和 σ_2^2 为两个总体的方差；s_1^2 和 s_2^2 为两个样本的方差。由于是大样本情况，在总体方差未知时，也可以选择 Z 检验进行处理（此时 Z 检验和 t 检验的结果一致）。

举例说明：

例 6.5 复旦大学袁靖教授测定了山东半岛大仲家贝丘遗址第 3 层和第 4 层的贝壳（*Venerupis variegate*）宽度，并对两组数据进行了统计分析，判断两层间（代表了年代先后）贝壳宽度是否发生了变化（Yuan et al., 2002），表 6.4 列出了测量数据的描述性统计结果（陈铁梅和陈建立，2013）。

表 6.4 大仲家贝丘遗址第 3 层和第 4 层贝壳宽度的测量数据的统计描述

层次	样本容量 n	平均值 $\bar{x}$（mm）	标准差 s（mm）	标准误 $s_{\bar{x}}$（mm）
大仲家紫荆山 I 期 3 层	165	31.85	4.74	0.369
大仲家邱家庄 I 期 4 层	205	27.03	5.36	0.374

检验过程如下：

① 零假设 H_0，大仲家贝丘遗址第 3 层和第 4 层贝壳的平均宽度相等，即期望值 $\mu_1 = \mu_2$；备择假设 H_1 为 $\mu_1 \neq \mu_2$。

② 选择检验统计量并计算其值。由于样本量大于 30，属独立大样本间总体平均值检验，总体方差未知。在这种情况下可以用 Z 检验，也可以使用 t 检验。我们选择 Z 检验。

$$Z = \frac{\bar{x}_1 - \bar{x}_2}{\sqrt{\dfrac{s_1^2}{n_1} + \dfrac{s_2^2}{n_2}}} = \frac{31.85 - 27.03}{\sqrt{\dfrac{5.36^2}{205} + \dfrac{4.74^2}{165}}} = 9.17$$

③ 判断。由附录 II.1 正态分布表中数据可知，$Z = 9.17$ 已经远大于表中 $\pm 3\sigma$ 出现的概率了（表示超过了 99.7%），也就意味着 $Z = 9.17 > Z_{表}$ 发生了小概率事件，即零假设不成立，据此可以判断两层贝壳的平均宽度是有显著性差异的。

如果用 t 值检验，选择 $\alpha = 0.01$，$f = n_1 + n_2 - 2 = 368$，自由度是个很大的数，

近似为 $t_{0.01,368}=2.60$，也表示发生了小概率事件，二者进行比较也可以判断出两个样本的平均值之间存在显著性差异。

应该说，对数据的统计分析是相对简单的事情，更重要的是要关注数据本身所蕴藏的考古含义。袁靖等推断，气候的变化不可能导致物体形体在二三百年间发生了明显形变，而更有可能是人类选择性食用软体动物的结果。人类的大量食用，特别优先挑食个体大的贝壳，缩短了贝壳的期望年龄，可能是统计数据表示样本差异的原因。

2）小样本情况下，独立样本平均值的差异检验

小样本情况下，两个样本容量 n_1 和 n_2 都小于 30，或者其中有一个小于 30 的独立样本称为独立小样本。两个独立小样本平均数之差的标准误，在两个相应总体方差已知时（即 σ_1^2、σ_2^2 已知），与之前相同可以使用大样本情况下的公式，只不过把 Z 检验变成了 t 检验。如果两个相应总体方差未知，对于两个独立小样本，在差异性检验之前需要用方差齐性检验来考察两个总体方差是否相等，这样会出现以下两种情况：

（1）同方差独立样本的 t 检验。

若两个总体方差未知（其实也是多数实际情况如此），但是经方差齐次检验（随后有讨论）判断两组样本标准偏差 s_1 和 s_2 之间无显著性差异（即认为 $s_1 \approx s_2$），于是可用 t 检验法检验两组平均值有无显著性差异。经公式推导，最后得到两个独立样本平均值之差的显著性检验公式。

以样本标准偏差表示：

$$t=\frac{\overline{x}_1-\overline{x}_2}{s_{\overline{D}}}=\frac{\overline{x}_1-\overline{x}_2}{\sqrt{\dfrac{(n_1-1)s_1^2+(n_2-1)s_2^2}{(n_1-1)+(n_2-1)}\left(\dfrac{1}{n_1}+\dfrac{1}{n_2}\right)}}$$

以原始数据表示：

$$t=\frac{\overline{x}_1-\overline{x}_2}{\sqrt{\dfrac{\sum x_1^2-\left(\sum x_1\right)^2/n_1+\sum x_2^2-\left(\sum x_2\right)^2/n_2}{(n_1-1)+(n_2-1)}\left(\dfrac{1}{n_1}+\dfrac{1}{n_2}\right)}}$$

在一定置信度时，查表得值 $t_{\alpha,f}$（总自由度为 $f=n_1+n_2-2$），若算出的 $t<t_{\alpha,f}$，说明两组数据的平均值不存在显著性差异，可以认为两个平均值属于同一总体，即 $\mu_1=\mu_2$；若 $t>t_{\alpha,f}$ 时，则存在显著性差异，说明两个平均值不属于同一总体，两组平均值之间存在系统误差。

举例说明：

例 6.6 小样本情况下，两个独立样本平均值的一致性假设检验。

用两种不同方法测定金属合金中钼的质量分数，所得结果如表 6.5 所示，试问两种方法之间是否有显著性差异（置信度90%）。

表 6.5 两种方法测量合金中钼的质量分数的平均值和标准偏差

	$\bar{x}_i$（%）	s_i（%）	n_i
方法一	1.24	0.021	3
方法二	1.33	0.017	4

检验过程如下：

①先进行 F 检验探讨两种数据的精密度（或者说方差齐性检验）：

$$F = \frac{s_{大}^2}{s_{小}^2} = \frac{0.021^2}{0.017^2} = 1.53$$

查附录 II.3，$f_{大} = 2$，$f_{小} = 3$，$F_{表} = 9.55$，且 $F < F_{表}$，说明两种数据的精密度没有显著性差异。

②取得合并的标准偏差 s 为

$$s = \sqrt{\frac{(n_1-1)s_1^2 + (n_2-1)s_2^2}{n_1+n_2-2}} = 0.020$$

③计算得 t 值：

$$t = \frac{\bar{x}_1 - \bar{x}_2}{s}\sqrt{\frac{n_1 n_2}{n_1+n_2}} = 6$$

④查表 5.7，当选择 $\alpha = 0.10$，$f = n_1 + n_2 - 2 = 5$ 时，$t_{0.10,5} = 2.02$。有 $t > t_{0.10,5}$，故两种方法之间存在显著性差异。

（2）异方差独立样本的 t 检验。

在方差分析中，同方差是两组数据间的方差相等，反之即为异方差。对于两个样本方差之间是否齐性的判断，除了上面讨论用 F 检验的方法以外，还可以直接通过观测数据判断。例如，可以采用两组数据的散点图，如果散点分布的区域随着 x 的增大变宽、变窄或者出现偏离带状区域的复杂变化，就可认为可能存在异方差，而此时的同方差有一定的线性关系。例如，在第 1 章 "1.2.2 重现性和再现性"部分针对同一批次的大角羊（*Ovis canadensis*）距骨，Lyman 和 Lawler 测量比较（Lyman et al., 2009），二者都对同一样品有观测数据，可根据二者所做散点图判断两组数据是否存在方差差异。

如果总体方差不齐性（即异方差）的两个独立样本，其平均值之差的标准误与前面的计算略有不同，可以用两个平均值标准误之和再开方表示，经推导得到最终的检验公式：

以样本标准差表示：

$$t = \frac{\overline{x}_1 - \overline{x}_2}{\sqrt{\frac{s_1^2}{n_1} + \frac{s_2^2}{n_2}}}$$

以原始数据表示：

$$t = \frac{\overline{x}_1 - \overline{x}_2}{\sqrt{\frac{\sum x_1^2 - (\sum x_1)^2 / n_1}{n_1(n_1 - 1)} + \frac{\sum x_2^2 - (\sum x_2)^2 / n_2}{n_2(n_2 - 1)}}}$$

在一定置信度时，查表得 $t_{\alpha,f}$ 值（总自由度为 $f = n_1 + n_2 - 2$），依据计算 t 值和 $t_{\alpha,f}$ 之间的数值关系，在多大置信度下判断两组数据是否有显著性差异。

举例说明：

例 6.7 小样本情况下，两个独立样本平均值的一致性假设检验。

对于前文阐述的汤山遗址和周口店遗址出土的肿骨鹿下颌骨 M3 处厚度测量数据，判断两处遗址当时的全部肿骨鹿下颌骨 M3 处厚度的平均值是否具有显著差别。数据的描述性统计结果如表 6.6 所示（黄蕴平等，1996；陈铁梅和陈建立，2013）。

表 6.6 汤山和周口店出土的肿骨鹿下颌骨 M3 处厚度的平均值和标准差

遗址	数量 n	平均值 $\overline{x}$（mm）	标准差 s（mm）	标准误 $s_{\overline{x}}$（mm）
汤山	24	35.75	2.37	0.483
周口店	107	41.29	4.05	0.392

由于汤山遗址样本容量小于 30，因此属于小样本平均值的一致性检验。前文已经证明测量数据服从正态分布，我们在此首先进行方差齐性检验。

① 先进行 F 检验评判两个样本数据的方差齐性：

$$F = \frac{s_{大}^2}{s_{小}^2} = \frac{4.05^2}{2.37^2} = 2.92$$

查附录 II.3，选取 $\alpha=0.01$，$f_大=106$，$f_小=23$，$F_表\approx 2.37$，且 $F>F_表$。这说明两个样本方差不齐性，两组数据间的方差不等（也可以说明两组数据平均值之间呈现显著性差异）。

②零假设 H_0，两遗址肿骨鹿下颌骨的平均厚度相等，即期望值 $\mu_1=\mu_2$；备择假设 H_1 为 $\mu_1\neq\mu_2$。

③选择检验统计量并计算其值：

$$t=\frac{\overline{x}_1-\overline{x}_2}{\sqrt{\frac{s_1^2}{n_1}+\frac{s_2^2}{n_2}}}=\frac{41.29-35.75}{\sqrt{\frac{4.05^2}{107}+\frac{2.37^2}{24}}}=8.902$$

④查附录 II.2，当 $\alpha=0.10$，$f=n_1+n_2-2=129$，自由度是个很大的数，近似为 $t_{0.10,129}=1.64$。有 $t>t_{0.10,129}$，故两种方法之间存在显著性差异。因此检验结果在 $\alpha=0.10$ 显著性水平下拒绝零假设 H_0，即拒绝两遗址肿骨鹿下颌骨的平均厚度相等的假设；而接受备择假设。也就是说，我们有 90% 以上的把握认为这两个遗址肿骨鹿下颌骨的厚度是有差别的。

6.2.4 对两样本平均值之差的标准误的说明

两总体平均值的一致性检验体现在两个样本平均值差异的符合程度。检验过程是以一个代表差值的数（即两个样本平均值的差值），来推断其在总分布（即由此数组成的总体分布）中可能出现的概率。

当样本平均值之差较大，所出现的概率大于其在所有可能分布中所具有的最小概率时（即小概率事件发生），就可以从实际可能性上否定零假设，而接受备择假设。也就意味着两个样本平均值之差并不来自由两个总体平均值之差所组成的以零为中心的总体。也就是说，两个样本平均值之间确实有本质差异，两个平均值之差是由两个相应的总体平均值不同造成的。反之，如果两个样本平均值之差较小，所出现的概率小于其在所有可能分布中所具有的最小概率，那么就应保留零假设而拒绝备择假设。这就意味着，样本平均数之差是来自两个总体平均值之差为零的总体。也就是说，两个样本平均值是来自同一个总体或来自平均值相同的两个总体，而样本平均值之差是由抽样误差造成的。

现在，我们是以两个样本平均值的差作为一个平均数，即选取了来自两个样本中的个体间的差作为一个数作统计分析。与一个样本平均值的抽样分布相类似，我们把两个样本平均值差的抽样误差称为平均值之差的标准误。平均值之差的标准误，是用一切可能的样本平均值之差在抽样分布上的标准误来表示。平均值之差的标准误来源于平均值之差的方差。

计算过程中，定义差的平均数（或称为平均值之差）为 $\bar{D}$，有

$$\bar{D} = \frac{\sum D}{n} = \frac{\sum(x_1 - x_2)}{n} = \bar{x}_1 - \bar{x}_2$$

即两个样本的平均值之差；相对应地，D 表示来自两个样本的两个变量之差 $D = x_1 - x_2$。

对于配对样本，其两个样本平均数之差的标准误 $\sigma_{\bar{D}}$ 等于其差的标准差 σ_D 除以 $\sqrt{n}$，也即相关样本平均数之差的标准误：

$$\sigma_{\bar{D}} = \frac{\sigma_D}{\sqrt{n}} = \sqrt{\frac{\sigma_1^2 + \sigma_2^2 - 2r_{12}\sigma_1\sigma_2}{n}}$$

式中，σ_1^2 和 σ_2^2 分别为第一个与第二个变量的总体方差；σ_1 和 σ_2 分别为第一个与第二个变量的总体标准差；r_{12} 为两个变量的相关系数（相关系数概念参见第 7 章）；n 为样本的容量。

对于独立样本，即两组变量的相关系数 $r = 0$，此时这两个变量之差平均数的标准误，就等于这两个变量平均值的标准误的平方之和，再开方，也即两个独立样本平均值之差的标准误：

$$\sigma_{\bar{D}} = \sqrt{\frac{\sigma_1^2}{n_1} + \frac{\sigma_2^2}{n_2}}$$

式中，n_1 和 n_2 分别表示第一个和第二个样本的容量。

上述配对样本和独立样本平均值之差的标准误，都需要在两个总体标准差已知的情况下才能应用。但是在实际工作中，两个总体标准差一般是未知的，这时需要用两个样本标准差进行处理，结合实际案例作分析。

6.3 方差分析

上面讲的平均值差异的显著性检验，是对两个平均值的比较，包括大样本情况下的 Z 检验和小样本下的 t 检验。但是在实际工作中，往往需要对两个以上的平均值进行比较。而在比较多组平均值时，常常使用方差分析综合性地确定几个平均值差异的显著性。方差分析的基本功能就在于对多组平均值差异的显著性检验。

假设从某有大量墓葬的墓地遗址中随机各抽取三个墓葬，分别统计各个墓葬随葬彩陶数量，然后以彩陶数量作图，可能是图 6.3（a）的情况，也可能是图 6.3

(b) 的情况。将图 6.3（a）和图 6.3（b）加以比较，可以看出图 6.3（b）中三个墓葬的随葬彩陶平均值与图 6.3（a）中三个随葬的随葬彩陶平均值差异明显。也可以看出，图 6.3（a）中三个墓葬彩陶的平均值差异较小，但是各个墓葬内部的随葬彩陶数量差异较大；而图 6.3（b）中三个墓葬的随葬彩陶平均值差异较大，但是各个墓葬内部的随葬彩陶数量差异较小。

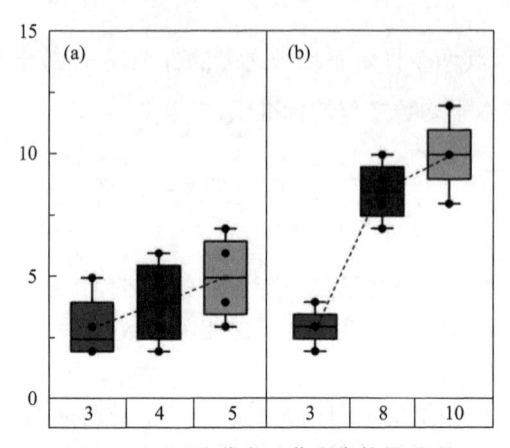

图 6.3　不同墓葬中随葬彩陶数量对比

利用方差分析就可以描述如图 6.3（a）[或者图 6.3（b）]中三个墓葬彩陶平均值之间的差异。方差分析中，将各组平均数之间的差异称为组间差异（图 6.3 中三个墓葬相当于包含彩陶的三个小组），把各小组内部数据之间的差异称为组内差异。以图 6.3 中的数据情况，可以发现组间差异对组内差异的比值越大，则各组平均值的差异就越明显。通过对组间差异与组内差异比值的分析，来推断几个相应平均值差异的显著性，这就是方差分析的基本思路。

方差分析正是通过对不同组别下的观测数据的总体分布是否有显著差异来实现其分析的目的。方差分析对每组观测数据的总体分布有两个基本假设为前提：一是观测数据的总体服从正态分布，二是观测数据的总体的方差相同。在此假设基础上，方差分析对各总体分布是否有显著差异的推断就转化成对各总体均值是否存在显著差异的推断了。

在很多统计软件中都有标示为 ANOVA 的分析方法，即为一元方差分析（one-way analysis of variance）。我们将通过实例方式探讨一元方差分析的应用。

6.3.1　方差分析原理

选自西藏故如甲木墓地（前吐蕃时期）墓葬人头骨，以四座墓葬（为多人合葬墓）分组共计 24 例人骨遗骸，测定骨中碳、氮稳定同位素（陈相龙等，2023），统计数据如表 6.7 和表 6.10 所示。简单的描述统计分析表明，四座墓葬（称为四组）中人骨的碳、氮稳定同位素的平均值有差异，各个墓葬内部（或说每组内）的碳、氮稳定同位素数据也有差异。

若组间差异用组间方差 $\mathrm{MS_{bg}}$ 表示，组内差异用组内方差 $\mathrm{MS_{wg}}$ 表示，由于组间与组内方差互为独立，故可用 F 检验来检验组间方差与组内方差是否相等。如果组间方差与组内方差相等，即 F 值等于或接近 1，表明各组平均值无显著差异；如果 F 值很大，F 值大到超过 F 抽样分布上某种显著性水平上的临界值，则应拒绝组间方差或组内方差无显著性差异的零假设，而接受组间方差与组内方差有显著性差异的备择假设。这时，只能作出各组平均值有显著性差异的结论。这一结论是说，分组所依据的因素对实验结果有重要影响。

组间方差 $\mathrm{MS_{bg}}$ 等于组间平方和 $\mathrm{SS_{bg}}$ 除以组间的自由度 f_{bg}，即

$$\mathrm{MS_{bg}} = \frac{\mathrm{SS_{bg}}}{f_{\mathrm{bg}}}$$

组内方差 $\mathrm{MS_{wg}}$ 等于组内平方和 $\mathrm{SS_{wg}}$ 除以组内的自由度 f_{wg}，即

$$\mathrm{MS_{wg}} = \frac{\mathrm{SS_{wg}}}{f_{\mathrm{wg}}}$$

于是组间方差与组内方差的比值 F 为

$$F = \frac{\mathrm{MS_{bg}}}{\mathrm{MS_{wg}}} = \frac{\mathrm{SS_{bg}}/f_{\mathrm{bg}}}{\mathrm{SS_{wg}}/f_{\mathrm{wg}}}$$

上述公式中，$\mathrm{MS_{bg}}$、$\mathrm{MS_{wg}}$、$\mathrm{SS_{bg}}$、$\mathrm{SS_{wg}}$ 的角码分别是英文 "between groups" 和 "within groups" 的简写。

以案例形式分析如下：

1. 组间平方和 $\mathrm{SS_{bg}}$ 与组内平方和 $\mathrm{SS_{wg}}$

继续讨论西藏故如甲木墓地（前吐蕃时期）墓葬人头骨的同位素数据。以表 6.7 为例，总的研究体系分为 4 个样本（即 4 座墓葬，或者称为 4 个组），以 k 表示；每个样本容量为 4 个或 8 个，以 n_j 表示（$j=1,2,\cdots,k$）。这样总的数据个数为

$$n_{\mathrm{t}} = \sum_{j=1}^{k} n_j = 24$$

表 6.7　故如甲木遗址前吐蕃时期头骨碳稳定同位素数据（单位：‰）以及 ANOVA 分析过程数据

序号	2012M3 x_A	2013M1 x_B	2013M2 x_C	2014M1 x_D	
1	−17.5	−17.9	−17.3	−17.8	
2	−18	−17.4	−17.5	−17.5	
3	−17.4	−17.9	−17.7	−17.6	
4	−17.6	−17.8	−17.7	−17.7	
5		−17.8	−17.6		
6		−17.6	−17.7		
7		−17.4	−17.9		
8		−17.9	−18		
n	4	8	8	4	$\sum n = 24$
$\sum x$	−70.5	−141.7	−141.4	−70.6	$\sum\sum x = -424.2$
$\bar{x}$	−17.625	−17.713	−17.675	−17.65	$\sum \bar{x} = -70.663$
$\sum x^2$	1242.77	2510.19	2499.58	1246.14	$\sum\sum x^2 = 7498.68$
$\dfrac{(\sum x)^2}{n}$	1242.56	2509.86	2499.25	1246.09	$\sum \dfrac{(\sum x)^2}{n} = 7497.76$

设在第 j 组中第 i 个数据的取值为 x_{ji}，其中下标中的 j 为组编号（取值为 $j=1,2,3,4$），i 表示组中的数据编号（取值为 $i=1,2,\cdots,4$，或 $i=1,2,\cdots,8$）。这样总体平均值为

$$\bar{x}_t = \frac{\sum_j \sum_i x_{ji}}{n_t} = -17.68$$

即各组样本全部数据合在一起的平均值。$\sum_j \sum_i x_{ji}$ 表示同时对 4 个样本的每个测量数据 x_{ij} 求和。

有时候在每组样本数据比较多的情况下，文献里会直接给出每个样本（或者说每组）数据的平均值，此时总体的平均值可以用加权平均值的公式计算：

$$\bar{x}_t = \frac{\sum n_j \bar{x}_j}{\sum n_j} = -17.68$$

经推导可得 SS_t、SS_{wg} 和 SS_{bg}。

1）总离差平方和 SS_t

如果组间差异和组内差异都以其相应的离差平方和表示（因为它具有加和性），则它们的关系为

$$SS_t = SS_{bg} + SS_{wg}$$

用总体平均值 $\bar{x}_t$ 表示

$$SS_t = \sum_j \sum_i \left(x_{ji} - \bar{x}_t \right)^2$$

用原始数据表示

$$SS_t = \sum_j \sum_i x_{ji}^2 - \frac{\left(\sum_j \sum_i x_{ji} \right)^2}{n_t}$$

总离差平方和 SS_t 反映各样本全部实体相对于总体平均值 $\bar{x}_t$ 的离散程度。

2）组内离差平方和 SS_{wg}

用样本平均值 $\bar{x}_j$ 表示

$$SS_{wg} = \sum_j \sum_i \left(x_{ji} - \bar{x}_j \right)^2$$

用原始数据表示

$$SS_{wg} = \sum_j \sum_i x_{ji}^2 - \sum_j \frac{\left(\sum_i x_{ji} \right)^2}{n_t}$$

有时候在数据处理过程中，会直接给出每组数据的标准偏差（即样本的标准偏差 s_x），因此组间离差平方和也可以用样本标准偏差表示

$$SS_{wg} = \sum_j \left(n_j - 1 \right) s_j^2 = 0.92$$

组内离差平方和 SS_{wg} 是先计算每个样本的个体相对于该样本的中心 $\bar{x}_j$ 的离差平方和，然后再把各样本的离差平方和加在一起。总组内离差平方和反映全体样本各自内部的离散程度。

本例中用原始数据计算：

$$SS_{wg} = 7498.68 - 7497.76 = 0.92$$

用样本标准偏差计算：

$$SS_{wg} = 3 \times 0.263^2 + 7 \times 0.217^2 + \cdots = 0.92$$

二者计算结果一致。

3) 组间离差平方和 SS_{bg}

用总体平均值 $\bar{x}_t$ 表示

$$SS_{bg} = \sum_j n_j \left(\bar{x}_j - \bar{x}_t\right)^2$$

用原始数据表示

$$SS_{bg} = \sum_j \frac{\left(\sum_i x_{ji}\right)^2}{n_t} - \frac{\left(\sum_j \sum_i x_{ji}\right)^2}{n_t}$$

组间离差平方和是把各样本的数据都放到本样本的平均值处，然后再计算它们相对于总平均值的离散程度。组间离差平方和反映各样本间的离散程度。

本例中用原始数据计算得

$$SS_{bg} = 7497.76 - \frac{(-424.2)^2}{24} = 0.025$$

2. 组间自由度 f_{bg} 和组内自由度 f_{wg}

组间自由度 f_{bg}，等于组数减 1，即样本数减去 1：

$$f_{bg} = k - 1$$

组内自由度 f_{wg}，等于各组容量之和减去组数，即总数据数减去样本数

$$f_{wg} = n_t - k = \sum n_j - k$$

其实也存在总自由度与组内自由度和组间自由度之间的关系：

$$f_t = f_{wg} + f_{bg}$$

本例中组间自由度 $f_{bg} = 4 - 1 = 3$，组内自由度 $f_{wg} = 24 - 4 = 20$。

3. 组间方差与组内方差的比值 F

组间方差：$MS_{bg} = \dfrac{SS_{bg}}{f_{bg}}$，

本例中 $MS_{bg} = \dfrac{0.025}{3} = 0.008$

组内方差：$MS_{wg} = \dfrac{SS_{wg}}{f_{wg}}$，

本例中 $MS_{wg} = \dfrac{0.92}{20} = 0.046$

组间方差与组内方差的比值 F 为

$$F = \frac{MS_{bg}}{MS_{wg}} = \frac{SS_{bg}/f_{bg}}{SS_{wg}/f_{wg}}$$

本例中 $F = \dfrac{0.008}{0.046} = 0.181$。

如果要考察本例四组（四座墓葬）中人骨碳稳定同位素的平均值差异是否显著，可以根据组间方差的自由度（$f_{bg} = 3$）和组内方差的自由度（$f_{wg} = 20$）查 F 值表（附录Ⅱ.3），寻得 $F_{(3,20)0.05} = 3.10$。因为实际计算的 $F = 0.181 < F_{(3,20)0.05} = 3.10$，表明各组平均值可能来自同一个总体，它们之间没有显著差异。

6.3.2 多独立样本的方差分析

从同一个总体中随机抽取样品，再将其归入不同的实验组中，施以各种不同实验处理后，用方差分析对这多个独立样本平均值差异进行显著性检验。

1. 运用原始数据进行组间方差和组内方差的 F 检验

举例说明：

例 6.8 选取西藏故如甲木墓地（前吐蕃时期）墓葬人头骨，测定碳、氮稳定同位素以表征古人的食物结构（陈相龙等，2023）。按照墓葬（均为多人合葬墓）进行分类，如表 6.7 所示，其中将 2012M3 和 2014M1 中的 4 个遗骸作为样品，将 2013M1 和 2013M2 中的 8 个遗骸作为样品。问四座墓葬中以碳稳定同位素表示的食物结构是否有显著性差异？

检验的步骤：

（1）提出假设：零假设 H_0，即 $\mu_1 = \mu_2 = \mu_3 = \mu_4$，表示四个总体平均值（或者说

四个墓葬的碳稳定同位素平均数）一致；备择假设 H_1，至少两个总体平均值不一致。

（2）四组碳稳定同位素数据假定是从四个相应的正态总体随机抽取的独立样本，故可用组间方差和组内方差的比值 F 来检验四个总体平均值差异的显著性。

利用公式计算组间离差平方和、组内离差平方和（部分加和数据已在表 6.8 中列出）：

$$SS_{bg} = \sum \frac{(\sum x)^2}{n} - \frac{(\sum \sum x)^2}{\sum n} = 7497.76 - \frac{(-424.2)^2}{24} = 0.025$$

$$SS_{wg} = \sum \sum x^2 - \sum \frac{(\sum x)^2}{n} = 7498.68 - 7497.76 = 0.92$$

（3）计算自由度：

$$f_{bg} = k - 1 = 3$$

$$f_{wg} = \sum n - k = 20$$

（4）求比值 F：

$$F = \frac{MS_{bg}}{MS_{wg}} = \frac{SS_{bg}/f_{bg}}{SS_{wg}/f_{wg}} = \frac{0.025/3}{0.92/20} = 0.181$$

（5）统计决断。

根据 $f_{bg} = 3$，$f_{wg} = 20$，查 F 值表（附录Ⅱ.3），得 $F_{(3,20)0.05} = 3.10$。即所计算 $F = 0.181$ 小于显著性水平为 0.05 下的 F 值，意味着未发生小概率事件。也就是说，我们可以在 $\alpha = 0.05$ 显著性水平上接受零假设 H_0。结论：四个墓葬中以头骨的碳稳定同位素表示的饮食结构没有显著性差异。

为了便于描述和分析，一般需要列出方差分析表。检验结果中若保留 H_0 应书明"不显著"，或写出 $F_{(f_{bg},f_{wg})0.05}$ 的临界值；若检验结果显著，在计算出的 F 值右上角打一个星号"*"；若极其显著则打两个星号"**"。

表 6.8　四座墓葬古人碳稳定同位素数据的方差分析表

差异来源	平方和（SS）	自由度（f）	方差（MS）	F
组间差异	0.025	3	0.008	不显著
组内差异	0.92	20	0.046	
总差异	0.945			

2. 运用 $n, \bar{x}, s_x$ 原始数据进行组间方差和组内方差的 F 检验

在仅有样本数、样本平均数和样本标准偏差资料的条件下，也可以计算出组间方差和组内方差的比值 F，以此对多组平均值的差异进行方差分析。

举例说明（继续上述讨论）：

例 6.9 假设关于西藏故如甲木墓地（前吐蕃时期）墓葬人头骨碳稳定同位素的数据资料中，仅仅提供了每座墓葬中遗骸数量、碳稳定同位素平均数和标准偏差，数据如表 6.9 所示。四座墓葬中以碳稳定同位素表示的食物结构是否有显著性差异？

表 6.9 故如甲木遗址前吐蕃时期头骨碳稳定同位素描述性统计数据

	2012M3 x_A	2013M1 x_B	2013M2 x_C	2014M1 x_D
n	4	8	8	4
$\bar{x}$	−17.625	−17.713	−17.675	−17.650
s	0.263	0.217	0.219	0.129

检验的步骤：

（1）提出假设：零假设 H_0，即 $\mu_1 = \mu_2 = \mu_3 = \mu_4$；备择假设 H_1，至少两个总体平均数不一致。

（2）计算组间平方和和组内平方和利用公式：

与例 6.8 不同之处在于，需要用到总体平均值与样本平均值计算组间平方和，用样本标准偏差计算组内平方和。

首先根据每个样本（或者说每组）数据的平均值，用加权平均值的方法计算总体平均值：

$$\bar{x}_t = \frac{\sum n\bar{x}}{\sum n} = \frac{-424.204}{24} = -17.68$$

组间平方和：

$$SS_{bg} = n_1(\bar{x}_1 - \bar{x}_t)^2 + n_2(\bar{x}_2 - \bar{x}_t)^2 + \cdots + n_k(\bar{x}_k - \bar{x}_t)^2 = 0.025$$

组内平方和：

$$SS_{wg} = (n_1 - 1)s_1^2 + (n_2 - 1)s_2^2 + \cdots + (n_k - 1)s_k^2 = 0.922$$

（3）计算自由度：

$$f_{bg} = k - 1 = 3$$

$$f_{wg} = \sum n - k = 20$$

（4）求 F 比值：

$$F = \frac{MS_{bg}}{MS_{wg}} = \frac{SS_{bg}/f_{bg}}{SS_{wg}/f_{wg}} = \frac{0.025/3}{0.922/20} = 0.181$$

（5）统计决断。

根据 $f_{bg} = 3$，$f_{wg} = 20$，查 F 值表（附录Ⅱ.3），得 $F_{(3,20)0.05} = 3.10$，有 $F < F_{(3,20)0.05}$ 意味着未发生小概率事件。所得结论与例 6.8 结论一致。其中，组内平方和的计算与例 6.8 稍有差别，是由于计算中对数据采取四舍五入。

我们继续讨论：

例 6.10 针对西藏故如甲木墓地（前吐蕃时期）墓葬人头骨氮稳定同位素，表 6.10 列出了每座墓葬中遗骸数量、氮稳定同位素平均数和标准偏差。采用例 6.9 的处理方式，四座墓葬中以氮稳定同位素表示的食物结构是否有显著性差异？

表 6.10　故如甲木遗址前吐蕃时期头骨氮稳定同位素数据及描述性统计数据

序号	2012M3 x_A	2013M1 x_B	2013M2 x_C	2014M1 x_D
1	14.9	13.1	15.1	14.1
2	16.1	14.9	14.5	14.6
3	14.7	14.2	14.2	14.3
4	14.3	14.2	15.3	14.8
5		13.5	14.4	
6		13.9	15	
7		14.1	15.1	
8		14.7	16.2	
n	4	8	8	4
$\bar{x}$（‰）	15.000	14.075	14.975	14.450
s（‰）	0.775	0.587	0.632	0.311

检验的步骤：

（1）提出假设：零假设 H_0，即 $\mu_1 = \mu_2 = \mu_3 = \mu_4$；备择假设 H_1，至少两个总

体平均值不一致。

（2）计算组间平方和和组内平方和：

首先根据每个样本（或者说每组）数据的平均值，用加权平均值的方法计算总体平均值：

$$\overline{x}_t = \frac{\sum n\overline{x}}{\sum n} = \frac{350.2}{24} = 14.5917$$

组间平方和：

$$SS_{bg} = n_1(\overline{x}_1 - \overline{x}_t)^2 + n_2(\overline{x}_2 - \overline{x}_t)^2 + \cdots + n_k(\overline{x}_k - \overline{x}_t)^2 = 4.058$$

组内平方和：

$$SS_{wg} = (n_1 - 1)s_1^2 + (n_2 - 1)s_2^2 + \cdots + (n_k - 1)s_k^2 = 7.300$$

（3）计算自由度：

$$f_{bg} = k - 1 = 3$$

$$f_{wg} = \sum n - k = 20$$

（4）求 F 比值：

$$F = \frac{MS_{bg}}{MS_{wg}} = \frac{SS_{bg}/f_{bg}}{SS_{wg}/f_{wg}} = \frac{4.058/3}{7.300/20} = 3.71$$

（5）统计决断：

根据 $f_{bg} = 3$，$f_{wg} = 20$，查 F 值表（附录Ⅱ.3），得 $F_{(3,20)0.05} = 3.10$，计算的 F 值大于表中数据，意味着发生了小概率事件，即在 $\alpha = 0.05$ 显著性水平下四座墓葬中以头骨的氮稳定同位素表示的饮食结构有显著差异。

由于碳稳定同位素一般是指粮食作物，而氮稳定同位素更多指肉食资源，从例 6.9 和例 6.10 的结论可以看出，在西藏故如甲木墓地墓葬人群在肉食资源上是有差异的，而在粮食作物上差别不明显（更多的考古解释请参考原文）。这也说明数据可为考古学家提供必要的信息支持，而更多的考古背景依赖考古学家的经验和知识储备。

6.4 非参数检验

非参数检验是统计分析方法的重要组成部分，它与参数检验共同构成了统计推断的基本内容。参数检验是在总体分布形式已知的情况下，对总体分布的参数如平均值、方差等进行推断的方法（如本章6.2节和6.3节讲述的内容）。这种显著性检验是以样本所属的总体呈正态分布，两个总体（或多个总体）方差齐性为假定条件。参数检验适用于区间变量和比率变量。

在考古研究工作中，样本所属的总体分布形态很多都是未知的，所获得的资料也不一定是区间变量或比率变量，因此需要一种新的统计方法进行检验。非参数检验正是基于这种考虑，在总体分布未知或知之甚少的情况下（也可以说不要求样本所属的总体呈正态分布），利用样本数据对总体分布形态等进行推断的一种方法。由于非参数检验方法不涉及有关总体分布的参数，因而得名"非参数"检验。

非参数检验不仅适用于非正态总体名义变量和有序变量的资料，而且也适用于正态总体区间变量和比率变量的资料。它不需要对两个总体方差作齐性的假定，计算简单，适合处理小样本资料，因此其应用范围较参数检验广泛，但其灵敏性和精确度不如参数检验（王孝玲，2015）。

以下重点介绍卡方检验，并简要介绍二项分布检验、秩和检验、符号秩和检验、中位数检验等。

6.4.1 卡方检验

卡方检验（χ^2检验）是一种用途广泛的对计数资料的假设检验方法，是对样本的频数分布所来自的总体分布是否服从某种理论分布或某种假设分布所做的假设检验，即根据样本的频数分布来推断总体的分布。卡方检验与前面所讲的对观测数据的假设检验的不同之处在于：①对观测数据的假设检验，其数据属于连续变量，而卡方检验的数据属于离散变量；②观测数据所来自的总体要求呈正态分布，而卡方检验的数据所来自的总体是未知的；③对观测数据的假设检验是对总体参数或几个总体参数之差所进行的假设检验，而卡方检验在多数情况下不是对总体参数的检验，而是对总体分布的假设检验。因此，卡方检验属于自由分布的非参数检验。

1. χ^2检验统计量

χ^2检验统计量的基本形式为

$$\chi^2 = \sum \frac{(f_0 - f_e)^2}{f_e}$$

式中，f_0 为观测频数；f_e 为期望频数。要明确卡方统计量的含义，首先应明确期望频数的含义。

表 6.11 为青海柳湾墓地马厂墓葬墓主人的性别与随葬品（以陶纺轮为例）数量的关系（杨月光和艾婉乔，2022）。其期望值计算公式为

$$f_e = \frac{\text{RT} \times \text{CT}}{n}$$

式中，RT 为指定单元格所在行的观测频数合计；CT 为指定单元格所在列的观测频数合计；n 为观测频数的总数。例如，在男性墓葬中发现陶纺轮的期望频数为 17.82，即 $f_e = 69 \times 39 \div 151 = 17.82$（这里考虑了有效数字）。

表 6.11　青海柳湾墓地马厂墓葬墓主人的性别与随葬品（以陶纺轮为例）关系表

	观测频数			期望频数		χ^2	对应显著性水平 α	ϕ
	有	无	总计	有	无			
男性	31	38	69	17.82	51.18	24.20	<0.001	0.40
女性	8	74	82	21.18	60.82			
总计	39	112	151					

这样，期望频数可以理解为：对于总共 151 座墓葬来说，其性别分布（行边缘分布）为 45.7%和 54.3%；如果墓葬中发现陶纺轮的墓葬也遵从这种性别分布，即该组（39 座）的性别分布也为 45.7%和 54.3%，则发现有陶纺轮的男性和女性墓葬分别应为 17.82 座和 21.18 座，这就是期望频数。以此类推。可见，期望频数所表示的分布与总体分布是一致的。

这样可以计算出：

$$\chi^2 = \sum \frac{(f_0 - f_e)^2}{f_e}$$
$$= \frac{(31-17.82)^2}{17.82} + \frac{(38-51.18)^2}{51.18} + \frac{(8-21.18)^2}{21.18} + \frac{(74-60.82)^2}{60.82} = 24.20$$

卡方统计量观测值的大小取决于观测频数与期望频数的总差值。总差值越大，卡方值也就越大，实际分布与期望分布的差距就越大，表明行列变量之间越不可能独立；反之，总差值越小，卡方值也就越小，实际分布与期望分布越接近，表

明行列变量之间越可能独立。那么，在统计上，卡方统计量观测值究竟大到什么程度才算足够大，才能断定行列变量不独立？这就需要依据检验统计量的分布来判断。由于该检验中的卡方统计量是假设近似服从卡方分布（随后说明），可依据卡方分布找到"df =(行数-1)×(列数-1)"个自由度（以示区别，在卡方检验中我们把自由度符号定为df）和显著性水平 $\alpha = 0.05$（或 0.01）下的卡方值，即卡方临界值，以此作为推断标准。

2. χ^2 检验的决断方式

对统计推断做决策通常有以下两种方式：

（1）根据检验统计量的观测值和临界值比较的结果进行决策。如果卡方观测值大于临界值，则认为卡方值足够大，实际分布与期望分布之间的差距显著，可以拒绝原假设，断定行列变量间不独立，存在相关关系。反之，如果卡方观测值不大于临界值，则认为卡方值不够大，实际分布与期望分布之间的差异不显著，不能拒绝原假设，不能拒绝行列变量独立。

（2）根据检验统计量观测值的概率 P 值和显著性水平 α 比较的结果进行决策。如果卡方观测值的概率 P 值小于等于 α，则认为在原假设成立的前提下，卡方观测值及更大值出现的概率（概率 P 值）很小，发生了小概率事件，不得不拒绝原假设，断定行列变量间不独立，存在相关关系。反之，如果卡方观测值的概率 P 值大于 α，则认为在原假设成立的前提下，卡方观测值及其更大值出现的概率不是小概率，是极可能出现的，因此没有理由拒绝原假设，不能拒绝行列变量相互独立。

这两种决策方式本质上是一样的。

继续讨论青海柳湾墓地马厂墓葬墓主人的性别与随葬品的关系。根据上述说明，第一种情况，在自由度 df = 1 和显著性水平 $\alpha = 0.05$ 下，查表得，$\chi^2_{(1,0.05)} = 3.84$；有 $\chi^2 = 24.20 > \chi^2_{(1,0.05)}$，则拒绝原假设（即墓主人的性别与随葬品无关），而选择备择假设认为墓主人性别与随葬品之间存在一定的相关性。第二种情况，计算 $\chi^2 = 24.20$ 所对应的概率 P 值远小于 0.001，意味着概率 P 值小于显著性水平 $\alpha = 0.05$，则认为发生了小概率事件，而拒绝原假设。两种情况下所得结论是一致的。

3. χ^2 的抽样分布说明

用上例说明 χ^2 的抽样分布。表 6.11 中的数据代表的实际情况是在柳湾墓地挖掘的部分墓葬，假设后期人们又挖掘了一些墓葬，此时计算出样本的 χ^2 值将会发生改变。如果这种挖掘墓葬的情况一直持续下去，相当于在柳湾墓地这样一个大的总体中不断地进行样本抽样，就会有一切可能样本个数的χ^2值。这一切可能样本个数χ^2值的频数分布，就形成一个实验性的χ^2的抽样分布。

χ^2分布有以下两个特点：

（1）χ^2分布呈正偏态，右侧无限延伸，但永不与基线相交；

（2）χ^2分布随自由度的变化而形成一簇分布形态。所谓自由度是指实际频数与期望频数差数中能够独立变化的个数。本案例中，自由度 df = 1。

自由度越小，χ^2分布偏斜度越大；自由度越大，分布形态越趋于对称（图6.4）。

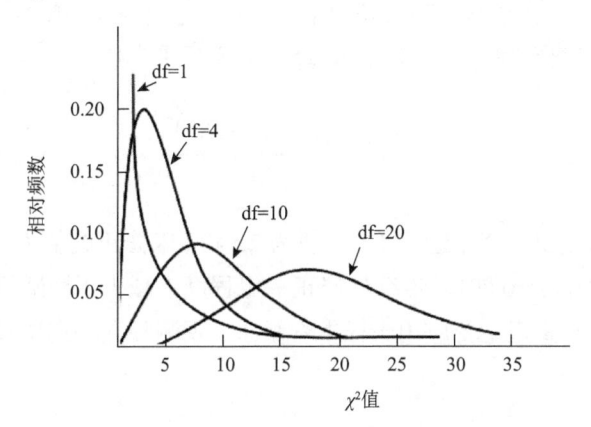

图6.4 不同自由度下的χ^2分布图（df 越大，χ^2 的密度曲线越趋向对称；df 越小，曲线越不对称。当df = 1,2时曲线是单调下降趋于 0；当df ≥ 3时曲线有单峰，从 0 开始先单调上升，在一定位置达到峰值，然后下降趋向于 0）

4. 与 χ^2 检验相关的问题

应用交叉列联表的卡方检验时，应注意以下主要问题。

1）样本量的大小

从卡方统计量的计算式中可见，卡方值的大小受到样本量的影响。例如，假设各个单元格中的样本量均扩大 10 倍，计算的卡方值也会随之增大 10 倍。但是由于自由度和显著性水平并没有改变，卡方的临界值也就没有改变，进而使拒绝原假设的可能性增加。在这种情况下，对于发现弱的关联更敏感，关联更易被检出，也就是说，以相当高的置信度检验出很弱的关联性往往没有实际意义。这里可以同时关注相关性检验的置信度和相关系数本身的大小两个方面。考虑到χ^2值是正比于样本的容量 n 的，可以有反映关联强弱的度量ϕ，计算式如下：

$$\phi = \sqrt{\frac{\chi^2}{n}}$$

可以推导出 ϕ 系数是与样本的容量 n 无关的（这里不再推导，读者看参考相关文献）。对于两个二元变量的四格表（表 6.11 中的数据格式），ϕ 是在 0～1 之间变动。$\phi=1$ 表示两个变量间完全关联，$\phi=0$ 表示两个变量不存在关联。根据表 6.11 中所列，计算得到 $\phi=0.40$，表明墓主人性别与随葬品之间存在一定的相关性。这里需要说明的是，即使表 6.11 中每单元格子频数扩大十倍，计算的 χ^2 值变大了，但是 ϕ 值仍然等于 0.40（由于 ϕ 值与样本容量无关）。

2）连续性修正

考虑到像表 6.11 中 2×2 列联表的格数太少，为减少反映频次的离散型变量和连续型变量 χ^2 间的差异，对计算 χ^2 的公式要作连续性修正。修正的公式如下：

$$\chi^2 = \sum \frac{(|f_0 - f_e| - 0.5)^2}{f_e}$$

对于表 6.11 作连续性修正后的 χ^2 值为 22.40（未修正的值为 24.20），对应的显著性水平也远小于 0.001。连续性修正一定程度上减少了因随机涨落引起的 χ^2 值的偏大。连续性修正主要应用于样本容量小、观测频数和期望频数较低的 χ^2 四格表的检验。

5. 应用实例

例 6.11 青海柳湾墓地马厂类型墓葬出土大量随葬品，分为生活用具、生产工具和装饰品三大类。生活用具的数量最多，但性别之间与之缺乏关联。生产工具包括纺织工具、狩猎工具、砍砸工具和加工原料工具，一般用来讨论基于性别的社会分工问题。装饰品也常常与性别相关联。表 6.12 列出了出土数量较多的生产工具和装饰品类，这里用卡方检验判定表中随葬品与墓主人性别之间的关联性（杨月光和艾婉乔，2022）。

表 6.12 青海柳湾墓地马厂墓葬墓主人的性别与随葬品关系表

		有	无	χ^2	对应显著性水平 α	ϕ
陶纺轮	男	31	38	24.20	<0.001	0.40
	女	8	74			
石斧	男	5	64	19.27	<0.001	0.36
	女	31	51			
石锛	男	2	67	24.21	<0.001	0.40
	女	29	53			

		有	无	χ^2	对应显著性水平 α	ϕ
石凿	男	2	67	26.73	<0.001	0.42
	女	31	51			
串珠	男	8	61	1.44	0.23	0.10
	女	5	77			
绿松石	男	7	62	2.55	0.111	0.13
	女	16	66			

（1）提出原假设 H_0，柳湾马厂墓葬墓主人的性别与随葬品中的工具和装饰品无关；备择假设 H_1，墓主人性别与随葬品之间存在一定的相关性。

（2）在 H_0 成立的条件下，计算 χ^2 统计量和自由度

$$df = (行数-1) \times (列数-1) = 1$$

$$\chi^2 = \sum \frac{(f_0 - f_e)^2}{f_e}$$

统计量的结果和对应的显著性水平 α 数据见表 6.12。

（3）统计决断。由表 6.12 可知，陶纺轮、石斧、石锛和石凿所对应的显著性水平 α 都小于 0.05，即在 95%的置信度上拒绝原假设 H_0，可以认为这四种工具与墓主人性别存在关联。装饰品中串珠和绿松石饰品在同样的置信度上接受原假设 H_0，认为与墓主人性别无关。

从二元变量之间的相关性 ϕ 值也可以看出，性别与陶纺轮、石斧、石锛和石凿的相关强度在 0.36~0.42 之间，而与串珠和绿松石的相关强度在 0.10~0.13 之间，明显降低。

随葬品类型与性别确有关联性，体现社会分工的不同；少数随葬品数量的极值，体现部分个体社会地位的差异，这些现象背后所蕴藏的考古信息，都与统计分析者所熟知的考古背景有关，需要仔细斟酌和对比，考古学者需要查阅大量文献结合统计数据才能得出考古结论。

6.4.2 单样本的二项分布检验

在考古数据分析中，常常见到二分类的数据，如一定量的浮选土中炭化稻的有和无，墓葬的男性和女性等，这种"非此即彼"的事件所构成的总体称为二项

总体。从这类数据中抽取的样本，只存在两种情况，要么是对立中的一类，要么是另一类。通常将这样的二值分别用 1 和 0 表示，如果进行 n 次相同的试验，则出现两类（1 或 0）的次数可以用离散型随机变量来描述。如果随机变量值为 1 代表成功，其概率设为 p，则随机变量为 0 的概率 $q=1-p$，多次独立实验成功次数变量 X 的分布为二项分布。

二项分布检验，在小样本中采用精确检验方法；对于大样本则采用近似检验方法。精确检验方法计算 n 次试验中"成功"出现的次数小于等于 k 次的概率，即

$$P\{X \leqslant k\} = \sum_{i=0}^{n} C_n^i p^i q^{n-i}$$

在大样本中采用近似检验。用变量 X 服从平均值为 np、方差为 $np(1-p)$ 的正态分布，采用 Z 检验统计量。在原假设成立条件下 Z 统计量近似服从正态分布，其数学表达式为

$$Z = \frac{k \pm 0.5 - np}{\sqrt{np(1-p)}}$$

此公式进行了连续性校正，当 $k<np$ 时选加上 0.5，当 $k>np$ 时选减去 0.5。

一般软件中会自动计算上述精确概率值（即二项分布计算的概率 P 值）和近似概率值（即 Z 统计量对应的概率 P 值）。如果概率值小于显著性水平 α，则拒绝原假设，认为样本来自的总体与制定的二项分布有显著差异；如果概率值大于显著性水平 α，则不能拒绝原假设，可以认为样本来自的总体与制定的二项分布无显著差异。

单样本非参数检验是对单个总体的分布类型等进行推断的方法，包括卡方检验、二项分布检验、K-S 检验、变量值随机性检验等方法。我们在这里介绍二项分布检验。二项分布检验适用于对二分类变量的适合度检验，其基本功能是通过样本频数分布来推断总体是否服从特定的二项分布。

举例说明：

例 6.12 山西夏县东下冯遗址的龙山墓地共发掘出 17 具成年人骨，其中男性 11 具，女性 6 具。这批人骨的性别比 $R=11/6=1.83$，问是否可以推断当时埋藏的所有个体（即总体）的性别是否偏离了正常值 1。数据来源于文献（陈铁梅和陈建立，2013）。

样本共计 17 具成年人骨，11 男和 6 女，属小样本。墓主人是男是女属随机事件，服从二项分布，因此进行二项分布检验。检验过程如下：

（1）提出假设。零假设 H_0：东下冯龙山时期所有被埋藏的成年人性别比是正常的，出现男性和女性的概率 p 和 q 相等，即 $p=q=0.5$；备择假设为 H_1：$p \neq q \neq 0.5$。

（2）已知 n 个个体中出现 k 个男性的概率服从二项分布，为 $P\{x=k\}=C_n^k p^k (1-p)^{n-k}$。在零假设成立的前提下，利用二项分布函数计算在一个 17 具人骨的随机样本中男性个体占 11 具及以上的累积概率。为了计算方便，也可以计算女性人骨少于等于 6 具的累积概率，这两个概率值是相等的。这样有

$$P\{n=17,女性 \leqslant 6\} = C_{17}^0 p^{17} + C_{17}^1 p^{16} q^1 + \cdots + C_{17}^6 p^{11} q^6 = 0.166$$

在 Excel 软件中，可方便使用 BINOMDIST（6,17,0.5,true）命令计算。

（3）在显著性水平 $\alpha=0.1$ 或 $\alpha=0.05$ 时，所得 $P\{n=17,男性 \geqslant 11\}$ 值均大于 α，因此都应该接受 H_0。即在 H_0 成立的条件下，17 个个体中男性个体大于或等于 11 个的概率为 16.6%，不属于小概率事件，或者说不能排除高性别比 $R=1.83$ 是由样本数据的随机涨落导致的。因此，不能推断总体的性别比不正常。

例 6.13 青海柳湾墓地马厂类型墓葬共鉴定出男性 105 例，女性 88 例，共计 193 例，男女性别比 $R=105/88=1.19$。判断该墓地马厂时期所有埋藏成员（总体）的性别比是否正常（杨月光和艾婉乔，2022）。

1）通过二项分布检验判断

（1）提出原假设 H_0：柳湾马厂时期所有被埋藏的成年成员性别比正常，出现男性和女性的概率 p 和 q 相等，即 $p=q=0.5$；备择假设为 H_1：$p \neq q \neq 0.5$。

（2）在原假设成立的前提下，利用二项分布函数 $P\{x=k\}=C_n^k p^k (1-p)^{n-k}$ 计算在一个 193 例人骨的随机样本中男性个体占 105 例以上（含 105 例）的累积概率。为方便计算，在 Excel 表格中利用函数 BINOMDIST（88,193,0.5,true）命令计算女性人骨少于等于 88 具的累积概率。

$$P = \text{BINOMDIST}(88,193,0.5,\text{true}) = 0.125$$

（3）无论选显著性水平 $\alpha=0.1$ 或 $\alpha=0.05$，$P\{n=193,男性 \geqslant 105\}$ 值均大于 α，都应该接受原假设 H_0，即柳湾马厂时期所有埋藏成员（总体）的性别比是正常的。

2）通过 Z 检验判断

例 6.13 中，性别鉴定的成年人骨有 193 例之多，远大于 30，属大样本。此时男性人骨出现的次数 k 这个随机变量所服从的二项分布十分接近平均值 $\mu=np$，

方差 $\sigma^2 = npq$ 的正态分布 $N(np, npq)$。这样使用正态分布函数来判断总体性别比也比较方便（当然在现成软件下，只有讨论选取何种方法的问题，计算时间已经不是主要问题了）。

利用正态分布函数对柳湾墓地马厂类型遗址的性别比检验如下：

（1）提出原假设 H_0：柳湾马厂类型墓地性别比正常，即 $p = q = 0.5$；备择假设为 H_1：性别比不正常，$p \neq q \neq 0.5$。

（2）计算统计量：

$$Z = \frac{k \pm 0.5 - np}{\sqrt{np(1-p)}} = \frac{105 - 0.5 - 193 \times 0.5}{\sqrt{193 \times 0.5 \times 0.5}} = 1.15$$

（3）选取 $\alpha = 0.05$，查正态分布函数表 $Z_{\alpha/2} = Z_{0.025} = 1.96$。

（4）因为 $Z < Z_{\alpha/2}$，在 $\alpha = 0.05$ 的置信水平上接受原假设，即可判断柳湾墓地马厂类型遗址的总体人骨性别比正常。此结论与二项分布结论一致。

6.4.3 两独立样本的秩和检验

两独立样本的非参数检验是在对总体分布不甚了解的情况下，通过对两个独立样本的分析推断样本来自的两总体的分布是否存在显著性差异的方法。独立样本是指在从一个总体中随机抽样对在另一个总体中随机抽样没有影响的情况下所获得的样本。

两独立样本的 Mann-Whitney U 检验，也称秩和检验，可用于对两总体分布的比较判断。其原假设 H_0 是：两独立样本来自的两总体的分布无显著差异。秩和检验通过对两个样本平均秩的研究来进行推断。简单说，秩就是变量值排序的名词。可以将数据按顺序排列，每个变量都会有一个在整个变量值序列中的位置或名次，这个位置或名次就是变量值的秩。变量值有几个，对应的秩就有几个。

秩和检验的基本步骤是：首先将两个样本数据 $(x_1, x_2, \cdots, x_{n1})$ 和 $(y_1, y_2, \cdots, y_{n2})$ 混合并按升序排序，得到每个观测数据各自的秩 $R_i (i = 1, 2, \cdots, n_1 + n_2)$。然后，分别对两个样本的秩求平均 W_1/n_1 和 W_2/n_2，其中 W_1 和 W_2 为秩和统计量。对两个平均秩的差距进行粗略比较，容易理解，如果两个平均秩相差甚远，则应是一组样本的秩普遍偏小，另一组样本的秩普遍偏大的结果，也就是一组样本的值普遍偏小，另一组样本的值普遍偏大。此时原假设很可能是不成立的。

在小样本情况下，计算 Mann-Whitney U 统计量，其计算公式为

$$U = W - \frac{1}{2}k(k+1)$$

式中，$W = \min(W_1, W_2)$；k 为 W 对应秩和所在组的样本量（等于 n_1 或 n_2）。计算的 U 值通过与表 6.13 中的临界 U 值比较，作判断是否接受原假设。

表 6.13 Mann-Whitney U 检验的临界值表

（仅列出单侧检验在 0.025 或双侧检验在 0.05 处的 U 临界值）

n_1/n_2	3	4	5	6	7	8	9	10	11	12	13	14	15
3			0	1	1	2	2	3	3	4	4	5	5
4		0	1	2	3	4	4	5	6	7	8	9	10
5	0	1	2	3	5	6	7	8	9	11	12	13	14
6	1	2	3	5	6	8	10	11	13	14	16	17	19
7	1	3	5	6	8	10	12	14	16	18	20	22	24
8	2	4	6	8	10	13	15	17	19	22	24	26	29
9	2	4	7	10	12	15	17	20	23	26	28	31	34
10	3	5	8	11	14	17	20	23	26	29	33	36	39
11	3	6	9	13	16	19	23	26	30	33	37	40	44
12	4	7	11	14	18	22	26	29	33	37	41	45	49
13	4	8	12	16	20	24	28	33	37	41	45	50	54
14	5	9	13	17	22	26	31	36	40	45	50	55	59
15	5	10	14	19	24	29	34	39	44	49	54	59	64

在大样本下（一般大于 10），Z 统计量近似服从正态分布，计算公式为

$$Z = \frac{U - \frac{1}{2}n_1 n_2}{\sqrt{\frac{1}{12}n_1 n_2 (n_1 + n_2 + 1)}}$$

现在软件（如 SPSS、Origin 等）可直接给出小样本下 U 统计量的概率 P 值，以及大样本下 Z 统计量的概率 P 值，如果概率 P 值小于给定的显著性水平 α，则拒绝原假设，认为样本来自的两总体的分布存在显著差异；相反，如果概率 P 值大于给定的显著性水平 α，则不能拒绝原假设，可以认为样本来自的两总体的分布无显著差异。

对两独立样本的非参数检验有许多种，如 Mann-Whitney U 检验、K-S 检验、Wald-Wolfowitz 游程检验等。这里主要介绍 Mann-Whitney U 检验（即秩和检验），其他检验方法请参阅相关文献。

举例说明：

例 6.14 蛤蟆蹲墓地的墓葬形制分为偏洞室墓和竖穴土坑墓，且随葬品数量和品质并不相同。选取随葬品为动物头骨（包括羊头、牛头和马头）的墓葬，通过墓葬品中动物头的数量探讨两种墓葬形制在随葬品数量之间是否有显著性差异，相关数据及计算过程见表 6.14。数据来源于文献（王蕾和杜博瑞，2018）。

（1）提出原假设 H_0：两种墓葬形制在随葬品数量上无显著性差异；备择假设为 H_1：两种墓葬形制在随葬品数量上有显著性差异。

（2）计算统计量：

$$U = W - \frac{1}{2}k(k+1) = 15 - \frac{1}{2} \times 4 \times 5 = 5$$

其中 $W = \min(W_1, W_2) = 15$，$k = n_2 = 4$。

（3）选取 $\alpha = 0.05$，查表 6.13 得，$U_{0.05} = 4$。

表 6.14 两个文化时期的两配对样本的 Wilcoxon 符号秩和检验计算过程

类型	偏洞室墓 X_1	竖穴土坑墓 X_2	秩次
M3	10		11
M4	9		10
M5	1		3
M6	7		7.5
M7	1		3
M8		1	3
M9		1	3
M11	8		9
M13		4	6
M15	25		13
M17		1	3
M18	7		7.5
M19	12		12
		67	15

（4）因为 $U > U_{0.05}$，在 $\alpha = 0.05$ 的显著性水平上拒绝原假设，而接受备择假设，即可判断两种墓葬形制在随葬品数量上有显著性差异。

其实，从随葬羊头数量上也大致可以判断两种墓葬形式可能会有差别，统计上会对这种情况给予更充分的支持。考古信息表明，两种墓葬形式代表着等级上的差别，他们之间的地位和经济是不平等的，偏洞室墓埋葬的人群等级会更高。

6.4.4 两配对样本的符号秩和检验

两配对样本的非参数检验是在对总体分布不甚了解的情况下，通过对两配对样本的分析，推断样本来自的两个总体的分布是否存在显著性差异的方法。Wilcoxon符号秩和检验的原假设 H_0 是：两配对样本来自的两总体的分布无显著性差异。

符号秩和检验的基本思想是：首先，按照符号检验的方法（符号检验本书中不再叙述，请读者查阅相关文献；这里即使不了解符号检验也不影响理解符号秩和检验），分别用第二个样本的各个观测值减去第一个样本对应的观测值。差值为正记为正号，差值为负记为负号，同时保存差值的绝对值（这是与符号检验的差别所在，符号检验只考虑正负号，不计算差值）。然后将差值的绝对值按升序排序，并求出差值的秩。最后，分别计算正秩和（W^+）及负秩和（W^-）。如果样本量为 n，则 $(W^+ + W^-)$ 的最小可能值为 0，最大可能值为 $n(n+1)/2$。容易理解，如果正秩和与负秩和大致相当，则说明一个样本大于另一个样本与该样本小于另一个样本的幅度大致相当，两样本数据差的正负变化程度基本相当，两配对样本来自的两总体的分布无显著差异。

在原假设成立的情况下，小样本下（$n < 25$）的检验统计量 $W = \min(W^+, W^-)$ 服从 Wilcoxon 符号秩和分布，可用查表方法进行符号秩和检验。表 6.15 即为 Wilcoxon 符号秩和检验表。如果两个样本无显著性差异，正秩和与负秩和应当相等或接近相等，如果正秩和与负秩和相差较大，那么两个样本有显著差异的可能性较大。

在大样本下（$n \geqslant 25$）利用 W 可构造 Z 统计量，它近似服从正态分布，有

$$Z = \frac{W - n(n+1)/4}{\sqrt{n(n+1)(2n+1)/24}}$$

一般软件会自动计算 Z 统计量观测值和对应的概率 P 值。如果概率 P 值小于给定的显著性水平 α，则应拒绝原假设，认为两配对样本来自的两总体的分布有显著差异；反之则不能拒绝原假设，认为两配对样本来自的两总体的分布无显著差异。

对两配对样本的非参数检验有许多种，如符号检验（sign test）、Wilcoxon 符号秩和检验（Wilcoxon signed rank test）、变量显著性检验（McNemar significance test）、边缘一致性检验（marginal homogeneity test）等。我们这里介绍符号秩和检验，该检验也称符号平均值秩检验，其他检验方法请参阅相关文献。

举例说明：

例 6.15 西班牙伊比利亚半岛（Iberian）史前考古遗址，先后两个考古文化时期（Neolithic 和 Funerary chalcolithic）可识别样本数（NISP）的百分比（France-Negro et al., 2021），如表 6.15 所示，分析两个文化时期以 NISP 表示的食物结构是否有显著性差异。

样本中只含有 8 组数据，属小样本。计算过程如下：

表 6.15　两个文化时期的两配对样本的 Wilcoxon 符号秩和检验计算过程

类型	新石器时期 X_1	铜器时期 X_2	差数绝对值	秩次	差的符号
牛类	28	31	4	7	+
羊类	33	34	1	1.5	+
猪类	12	8	4	7	−
马类	16	15	1	1.5	−
鹿类	5	2	3	5	−
狗类	1	5	4	7	+
兔类	2	4	2	3.5	+
鸟类	3	1	2	3.5	−

注：表中某种动物是指此类动物的数量，如马包括文献中的 *Equus sp.* 和 *Equus ferus* 两类。

（1）提出假设：

$$H_0 : P(X_2 > X_1) = P(X_2 < X_1)$$

$$H_1 : P(X_2 > X_1) \neq P(X_2 < X_1)$$

这里 H_0 是正秩和与负秩和基本相等，也就是说食物结构无差异；H_1 是正秩和与负秩和不相等，也就是说食物结构差异显著。

（2）求差值的绝对值：计算每对 X_1 和 X_2 的差值，但先不记符号。

（3）编秩次：根据差数的绝对值从小到大编秩次。差数为 0，表示无差别，不予以编秩次。差数绝对值最小的秩次编为 1，最大的秩次编为 n。差数绝对值相等的秩次，可用它们的秩次所占位置的平均数来代替。例如表 6.15 中，差数绝对值为 1 的有 2 个，它们所占的秩次的位置为 1 和 2，则它们的秩次都用 1.5 表示。

（4）记号：按差数的正负，给秩次记上"+""−"号。

（5）求秩和：分别计算正秩和（W^+）与负秩和（$W^−$），正秩和 $W^+ = 19$，

负秩和 $W^- = 17$，则正秩和与负秩和中较小的一个用 W 表示，即 $W = \min(W^+, W^-) = 17$。

（6）统计决断：如果实际计算的 W 值越大于临界值，X_1 和 X_2 差异越不显著；W 值越小于临界值，差异越显著。根据 $n = 8$（如果有差数为 0，则不计算在内，本例中没有此情况）及显著性水平，查符号秩和检验表（表 6.16），单侧 W 的临界值 $W_{0.05} = 4$。根据表 6.17 中的决断规则，由于实际计算的 $W = 17 > W_{0.05}$，于是在 0.05 显著性水平上接受 H_0，即两个文化时期以 NISP 表示的食物结构没有显著性差异。

表 6.16 符号秩和检验表

n	单侧检验显著性水平	
	0.025	0.005
	双侧检测显著性水平	
	0.05	0.01
6	0	-
7	2	-
8	4	0
9	6	2
10	8	3
11	11	5
12	14	7
13	17	10
14	21	13
15	25	16
16	30	20
17	35	23
18	40	28
19	46	32
20	52	38
21	59	43
22	66	49
23	73	55
24	81	61
25	89	68

表 6.17　符号秩和检验统计决断规则

W 与临界值的比较	概率 P 值	检验结果	显著性
$W > W_{0.05}$	$P > 0.05$	接受 H_0 拒绝 H_1	不显著
$W_{0.01} < W \leqslant W_{0.05}$	$0.01 < P \leqslant 0.05$	在 0.05 显著性水平上拒绝 H_0 接受 H_1	显著（*）
$W \leqslant Z_{0.01}$	$P \leqslant 0.01$	在 0.01 显著性水平上拒绝 H_0 接受 H_1	极其显著（**）

6.4.5　多独立样本的中位数检验

多独立样本的非参数检验是通过分析多组独立样本数据，推断样本来自的多个总体的中位数或分布是否存在显著差异。主要包括中位数检验、Kruskal-Wallis 检验、Jonckheere-Terpstra 检验等。我们在这里简单介绍中位数检验。

中位数检验通过对多个独立样本的分析，检验它们来自的总体的中位数是否存在显著差异。其原假设 H_0 是：多个独立样本来自的多个总体的中位数无显著差异。

多独立样本的中位数检验的基本思想是：如果多个总体的中位数无显著差异，或者说多个总体有共同的中位数，那么这个共同的中位数应在各样本中均处在中间位置上。于是，每个样本中大于该中位数与小于该中位数的样本量应大致相同。

分析的基本步骤：首先，将多个样本（如 k 个）混合，按升序排序，并求出混合样本的中位数；其次，分别计算各样本中大于和小于上述中位数的样本量，形成如表 6.18 所示的列联表；最后，利用卡方检验方法分析各样本来自的总体是否有相同的上述中位数。容易理解，如果各组中大于（或小于）上述中位数的样本比例大致相同，则可以认为多样本有共同的中位数，它们来自的总体的中位数无显著差异；反之，如果各组中大于（或小于）上述中位数的样本比例较大，则可以认为多个样本的中位数不全相同，它们来自的总体的中位数存在显著差异。

表 6.18　多独立样本的中位数检验的列联表

	第一个样本	第二个样本	…	第 k 个样本	总计
大于共同中位数	—	—	…	—	—
小于或等于共同中位数	—	—	…	—	—
合计	—	—	…	—	—

在表 6.18 的基础上，计算卡方检验统计量

$$\chi^2 = \sum \frac{(f_0 - f_e)^2}{f_e}$$

式中，卡方统计量服从 $df = (2-1) \times (k-1)$ 个自由度的卡方分布。

剩下的问题就与多独立样本的卡方检验一样（详见"6.4.1 卡方检验"），我们不再叙述。

6.5 应用实例

6.5.1 柳湾马厂类型墓葬的定量考古学分析

统计方法或参数：Z 检验、ANOVA 检验、卡方检验、二项分布检验。

参考文献：考古与文物，2022，3：121-128。

墓葬规模与随葬品的数量和质量被认为可以用来衡量社会的分化程度。柳湾墓地先后清理墓葬 1500 余座，墓葬类型有马家窑文化半山类型、马厂类型、齐家文化时期等。北京大学杨月光教授等选择柳湾马厂类型墓葬，采用统计分析的方法研究墓葬形式、墓葬大小、随葬品、男女比例等相互关系，以此探讨当时的社会复杂性（杨月光和艾婉乔，2022）。

1. 墓葬规模与随葬品关系

柳湾马厂类型单人墓可分为两种类型：竖穴土坑墓和洞室墓，墓葬面积前者介于 $0.6 \sim 9\mathrm{m}^2$，后者介于 $0.4 \sim 12.44\mathrm{m}^2$。首先探讨两种墓葬类型墓室面积是否存在差异。显然，这是两独立样本总体平均值一致性检验。墓葬面积描述统计信息如表 6.19 所示。

表 6.19　柳湾马厂墓葬墓室面积描述统计信息

类型	数量	最小值（m²）	最大值（m²）	范围（m²）	平均值（m²）	标准差	方差	标准误
竖穴坑	430	0.16	9	8.84	2.96	1.52	2.32	0.07
洞室	351	0.4	12.44	12.04	4.39	1.81	1.81	0.1

先判断墓葬面积是否为正态分布。经频率图分析可知（图 6.5），两种类型墓葬面积分布基本符合正态分布，可以采用 Z 检验或者 t 检验等统计方法。

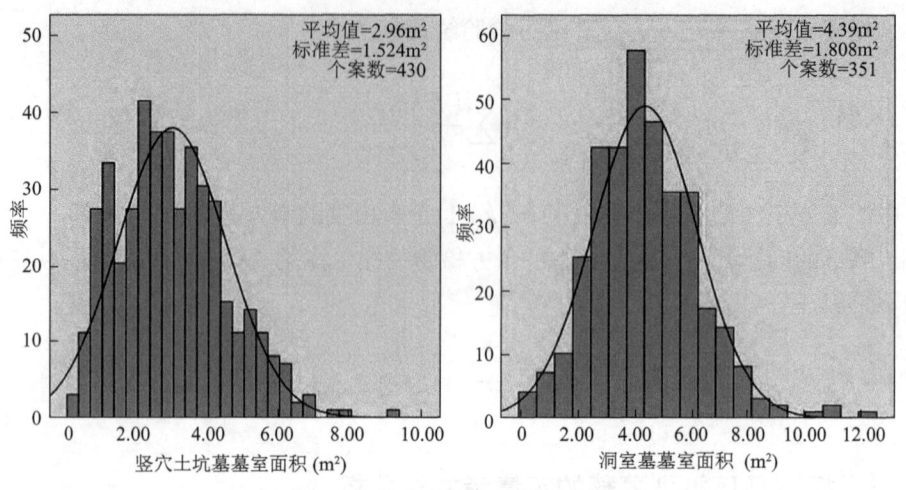

图 6.5 单人墓墓室面积直方图

由于两种墓葬形式属于总体标准方差 σ^2 未知，但样本容量大于 30 的独立大样本间总体平均值一致性检验，可以采取 Z 检验。其统计分析：

（1）提出原假设 H_0，假设两类墓葬墓室面积一致，即期望值 $E(\bar{x}_1) = E(\bar{x}_2)$，或者说 $\mu_1 = \mu_2$；备择假设 H_1，两类墓葬墓室面积存在显著差异 $E(\bar{x}_1) \neq E(\bar{x}_2)$。

（2）计算统计量

$$Z = \frac{\bar{x}_1 - \bar{x}_2}{\sqrt{\frac{s_1^2}{n_1} + \frac{s_2^2}{n_2}}} = 6.89$$

（3）选择显著性水平 $\alpha = 0.01$，查正态函数表可知，$Z_{\alpha/2} = 2.58$，即 $Z = 6.89 > Z_{\alpha/2} = 2.58$，即发生了小概率事件，因此拒绝原假设 H_0 而接受备择假设 H_1。也就是说，在 $\alpha = 0.01$ 的显著性水平上，柳湾马厂类型单人竖穴土坑墓与洞室墓的墓室面积存在显著差异。

2. 性别与随葬数量的关系

墓主人性别与随葬品之间的关系探讨，有可能反映性别在社会地位上的差别。柳湾马厂墓葬共鉴定出男性 105 例，女性 88 例，男女性别比约为 1.19。杨月光等采用二项分布检验方法首先讨论柳湾马厂时期埋葬总体上的性别比是否正常，以此为基础判断男性和女性墓主随葬数量之间是否存在显著性差异。

在进行 Z 检验之前，对男女两性墓葬数量作图，剔除离群值（M564 墓葬随葬品数量），判断随葬品数量基本符合正态分布后，进行 Z 检验。

（1）提出原假设 H_0，假设男女两独立样本随葬品总体平均值一致，即期望值 $E(\bar{x}_1) = E(\bar{x}_2)$，或者说 $\mu_1 = \mu_2$；备择假设 H_1，两类墓葬随葬品均值存在显著差异 $E(\bar{x}_1) \ne E(\bar{x}_2)$

（2）计算统计量

$$Z = \frac{\bar{x}_1 - \bar{x}_2}{\sqrt{\frac{s_1^2}{n_1} + \frac{s_2^2}{n_2}}} = 0.132$$

（3）选择显著性水平 $\alpha = 0.05$，查正态函数表可知，$Z_{\alpha/2} = 1.96$，即 $Z = 0.132 < Z_{\alpha/2} = 1.96$，因此接受原假设 H_0，即在 $\alpha = 0.05$ 的显著性水平上，柳湾马厂类型男性、女性随葬品数量不存在显著差异。

3. 年龄与随葬品多寡的关系

柳湾墓地按照未成年、青年、壮年、中年和老年五个年龄段墓葬随葬品的统计，采用一元方差分析方法对五个样本总体平均值（即五个年龄段随葬品数量）进行一致性检验。

首先以五组数据构成一个总样本，根据频率分布图判断样本基本接近正态分布，符合一元方差分析条件。对数据的描述统计如表 6.20 所示。

表 6.20　不同年龄段墓葬随葬品描述统计表

	墓葬数量	平均件数	标准差	方差	标准误
未成年	19	12	8.42	70.89	1.93
青年	17	20.47	11.11	123.52	2.7
壮年	41	21.63	13.4	179.64	2.09
中年	72	24.04	17.64	311.2	2.08
老年	20	27.3	14.44	208.43	3.23

（1）提出原假设 H_0，假设墓主人的死亡年龄与随葬品的多寡无关，即 $\mu_1 = \mu_2 = \mu_3 = \mu_4 = \mu_5$；备择假设 H_1，至少有两个年龄段的墓葬随葬品平均值不相等。

（2）计算统计量：

$$F = \frac{\mathrm{MS}_{bg}}{\mathrm{MS}_{wg}}$$

（3）查表 6.21，$F = 2.927$，对应概率 P 值 $0.023 < 0.05$，即可以在 $\alpha = 0.05$ 的显著性水平上拒绝 H_0，即认为 5 个年龄段的随葬品平均数量存在明显差异。对照表中数据也可知，老年墓主人随葬品的平均数最大，未成年随葬品平均数小。分析表明，样本间随葬品平均数的差异并非随机涨落，相当程度上是由墓主人的年龄差异决定的。

表 6.21 墓主人死亡年龄与随葬品数量关系

	平方和	自由度	均方	F	显著性
组间	2620.35	4	655.09	2.927	0.023
组内	36475.93	163	223.78		
总计	39096.29	167			

6.5.2 陶器表面装饰图案的统计分析

统计方法或参数：t 检验、标准偏差。

参考文献：Journal of Archaeological Science：Reports，2017，14：85-90。

由陶器碎片大小可推测与陶器破碎相关的许多问题，如陶器用途、埋藏环境等。与陶器碎片相关的统计分析也依赖于所收集数据（如碎片大小）的准确性和可靠性，但是研究这些统计数据的可靠程度既费力也不受重视。更为特殊的是，目前还很少有人选择统计方法去评估陶器装饰（如彩陶花纹），造成此种状况的部分原因是更多地强调了装饰图案与使用者身份之间的关系，对陶器装饰方法的统计关注并不多。其实这方面的统计分析尤为重要，首要的问题就是对大量相关破碎陶片的装饰统计及相应结论，是否可推广说明完整陶器甚至大量的陶器，在统计上就是指小样本和大样本之间的关系问题。

与装饰图案相关的度量数据能够帮助考古学家捕捉古代制陶人对制陶材料的直接感应。高效准确地对微观图案作计量统计，对于识别与手工艺相关的社会、经济、组织结构等非常重要。尽管计量数据可以提供非常有效的研究途径，但是似乎人们还不太习惯在装饰图案分析中使用它们。最近，Dorland 证明与装饰相关的计量测量也具有可靠的精确度，可用于后续的测量和分析，以进一步研究过去制陶人在陶器加工过程中的行为（Dorland，2016）。

再回到抽样问题。传统上在容量为 5 的样本下就可以作为代表性样本进行后续统计分析。因此，这就需要进行统计评估取自小样本的装饰计量数据的可靠程度究竟如何，也就是说，我们需要确认破碎样本中收集的数据是否具有统计学上的代表性，否则就会出现严重的分析误判。这是本文研究的主要目的。

1. 材料与方法

Dorland 选择加拿大多伦多市南部 15 世纪 Keffer 村和 Garga 遗址，该遗址存在季节性的陶器生产。据认为陶器制作是家庭作坊的一部分，也认为有部分制陶人是临时陶工。在陶器制作方面，陶工应用了盘绕、桨和砧以及捏制技术。其中的陶器装饰由带状线性几何图案组成，应用了各种切割、拖曳和压印技术。虽然初始装饰使用了骨制和贝类工具，但是手指印记进一步表明陶工们主要还是使用双手进行带状装饰。

选择带有装饰的陶器口沿作为统计样品。总共选择了 19 个陶器口沿，包括 8 个被鉴定为幼稚图案（Juvenile rim）和 9 个成熟图案（Adult rim）。这项研究评估了不同技术水平的陶器装饰，因此将做工粗糙的装饰陶器称为 Juvenile 陶器。Juvenile 陶器会提供经常被忽视的重要信息，而这种信息往往也很难获得。有了不同类型装饰数据的对比，能够有效地评估样本的代表性。

选择两个数据变量：凹型条纹的宽度和间距（图 6.6）。条纹宽度是指工具划入黏土表面并留下工具痕迹所造成的空间，与工具的厚度、施加力和黏土的湿度相关。条纹间距是指两个装饰条纹之间的空间距离，与重复划痕活动，甚至与装饰陶器相关的思维活动相关。换句话说，这两个变量是单个条纹宽度和两个装条纹间的间距。使用数字手动卡尺测量，精度为 0.01mm。

图 6.6 Keffer 遗址中不同工艺水平的装饰图案：(a)Juvenile 陶器边缘装饰；(b)Adult 陶器边缘装饰，二者的纹路深度和宽度均有明显差异

2. 统计结果

选择样本 A（sample A），测量陶器口沿上的一行五个条纹，用于表征陶器碎片装饰的重复性；样本 B（sample B），是不包括样本 A 的其他条纹的测量值。之所以选择 5 个条纹进行测量（样本 A），是因为有学者认为 5 个测量值是近似总体所需要的最小数量。如果很小的 5 个样本测量都能够保证其准确性，当测量大量的装饰图案时，其测量效率会提高不少。

统计评估主要集中在对陶器碎片或较小容量的样本。样本数据的准确性是指测量值与真值的接近程度,但是在这项研究中,真值无法准确获得,而是以样本A的平均值与样本B的平均值体现。表6.22表示每个测量值的平均值、标准偏差,以及不同测量值之间的 t 检验结果。每个检验的零假设是样本平均值相等,不拒绝零假设就意味着数据间有了适当的精确度。

表6.22 样品中条纹宽度的平均值(mean)、标准偏差(SD)以及 t 检验(J 表示 Juvenile 陶器)

	样本A 平均值(mm) ($n=5$)	样本A SD	样本B N	样本B 平均值(mm)	样本B SD	t	P
J40	0.96	0.06	16	0.99	0.09	−0.8	0.4
J35	0.63	0.07	28	0.14	0.14	1.3	0.2
J277	0.63	0.16	32	0.15	0.15	2.6	0.0
J51	0.58	0.17	26	0.17	0.17	−0.6	0.5
J273	0.39	0.08	20	0.10	0.10	0.7	0.5
J42335-5	1.02	0.12	30	0.27	0.27	0.0	1.0
J42336-11	1.51	0.36	11	0.42	0.42	−0.2	0.9
J48	0.72	0.06	28	0.16	0.16	−0.6	0.6
97	1.41	0.11	43	0.24	0.24	−0.8	0.5
208	1.34	0.09	115	0.28	0.28	0.3	0.8
17	0.94	0.02	54	0.19	0.19	−1.5	0.1
153	1.01	0.13	47	0.26	0.26	1.5	0.1
57006	2.78	0.50	68	0.38	0.38	0.6	0.5
62007	1.79	0.12	59	0.17	0.17	−1.4	0.2
62033	1.58	0.05	52	0.13	0.13	0.8	0.5
620067	1.50	0.08	40	0.16	0.16	−0.2	0.9
610035	1.89	0.29	50	0.43	0.43	0.5	0.6
650760	1.99	0.11	45	0.21	0.21	−1.4	0.2
620149	3.41	0.07	25	0.38	0.38	1.1	0.3

条纹宽度测量结果表明(表6.22),19个样品中有18个样品没有拒绝零假设,并证明了有适当的精确度。这表明样本A中的5个测量数据与样本B中的其余测量数据有相等的平均值($P<0.05$),即样本A绝大多数的条纹宽度等于样本B的测量值。总体来说,测量结果清楚地表明两个样本的均值是相等的,也体

现出几乎所有来自样本 A 中的数据都表现出高的准确度。如果我们要考虑技术水平如何影响准确度，那么可以认为熟练工与临时工（不妨将制作 Juvenile 陶器的称为临时工）之间都具有高准确度。

来自 J277 数据拒绝了零假设（$P < 0.05$），属特例。对 J277 陶器口沿的放大图可观察到，装饰条纹中具有明显的孔洞，这些孔洞是由划痕引起的（也或陶器材料造成的），而导致了低 P 值；但是在研究条纹间距时和其他样品一样具有高的准确度（请参见原文中的表 2）。这说明陶工使用了不同的装饰技术或工具，这似乎改变了装饰条纹的尺寸，但不会导致重复装饰工作而形成的习惯，如惯性姿势等。

总之，考古调查中经常忽视对考古数据的统计评估。虽然这种评估有时会令人感到乏味，但当我们知道使用准确可靠的数据时，会极大地增强人们对考古数据的信任度，从而增强考古依据。本文的结果表明，从不完整的陶器碎片中获得的数据与从更大和更完整的陶器中获得的数据一样准确。随着更小碎片和更小样本的准确性被认可，我们会有更多的机会去弥补样品数量的不足。

主要参考文献

陈铁梅，陈建立. 2013. 简明考古统计学[M]. 北京: 科学出版社.

陈相龙，张雅军，仝涛，等. 2023. 西藏阿里象泉河上游早期金属时代的生业经济与区域互动: 来自故如甲木与曲踏的证据[J]. 考古, 4: 109-120.

韩建华. 2022. 青海都兰热水墓群 2018 血渭一号墓墓主考[J]. 中原文物, 1: 83-90.

华觉明. 1999. 中国古代金属技术: 铜和铁造就的文明[M]. 郑州: 大象出版社.

黄蕴平. 1996. 动物化石，南京人化石地点（1993—1994）[M]. 北京: 文物出版社.

王蕾，杜博瑞. 2018. 蛤蟆蹲墓地分析研究[J]. 文物春秋, (1): 23-31.

王孝玲. 2015. 教育统计学[M]. 上海: 华东师范大学出版社.

薛薇. 2021. 统计分析与 SPSS 的应用[M]. 6 版. 北京: 中国人民大学出版社.

杨月光，艾婉乔. 2022. 柳湾马厂类型墓葬的定量考古学分析[J]. 考古与文物, 3: 121-128.

Breslawski R P, Byers D A. 2015. Assessing measurement error in paleozoological osteometrics with bison remains[J]. Journal of Archaeological Science, 53: 235-242.

Dorland S G H. 2016. Evaluating precision and repeatability of hand calipers: A study of pre-contact ceramic assemblages[J]. North American Archaeologist, 38 (2): 162-182.

Dorland S G H. 2017. Fragments tell a story: A statistical evaluation of metric decorative traits on pottery fragments from Late Woodland assemblages[J]. Journal of Archaeological Science: Reports, 14: 85-90.

Francés-Negro M, Iriarte E, Galindo-Pellicena M A, et al. 2021. Neolithic to Bronze Age economy and animal management revealed using analyses lipid residues of pottery vessels and faunal remains at EI Portalón de Cueva Mayor(Sieera de Atapuerca, Spain)[J]. Journal of Archaeological

Science, 131: 105380.

Lyman R L, Vanpool T L. 2009. Metric data in archaeology: A study of intra-analyst and interanalyst variation[J]. American Antiquity, 74:485-504.

Yuan J, Liang Z, Wu Y, et al. 2002. Shell mounds in the Jiaodong Peninsula: A study in environmental archaeology[J]. Journal of East Asian Archaeology, 4: 1-26.

Zhang G, Zhou X, Li X, et al. 2022. New empirical evidence form ancient millet seeds and panicles reveals phenotype divergence during its dispersal[J]. Science Bulletin, 67: 1860-1864.

第 7 章 相关性与回归分析

在考古研究中很多情况下需要考虑两个或两个以上的数值变量，这时除了要分析每个变量的分布、平均值和方差以外，还要对两个变量之间的关系做描述，需要用到相关量。例如，描述遗址面积与离河距离的关系，或者动物肉食量与骨长度的关系，这些都要用到相关量。本章将介绍两个或多个考古数值变量之间的相关性、回归分析等。

7.1 相 关 分 析

7.1.1 两个变量之间的相关

1. 相关的概念

两个变量之间不精确、不稳定的变化关系称为相关关系。它与函数关系的区别在于两个变量不是精确、稳定的一一对应关系。两个变量间的相关关系既表现在变化方向上，也表现在密切程度上（王孝玲，2015）。

从变化方向上，两个变量之间存在以下三种关系：①正相关。两个变量的变化方向一致，即一个变量值增大时另一个变量值也随之增大，或者一个变量值减小时另一个变量值也随之减小，这两个变量之间的关系称为正相关。②负相关。两个变量的变化方向相反，即一个变量值增大时另一个变量值却随之减小，或者一个变量值减小时另一个变量值却随之增大，这两个变量之间的关系称为负相关。③零相关。两个变量值变化方向无一定规律，即一个变量值增大时，另一个变量值可能增大也可能减小，并且增大、减小的概率趋于相等，这两个变量之间的关系称为零相关，即二者之间无相关。

从密切程度上，无论两个变量的变化方向是否一致，凡密切程度高的相关称为强相关或高度相关，密切程度一般的相关称为中度相关，密切程度弱的相关称为弱相关或低度相关。

2. 相关系数

那么如何描述两个变量之间的变化方向和密切程度呢？在数学上，我们用相关系数来描述两个变量相互之间的变化方向及密切程度，一般用字母 r 表示。

相关系数的数值范围是 $-1 \sim +1$，即 $0 \leqslant |r| \leqslant 1$。$r$ 的正负号表示两个变量之间变化的方向，例如，"+"号表示变化方向一致，即正相关；"-"号表示变化方向相反，即负相关。r 的绝对值的大小表示两个变量之间的密切程度，如绝对值越接近 1，表示两个变量之间关系越密切；越接近 0，表示两个变量之间关系越不密切。这样，如果 $r=1$，表示两个变量为完全正相关；如果 $r=-1$，表示两个变量为完全负相关。再如，$r_1 = 0.56$，$r_2 = -0.78$，则表明 r_1 为正相关，r_2 为负相关，r_2 的相关程度高于 r_1。

需要说明的是，相关系数的值仅仅是一个比值，不能用于几何运算。例如，对于 $r_1 = 0.28$，$r_2 = 0.56$，$r_3 = 0.84$，我们不能说 r_1 和 r_2，r_2 和 r_3 的相关程度之差相等，也不能说在相关程度上 r_2 是 r_1 的两倍。

一般认为在两个变量之间，如果 $|r| \leqslant 0.3$ 则认为两个变量之间不存在线性相关；如果 $0.3 < |r| \leqslant 0.5$ 为低度线性相关；如果 $0.5 < |r| \leqslant 0.8$ 为显著性相关；如果 $|r| > 0.8$ 为高度相关。这里也需要指出，上述数据和结论并不绝对。

相关系数只能描述两个变量之间的变化方向及密切程度，并不能揭示两者之间的内在本质联系，如果要分析其内在的本质联系，必须借助与这两个变量相关的专业知识进行分析评判。另外也需说明，存在相关的两个变量，可能存在因果关系，也可能不存在因果关系，这需要依据专业知识、经验作出判断。

7.1.2 积差相关及相关系数

1. 积差相关系数计算公式

当两个变量都是正态连续变量（比率变量或区间变量），而且两者之间呈线性关系时，表示这两个变量之间的相关称为积差相关。积差相关也称皮尔逊积差相关，或者皮尔逊相关，是皮尔逊（K. Pearson）于 20 世纪初提出的一种计算相关的方法。积差相关是应用最普遍、最基本的一种相关分析方法，尤其适合于对两个连续变量之间的相关情况作定量分析。

设有两个变量 x 和 y，是 n 个成对数据，不妨记为 $(x_1, y_1), (x_2, y_2), \cdots, (x_n, y_n)$，可以计算出成对的观测数据离差均值，有

$$(x_1 - \bar{x}, y_1 - \bar{y}), (x_2 - \bar{x}, y_2 - \bar{y}), \cdots, (x_n - \bar{x}, y_n - \bar{y})$$

基于上述观测数据离差值乘积所得结果进行相关分析的方法称为积差相关。计算积差相关系数（coefficient of correlation）的基本公式：

（1）用标准差与协方差表示：

$$r = \frac{\text{cov}(x,y)}{s_x s_y}$$

式中，cov(x,y)为变量x和变量y的协方差；s_x为变量x的样本标准差；s_y为变量y的样本标准差。

$$s_x = \sqrt{\frac{\sum(x_i - \bar{x})^2}{n-1}}$$

这里重点说明协方差，公式为

$$\text{cov}(x,y) = \frac{\sum(x_i - \bar{x})(y_i - \bar{y})}{n-1}$$

表示两个变量的协方差（covariance），即体现两个变量总体误差的期望，其中$(x_i - \bar{x})$和$(y_i - \bar{y})$表示离差。协方差是积差相关系数计算的基础。协方差的大小能够反映两个变量的一致性。cov(x,y)的绝对值越大，表示两个变量x和y之间的线性关系越强，即这些点越接近一条直线。

（2）用离差表示：

$$r = \frac{\sum(x_i - \bar{x})(y_i - \bar{y})}{\sqrt{\sum(x_i - \bar{x})^2} \cdot \sqrt{\sum(y_i - \bar{y})^2}}$$

（3）用原始数据表示：

$$r = \frac{\sum x_i y_i - \frac{\sum x_i \sum y_i}{n}}{\sqrt{\sum x_i^2 - \frac{(\sum x_i)^2}{n}} \cdot \sqrt{\sum y_i^2 - \frac{(\sum y_i)^2}{n}}}$$

2. 相关系数计算实例

例 7.1 粟起源于一万多年前的中国，在中国北方播种过程中出现了表型分异。2022年张贵林等测量了28个遗址中上万粒粟的长宽，以此寻找粟在史前几千年期间的表型分异（Zhang et al.，2022）。我们选择文中陕西华阴兴乐坊遗址中粟的测量数据，并随机筛选了30粒炭化粟作为一个样本（文中提供了数百粒粟数据），其数据列于表7.1，以此探讨炭化粟长、宽之间的线性关系。相关系数的计算会用到不同的数学量，总结于表7.2中。

表 7.1　兴乐坊遗址部分粟长宽数据　　　　　　　　（单位：mm）

序号	1	2	3	4	5	6	7	8	9	10
长 x	1.125	1.156	1.084	1.097	1.195	1.177	1.055	1.171	1.093	1.097
宽 y	1.197	1.218	1.131	1.140	1.237	1.201	1.071	1.185	1.104	1.107
序号	11	12	13	14	15	16	17	18	19	20
长 x	1.132	1.059	1.047	1.154	1.204	1.115	1.157	1.172	1.087	1.168
宽 y	1.136	1.062	1.042	1.141	1.182	1.088	1.125	1.136	1.050	1.127
序号	21	22	23	24	25	26	27	28	29	30
长 x	1.117	1.119	1.144	1.231	1.170	1.177	1.237	1.214	1.121	1.219
宽 y	1.076	1.076	1.100	1.183	1.122	1.126	1.180	1.157	1.068	1.159

表 7.2　兴乐坊遗址部分粟长宽数据统计表

序号	长 x (mm)	宽 y (mm)	x^2	y^2	xy	$(x-\bar{x})^2$	$(y-\bar{y})^2$	$(x-\bar{x})\cdot(y-\bar{y})$
总和	34.294	33.927	39.28254	38.44555	38.83981	0.07993	0.07751	0.05672
平均值	1.14313	1.13090						
标准差*	0.0525	0.0517						

注：*为 Origin 软件计算数据。另外，这里说的长、宽代表粟种子的方向。

　　首先绘图（图 7.1），可见两个变量之间存在一定程度的正相关。当然如果要判断两个变量之间相关原因，需要读者综合考虑数据所蕴藏的信息。本例中研究的是粟宽和长的相关性，由于在生长过程中粟的大小（以宽和长体现）受当时的生态环境影响，如降水量、施肥等，因此粟的大小不一是正常的，但是对于同一品种，其比例关系应该大致相同，也就体现粟的宽和长有高度一致性，参考图 7.1 似乎能够证明这一点，但是需要用数据说明，就是下面讨论的相关系数。

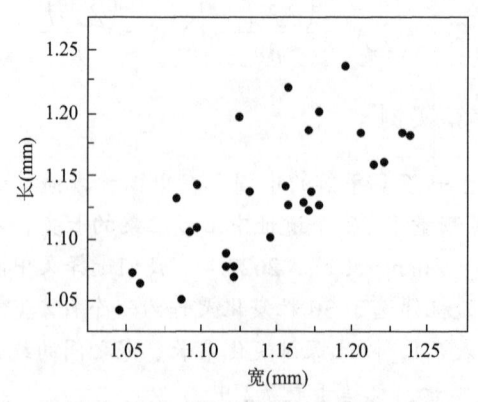

图 7.1　兴乐坊遗址部分粟长宽数据关系

根据前面所学,相关系数的计算有三种方法,分别计算如下:

(1)用标准差计算:

$$s_x = \sqrt{\frac{\sum(x_i - \bar{x})^2}{n-1}} = \sqrt{\frac{0.07993}{30-1}} = 0.0525$$

$$s_y = \sqrt{\frac{\sum(y - \bar{y})^2}{n-1}} = \sqrt{\frac{0.07751}{30-1}} = 0.0517$$

$$r = \frac{\sum(x_i - \bar{x})(y_i - \bar{y})}{(n-1)s_x s_y} = \frac{0.05672}{29 \times 0.0525 \times 0.0517} = 0.721$$

(2)用离差计算:

$$r = \frac{\sum(x_i - \bar{x})(y_i - \bar{y})}{\sqrt{\sum(x_i - \bar{x})^2} \cdot \sqrt{\sum(y_i - \bar{y})^2}} = \frac{0.05672}{\sqrt{0.07993}\sqrt{0.07751}} = 0.721$$

(3)用原始数据计算:

$$r = \frac{\sum x_i y_i - \frac{\sum x_i \sum y_i}{n}}{\sqrt{\sum x_i^2 - \frac{(\sum x_i)^2}{n}} \cdot \sqrt{\sum y_i^2 - \frac{(\sum y_i)^2}{n}}}$$

$$= \frac{38.83981 - \frac{34.294 \times 33.927}{30}}{\sqrt{39.28254 - \frac{34.294^2}{30}}\sqrt{38.44555 - \frac{33.927^2}{30}}} = 0.721$$

可见三种方法计算的相关系数是相同的。根据前面所述,当相关系数在 $0.5 < |r| \leqslant 0.8$ 时为显著相关,可以认为所选的兴乐坊遗址炭化粟的长、宽之间显著相关。

需要指出的是,在计算相关系数时,需要罗列两个变量的数值,计算每列数据的平均值、标准差等。目前流行的统计软件中(如 Origin 软件),都有现成的程序计算,很方便就可以计算出相关系数(将在后面继续讲解),我们在此只是为了说明计算过程,选用了原始数据进行计算。

另外也需清楚,相关系数的观测值 r 与样本容量有关。观测数据越多,其相关系数 r 值就越稳定,因而真实性也就越大。若抽样数据容量较小,计算相关数据 r 值的抽样误差也就越大,因此解释相关系数时要考虑上述因素。若想要有较大的信心去认识相关系数的真实性，就要采取下面叙述的推断统计方法，对观测得到的相关系数进行必要的统计检验。

7.1.3 相关系数的显著性检验

1. 相关系数显著性检验的必要性

正如例 7.1 所言，我们选取的是有关炭化粟的数据，是从总体中随机选取了 30 粒作为样本进行相关系数的计算（在此不妨先称作 r_1）。自然会引申出问题，如果我们再随机选取 30 粒种子，可以想象计算的相关系数与之会有差别（称作 r_2，与 r_1 会有不同），那么怎么样会认为我们随机选取的这 30 粒种子所计算的相关系数 r_1 就具有代表性，所造成的误差是在随机抽样的误差范围内？实际上，这个问题体现了抽样引起的相关系数的概率分布。

假设在总体 150 粒种子中发生了 N 次随机抽样进行检测（每次抽样 30 粒种子），那么就会产生 N 个相关系数，这些相关系数的数值就有一种分布形态。推广之，抽样下相关系数 r 的分布形态，随总体相关系数 ρ（指 150 粒炭化粟组成的总体）和样本容量 n（指 30 粒炭化粟组成的样本）的大小而变化。有文献总结如下，当 $\rho = 0$ 时，样本相关系数 r 的抽样分布呈正态分布；当 $\rho \neq 0$，而 n 相当大（如 $\rho = 0.6$，$n = 50$）时，相关系数 r 的抽样分布接近于正态分布；但是当 $\rho \neq 0$，而 n 相当小（如 $\rho = 0.6$，$n = 6$）时，r 的抽样分布呈偏态；可以想象，当 ρ 的数值很大时（如 $\rho = 0.8$）即使 n 较大，r 的抽样分布也呈偏态（在 $\rho = 0.8$ 附近分布）。

根据样本相关系数 r 对总体相关系数 ρ 作推断，是以 r 的抽样分布呈正态性为基础。只有当总体相关系数为零或者接近于零（即 $\rho = 0$，二者无相关），样本容量 n 相当大（如 $n > 30$）时，r 的抽样分布才接近正态分布。

这样，我们在例 7.1 中求出的相关系数 r 是根据样本数据计算出来的，它存在着抽样误差。即使从相关系数 $\rho = 0$ 的总体中随机抽取样本，由于抽样的偶然性，计算出的 r 有可能并不等于零，即 $|r| > 0$。因此，还不能根据 r 的大小，对 x 和 y 之间关系的密切程度作出判断，还需要看 r 在以 $\rho = 0$ 为中心的抽样分布上出现的概率如何。

2. 样本相关系数与总体相关系数差异的显著性检验

在实际研究中得到 $r = 0.35$（或者其他什么值）时，自然会想到有两种情况：第一种情况，由于 $r = 0.35$，说明两列变量之间在总体上是相关的（低强度相关，$\rho \neq 0$）；第二种情况，虽然 $r = 0.35$，但有可能这是偶然状况，总体上可能并无相关（$\rho = 0$）。这就需要对 $r = 0.35$ 进行显著性检验。

在总体相关系数为零（$\rho=0$）的假设下，一般采用 t 检验；在总体相关系数不为零（$\rho\neq 0$）的假设下，一般将相关系数作正态性转换，然后进行 Z 检验。

（1）在总体相关系数为零（$\rho=0$），较为常见的是样本容量 $n<50$ 的情况，采用 t 检验方法来检验相关系数的显著性。

$$t=\frac{r-\rho}{\sqrt{\frac{1-r^2}{n-2}}}=\frac{r\sqrt{n-2}}{\sqrt{1-r^2}}$$

式中，r 为相关系数；n 表示样本容量。

举例说明：

例 7.2 以陕西西安地区的浐河和灞河流域史前遗址的聚落面积与其距河流的距离作为两个变量，考察二者之间是否存在显著性差异。聚落面积和距离数据见表 7.3，数据选自文献（张虎勤等，2007）。

表 7.3 陕西浐河和灞河流域史前遗址与河流相关特征数据

\multicolumn{4}{c	}{浐河流域}	\multicolumn{4}{c}{灞河流域}
遗址名称	距离 x（km）	面积 y（$\times 10^4 m^2$）	文化类型	遗址名称	距离 x（km）	面积 y（$\times 10^4 m^2$）	文化类型
半坡	0.8	5	半坡、庙底沟	马渡王	0.75	0.10	龙山
田家湾	0.95	4	庙底沟	新街	1.25	10.00	仰韶、庙底沟
马腾空	0.47	6	仰韶	支家沟	1.75	2.60	仰韶
余王扁	0.5	1.2	仰韶	沙河	1.25	2.00	半坡、龙山
米家崖	0.35	4.5	仰韶、龙山	拾旗寨	1.75	1.50	仰韶
张李巷	0.47	1	仰韶	龙村	1.2	0.48	庙底沟
北殿	1.25	0.1	仰韶、龙山	宣堡	1.250	1.20	仰韶、龙山
南殿	1.16	5.5	庙底沟、龙山	小寨	0.5	1.60	半坡
湾子	1.0	0.8	仰韶、龙山	刘家坡	0.3	0.60	龙山
神鹿坊	1.3	2	仰韶	阎家村	0.7	0.25	龙山
赵家湾	0.44	25	仰韶、龙山	营上	1	12.00	仰韶、龙山
宫村	1.1	5	仰韶	阳坡	0.6	0.50	半坡
杨沟	1.0	1	仰韶	黄沟	0.65	4.65	仰韶
咀头	0.33	30	庙底沟、龙山				
沈家村	0.44	8	仰韶				
马狮坡	0.22	30	仰韶、龙山				

续表

	浐河流域				灞河流域		
遗址名称	距离 x（km）	面积 y（×10⁴m²）	文化类型	遗址名称	距离 x（km）	面积 y（×10⁴m²）	文化类型
孙家岩	0.22	4	仰韶、龙山				
北佛沟	0.3	10	仰韶				
高山庙村	0.22	35	仰韶				
侯家村	0.5	10	仰韶、龙山				
小寺村	1.37	0.5	龙山				
康家沟	0.87	4	龙山				
嘴头	0.25	2	庙底沟、龙山				
聚庆	1.25	2	仰韶、龙山				

浐河流域遗址：

通过表7.3和图7.2可以看出，随着遗址距河流距离 y 的增加，其聚落面积呈下降的趋势。不过也有一些点偏离线性关系。如何评价这种线性关系，就用到了相关系数的概念。

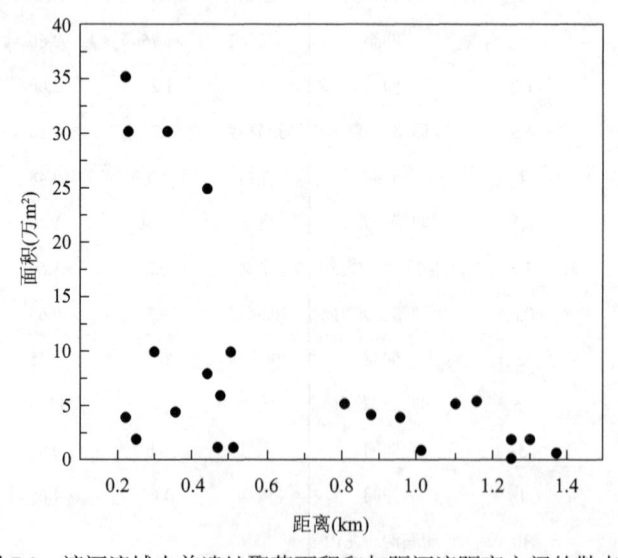

图7.2 浐河流域史前遗址聚落面积和与距河流距离之间的散点图

①首先提出零假设 H_0，$\rho=0$，表示数据来源于零相关的总体；备择假设 H_1，$\rho\neq0$，表示表中两组变量（面积和距离）确实相关。

②选择检验统计量。经统计计算，表中变量 x 与 y 之间的线性关系 $r=-0.547$。由于 $n=24<50$，属小样本，选择 t 检验，则检验统计量为

$$t=\frac{r\sqrt{n-2}}{\sqrt{1-r^2}}=\frac{0.547\times\sqrt{24-2}}{\sqrt{1-0.547^2}}=3.065$$

③确定检验方式。选择双侧检验。

④统计判断。根据 $f=n-2=22$，查 t 值表（附录Ⅱ.2），得到 $t_{22,0.01}=2.819$，由于 $t=3.065>t_{22,0.01}=2.819$，则 $P<0.01$，根据统计检验决断规则，应在 0.01 显著性水平上拒绝 H_0 而选择 H_1。其结论为：样本的 $r=-0.547$ 与总体零相关有极其显著的差异，或者说 $r=-0.547$ 的样本不是来自 $\rho=0$ 的总体。从总体上说，沪河流域史前遗址聚落面积与距河的距离存在密切负相关。

为了简化计算，可根据自由度 $f=n-2$，以及确定的检验形式（单侧或双侧），直接查积差相关系数界值表（表 7.4），寻找 r 的临界值，然后将样本 r 值直接与临界值比较，按照表 7.6 相关系数统计决断的规则，对 r 的总体 ρ 是否为零作出统计决断。如本例中，根据 $f=n-2=22$，查积差相关系数界值表得 r 的双侧临界值为 $t_{22,0.01}=0.515$（内容所限，表 7.4 仅仅到 $f=20$）。由于 $r=0.547>0.515$（负相关中的负号去掉，只考虑数值），则对应概率 P 值小于 0.01，于是在 0.01 显著性水平上拒绝 H_0 而选择 H_1，与上述公式检验结论相一致。

表 7.4 积差相关系数界值表

$f=$	$P(2):$	0.50	0.20	0.10	0.05	0.02	0.01	0.005	0.002	0.001
$n-2$	$P(1):$	0.25	0.10	0.05	0.025	0.01	0.005	0.0025	0.001	0.0005
1		0.707	0.951	0.998	0.997	1.000	1.000	1.000	1.000	1.000
2		0.500	0.800	0.900	0.950	0.980	0.990	0.995	0.998	0.999
3		0.404	0.687	0.805	0.878	0.934	0.959	0.974	0.986	0.991
4		0.347	0.608	0.729	0.811	0.882	0.917	0.942	0.963	0.974
5		0.309	0.551	0.669	0.755	0.833	0.875	0.906	0.935	0.951
6		0.281	0.507	0.621	0.707	0.789	0.834	0.870	0.905	0.925
7		0.260	0.472	0.582	0.666	0.750	0.798	0.836	0.875	0.898
8		0.242	0.443	0.549	0.632	0.715	0.765	0.805	0.847	0.872

续表

$f=$	$P(2):$	0.50	0.20	0.10	0.05	0.02	0.01	0.005	0.002	0.001
$n-2$	$P(1):$	0.25	0.10	0.05	0.025	0.01	0.005	0.0025	0.001	0.0005
9		0.228	0.419	0.521	0.602	0.685	0.735	0.776	0.820	0.847
10		0.216	0.398	0.497	0.576	0.658	0.708	0.750	0.795	0.823
11		0.206	0.380	0.476	0.553	0.634	0.684	0.726	0.772	0.801
12		0.197	0.365	0.457	0.532	0.612	0.661	0.703	0.750	0.780
13		0.189	0.351	0.441	0.514	0.592	0.641	0.683	0.730	0.760
14		0.182	0.338	0.426	0.497	0.574	0.623	0.664	0.711	0.742
15		0.176	0.327	0.412	0.482	0.558	0.606	0.647	0.694	0.725
16		0.170	0.317	0.400	0.468	0.542	0.590	0.631	0.678	0.708
17		0.165	0.308	0.389	0.456	0.529	0.575	0.616	0.662	0.693
18		0.160	0.299	0.378	0.444	0.515	0.561	0.602	0.648	0.679
19		0.156	0.291	0.369	0.433	0.503	0.549	0.589	0.635	0.665
20		0.152	0.284	0.360	0.423	0.492	0.537	0.576	0.622	0.652

在Origin软件中,其实是将计算的r值直接与其对应的概率P值相比较,而得出相应结论。例如本例中,在Origin统计软件中输出的概率P值为0.005,表示在$f=22$、$t=3.065$时对应的置信水平为0.005,即有99.5%的可能性否定原假设。这种处理方式方便读者查表判断,也就是说Origin软件中自动为我们进行了查表操作。

灞河流域遗址:

①首先提出零假设H_0,$\rho=0$;备择假设H_1,$\rho\neq0$,表示两组变量(面积和距离)确实相关。

②选择检验统计量。经计算统计,表中变量x与y之间的线性关系$r=0.165$。由于$n=13<50$,属小样本,选择检验统计量

$$t=\frac{r\sqrt{n-2}}{\sqrt{1-r^2}}=\frac{0.165\times\sqrt{13-2}}{\sqrt{1-0.165^2}}=0.555$$

③确定检验方式。选择双侧检验。

④统计判断。根据$f=n-2=11$,查t值表(附录Ⅱ.2),得到$t_{11,0.01}=3.106$,由于$t=0.555<t_{22,0.01}=3.106$。根据统计检验决断规则,应在0.01显著性水平上接受H_0。其结论为:样本的$r=0.165$与总体零相关无显著差异。或者说$r=0.165$的

样本来自 $\rho=0$ 的总体。从总体上说，灞河流域史前遗址聚落面积与距河流的距离不存在相关性。

在 Origin 软件中输出的概率 P 值为 0.591，意味着要接受零假设，需要在 59.1% 的置信水平上，显然这个数据很高了。

对于灞河流域遗址面积与距离的关系，其结论与沪河流域相反，是不是这种统计方法有问题？针对这样的统计结果，需要通过考古背景进行解释和评判。沪河和灞河流域遗址所处位置的海拔高度不同，河流流经的地质环境不同，我们认为很可能是当地的地理环境影响了史前遗址的发展，而河流只是史前聚落发展的要素之一，有更多的环境和地理因素影响聚落发展，这需要从考古信息中发掘，也就是说统计学数据背后隐藏的考古含义需要考古学者进行更细致的考古工作。在张虎勤等的工作中，除了考虑距河流距离以外，还综合了河流流量、河流比降等信息，这些都是与地理环境相关的因素（张虎勤等，2007）。

（2）如果总体相关系数不为零（$\rho \neq 0$），而等于一个定值，即 $\rho=\rho_0$ 时，就不能用上述检验公式，因为 $\rho \neq 0$ 时 r 的抽样分布不呈正态而呈偏态。因为相关系数 r 不具有等距的单位，在 $\rho \neq 0$ 的情况下很难获得正态分布。在此情况下，要想在正态分布中进行抽样，需要将 r 转换成一个新的 z_r 值，z_r 的分布无论 ρ 大小和 n 的大小都近似于正态分布，所以 z_r 是等距单位的。这样，在 $\rho=\rho_0$ 下进行相关系数的检验，就不受前面所说的 $\rho=0$ 及 n 要相当大这两个条件的限制。

在统计学家费舍的 z_r 转化法中，有以下公式：

$$z_r = \frac{1}{2}\ln\left(\frac{1+r}{1-r}\right)$$

一般在统计书籍中均有 r 和 z_r 之间的转换表。现在计算器已经相当普遍，可方便读者直接采用公式进行计算。

这样 $\rho=\rho_0$ 下相关系数的检验用到 Z 检验，公式为

$$Z = \frac{z_r - z_\rho}{\frac{1}{\sqrt{n-3}}} = (z_r - z_\rho)\sqrt{n-3}$$

在这里，$1/\sqrt{n-3}$ 表示 z_r 的标准误，其中 n 为样本容量。

举例说明：

例 7.3 在上面讨论中（例 7.1），我们对兴乐坊遗址中炭化粟随机选取了 30 粒作为一个样本进行研究，经统计分析得到炭化粟长宽两个变量间的相关系数为

$r=0.721$，问与总体炭化粟长宽的相关系数是否有显著性差异（假设总体炭化粟长宽相关系数为 0.572），也就意味着 30 粒炭化粟长宽的相关系数，是否来源于相关系数为 $\rho_0=0.572$ 的总体，或者说我们有多大把握认为选取的样本来源于 $\rho_0=0.572$ 的总体。

检验步骤：
①提出零假设 H_0，$\rho=0.572$；备择假设 H_1，$\rho\neq 0.572$。
②将 r 转换成 z_r，ρ 转换成 z_ρ：

$$z_r=\frac{1}{2}\ln\left(\frac{1+r}{1-r}\right)=\frac{1}{2}\ln\left(\frac{1+0.721}{1-0.721}\right)=0.910$$

$$z_\rho=\frac{1}{2}\ln\left(\frac{1+\rho}{1-\rho}\right)=\frac{1}{2}\ln\left(\frac{1+0.572}{1-0.572}\right)=0.650$$

③选择统计量并计算其值。由于 z_r 的抽样分布呈正态分布，可用 Z 检验，其检验统计量为

$$Z=\frac{z_r-z_\rho}{\frac{1}{\sqrt{n-3}}}=\frac{0.910-0.650}{\frac{1}{\sqrt{30-3}}}=1.35$$

④确定检验形式。采用双侧检验。
⑤统计决断。实际计算出的 $Z=1.35$，根据表 6.1 双侧 Z 检验统计决断规则，由于 $Z_{0.05}=1.96>1.35$，也就意味着在 0.05 显著性水平上接受 H_0 而拒绝 H_1，即二者之间不存在显著性差异。也或认为 30 粒炭化粟取自总体，即总体的相关系数很有可能为 0.572。

3. 两个样本相关系数差异的显著性检验

以上所讲的相关系数的假设检验均是根据一个样本进行的。在考古研究中有时候也会遇到对两个独立样本 r_1 和 r_2 的差异进行显著性检验。这里也用到了 z_r 值，即将相关系数进行了转换，这样对 z_r 的抽样分布呈正态，就可以用 Z 检验方法对两个独立样本相关系数差异进行检验。

这样由于 r_1 和 r_2 是两个独立样本，$(z_{r1}-z_{r2})$ 的抽样也呈正态，检验统计量公式为

$$Z = \frac{(z_{r1} - z_{r2}) - (z_{\rho 1} - z_{\rho 2})}{\sqrt{\dfrac{1}{n_1 - 3} + \dfrac{1}{n_2 - 3}}}$$

式中，$\sqrt{\dfrac{1}{n_1 - 3} + \dfrac{1}{n_2 - 3}}$ 表示两个独立样本$(z_{r1} - z_{r2})$的标准误，n_1 和 n_2 分别表示两个样本的容量。

举例说明：

例 7.4　选取陕西西安马南遗址和华阴兴乐坊遗址出土炭化粟的测量数据（Zhang et al., 2022），在每个遗址中随机选取30粒炭化粟作为两个独立样本进行检验。经过 Origin 软件统计，得到相关系数为 $r_1 = 0.968$，$n_1 = 30$；$r_2 = 0.721$，$n_2 = 30$，两个史前遗址出土炭化粟长宽相关系数之间是否有显著性差异？

检验步骤：

①提出零假设 H_0，$\rho_1 = \rho_2$；备择假设 H_1，$\rho_1 \neq \rho_2$。

②将 r 转换成 z_r。

$$z_{r1} = \frac{1}{2}\ln\left(\frac{1+r_1}{1-r_1}\right) = \frac{1}{2}\ln\left(\frac{1+0.968}{1-0.968}\right) = 2.060$$

$$z_{r2} = \frac{1}{2}\ln\left(\frac{1+r_2}{1-r_2}\right) = \frac{1}{2}\ln\left(\frac{1+0.721}{1-0.721}\right) = 0.910$$

③选择检验统计量。

$$Z = \frac{(z_{r1} - z_{r2}) - 0}{\sqrt{\dfrac{1}{n_1 - 3} + \dfrac{1}{n_2 - 3}}} = \frac{(2.060 - 0.910) - 0}{\sqrt{\dfrac{1}{30 - 3} + \dfrac{1}{30 - 3}}} = 3.86$$

④统计决断。由于 $Z = 3.86 > 2.58 = Z_{0.01}$，于是在 $\alpha = 0.01$ 显著性水平上拒绝 H_0 而选择 H_1。其结论为：马南遗址和兴乐坊遗址出土炭化粟长宽表示的两个相关系数 ρ_1 和 ρ_2 存在显著差异，二者不属于同一总体，在形态上有异化。

图 7.3 为马南遗址和兴乐坊遗址出土炭化粟长宽散点图，很明显存在差异。其实在实际工作中，需要用不同的检验方法进行相互引证，这样可以增强结论的可靠性。

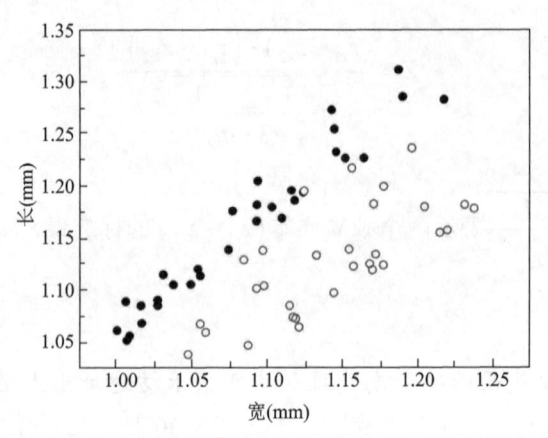

图 7.3 马南遗址和兴乐坊遗址出土炭化粟长宽散点图（相关系数差异性比较），圆点代表马南遗址，圆圈代表兴乐坊遗址

7.2 一元回归分析

　　7.1 节讲到的相关，表示两个变量之间的双向相互关系。当我们把两个变量中的一个看作自变量，一个看作因变量时，如果二者之间在数学上有了某种形式的函数关系，就可以以数学方程的形式表示两个量之间明确的对应关系。有了这样的数学方程，就可以由自变量的值来估计、预测因变量的估计值，这样的过程称为回归分析。可见回归表示一个变量（因变量）随另一个变量（自变量）作不同程度变化的单向关系。

　　由一个变量值来估计、预测另一个变量值的准确性，有赖于两个变量之间的相关程度。如果两个变量之间相关为 0（即 7.1 节提到的相关系数为 0，表示两变量之间无相关），这样就无法从一个变量预测另一个变量，此时回归就已经失去了意义。换句话说，如果要保证回归分析得到的数学方程有意义，首先要确保两个变量之间有一定的相关性，或者说二者之间的相关系数要达到一定的数值，在这种情况下进行回归分析才有意义。因此 7.1 节提到的相关系数的计算，是回归分析评判的前提。

7.2.1 一元回归方程

　　如果两个变量之间已经存在明确的直线函数关系，例如，$y = bx + a$（其中 a、b 为常数），那么当自变量取一个值 x_i，因变量有唯一确定的值 y_i 与之对应，将 x 和 y 一一对应的值绘成图，就是一条直线。例如，匀速行驶的小汽车，其行驶距离 L 与行驶时间 t 就存在线性函数关系 $L = vt + k$，给定一个时间 t 就会对应着一个汽车行驶距离 L。这个例子清晰示出如果我们先有了明确的直线函数方程，就可以通过自变量值 x 求因变量值 y。

在实际实验中，经常遇到的却是从自变量值 x 和因变量值 y 出发去寻找二者之间的直线函数方程。如图 7.4 所示，粟粒的长宽之间存在一定的关系，但是由于影响关系的因素有很多，通过数学方程描述这种线性关系（假设粟的长宽之间存在线性关系），就会有很多的不确定因素。即使我们测量的结果很精确，在实际测量中一个宽度（自变量）也会对应多个不确定的长度（因变量），即一个 x_i 并不确定有一个唯一的 y_i，而有可能会有多个 y_i 与之对应，也或这个 y_i 并不一定落到理论的直线上，而是有一定的偏差。例如，在某个时刻 t 所测量的距离 L，尽管小汽车匀速行驶，由于测量工具等因素的影响，测得的 L 会有多种可能数据，这些数据会围绕某个数值波动。但是如果所测数据绘制图中散点分布有明确的直线趋势（如图 7.4 所示数据），我们就可以找寻一条最能代表这些散点分布趋势的直线。针对两个变量的观测数据，由数学方法最优拟合出的直线就是回归线。常用拟合回归线的原则就是使各点与该线纵向距离的平方和为最小，图 7.4 中示出了某点 y_i 与回归线上的点 $\hat{y}_i$ 之间的纵向距离。

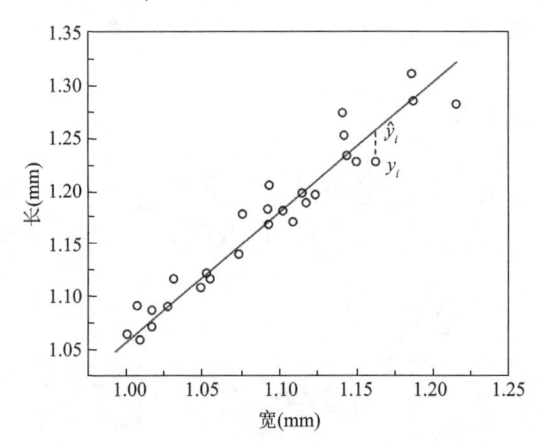

图 7.4 马南遗址出土炭化粟长宽散点图（根据文献资料绘制）

1. 回归方程

确定回归线的方程称为回归方程。一元线性回归方程，是只有一个自变量的线性回归方程，其通式为 $\hat{y} = bx + a$，式中，a 是回归线在 y 轴上的截距，b 是回归线的斜率，称为回归系数。也就是说，一旦根据实测值计算出 b 和 a 这两个统计量的值，就可以确定回归方程。

确定回归方程时，首要任务是确定回归系数。回归系数的确定原则是使散点上各点距回归线的纵向距离平方和（$\sum(y-\hat{y})^2$）为最小。其中 $(y-\hat{y})$ 表示 y 值

与回归值 $\hat{y}$ 的离差（或称残值），这个离差有正有负，但是总和为零，即 $\sum(y-\hat{y})=0$。这种求回归系数 b 的方法称为最小二乘法（其原理，请读者参考相关文献）。

由最小二乘法得到的回归系数 b

$$b=\frac{\sum(x-\bar{x})(y-\bar{y})}{\sum(x-\bar{x})^2}$$

截距 a

$$a=\bar{y}-b\bar{x}$$

最后的回归方程

$$\hat{y}=bx+a$$

2. 回归系数的计算方法

回归系数的计算，除了上面用到的最小二乘法以外，还可以用其他方法进行计算。

（1）用原始数据计算

$$b=\frac{\sum xy-(\sum x)(\sum y)/n}{\sum x^2-(\sum x)^2/n}$$

（2）用 $\bar{x}$、$\bar{y}$、s_x、$\sum xy$ 计算

$$b=\frac{\sum xy-n\bar{x}\bar{y}}{ns_x^2}$$

（3）用标准差和相关系数计算

$$b=r\frac{s_y}{s_x}$$

举例说明：

例7.5 以图 7.4 所示马南遗址炭化粟的长宽数据为例，确定以长为自变量、宽为因变量的回归方程。表 7.5 是根据文献选择马南遗址炭化粟长宽统计数据（Zhang et al., 2022）。

表 7.5 马南遗址部分粟长宽数据统计表

	长 x (mm)	宽 y (mm)	x^2	y^2	xy	$(x-\bar{x})^2$	$(y-\bar{y})^2$	$(x-\bar{x})\cdot(y-\bar{y})$
总和	32.639	35.016	35.62144	41.02689	38.22388	0.1113	0.15621	0.12764
平均值	1.08797	1.1672						
标准差*	0.06195	0.07339						
r		0.968						

获取过程如下：
（1）计算回归系数：
用原始数据计算：

$$b = \frac{\sum xy - (\sum x)(\sum y)/n}{\sum x^2 - (\sum x)^2/n} = \frac{38.224 - 32.639 \times 35.016/30}{35.621 - (32.639)^2/30} = 1.152$$

用 $\bar{x}$、$\bar{y}$、s_x、$\sum xy$ 计算：

$$b = \frac{\sum xy - n\bar{x}\bar{y}}{ns_x^2} = \frac{38.224 - 30 \times 1.088 \times 1.167}{30 \times (0.06195)^2} = 1.156$$

用标准差和相关系数计算：

$$b = r\frac{s_y}{s_x} = 0.968 \times \frac{0.07339}{0.06195} = 1.147$$

用最小二乘法计算：

$$b = \frac{\sum(x-\bar{x})(y-\bar{y})}{\sum(x-\bar{x})^2} = \frac{0.1276}{0.1113} = 1.146$$

四种方法计算的回归系数基本相同，其差别是由计算过程中有效数字的差别所致，在本例中最后选取 $b=1.147$。
（2）计算截距：

$$a = \bar{y} - b\bar{x} = 1.167 - 1.147 \times 1.088 = -0.081$$

（3）回归方程：

$$\hat{y} = bx + a = 1.147x - 0.081$$

另外在 Origin 软件中，直接可以计算回归方程，$\hat{y} = bx + a = 1.147x - 0.081$。可见多种方法得到的回归方程是一致的。

7.2.2 一元回归方程的检验

利用回归方程可以计算出与某一 x_i 值相对应的 y_i 的估计值 $\hat{y}_i$，即回归线上的值。但实际上，与 x_i 值相对应的 y_i 并不一定会落到回归线上，这些数据会是以 y_i 的平均值 $\bar{y}_i$ 为中心呈正态分布，而回归值 $\hat{y}_i$ 就是这个平均数 $\bar{y}_i$ 的估计值。如果 $\hat{y}_i$ 能够正确地估计 $\bar{y}_i$，那么与 x_i 值相对应的 y_i 值也会围绕 $\hat{y}_i$ 在回归线上下呈正态分布（图7.5），此时由回归值 $\hat{y}_i$ 去估计平均值 $\bar{y}_i$ 会有一定的误差。

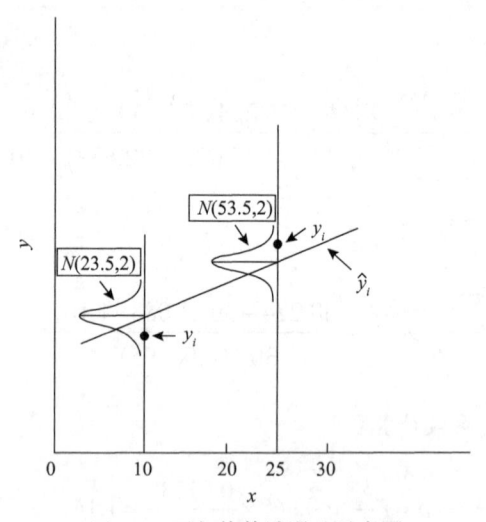

图 7.5　回归值估计误差示意图

其实回归方程有赖于最初的观测数据，同样从总体中进行抽样，抽样数量不同所推导的回归方程也会有差异，也说明观测数据的来源在于抽样状况，抽样分布影响着由原始数据所推导的回归方程。这样造成误差的原因不仅仅是由某一次抽样引起的回归值 $\hat{y}_i$ 与平均值 $\bar{y}_i$ 的差异，抽样分布也会引起回归值 $\hat{y}_i$ 的不同，体现的是抽样误差。

由两个变量所得到的回归方程，以及回归值 $\hat{y}$（即对应 x 估计的 y 值），受包括抽样误差在内的多种因素影响。因此为了考察自变量和因变量在总体内是否仍然存在线性关系，以及推导的回归方程对估计预测因变量在多大程度上有效，在回归方程应用之前，需要进行显著性检验。一元线性回归方程的显著性，有以下三种等效的检验方法（王孝玲，2015）：

1. 回归方程的方差分析——F 检验

回归方程的显著性检验的原假设 H_0，是 $\beta = 0$，即回归系数与零无显著差异。也就意味着：当回归系数为零时，无论 x 的取值如何变化都不会引起 y 的线性变化，x 无法解释 y 的线性变化，它们之间不存在线性关系。检验采用统计量 F，其数学表达式为

$$F = \frac{\sum(\hat{y} - \overline{y})^2}{\sum(y - \hat{y})^2 / (n-2)}$$

式中是回归平方和与剩余平方和的比值，反映了回归方程所解释的离差与不能解释的离差的比例。F 统计量服从 $(1, n-2)$ 个自由度的 F 分布。

在 Origin 软件中，将自动计算检验统计量的观测值和对应的概率 P 值。如果概率 P 值小于给定的显著性水平 α，则应拒绝原假设，认为回归系数与零存在显著差异，因变量 y 与自变量 x 的线性关系显著，可以用线性模型描述和反映它们之间的关系；反之，如果概率 P 值大于给定的显著性水平 α，则不应拒绝原假设，认为回归系数与零不存在显著差异，因变量和自变量的线性关系不显著，用线性模型描述和反映它们之间的关系是不恰当的。

2. 相关系数分析

对两个变量的相关系数进行与总体零相关的显著性检验。若相关系数显著，则回归方程也显著，即表明两个变量存在线性相关，否则即为非线性相关。此部分讨论参见"7.1.3 相关系数的显著性检验"内容。

3. 回归系数的显著性检验——t 检验

以回归系数的显著性来说明回归方程检验的意义。回归系数是根据样本数据计算出来的，这样即使从总体回归系数 $\beta = 0$ 的总体中随机抽取样本，由于抽样误差的影响，计算出的回归系数 b 也可能不等于零。因此不能根据样本回归系数 b 的大小来判断变量 x 和 y 之间是否存在线性关系，而应当看样本的回归系数 b 在以总体回归系数 $\beta = 0$ 为中心的抽样分布上出现的概率如何，以此作为评判。

（1）回归系数的检验，用 t 检验方法，其检验统计量为

$$t = \frac{b - \beta}{S_b}$$

式中，b 为回归系数；β 为总体回归系数；S_b 表示回归系数标准误，可由样本的

标准差 S_x 和 S_y 表示为

$$S_b = \frac{S_y}{S_x}\sqrt{\frac{1-r^2}{n-2}}$$

式中，r 为相关系数；$(n-2)$ 为自由度，在回归方程中使用了 b 和 a 两个统计量，故失去了两个自由度。

（2）在 $\beta=0$，即在回归系数检验过程中，提出零假设（$\beta=0$）前提下，检验统计量变成了

$$t = \frac{b-0}{\frac{S_y}{S_x}\sqrt{\frac{1-r^2}{n-2}}} = b\frac{S_x}{S_y}\sqrt{\frac{n-2}{1-r^2}}$$

（3）根据标准差与相关系数的关系有

$$t = \frac{r\sqrt{n-2}}{\sqrt{1-r^2}}$$

此式即为用相关系数检验的统计量。

举例说明：

例 7.6 针对马南遗址炭化粟，采用表 7.5 中的统计数据考察回归方程 $\hat{y}=1.147x-0.081$ 中回归系数 $b=1.147$ 的显著性。

检验步骤：

（1）提出零假设 H_0，$\beta=0$；备择假设 H_1，$\beta\neq0$。

（2）计算统计量的值：

$$t = b\frac{S_x}{S_y}\sqrt{\frac{n-2}{1-r^2}} = 1.147\times\frac{0.06195}{0.07339}\sqrt{\frac{30-2}{1-0.968^2}} = 20.415$$

或者

$$t = \frac{r\sqrt{n-2}}{\sqrt{1-r^2}} = \frac{0.968\sqrt{30-2}}{\sqrt{1-0.968^2}} = 20.411$$

两种方法计算的统计量值一致。

（3）确定检验的形式。采取双侧检验。

（4）统计决断。根据自由度 $f=n-2=28$，查 t 值表（附录Ⅱ.2）得 $t_{28,0.01}=$

2.763，由于 $t = 20.415 > t_{28,0.01} = 2.763$。根据统计检验决断规则（表 7.6），应在 $\alpha = 0.01$ 显著性水平上拒绝 H_0 而接受 H_1。其结论为：马南遗址出土炭化粟长宽之间存在线性关系。

表 7.6　t 检验统计决断规则

$|t|$ 与临界值的比较	P 值	检验结果	显著性
$|t| < t_{f,0.05}$	$P > 0.05$	接受 H_0 拒绝 H_1	不显著
$t_{f,0.05} < |t| \leqslant t_{f,0.01}$	$0.01 < P \leqslant 0.05$	在 0.05 显著性水平上拒绝 H_0 接受 H_1	显著（*）
$|t| \geqslant t_{f,0.01}$	$P \leqslant 0.01$	在 0.01 显著性水平上拒绝 H_0 接受 H_1	极其显著（**）

7.2.3　测定系数与相关系数

回归方程经检验具有显著性，只是表明变量 x 和变量 y 之间存在线性关系，那么二者之间的线性关系程度如何，需要用测定系数作度量。

在最小二乘法求解回归系数的过程中，用到了三个平方和，因变量的总离差平方和等于回归平方和与误差平方和（残差平方和）的和，即

$$\sum (y - \bar{y})^2 = \sum (\hat{y} - \bar{y})^2 + \sum (y - \hat{y})^2$$

总离差平方和　回归平方和　残差平方和

其中，回归平方和是回归直线上各个 $\hat{y}$ 值与 y 的平均值 $\bar{y}$ 间差值的平方和；残差平方和是变量 y 与回归值 $\hat{y}$ 的差值的平方和。

将上式两边同时除以 $\sum (y - \bar{y})^2$，得

$$1 = \frac{\sum (\hat{y} - \bar{y})^2}{\sum (y - \bar{y})^2} + \frac{\sum (y - \hat{y})^2}{\sum (y - \bar{y})^2}$$

由上述公式可知，回归平方和在总离差平方和中所占比率越大表明预测的效果越好，是衡量回归预测效果的一个指标。换句话说，残差平方和反映了实际观测数据偏离回归直线的程度，所占比例越小，回归方程预测的效果就越好。

上式中每一项都是平方项，都是正值，因此残差平方和所占比率的取值范围为 0~1。这里定义一个新的统计量 r^2，称作测定系数，

$$r^2 = \frac{\sum(\hat{y}-\bar{y})^2}{\sum(y-\bar{y})^2} = 1 - \frac{\sum(y-\hat{y})^2}{\sum(y-\bar{y})^2}$$

式中，r^2 为回归平方和在总离差平方和中所占的比率，反映了回归分析所能解释总离差平方和的比率，取值范围为 1～0。当实测数据两个变量 x 和 y 之间完全相关时，$r^2=1$；而当两个变量 x 和 y 之间无关时，r^2 的数值应该很小，接近于零，因此 r^2 的数值反映了变量 x 和 y 之间的相关程度。

r^2 的平方根 r 称为变量 x 和 y 之间的相关系数（或称 Pearson 相关系数），就是我们在 7.1 节中讲到的相关系数。可见相关系数 r 的平方就是测定系数 r^2，在数学上二者是平方或平方根的关系。因此，测定系数 r^2 和相关系数 r 都是相关强度的度量，而 r 的正负号可表示两个变量相关的方向，即正相关还是负相关。

再回到上面例 7.5 和例 7.6 提到的马南遗址中炭化粟长宽分布的例子。在例 7.5 中我们曾经计算出粟的长和宽两个变量之间的相关系数为 $r=0.968$。相关系数 r 和回归直线的斜率 b 的符号是一致的，即粟的长和宽是正相关，表明粟粒的长度增加，其宽度也增加。相关系数达到 0.968，超过了我们通常的判断标准（即 $r \geqslant 0.8$），属强烈相关。测定系数 $r^2=0.937$，也就是说，在因变量的总离差平方和中回归平方和占了 93.7%，也可以说变量 y 中 93.7%的变化量是可以由变量 x 推测出来的，或者说变量 y 中 93.7%的变化量可以由变量 x 所解释，而另外 6.3% 的变化量需要寻找其他因素进行解释。

7.3 多元回归分析

多元回归分析中涉及的自变量至少有两个。事实上，通常遇到的是几个自变量共同影响一个因变量，因此在这类问题上采用多元线性回归分析通常可以获得满意的结果。例如，例 7.2 中阐述的遗址面积不仅与距河流的距离有关，也与河流的流速、湍度等有关（张虎勤等，2007），采用多元线性回归分析结果会更好。在多元线性回归分析中因变量与每一个自变量之间都存在线性关系，在实际操作中多元非线性回归一般都是化成多元线性回归后求解。

虽然多元线性回归与一元线性回归基本原理相同，但计算过程烦琐，应用时要借助计算机才能实现，故本节与 7.2 节不同，只是总体上简单介绍了多元回归分析的计算过程，具体推导请读者参考相关统计书籍。

7.3.1 多元回归方程

设因变量 y 与自变量 $x_1, x_2, \cdots, x_k, \cdots, x_p$ 的线性回归模型为

$$\hat{y} = a + b_1 x_1 + b_2 x_2 + \ldots + b_p x_p$$

式中，a 为常数项；$b_1, b_2, \cdots, b_p$ 为偏回归系数；p 为自变量数。（$b_1, b_2, \cdots, b_p$ 之所以称为偏回归系数，表示在其他自变量都固定不变的条件下，该自变量变化一个单位所引起的因变量 y 的变化比率。如 b_1 表示当其他自变量（除 x_1 以外）不变时，x_1 每变化一个单位，所引起的 y 改变 b_1 个单位。）

根据最小二乘法原理，为了 $\sum (y - \hat{y})^2$ 最小，需要对回归系数求偏导数，再令其为 0，得系列确定回归系数的正规方程组。通过求解正规方程组，计算偏回归系数 b_i，

$$b_i = \sum_{j=1}^{p} C_{ij} l_{ij} \quad i = 1, 2, 3, \cdots, p$$

式中，C_{ij} 是正规方程的系数矩阵的逆阵元，即 $(C_{ij}) = (l_{ij})^{-1}$，$l_{ij} = l_{ji} = \sum_k (x_{ki} - \bar{x}_i)(x_{kj} - \bar{x}_j)$。具体的推导过程可参考相关数理统计书籍。

7.3.2 标准偏差

对因变量 y 的总离差平方和 l_{yy} 进行分解，得

$$l_{yy} = \sum_{i=1}^{n}(y_i - \bar{y})^2 = \sum_{i=1}^{n}(\hat{y}_i - \bar{y})^2 + \sum_{i=1}^{n}(y_i - \hat{y})^2 = U + Q$$

总离差平方和　回归平方和　残差平方和

式中，U 为回归平方和，它反映了自变量的变化所引起的波动，是总离差平方和中由回归方程解释的部分；Q 为残差平方和，它是由随机因素以及测量误差引起的，是总离差平方和中未被回归方程解释的部分。

多元回归分析中残差的标准偏差（残差说明见"7.3.5 残差分析"）

$$s = \sqrt{\frac{\sum(y_i - \hat{y})^2}{n - p - 1}}$$

式中，n 为单个样本的观测值数；p 为自变量数。标准偏差 s 值越小，回归方程的精度越高。

7.3.3 回归方程的显著性检验——F 检验

多元线性回归方程的显著性检验的原假设 H_0 是 $\beta_1=\beta_2=\cdots=\beta_p=0$，即各个偏回归系数同时与零无显著性差异。也就意味着：当回归系数同时为零时，无论各个 x_i 取值如何变化，都不会引起 y 的线性变化，所有 x 无法解释 y 的线性变化，y 与 x 的全体不存在线性相关。

对回归方程的显著性检验，就要看自变量 $x_1,x_2,\cdots,x_k,\cdots,x_p$ 从整体上对 y 是否有明显影响。由此建立多元线性回归方程显著性检验的 F 统计量，即

$$F=\frac{U/p}{Q/(n-p-1)}=\frac{\sum(\hat{y}_i-\bar{y})^2/p}{\sum(y_i-\hat{y})^2/(n-p-1)}$$

式中，p 为多元线性回归方程中自变量的个数。F 统计量服从 $(p, n-p-1)$ 个自由度的 F 分布。

对于给定的数据 $x_{i1},x_{i2},\cdots,x_{ip},y_i$ $(i=1,2,\cdots,n)$，依照上式得到 F 值，再由给定的显著性水平 α 值，查 F 值表，得临界值 F_{n-p-1}^{α}。当 $F>F_{n-p-1}^{\alpha}$，即认为在显著性水平 α 下 y 对 $x_1,x_2,\cdots,x_k,\cdots,x_p$ 有显著的线性关系；反之，认为线性回归方程不显著。

在 Origin 软件中，将自动计算检验统计量的观测值和对应的概率 P 值。如果概率 P 值小于给定的显著性水平 α，则应拒绝原假设，认为回归系数不同时为零，因变量 y 与自变量 x 的全体的线性关系显著，可以用线性模型描述和反映它们之间的关系；反之，如果概率 P 值大于给定的显著性水平 α，则不应拒绝原假设，认为偏回归系数同时为零，因变量 y 和自变量 x 的线性关系不显著，用线性模型描述和反映它们之间的关系是不恰当的。

通过上面的讨论不难发现：回归方程的显著性检验与相关系数的显著性检验有共同点。F 统计量与 r^2 有如下对应关系：

$$F=\frac{r^2/p}{(1-r^2)/(n-p-1)}$$

由上式可以看出，回归方程的拟合度越高（总体相关系数越高），回归方程的显著性检验也就越显著；回归方程的显著性检验越显著，回归方程的拟合度就越高。

7.3.4 偏回归系数的显著性检验——t 检验

F 检验是对整个回归方程的显著性检验，换句话说，F 检验是对回归方程中全部自变量的总体效果的检验。但总体效果显著并不意味着每一个变量都显著。常有这样的情况，在 p 个变量中，只有 k 个（$k<p$）足够显著，这 p 个变量的回归方程也就显著。换言之，在拒绝全部 b_i 都等于零的假设同时，即 $b_1=b_2=\cdots=b_p=0$，也可能不拒绝其中有几个 b_i 等于零的假设。如某自变量 x_i 的系数 $b_i=0$，则该自变量就不重要，应略去。为了考察各自变量 x_i 的重要性，必须逐一检验 b_i 的显著性。

$$t_i = \frac{b_i}{\sqrt{\frac{\sum(y_i-\hat{y})^2}{\sqrt{n-2}} \cdot \frac{1}{\sum(x_i-\bar{x})^2}}}$$

用 t_i 来检验回归系数 b_i 是否为零，即 x_i 对 y 的影响是否显著。对于给定的数据 $x_{i1},x_{i2},\cdots,x_{ip},y_i$ ($i=1,2,\cdots,n$)，可以根据上式得到 t_i 值，再由给定的显著性水平 α，查 t 分布表，得临界值 t_{n-p-1}^{α}。当 $t_i>t_{n-p-1}^{\alpha}$，认为在显著性水平 α 下 x_i 对 y 的影响显著，即可判定因变量 y 与自变量 x_i 之间存在线性关系；反之，认为 x_i 对 y 的影响不显著，无线性关系。

在 Origin 软件中，将自动计算检验统计量的观测值和对应的概率 P 值。如果概率 P 值小于给定的显著性水平 α，则应拒绝原假设，认为偏回归系数 b_i 与零有显著性差异，因变量 y 与自变量 x_i 的线性关系显著，x_i 应该保留在回归方程中；反之，如果概率 P 值大于给定的显著性水平 α，则不应拒绝原假设，认为偏回归系数 b_i 与零无显著差异，因变量 y 和自变量 x_i 的线性关系不显著，x_i 不应该保留在回归方程中。

在多元线性回归分析中，回归方程的显著性检验的作用与回归系数的显著性检验不尽相同。回归方程的显著性检验只能检验所有偏回归系数是否同时为零。如果偏回归系数不同时为零，并不能保证方程中不存在某些偏回归系数为零的解释变量。也就是说，回归方程通过显著性检验不能保证回归方程中不存在不能较好地解释 y 的 x_i。回归系数的显著性检验正是为此对每个偏回归系数是否为零进行逐一考察。因此，多元线性回归中的这两种检验通常不能互相代替。

7.3.5 残差分析

所谓残差（residual），是指由回归方程计算所得的预测值与实际样本量之间

的差值。定义为

$$e_i = y_i - \hat{y}_i$$

它是回归方程中误差项的估计值，由 n 个 e_i 形成的序列称为残差序列。

残差分析（residual analysis）是回归方程检验中的重要组成部分，其出发点是：如果回归方程能够较好地反映因变量的特征和变化规律，那么残差序列中应不包含明显的规律性和趋势性。残差分析的目的大致可归纳为：分析残差是否为服从均值为零的正态分布，分析残差是否服从等方差的正态分布，分析残差序列是否独立，借助残差判断样本中的异常值等。图形分析和数值分析是残差分析的有效工具。

1. 残差的正态性分析

从前面的讨论中我们知道：当自变量 x 取某个特定的值 x_0 时，对应的残差必然有正有负，但总体上应服从以零为均值的正态分布，可以通过绘制残差图对其进行分析。残差图也是一种散点图，图中一般横轴为自变量，纵轴为残差。如果残差的均值为零，残差图中的点应在纵轴为零的横线上下随机散落（图 7.8）。也可以通过绘制标准化残差的累积概率图来进行残差的正态性分析。

2. 残差的独立性分析

残差序列的独立性也是回归模型所要求的。残差序列应满足协方差 $\mathrm{cov}(e_i, e_j) = 0 (i \neq j)$，表示残差序列的前期和后期的协方差等于 0，它们之间不存在相关关系，即不存在自相关。残差序列如果存在自相关会带来许多问题，如参数的最小二乘估计不再是最优，不再是最小方差无偏估计；容易导致回归系数的显著性检验的 t 值偏高，进而容易拒绝其原假设，使那些本不应保留在方程中的变量被保留下来，最终使模型的预测偏差较大。残差的独立性分析可由下述方式实现。

1）绘制残差序列图

残差序列图以样品编号为横轴（若数据为时间序列，横轴为时间 t），以残差为纵轴。对图形直接观察可以发现是否存在自相关。如果残差随着时间的推移呈现有规律的变化，表明残差序列存在一定的正自相关或负自相关。

2）计算残差的自相关系数

自相关系数是一种测定序列自相关强弱的工具，其数学定义为

$$\hat{\rho} = \frac{\sum_{i=2}^{n} e_i e_{i-1}}{\sqrt{\sum_{i=2}^{n} e_i^2} \sqrt{\sum_{i=2}^{n} e_{i-1}^2}}$$

自相关系数的取值范围为 –1~+1。接近 1 表明序列存在正自相关，接近 –1 表明序列存在负自相关。

如果残差序列存在自相关，说明回归方程未能充分说明因变量的变化规律，还留有一些规律性没有解释，即认为方程中遗漏了一些较为重要的解释变量，或者变量存在取值滞后性，或者回归模型选择不合适，不应选用线性模型等。

3. 探测样本中的异常值

可以利用残差分析探测样本中的异常值。通常异常值是指那些远离均值的数据点，它们对回归方程的参数估计有较大影响，应尽量找出它们并加以排除。因变量 y 和自变量 x 中都有可能出现异常值，这里主要介绍针对因变量中异常值的探测方法。

（1）标准化残差：由于残差服从均值为 0 的正态分布，可以根据 3σ 准则进行判断，即首先对残差进行标准化（$\mathrm{ZRE}_i = \dfrac{e_i}{\sigma}$），然后观察 ZRE_i，判断绝对值大于 3 对应的观测值为异常值。

（2）学生化残差：出现异方差时可使用学生化残差对异常值进行判断，即首先计算学生化残差（$\mathrm{SRE}_i = \dfrac{e_i}{\sigma\sqrt{1-h_{ii}}}$），其中 h_{ii} 是帽子矩阵 $\boldsymbol{H} = (h_{ii})_{n \times n}$ 的对角线元素。然后观察 SRE_i。判断绝对值大于 3 对应的观测值为异常值。

7.3.6 应用举例

例 7.7 根据现代鱼类骨骼的测量数据，获取数学回归方程，可估计非常小的鱼（反向外推法）或非常大的鱼（正向外推法）的大小，可推测考古挖掘中古代鱼类的大小（相同鱼类）。尼罗鲈鱼（*Lates niloticus*），英文名 Nile Perch，是尼罗河中最大的鱼类，这种鱼只生活在非洲大陆。在很长一段时间里，尼罗鲈鱼经干燥、腌制或熏制，被大量从埃及出口到地中海东部沿岸地区。在以色列几乎所有的考古挖掘中均发现过尼罗鲈鱼骨，其年代可追溯到青铜和铁器时代，甚至更早。

选取尼罗河和尼日尔河 35 个近期尼罗鲈鱼骨骼样品，选择尼罗鲈鱼的第二椎骨的长、宽、高数据，以及鱼长数据（Lernau and Ben-Horin, 2016），数据如表 7.7 所示。以色列海法大学 Lernau 教授用一元线性归回方程探讨了尼罗鲈鱼的长度分别与第二椎骨的长、宽、高的线性关系或对数关系，得到了系列方程，可推测考古鱼骨所代表的尼罗鲈鱼的大小。本例中将该数据为基础，采用多元回归分析，探讨尼罗鲈鱼大小与第二椎骨的长、宽、高的关系。本期样本中尼罗鲈鱼大小范围为16～125cm，约占有报道该类型鱼最大尺寸的2/3。

表7.7 尼罗鲈鱼第二块椎骨样本的高度、宽度和长度数据 （单位：cm）

序号	鱼长 y	高 x_1	宽 x_2	长 x_3	序号	鱼长 y	高 x_1	宽 x_2	长 x_3
1	16	2.5	2.4	2	19	49	9.8	10.2	6.8
2	18	3.8	3.9	3.1	20	52	10.1	9.7	6.7
3	31.5	6.1	5.8	4.5	21	54	10.7	11.1	6.2
4	32	6.2	6.5	4.9	22	55	11.7	12.3	7.6
5	35	6.4	6.8	4.4	23	61	13.2	12.5	7.9
6	36	6.7	6.9	4.9	24	61	13.6	14.1	8.1
7	36.5	6.9	6.5	5.2	25	65	13.5	14.8	9.2
8	37	6.7	6.1	4.3	26	66	13.4	12.1	8.8
9	37	7.1	6.7	5.1	27	82	18.2	16.7	9.7
10	38	7.5	7.3	5.8	28	82	18.3	17.5	10.3
11	39	7.5	7	5.1	29	85	18	16.7	11.2
12	41	7.8	7.6	5.6	30	87	18.7	19.2	11.7
13	42.5	8.1	1.9	6	31	91	20.2	19.5	10.4
14	43.5	8.6	8.2	6.3	32	92	20	19.3	11.4
15	44	8.9	8.4	6.4	33	97	20.3	20.5	12.4
16	45	8.8	8.6	5.7	34	107	24.7	26.4	14
17	46	8.6	7.9	5.4	35	125	31.7	34.8	15.4
18	48	9.8	9.9	6.3					

对于多元线性回归分析，公式和求解过程比较烦琐，如果以"7.2 一元回归分析"中推导一元回归方程的方式求解多元线性回归方程，实际上已经超出了本书范围。在此，我们仅仅总结了Origin程序中输出的结果，并相应对多元线性回归分析做输出讲解。

将鱼长 y 作为因变量，第二椎骨的高 x_1、宽 x_2 和长 x_3 作为自变量，选择Origin软件中的多元线性回归，进行拟合最终得到数据，如表7.8所示。

表 7.8 尼罗鲈鱼第二块椎骨样本的高度、宽度和长度数据与尼罗鲈鱼长度的数据间进行多元回归分析的输出结果汇总

		回归统计		
系数		标准误	t 值	对应 P 值
a	3.78097	1.46927	2.57336	0.01508
b_1	3.42174	0.51167	6.66735	0.00000
b_2	−0.69383	0.31640	−2.19288	0.03595
b_3	2.74064	0.69506	3.94304	0.00043
		测定系数（相关系数的平方）		
r^2	0.993			
		方差分析		
	自由度 f	平方和	均方值	F 值	对应 P 值
回归分析	3	22608.88862	7536.29621	1367.3947	0
残差	31	170.85424	5.51143		
总计	34	22779.74286			

首先选择 Origin2018 软件中的多元线性回归，将鱼长 y 作为因变量，第二椎骨的高 x_1、宽 x_2 和长 x_3 作为自变量进行运算，对话框如图 7.6 所示。

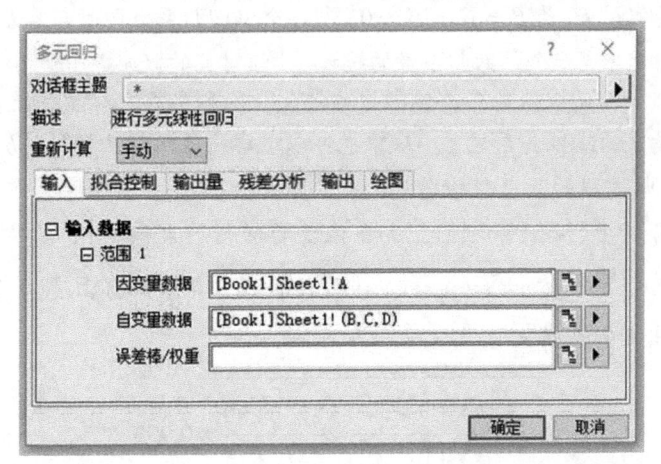

图 7.6 多元线性拟合中因变量和自变量选择对话框

1）求回归方程

根据表 7.8 可得多元线性回归方程：

$$\hat{y} = 3.781 + 3.422x_1 - 0.694x_2 + 2.741x_3$$

偏回归系数 b_2 为负数，表示因变量 y（尼罗鲈鱼长）与 x_2（第二椎骨的宽）呈负相关；其余两个偏回归系数 b_1、b_2 为正值，表示因变量 y（尼罗鲈鱼长）与 x_1（第二椎骨的高）、x_2（第二椎骨的长）呈正相关。

其中测定系数（相关系数的平方）：$r^2 = 0.993$。

相关系数：$r = 0.996$。

相应测量值与回归方程计算的数值（预测值）的关系见图 7.7。

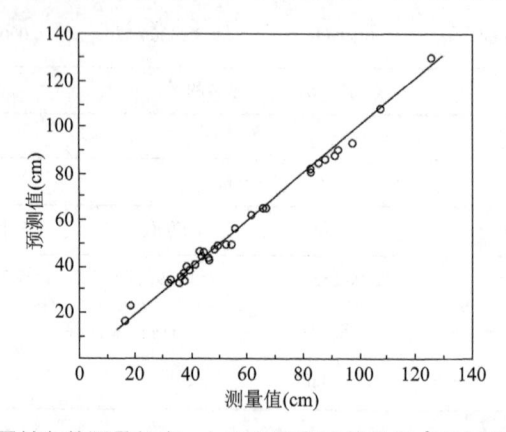

图 7.7　尼罗鲈鱼的测量长度 y 与回归方程计算长度 $\hat{y}$ 之间的线性相关图

2）对偏回归系数的显著性检验

提出的原假设 H_0 是 $\beta_1 = \beta_2 = \beta_3 = 0$，即各个偏回归系数同时与零无显著性差异。

在结果输出中，三个偏回归系数的统计量 t 值对应的概率 P 值均小于 0.05（可认为设定的 α 值），所以认为三个偏回归系数 b_1、b_2 和 b_3 与零有显著性差异，即因变量 y 与自变量 x_i 的线性关系显著。从中也可以观察出偏回归系数 b_1、b_3 相关性更强。

3）对回归方程的显著性检验

在方差分析中，平方和项自上而下依次为回归平方和 $\sum(\hat{y}_i - \bar{y})^2$、残差平方和 $\sum(y_i - \hat{y})^2$、总平方和 $\sum(y_i - \bar{y})^2$。依此数据，再根据自由度 f 可计算出均方值，并计算出测定系数 r^2。

$$r^2 = \frac{\sum(\hat{y} - \bar{y})^2}{\sum(y - \bar{y})^2} = \frac{22608.89}{22779.74} = 0.993$$

我们更关心回归方程的显著性检验结果，F 值为 1367.395，对应的显著性水平近乎零，因此接受因变量 y（尼罗鲈鱼长）与自变量第二椎骨的高 x_1、宽 x_2 和

长 x_3 之间存在线性相关的备择假设。

$$F = \frac{\sum(\hat{y}_i - \bar{y})^2 / p}{\sum(y_i - \hat{y})^2 / (n-p-1)} = \frac{22608.89 / 3}{170.85 / 31} = 1367.40$$

4)残差分析

图 7.8 为由自变量宽 x_2 表示的标准化残差,也称 Pearson 残差。有多少个自变量就会有多少个标准化残差,标准化残差需要服从正态分布这一假定。如果某一试验点的标准化残差落在(-2, 2)区间以外,可在 95%置信度下将其判为异常值,就应该不参与回归线性拟合,需要删除此点重新拟合(本案例为说明异常值,未做下一步处理)。图 7.8 所示,可见第 35 号样品在 95%置信度下可判为异常值。从图 7.8 也可以看出,除了箭头所标识点外,所有的标准化残差都在(-2, 2)区间,所以误差项服从正态分布的假定。

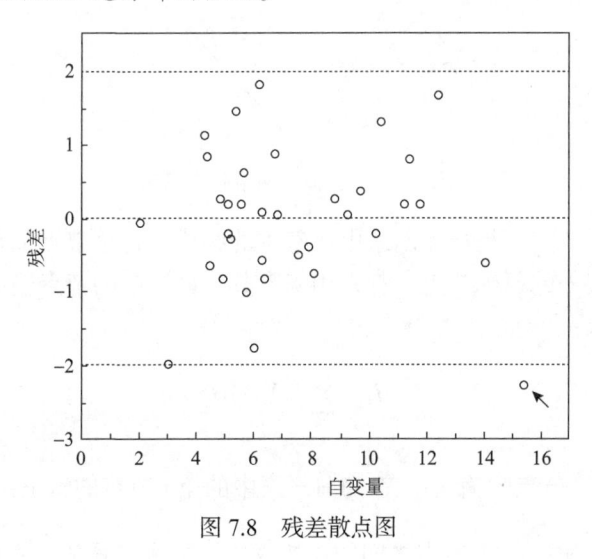

图 7.8 残差散点图

7.4 机器学习

7.4.1 神经网络分析

神经网络分析(neural network analysis, NNA)是一类通过抽象、模拟生物神经网络信息处理的机制,并将其应用于数据回归或分类的方法。与神经元在大脑中连接的方式相比,人工神经网络(artificial neural network, ANN)作了许多简化假设。对 ANN 的研究始于 1943 年的 McCulloch 和 Pitts 提出的神经元数学模型，即 MP 模型，在此之后，陆续提出的神经元模型高达几百种之多，图 7.9 是一个完整的典型三层神经网络结构，它分为三个部分：一个包含三个节点的输入层（Input layer）、一个只有一个输出节点输出层（Output layer）和至少一个具有 n 个节点的隐藏层（Hidden layer）。由 Kolmogorov 定理，一个三层 BP 神经网络在给定任意小的精度内可以解决几乎所有的预测问题，所以在本文中我们简要介绍含有一个隐藏层的 ANN。

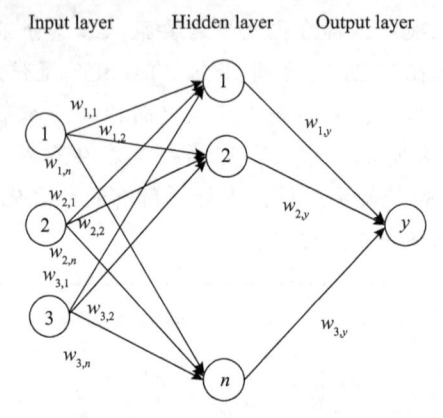

图 7.9　三层神经网络基本结构

神经元，即节点，是神经网络中最基本的结构，每个节点都是一个信息处理元件，除输入层外的每个节点，都采用来自其下面层中的节点输出经变换的线性组合作为其输入：

$$I_i = \sum_j w_{ij} X_j + \theta_i$$

式中，I_i 为向第 i 节点的输入；X_j 为前一层中的第 j 节点的输出；$\sum_j$ 为对前一层中所有节点的求和；w_{ij} 为节点之间的连接权重；θ_i 为偏置值。输入层和输出层的节点个数依据所研究具体问题确定，在探究预测史前遗址水稻传播时间（以符号 y_{time} 表示）时，输入层节点设计为影响 y_{time} 的多个变量参数（如遗址的海拔高度 x_1、湿度 x_2、年均光照时间 x_3 等），而输出则是对应的 y_{time} 值。隐藏层的层数和每层的节点个数可以由用户自己定义，尽量使输出结果更加接近真值。相邻层之间的节点由连接权值、偏置值和传递函数实现信息的变化和传递，反映出输入与输出数据之间的线性或非线性关系，研究中使用的传递函数是一个 S 形的 Sigmoid 函数，这种平滑的、易于微分的函数具有饱和效应，可以在任何范围内接受输入，在更窄的范围内产生输出。

在以上步骤之后，接着对神经网络进行训练，训练是设置连接权重和偏置值以使网络的预测误差最小化的过程，一般使用 BFGS（Broyden-Fletcher-Goldfarb-Shanno）算法来寻找误差的最小值，使用如下式的误差函数来确定计算得到的输出与预期输出值的匹配程度：

$$E = \sum_{i=1}^{n} C_i (y_i - \hat{y}_i)^2 + Q \sum_j (x_j - \bar{x}_j)^2 + P \sum_{k,l} w_{k,l}^2$$

式中，C_i 是结果比重参数值，一般研究中该项为 1；y_i 与 $\hat{y}_i$ 分别是真值和预测值；Q 是为缺失值设置的惩罚因子；x_j 是系统猜测的缺失数据值；$\bar{x}_j$ 是每一个输入数据的平均值；P 是连接权重的惩罚因子；$w_{k,l}$ 是连接权重。第一项是误差的主要项，为模型的预测值和实际输出值的差值平方和，第二项表征填补缺失数据引发的误差，第三项是对所有连接权重的平均，将此项添加至误差函数中，可防止权重变得过大。这样就可以使神经网络的学习循环迭代，直至误差下降到一定水平，最终获得一个训练好的神经网络。

7.4.2　遗传函数近似

遗传函数近似（genetic function approximation，GFA）的思想起源于达尔文的自然选择学说和孟德尔的遗传学说，将自然界的进化过程和机制应用于对全局最优解的搜索，美国 Michigan 大学 Holland 教授提出人工遗传操作，并最早应用于自然和人工系统中。该算法以开始生成的二进制编码的染色体种群作为起点，经由选择、交叉和变异操作，达成对种群内个体的全局搜索和局部搜索的目的，结构流程如图 7.10 所示。这种并行方式处理信息的方法可以保证在较高适应度的条

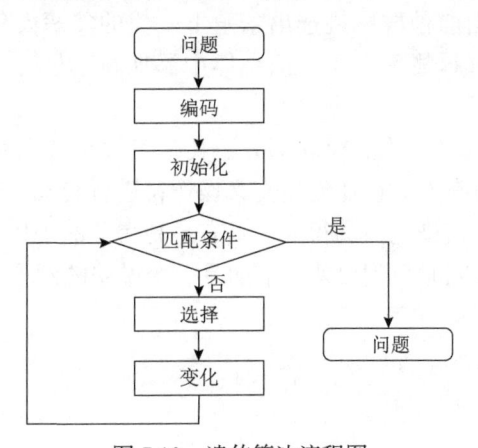

图 7.10　遗传算法流程图

件下大大提高其收敛速度，产生比上一代更加适应环境的下一代。Rogers 和 Hopfinger 在 1994 年将这些思想应用于函数逼近问题：给定影响输出的大量潜在因素，包括原始输入的若干项指数和其他函数，以找到与响应最佳相关的项的子集，即遗传函数近似算法。该算法具有强大的鲁棒性和容错能力，而且无需考虑所研究系统和所处理数据的复杂性，在自然科学和工程技术领域得到了广泛的关注。

GFA 的核心思想与遗传算法（genetic algorithm，GA）类似，即把要搜索的区域编码为一个或多个字符串，每个字符串代表所搜索空间中的一个位置，每一组字符串称为种群，种群的进化方式使它朝着搜索的目标前进。依次迭代执行三个操作：选择、交叉和变异。新加入的成员根据适应度函数评分，在 GFA 中，模型的评分标准都与数据回归拟合的质量有关。研究中所使用的适应度函数为 Friedman LOF 函数：

$$F = \frac{SSE}{M\left[1 - \lambda\left(\frac{C + dp}{M}\right)\right]^2}$$

式中，SSE 为差值平方和；C 为模型中的项目数，这不是一个常数；p 为所有模型项中包含的描述符总数；M 为训练集中的样本容量；λ 为一个安全系数，以确保表达式的分母不会变为零；d 为缩放平滑参数，通过以下表达式与所指定的缩放 LOF 平滑参数 α 相关联：

$$d = \alpha\left(\frac{M - C_{max}}{C_{max}}\right)$$

式中，C_{max} 为最大方程长度。

选择操作即从当前种群中挑选出繁殖下一代的父辈染色体，适应度较高的个体具有更大的被选择概率。每次向总体中添加新成员时，必须重新评估其选择概率。

两个亲本染色体结合并交换其部分遗传信息以形成后代的过程称为交叉操作，在交叉阶段，所有的染色体使用交叉操作符进行交叉，过程结束后，依据适应度函数计算每个子代染色体的得分，具有最高得分的子代个体被插入初始的种群中，它们的父代也同时得到保留。下面是一个说明的例子：

Parents：

$$x_1^2, x_2 \mid x_4, x_3^2$$

$$x_1, x_3 \mid x_4, x_5^2$$

Child：

$$x_1^2, x_2 \mid x_4, x_5^2$$

在将子代染色体插入原始染色体之前进行变异操作，即使某一基因座上的基因值发生变化（从 0 变为 1，或从 1 变为 0），通过这个操作，GFA 可以更好地搜索整个参数空间并且可以避免使函数陷入局部最优。而较高的变异概率容易导致搜索过程的崩溃，在一般研究中取值为 0.1。

总之，选择使种群朝着适应度更高的方向进化，交叉加速遗传算法搜索最优解的过程，变异增加种群的多样性避免陷入局部最优的情况。经过若干代繁衍之后，就能得到一个最能适应环境的种群，即得一定精度内的问题最优解。

7.5 应用实例

7.5.1 通过骨长估计未成年人年龄

统计方法或参数：一元线性回归、显著性检验、SPSS22.0 软件。

参考文献：American Journal of Physical Anthropology，2016，159：135-145。

当研究未成年人的骨骼遗骸时，分析的第一步是评估或确定年龄。最可靠的评估方法是通过牙齿发育状况做出判断，但是对于许多考古案例来说，参考牙齿老化状况是很困难的，因为有时候遗骸可能不完整，如没有头盖骨或者牙齿的遗骸。有时候也可以通过评估骨骺愈合情况来评估年龄，但是由于埋藏过程或挖掘方式，脆弱的骨骺可能被损坏、侵蚀或缺失而难以判断骨骼年龄。

遗骸的年龄也可以通过长骨（long bone）长度作估计。从 20 世纪 40～50 年代开始，有众多研究集中发表了关于年龄和相应长骨长度之间的回归分析，包括已知年龄和性别的现代数据、估计年龄和未知性别的考古数据，以及基于现代或考古数据的长骨长度数据。

然而，上述研究有的针对小于 13 岁的未成人（Cardoso et al.，2014），或者小于 12 岁的未成人，或者大于 6 岁的未成年人，或者仅来自一种骨骼：股骨、胫骨。在 2009 年的一项调查中，长骨长度被认为是除牙齿之外最常用的推断未成年人年龄的方法（Stull et al.，2014）。但是当数据应用于不同的人群和年龄段时，对年龄的估计还会有误差。

Primeau 等测量中世纪时期丹麦未成年人长骨长度（包括肱骨、尺骨、桡骨、股骨、胫骨、腓骨、锁骨等），用放射学方法检验牙齿发育状况确定遗骸年龄（Primeau et al.，2016），在骨长度与遗骸年龄之间拟合系列回归方程，用于估计未成年人骨骼材料的年龄，然后将得到的回归方程与其他公布的数据进行比较，以判断不同年龄段回归方程的可靠性。

1. 材料与方法

选自丹麦中世纪时期（约公元 1050~1536 年）183 个未成年人骨骼，涵盖出生到青春期晚期或成年早期阶段，分为 1 岁、1~6 岁、6~12 岁、12 岁至成年早期四个年龄段。选择骨骼过程中，如果牙齿发育完全且所有骨骼均显示骨骺融合，则排除在外。

使用西门子移动 X 射线机（型号 Helodent 70）对牙齿发育状况扫描并作放射图像，用 Gendex 牙科系统对图像进行评估，依据下述两种方法对比确定牙齿年龄。第一种方法是基于牙齿萌出和形成而开发的 Ubelaker 方法，该图表基于多个已发表的数据（包括牙齿生长），以及对美洲印第安人考古材料的实际应用（Ubelaker, 1989）。第二种方法是基于 20 世纪 60 年代收集的关于芬兰儿童不同年龄段的牙齿横断面数据，依靠 Haavikko 加以改进的方法作评估（Haavikko, 1974）。然后通过对比两种方法数据，给每个骨骼分配最终牙齿年龄。

测量肱骨、尺骨、桡骨、股骨、胫骨和腓骨的最大骨干长度，精确到 0.5mm。有骨骼病理的个体排除在外，当双侧骨骼可用时，使用两者的平均值。

2. 回归线性关系

图 7.11 和表 7.9 表明，骨骼长度和牙齿年龄（Age）之间有良好的线性关系，所有的数据间都显示了很强的统计上的显著性（$P<0.01$）。表 7.10 为构建的二

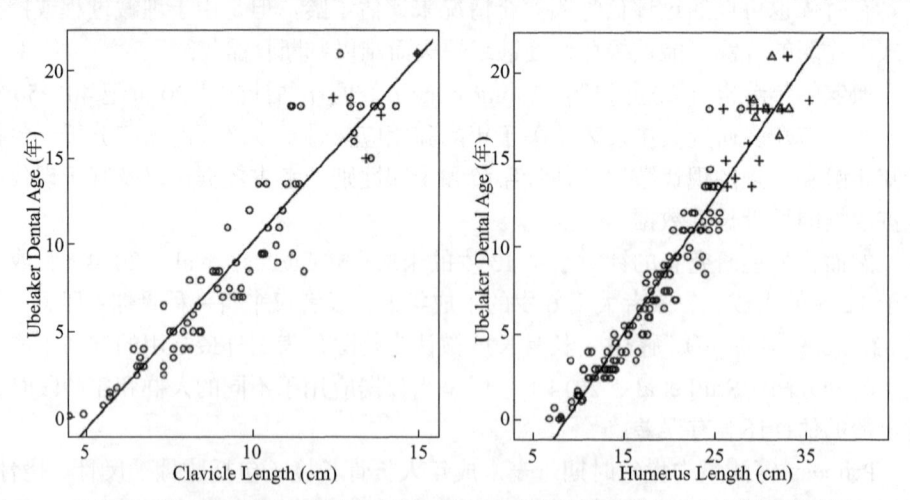

图 7.11 上肢骨骼长度与年龄之间的散点图，显示有良好的线性关系，包括锁骨长度（Clavicle Length）、肱骨长度（Humerus Length）与 Ubelaker 方法所测牙齿年龄（Ubelaker Dental Age）

次回归方程，同样显示良好的线性关系。表 7.10 与表 7.9 相比，二次回归方程估计值的标准误有了小幅下降，相关系数有小幅上升，这表明用长骨与年龄之间使用二次模型更适合，所估计年龄会更准确些。需要注意的是，由于性别差异和骨骺融合时间的变化，这些回归方程对青春期年龄的估计还不太可靠。

表 7.9　骨骼与年龄之间拟合的一元线性回归方程

名称	数量	公式	标准误	P	r^2
锁骨	78	Age = 2.158L − 11.606	±1.95	< 0.01	0.889
肱骨	138	Age = 0.779L − 6.777	±1.38	< 0.01	0.931
尺骨	73	Age = 0.988L − 7.433	±1.47	< 0.01	0.919
桡骨	90	Age = 1.077L − 7.042	±1.48	< 0.01	0.931
股骨	131	Age = 0.538L − 5.982	±1.46	< 0.01	0.922
胫骨	85	Age = 0.670L − 5.779	±1.53	< 0.01	0.912
腓骨	41	Age = 0.655L − 5.499	±1.47	< 0.01	0.896

表 7.10　骨骼与年龄之间拟合的二元线性回归方程

名称	数量	公式	标准误	P	r^2
锁骨	78	Age = 0.03L^2 + 1.58L − 8.92	±1.95	< 0.01	0.890
肱骨	138	Age = 0.008L^2 + 0.49L − 4.22	±1.34	< 0.01	0.935
尺骨	73	Age = 0.004L^2 + 0.83L − 6.22	±1.47	< 0.01	0.919
桡骨	90	Age = 0.006L^2 + 0.909L − 5.90	±1.49	< 0.01	0.932
股骨	131	Age = 0.006L^2 + 0.21L − 2.25	±1.31	< 0.01	0.937
胫骨	85	Age = 0.013L^2 + 0.16L − 1.39	±1.39	< 0.01	0.929
腓骨	41	Age = 0.004L^2 + 0.50L − 3.92	±1.48	< 0.01	0.899

3. 相应讨论

在这项研究中，锁骨显示出最高的标准差和最低的 r^2。一个可能的解释是，随着年龄的增长，长度的变化可能有赖于人的生存环境。锁骨是第一个开始骨化的骨骼，也是最后一个完成融合的骨骼。因此，锁骨的发育与长骨不同，会受多种因素的影响。

二次回归方程对大多数长骨有更好的拟合，这是因为长骨的生长不是线性的。人的成长分几个阶段，在整个发育过程中有减速、加速和发育迟缓，因此不同年龄区间的生长速度并不相同。特别是对于股骨,二次模型显示出更好的线性拟合。因此,建议选取二次回归方程去估计未成年人的年龄。

与通过现代骨骼数据估计年龄相比,考古骨骼数据所估计年龄稍有差别。考古数据和现代数据之间的差异可归因于两方面:第一,现代和考古骨骼之间由于存放时间而引起的长度数据变化;第二,现代人和古代人之间骨骼的增长模式差异。古代未成年人的死亡不太可能是影响生长和发育的长期疾病引起,而更有可能是一种快速发展的疾病导致的死亡。考古时期儿童疾病和营养不良可能对周期性生长停滞产生了影响。此外,受严重疾病或营养不良影响的个体可能会出现青春期延迟。这些因素说明古代人和现代人之间骨骼增长模式的差异而导致数据之间的差异。

总之这项研究提出了一系列回归方程,用于在没有牙齿材料的情况下,根据长骨长度(包括股骨、胫骨、腓骨、肱骨、尺骨和桡骨)以及锁骨长度来估计未成年人的年龄。该研究发现,来自五个不同遗址(英国、葡萄牙和西班牙)的考古群体的生长模式与丹麦中世纪时期未成年人的生长模式之间没有显著差异(尽管这种比较只能用于股骨长度)。在这项研究中,所得的回归方程并不特别针对特定人群,因此可以应用于丹麦以外以及中世纪以后的考古材料(当然还需要进一步的测试)。由于长骨生长并不是线性的,建议使用二次回归方程估计年龄,可能比一元线性回归方程更可靠。

7.5.2 估计考古遗址中太平洋鲱鱼的大小

统计方法或参数:一元线性回归、F 检验、t 检验。

参考文献:Journal of Archaeological Science: Reports,2020,29:102061。

测量现代鱼类骨骼长度,并作线性回归,可用于估计古代鱼类种群大小,此种模式几十年来一直为人们所关注。考古学者经常用此类回归模型及所产生的数据探究古代捕捞对鱼类种群的影响、古代渔业中的营养等级,估计当地捕捞技术变化以及环境影响等。更早时期,在动物考古学中线性回归的研究大多集中于大型动物,而不是中小型生物。最近十余年间,在海洋鱼类研究中,越来越多的文献强调了作为食物的小型鱼群在北美太平洋沿岸地区当地经济生活中的作用,特别是太平洋鲱鱼。太平洋鲱鱼在水生生态系统和食物链中有着非常重要作用。从鱼卵到成鱼,它们在生命中的每个阶段都被当作水生食物,被大量的无脊椎动物、鱼类、鸟类、哺乳动物和人类所捕食。根据太平洋鲱鱼大小和数量的变化,可有助于在考古学上评估水生食物链的变化。

Sanchez 等在对雷耶斯角(Point Reyes)海滨公园遗址中海洋鱼类骨研究中(Sanchez et al., 2018),发现当地太平洋鲱鱼(*Clupea pallasii*)渔业可能已经持续了近 2500 年。如果是这样的话，这种古老渔业与现代雷耶斯角的鲱鱼现状应该会有差别。Sanchez 通过线性回归方程（Sanchez，2020），考察了不同遗址间太平洋鲱鱼的大小，并与现代所收集的太平洋鲱鱼数据作对比。相关太平洋鲱鱼大小的变化数据将帮助我们理解北美太平洋沿岸鲱鱼的长期种群结构变化、土著居民的选择性捕捞鱼以及捕鱼技术的变化。

Sanchez 对 9 个遗址和 186L 沉积物进行了取样。放射性碳分析表明，这些遗址位于公元 810～1800 年之间。从中筛选了太平洋鲱鱼作为研究对象，通过测量鲱鱼长度和宽度数据，进行线性回归分析，以确定此遗址的古代太平洋鲱鱼的大小。

1. 建立线性回归方程

选择来自加利福尼亚科学院鱼类学收藏馆和加利福尼亚大学伯克利分校人类学系的 32 个鲱鱼标本，这些标本源自加利福尼亚蒙特雷湾（Monterey Bay）和不列颠哥伦比亚省哈里奥特湾（Hariot Bay）。使用游标卡尺（精确到 0.01mm）测量每条鲱鱼的寰椎和枢椎的最大宽度，以及鲱鱼的长度。样本中最小鱼长和最大鱼长在 94～188mm 范围内；平行进行三次测量，得到标准偏差（SD），并获取测量误差。通过统计软件分别得到鲱鱼长度与寰椎或枢椎的宽度之间的线性回归模型（图 7.12），并对两个模型进行显著性检验和相关性检验（表 7.11）。

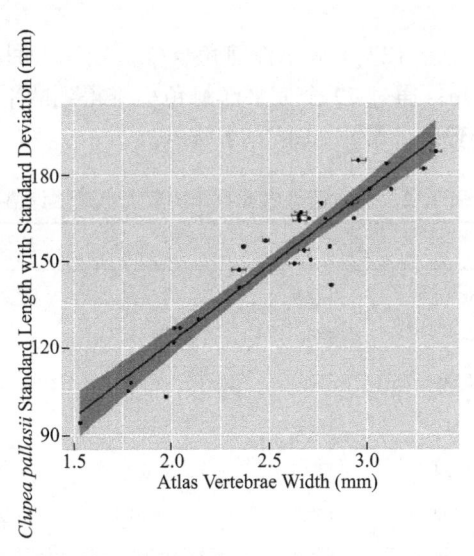

图 7.12 带标准偏差的太平洋鲱鱼标准长度（*Clupea pallasii* Standard Length with Standard Deviation）与寰椎宽度（Atlas Vertebrae Width）之间的回归关系，图中阴影表示的置信区间为 95%

表 7.11 太平洋鲱鱼长度与寰椎和枢椎宽度之间的线性关系总结

	方程	df	F	P	r^2
寰椎宽度	$y_1 = 17.45 + 52.29x$	1, 30	240.9	< 0.001	0.89
枢椎宽度	$y_2 = 13.39 + 57.13x$	1, 29	242.9	< 0.001	0.89

2. 考古遗存

Sanchez 曾经在 2018 年研究过这批太平洋鲱鱼遗骨。这些遗骨选自 9 个遗址，采用螺旋钻进行沉积物取样，共计 64 个浮选样品，总体积为 186L。使用 1mm 量级分筛，在加利福尼亚伯克利分校考古实验室采用嵌套地质筛作样品筛选，分为>4mm、2~4mm 和 1~2mm 三类，并人工鉴定为鱼类、哺乳动物和鸟类等。

根据加利福尼亚科学院鱼类学系、加利福尼亚大学伯克利分校古生物学博物馆标本，对于这批鱼类骨骼，借助解剖体视显微镜等工具，Aanchez 和动物学家 Gobalet 完成了动物区系分析和最终鉴定。再根据样品量多少（>500 NISP），选择了 Point Reyes 国家海滨遗址处四个遗址（CA-MRN-222、CA-MRN-224、CA-MRN-249 和 CA-MRNAL1）的鱼类，并对太平洋鲱鱼进行了二次取样。以此作为考古样品，代入上述线性回归方程，推测几百至上千年前该地区太平洋鲱鱼的大小变化。

针对选择的四个遗址 127 个太平洋鲱鱼寰椎，经代入回归方程得到的平均鲱鱼长度为 174~178mm；通过 72 个太平洋鲱鱼枢椎得到的平均鲱鱼长度为 172~185mm，二者还是一致的。数据如表 7.12 所示。

表 7.12 考古遗址中太平洋鲱鱼大小的估计值

	遗址	最小（mm）	平均（mm）	最大（mm）	NISP/MNI
寰椎宽度	CA-MRN-224	139.8	177.6	225	59
	CA-MRN-222	148.7	174.8	202	45
	CA-MRN-249	157.4	176	220.8	13
	CA-MRN-AL1	163.3	176.2	208.3	10
枢椎宽度	CA-MRN-224	143.6	176.2	217.3	32
	CA-MRN-222	158.2	184.7	224.2	22
	CA-MRN-249	157.4	176	220	13
	CA-MRN-AL1	145.3	172.8	196.2	5

由于太平洋鲱鱼大小因地而异，其寰椎和枢椎可能也有变化，并且也会由于

保存地域的地质环境造成差异，因此 Sanchez 特意对来自寰椎和枢椎估计的鲱鱼大小进行了 t 检验，以评判两种回归方程所计算的鲱鱼长度的显著性差异。t 检验的结果显示两个样本之间没有统计学上的差异（$t = 0.48$，$P = 0.64$，临界 $t = 2.4$）。基于 t 检验结果，可以将用寰椎和枢椎计算的鲱鱼长度统一讨论。如图 7.13 所示，表示在四个遗址中，长达千年间沿海居民一直在捕捞大小相似的太平洋鲱鱼，鲱鱼大小差别不大。

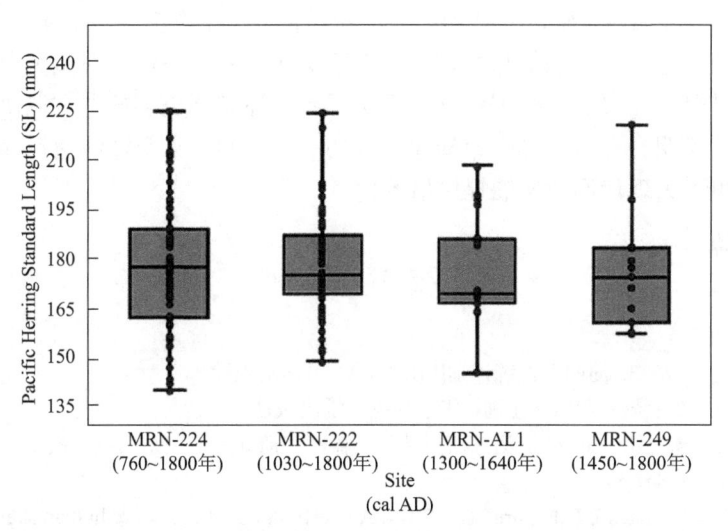

图 7.13　四个遗址（MRN-224、MRN-222、MRN-AL1 和 MRN-249）中太平洋鲱鱼标准长度（Pacific Herring Standard Length）的箱式图

3. 相关讨论

这里选择的四个遗址时间跨度可追溯到公元 760~1800 年，也表明在 Point Reyes 地区至少在公元 760 年就有了太平洋鲱鱼渔业，并一直持续到近代。这四个遗址提供了一个极好的机会可追溯人类和鱼类的历史关系，并估计太平洋鲱鱼的大小在千年尺度下的变化。

统计表明，来自 Point Reyes 地区四个遗址的太平洋鲱鱼的平均大小没有显著变化。遗址 CA-MRN-224（177mm）、CA-MRN-222（178mm）、CA-MRN-249（176mm）和 CA-MRN-AL1（175mm）中的鲱鱼长度几乎有相同的平均值。根据此结果，作者认为当地 Miwok 人可能一直在捕捞一定大小的太平洋鲱鱼，而且应该在海洋里持续释放较小尺寸的太平洋鲱鱼，这可能与渔具的选择性有关。当然考虑到四个独立的遗址跨越了一千多年，太平洋鲱鱼的长度一致性不可能仅由海洋环境条件所解释，更有可能是当地人的捕捞习惯（或者捕捞工具）所决定的。

现代研究表明，太平洋鲱鱼在 2 岁时达到性成熟，体长约为 140～185mm，平均体长约为 177mm，在考古遗址调查的平均尺寸范围内。这些数据表明，太平洋鲱鱼捕捞可能发生在产卵季节，有利于捕获大量鱼群以获取更多肉食和鱼卵，并更有可能在海藻或海草上获取更多鱼卵。

受现在海岸渔民捕获方式启发，Sanchez 认为古代土著人选择了具有一定网格大小的刺网，选择性捕获大型个体太平洋鲱鱼，而不太可能使用尺寸无差别的围网。通过刺网可选择有限尺寸范围的太平洋鲱鱼，这种捕获方式持续了一千多年。当然，捕获一定尺寸范围的鱼类是否是由于文化偏好、烹饪或对鱼类资源的选择性驱动，其目的仅仅通过数据统计还无法得到，还需要更多的考古调研。这也从另一个方面说明，在太平洋鲱鱼渔业持续的一千年间，太平洋鲱鱼尺寸并没有显著变化，也可为现代渔业发展提供借鉴信息。

主要参考文献

陈铁梅, 陈建立. 2013. 简明考古统计学[M]. 北京: 科学出版社.
王孝玲. 2015. 教育统计学[M]. 上海: 华东师范大学出版社.
张虎勤, 刘博, 赵文明. 2007. 浐河灞河流域新石器时代遗址人地关系的数学模型研究[J]. 工程数学学报, 24: 841-848.
Cardoso H F V, Abrantes J, Humphrey L T. 2014. Age estimation of immature human skeletal remains from the diaphyseal length of the long bones in the postnatal period[J]. Interantional Journal of Legal Medicine, 128: 809-825.
Fuller D Q, Qin L. 2009. Water management and labour in the origins and dispersal of Asian rice[J]. World Archaeology, 41(1): 88-111.
Haavikko K. 1974. Tooth formation age estimated on a few selected teeth. A simple method for clinical use[J]. Proceeding of the Finnish Dental Society, 70: 15-19.
Lernau O, Ben-Horin M. 2016. Estimations of sizes of fish from subfossil bones with a logarithmic regression model[J]. Environmental Archaeology, 21: 132-136.
Primeau C, Friis L, Sejrsen B, et al. 2016. A method for estimating age of medieval sub-adults from infancy to adulthood based on long bone length[J]. American Journal of Physical Anthropology, 159: 135-145.
Sanchez G M. 2020. Indigenous stewardship of marine and estuarine fisheries: Reconstructing the ancient size of Pacific herring through linear regression models[J]. Journal of Archaeological Science: Reports, 29: 102061.
Sanchez G M, Gobalet K W, Jewett R, et al. 2018. The Historical ecology of central California coast fishing: perspectives from Point Reyes National Seashore[J]. Journal of Archaeological Science, 100: 1-15.
Stull K E, L'Abbe E N, Ousley S D. 2014. Using multivariate adaptive regression splines to estimate subadult age from diaphyseal dimensions[J]. American Journal of Physical Anthropology, 154:

3762386.

Ubelaker D H. 1989. Human Skeletal Remains: Excavation, Analysis, Interpretation[M]. Washington: Smithsonian Institute Press.

Zhang G, Zhou X, Li X, et al. 2022. New empirical evidence form ancient millet seeds and panicles reveals phenotype divergence during its dispersal[J]. Science Bulletin, 67: 1860-1864.

第 8 章　多元统计分析

考古研究中会涉及大量的遗物遗存，而每个遗物（如陶器碎片）又可能为多个数据变量所描述（如化学成分组成），原始数据复杂庞大。考古学家从大量原始数据中寻找其内在关系和规律，如果依据传统的研究方法，需要凭借自己的经验并花费大量的时间和精力，但也不能保证在烦琐的数据分析和统计中不出现纰漏。幸运的是，数学家编辑的各种统计分析软件，能够将考古学家从庞大复杂的数据中解脱出来，通过统计分析找寻数据变量中的内在规律，帮助考古学家解释考古现象。

本章所要阐述的多元统计分析方法，包括主成分分析、聚类分析和判别分析，就是对多变量遗物进行分类和排序，通过对复杂数据结构进行简化，以此发现数据中所包含的关系和规律。例如主成分分析方法，就是在保留原始数据绝大部分信息的前提下，将原始数据简化到仅有两三个综合变量的数据，然后在降维后的二、三维的空间中对样品进行分类排序；判别分析就是计算多变量样品的少数几个判别函数值，以此对样品进行分类；而聚类分析则是在多维变量的空间中计算实体两两之间的相似系数，根据相似系数矩阵对样品进行分类或排序。

多元统计分析方法也称多变量分析方法，有别于前几章对单变量或双变量的统计分析和相关分析。之所以将它们也称为统计方法，是因为这些计算方法往往也基于平均值、方差、相关系数等统计学中的基本概念。但是这些方法所处理的数据并不是统计意义下的样本，一般不要求随机抽样，研究结论也不被要求外推，不涉及显著性检验问题（陈铁梅，2005）。例如，对某个遗址墓葬进行分期、对一批陶器按其化学组成分类等，所处理的样本可以看成是总体，这与前几章所讲的统计推断是不同的。

多元统计方法在考古研究中越来越受到考古学家的重视，其应用范围也逐渐扩展。我们将逐一介绍考古研究中应用比较多的三种多元统计方法，包括聚类分析、主成分分析和判别分析。我们先从多元统计分析的数学基础开始。

8.1　多元统计分析的数学基础

多元统计分析中用到许多数学知识，本节我们将简单阐述数学上的几个基本概念，方便读者后续阅读。相对前几章所叙述的平均值、方差等简单的统计运算，多元统计分析中会用到线性代数知识，这里仅需大概知道其原理，能够做到根据考古问题决定选择何种统计分析方法，这样对于我们就足够了。

8.1.1 向量和矩阵

1. 向量

向量也称矢量，指具有大小和方向的量，一般用两个大写字母加有向线段表示，如 $\overrightarrow{AB}$。在不同维度空间下，也可以用坐标形式 $(a,b,\cdots,n)$ 表示。多元统计分析中，也常用小写字母表示某个 n 维向量，如 $\boldsymbol{x}$。

随机向量是由多个随机变量组成的向量。所谓随机变量是对随机事件数量化的表达形式，如某个时间段通过某路口的车辆数。多个随机变量组成的随机向量，可以理解为多个随机事件的组合，是"随机事件"空间中的一个向量。

2. 矩阵

矩阵是一组数按照一定的行列顺序排列成的长方阵，通常用大写字母表示，如 $n \times m$ 的矩阵：

$$\boldsymbol{A} = \begin{pmatrix} a_{11} & a_{12} & \cdots & a_{1m} \\ a_{21} & a_{22} & \cdots & a_{2m} \\ \vdots & \vdots & & \vdots \\ a_{n1} & a_{n2} & \cdots & a_{nm} \end{pmatrix} \text{ 或 } \boldsymbol{A} = \begin{bmatrix} a_{11} & a_{12} & \cdots & a_{1m} \\ a_{21} & a_{22} & \cdots & a_{2m} \\ \vdots & \vdots & & \vdots \\ a_{n1} & a_{n2} & \cdots & a_{nm} \end{bmatrix}$$

简记为 $\boldsymbol{A} = \left(a_{ij}\right)_{n \times m}$，其中，$a_{ij}$ 表示位于数表中第 i 行第 j 列的数，称为矩阵 $\boldsymbol{A}$ 的元素，以数 a_{ij} 为元素的矩阵可简记作 $\left(a_{ij}\right)$ 或 $\left(a_{ij}\right)_{n \times m}$。

当 $n = m$ 时，$\boldsymbol{A} = \left(a_{ij}\right)_{m \times m}$ 称为 m 阶矩阵或 m 阶方阵。

当 $n = 1$ 时，$\boldsymbol{A} = (a_1, a_2, \cdots, a_m)$ 称为行矩阵，也称行向量。

当 $m = 1$ 时，$\boldsymbol{A} = \begin{pmatrix} a_1 \\ a_2 \\ \vdots \\ a_n \end{pmatrix}$ 称为列矩阵，也称列向量。

8.1.2 矩阵的转置和运算

1. 矩阵的转置

通俗来讲就是一个矩阵的行列互换，即原来的行变成了列，原来的列变成了行，通常用符号 A^T 或 A' 表示，例如

$$A = \begin{pmatrix} 4 & 7 \\ 5 & 8 \\ 6 & 9 \end{pmatrix}, \quad A^T = \begin{pmatrix} 4 & 5 & 6 \\ 7 & 8 & 9 \end{pmatrix}$$

2. 矩阵的运算

1）矩阵的加法

设有两个矩阵 $A = (a_{ij})_{n \times m}$ 和 $B = (b_{ij})_{n \times m}$，那么矩阵 A 与 B 的和计为 $A + B$，规定为

$$A + B = \begin{pmatrix} a_{11} + b_{11} & a_{12} + b_{12} & \cdots & a_{1m} + b_{1m} \\ a_{21} + b_{21} & a_{22} + b_{22} & \cdots & a_{2m} + b_{2m} \\ \vdots & \vdots & & \vdots \\ a_{n1} + b_{n1} & a_{n2} + b_{n2} & \cdots & a_{nm} + b_{nm} \end{pmatrix}$$

即 A 和 B 矩阵对应的元素进行运算。需要说明的是，只有同型矩阵才能进行加法运算。

2）矩阵的乘法

设矩阵 $A = (a_{ij})_{n \times m}$，$k$ 为任意数，用数 k 乘以矩阵 A 的每个元素得到的矩阵称为数 k 与矩阵 A 的乘积，记作 kA，即

$$kA = \begin{pmatrix} ka_{11} & ka_{12} & \cdots & ka_{1m} \\ ka_{21} & ka_{22} & \cdots & ka_{2m} \\ \vdots & \vdots & & \vdots \\ ka_{n1} & ka_{n2} & \cdots & ka_{nm} \end{pmatrix}$$

设矩阵 $A = (a_{ij})_{n \times s}$，$B = (b_{ij})_{s \times m}$，那么矩阵 $C = (c_{ij})_{n \times m}$，其中 $c_{ij} = \sum_{k=1}^{s} a_{ik} b_{kj} = a_{i1}b_{1j} + a_{i2}b_{2j} + \cdots + a_{is}b_{sj}$ $(i = 1, 2, \cdots, n; j = 1, 2, \cdots, m)$，称为矩阵 A 和矩阵 B 的乘积，记为 $C = AB$，即

$$A \times B = \begin{pmatrix} c_{11} & c_{12} & \cdots & c_{1m} \\ c_{21} & c_{22} & \cdots & c_{2m} \\ \vdots & \vdots & & \vdots \\ c_{n1} & c_{n2} & \cdots & c_{nm} \end{pmatrix}$$

需要说明的是，只有当矩阵 A 的列数等于矩阵 B 的行数时，AB 才有意义。
举例说明：

$$A = \begin{pmatrix} 1 & 2 \\ 3 & 4 \end{pmatrix}, \quad B = \begin{pmatrix} 5 & 6 & 7 \\ 8 & 9 & 10 \end{pmatrix}, \quad 则$$

$$A \times B = \begin{pmatrix} 1 \times 5 + 2 \times 8 & 1 \times 6 + 2 \times 9 & 1 \times 7 + 2 \times 10 \\ 3 \times 5 + 4 \times 8 & 3 \times 6 + 4 \times 9 & 3 \times 7 + 4 \times 10 \end{pmatrix} = \begin{pmatrix} 15 & 24 & 27 \\ 47 & 54 & 61 \end{pmatrix}$$

3）矩阵的逆

在矩阵的基本运算中，是没有定义除法的，而是定义了矩阵的逆。在介绍矩阵的逆之前，先介绍非常重要的特殊矩阵——单位矩阵，一般用大写字母 I 表示：

$$I = \begin{pmatrix} 1 & 0 & 0 & 0 \\ 0 & 1 & 0 & 0 \\ 0 & 0 & \ddots & 0 \\ 0 & 0 & 0 & 1 \end{pmatrix}$$

单位阵中的对角线元素均为 1，其余位置均为 0。

对于两个矩阵 A 和 B，如果满足以下条件

$$A \times B = I$$

则称 B 为 A 矩阵的逆矩阵（或者 A 为 B 矩阵的逆），用符号 A^{-1} 表示。

8.1.3 矩阵特征值与特征向量

1. 向量的内积

设有 n 维向量

$$\boldsymbol{\alpha} = \begin{pmatrix} a_1 \\ a_2 \\ \vdots \\ a_n \end{pmatrix}, \quad \boldsymbol{\beta} = \begin{pmatrix} b_1 \\ b_2 \\ \vdots \\ b_n \end{pmatrix}$$

令
$$(\alpha, \beta) = a_1 b_1 + a_2 b_2 + \ldots + a_n b_n$$

则 (α, β) 称为向量 α 和 β 的内积。内积是向量的一种运算，其结果是一个实数，用矩阵记号表示。当 α 和 β 都是列向量时，$(\alpha, \beta) = \alpha^T \beta$；当 α 和 β 都是行向量时，$(\alpha, \beta) = \alpha \beta^T$。

当 $n = 2$ 时，α、β 为平面向量；当 $n = 3$ 时，α、β 为空间向量。这里定义的内积与空间解析几何中定义的向量的数量积是一致的。

2. 正交向量组

对于 n 维非零向量 α、β，若 $(\alpha, \beta) = 0$，则称向量 α 和 β 正交或互相垂直。一组两两正交的非零向量组，称为一个正交向量组；如果正交向量组中的每一个向量均为单位向量，则称该向量组为单位正交向量组。

若向量组 $\alpha_1, \alpha_2, \cdots, \alpha_m$ 是正交向量组，则当 $i \neq j$ 时，$(\alpha_i, \alpha_j) = 0$；当 $i = j$ 时，$(\alpha_i, \alpha_j) > 0$。

若向量组 $\alpha_1, \alpha_2, \cdots, \alpha_m$ 是单位正交向量组，则

$$(\alpha_i, \alpha_j) = \begin{cases} 0, i \neq j \\ 1, i = j \end{cases} \quad 其中 i, j = 1, 2, \cdots, m$$

显然，零向量与任何向量都是正交的。

3. 正交矩阵

设 A 为 n 阶实矩阵，若

$$A^T A = I$$

则称 A 为正交矩阵。显然单位矩阵 I 为正交矩阵；在平面解析几何中，直角坐标系的旋转变换矩阵

$$A = \begin{pmatrix} \cos\theta & \sin\theta \\ -\sin\theta & \cos\theta \end{pmatrix}$$

为正交矩阵。对于 n 阶矩阵而言，如果为正交矩阵，会有 n^2 个关系式：

$$\boldsymbol{a}_i^{\mathrm{T}}\boldsymbol{a}_j = \begin{cases} 0, i \neq j \\ 1, i = j \end{cases} \quad \text{其中 } i,j = 1,2,\cdots,n$$

这也是判断是否为正交矩阵的一个判断定理。

4. 特征值与特征向量

设 A 为一个 n 阶矩阵，如果存在数 λ 和非零向量 x，使得

$$Ax = \lambda x$$

那么数 λ 称为矩阵 A 的一个特征值，而 x 称为 A 的对应于特征值 λ 的一个特征向量。

上述式子也可以改写成

$$(A - \lambda I)x = 0$$

这是一个 n 元齐次线性方程组

$$\begin{cases} (a_{11} - \lambda)x_1 + a_{12}x_2 + \cdots + a_{1n}x_n = 0 \\ a_{21}x_1 + (a_{22} - \lambda)x_2 + \cdots + a_{2n}x_n = 0 \\ \vdots \qquad\qquad \vdots \qquad\qquad \vdots \\ a_{n1}x_1 + a_{n2}x_2 + \cdots + (a_{nn} - \lambda)x_n = 0 \end{cases}$$

使该齐次线性方程组有非零解的 λ，即为方阵 A 的特征值，相应的非零解即为特征向量，因此满足

$$|A - \lambda I| = 0$$

8.1.4 协方差矩阵

在多元统计分析中，协方差矩阵用得比较多。协方差矩阵是由协方差组成的矩阵，协方差是一种用来度量两个随机变量 x 和 y 关系的统计量，其定义如下：

$$\mathrm{cov}(x,y) = \frac{\sum_{i=1}^{n}(x_i - \bar{x})(y_i - \bar{y})}{n-1}$$

如果协方差为正值，则表明两个随机变量之间具有正相关关系；如果协方差为负值，这说明两个随机变量具有负相关关系。

协方差矩阵是衡量多个随机变量之间的相关性，即随机向量间的相关性，设有随机向量 $\boldsymbol{x}=(x_1,x_2,\cdots,x_n)$，$\boldsymbol{y}=(y_1,y_2,\cdots,y_n)$，其协方差矩阵的定义为

$$\boldsymbol{\Sigma}=\begin{pmatrix} \text{cov}(x_1,y_1) & \text{cov}(x_1,y_2) & \cdots & \text{cov}(x_1,y_n) \\ \text{cov}(x_2,y_1) & \text{cov}(x_2,y_2) & \cdots & \text{cov}(x_2,y_n) \\ \vdots & \vdots & & \vdots \\ \text{cov}(x_n,y_1) & \text{cov}(x_n,y_2) & \cdots & \text{cov}(x_n,y_n) \end{pmatrix}$$

8.2 聚类分析

聚类分析是按样品（如陶器碎片）或变量（如陶片的化学组成）之间的相似程度，用数学方法将样品或变量定量分组成群的一种多元统计方法。聚类分析的基本思想是根据样品间或变量间在性质上的亲疏程度进行分类，可分成 Q 型聚类分析（对样品分类）和 R 型聚类分析（对变量分类）两种类型。在 Q 型聚类分析中用"距离"表示样品间的亲疏程度；在 R 型聚类分析中用"相似系数"表示变量间的亲疏程度。

聚类分析的基本过程，首先是对样品或变量的数值进行定量分析，然后绘出谱系追踪图，最后依据专业知识确定所分类的数目，并为各类命名。由于在此过程中没有运用到概率论知识，所以它属于多元统计描述范畴，其作用在于描绘、探索和总结（王孝玲，2015）。

8.2.1 数据转换

聚类分析的基础数据是原始数据。假设有 n 个样品，每个样品用 m 个性质（或者说变量）来描述，这样原始数据会有 $n \times m$ 个数据，可以写成矩阵的形式：

$$\boldsymbol{X}=(x_{ik})_{n \times m}=\begin{pmatrix} x_{11} & x_{11} & \cdots & x_{1m} \\ x_{21} & x_{22} & \cdots & x_{2m} \\ \vdots & \vdots & & \vdots \\ x_{n1} & x_{n2} & \cdots & x_{nm} \end{pmatrix}$$

其中，矩阵中每一行代表一个样品有 m 个性质（$k=1,2,\cdots,m$），每一列代表一个变量在 n 个样品中的取值（$i=1,2,\cdots,n$）。

原始数据中的各个变量往往有不同的测量单位，即使同样的单位，不同变量

取值的变化范围也有差别，这将影响相似系数的计算结果。例如，在测定陶片的元素含量时，有的用百分含量（如二氧化硅），而有的用 μg/g（如稀有元素）。由于各个变量间无统一的量纲，就无法互相比较。为此需要对原始数据作某种变换，消除原始数据间由于测量单位的不同所造成的对相似系数计算的影响，并使各个变量对相似系数有大致相等的贡献。数据的这种转换称为数据的标准化。

有多种方法可以实现数据的标准化，下面介绍几种常用的数据转换方法。

1. 中心化转换

中心化转换就是将每个原始数据减去该数据所处变量（即矩阵中某列）的平均值，用公式可以表示为

$$x'_{ik} = x_{ik} - \overline{x}_k$$

式中，x'_{ik} 为第 i 个样品第 k 个变量中心化后的数据；$\overline{x}_k$ 为第 k 个变量的平均值，即

$$\overline{x}_k = \frac{1}{n}\sum_{1}^{n} x_{ik}$$

当数据中各变量平均值显著差异而造成量纲不统一时，可以用此方法进行转换。对于原始数据中的名义变量，需要事先将其赋予一定的数值才能进行中心化转换。中心化后，每个变量之和都为 0，但是它们之间的方差还是有差异的。

2. 用标准差进行标准化转换

标准化转换就是将原始数据都变成标准数据。即每个变量的原始数据都减去该变量的平均值，再除以该变量的标准差。用公式表示为

$$x'_{ik} = \frac{x_{ik} - \overline{x}_k}{s_k}$$

式中，s_k 表示第 k 个变量样本标准差，即

$$s_k = \sqrt{\frac{\sum (x_{ik} - \overline{x}_k)^2}{n-1}}$$

实际上，这个数据转换过程类似于标准型正态分布函数中的 Z 分量（或者称标准分），因此上式也可以写成：

$$Z_{ik} = \frac{x_{ik} - \overline{x}_k}{s_k}$$

经上面转换后每个变量之和均为 0，而且它们的标准差相等，均为 1。当由于各变量的方差显著性差异而造成量纲不统一时，可用此方法进行转换。转换后的数据很容易计算相关系数矩阵。

3. 用极差进行标准化转换

极差标准化转换就是将每个原始数据减去该变量中的最小值，再除以该变量中最大值与最小值之差，用公式可表示为

$$x'_{ik} = \frac{x_{ik} - \min\limits_{1 \leqslant i \leqslant n}\{x_{ik}\}}{\max\limits_{1 \leqslant i \leqslant n}\{x_{ik}\} - \min\limits_{1 \leqslant i \leqslant n}\{x_{ik}\}}$$

经极差标准化转换后，每列数据中的最大值为 1，最小值为 0，其余在 0～1 之间，接近了数据标准化的目的。

每列数据中的最大值、最小值都是该列数据的极值，有可能是偏离平均值和中数甚远的歧离值。如果某列数据的最大值偏离中数很远，该组数据按极值标准化后，大多数数据将接近 0 而偏小。以后在计算相似系数时，该变量的贡献在某种程度上会被压低。这是用极差进行标准化的缺点。

数据的标准化还有其他的方法，如用各列数据的最大值标准化、用各列数据的平方和标准化、用各列数据的离差平方和的开方进行标准化等。其中，用标准差进行的数据标准化转换是最常用的方法。

8.2.2 距离系数和相似系数

1. 距离系数

对样本进行聚类，且描述样品的变量都是数值变量时，一般用"距离"来表征样品间的亲疏程度。若 n 个样品在 m 个变量上有测量值，可把 n 个样品称为 m 维空间的 n 个样品点，其 m 维空间的任意两点可表示为

$$x_i = \begin{pmatrix} x_{i1} \\ x_{i2} \\ \vdots \\ x_{im} \end{pmatrix}, \quad x_j = \begin{pmatrix} x_{j1} \\ x_{j2} \\ \vdots \\ x_{jm} \end{pmatrix}$$

x_i 和 x_j 之间的距离用 d_{ij} 表示。距离 d_{ij} 应满足三个条件：第一，在 m 维空间

中任意两个样品点 x_i 和 x_j 之间的距离 $d_{ij} \geq 0$；第二，在 m 维空间中任意两个样品点均有 $d_{ij}=d_{ji}$；第三，在 m 维空间中任意三个样品点 x_i、x_j 和 x_p 均有 $d_{ij} \leq d_{ip}+d_{jp}$。

下面简单介绍几种聚类分析中常用的距离。

1）绝对值距离（Manhattan 距离）

绝对值距离是空间中两个样品点在 m 维变量上差值的绝对值之和，用公式可表示为

$$d_{ij}=\sum_{k=1}^{m}\left|x_{ik}-x_{jk}\right|$$

式中，$i,j=1,2,\cdots,n$。绝对值距离定义直观形象，计算简单，利用了空间点上所有数据的信息，所以反应灵敏，但计算时使用绝对值，不易于代数计算。

2）欧氏距离和欧氏距离平方

欧氏距离是空间中两个样品点在 m 维变量上差值平方和的平方根。用公式可表示为

$$d_{ij}=\sqrt{\sum_{k=1}^{m}\left(x_{ik}-x_{jk}\right)^2}$$

式中，$i,j=1,2,\cdots,n$。

有时也采用欧氏距离的平方，其公式为

$$d_{ij}^2=\sum_{k=1}^{m}\left(x_{ik}-x_{jk}\right)^2$$

欧氏距离计算运用了空间点上所有数据信息，所以反应灵敏，是聚类分析中最常用的距离。

上述两个距离在聚类分析中应用较多，但也有两个缺点（王孝玲，2015）：第一，没有考虑到各变量的量纲有可能不统一；第二，没有考虑到各变量之间可能存在着相关。

3）马氏距离（Mahalanobis 距离）

马氏距离是聚类分析中一个十分重要的距离系数。空间中任意两个样品点马氏距离的计算公式为

$$d_{ij}^2=\left(x_i-x_j\right)'\Sigma^{-1}\left(x_i-x_j\right)$$

式中，$\pmb{\Sigma}$ 表示 m 维空间变量间样本协方差矩阵，$\pmb{\Sigma}^{-1}$ 表示 $\pmb{\Sigma}$ 的逆矩阵。马氏距离既不受量纲影响，又不受变量相关的影响。马氏距离在判别分析中也有应用。

另外，还有切尔雪芙距离、斜交空间距离、兰氏距离等用于聚类分析的距离系数，在这里不再叙述。

所有距离系数都是大于或等于 0 的。对所有的样品两两间计算距离系数后，可以写成一个 n 行 n 列的矩阵，称为距离系数矩阵。

$$\pmb{D} = \left(d_{ij}\right)_{n \times n} = \begin{pmatrix} d_{11} & d_{12} & \cdots & d_{1n} \\ d_{22} & d_{22} & \cdots & d_{2n} \\ \vdots & \vdots & & \vdots \\ d_{n1} & d_{n2} & \cdots & d_{nn} \end{pmatrix}$$

矩阵中主对角线上的元素 d_{ii} 都等于 0，因为每个样品自己与自己间不存在距离。此外，主对角两侧的元素是镜像对称的，即 $d_{ij} = d_{ji}$。距离系数矩阵是聚类分析的基础数据，聚类分析的过程是从距离系数矩阵出发的。

2. 相似系数

对变量进行分类时（属 R 型聚类分析），相似系数是描述变量间亲疏程度的指标。在聚类分析中相似系数常用 r_{kl} 表示，它必须满足三个条件：第一，相似系数的数值范围为 -1~+1，即 $|r_{kl}| \leqslant 1$；第二，第一个变量与第二个变量的相似系数和第二个变量与第一个变量的相似系数相等，即 $r_{kl} = r_{lk}$；第三，当相似系数等于 +1 或 -1 时，这两个变量之间存在 $y_k = a y_l$（其中 $a \neq 0$，是常数）。

相似系数的绝对值 $|r_{kl}|$ 越接近 1，表明这两个变量的关系越密切；$|r_{kl}|$ 越接近 0，表明这两个变量的关系越疏远。

下面简单介绍几种聚类分析中常用的相似系数。

1）积差相关系数

两个变量间积差相关系数的计算公式为

$$r_{kl} = \frac{\sum_{i=1}^{n}\left(x_{ik} - \bar{x}_k\right)\left(x_{il} - \bar{x}_l\right)}{\sqrt{\sum_{i=1}^{n}\left(x_{ik} - \bar{x}_k\right)^2} \sqrt{\sum_{i=1}^{n}\left(x_{il} - \bar{x}_l\right)^2}}$$

式中，$\bar{x}_k$ 和 $\bar{x}_l$ 分别表示两个变量的平均值。

2）夹角余弦

两个变量间夹角余弦的计算公式为

$$r_{kl} = \frac{\sum_{i=1}^{n} x_{ik} x_{il}}{\sqrt{\sum_{i=1}^{n} x_{ik}^2} \sqrt{\sum_{i=1}^{n} x_{il}^2}}$$

3. 距离或相似系数的选择原则

距离或相似系数可统称为相似性尺度。同一批待分类对象采用不同的相似性尺度进行聚类，有可能得到不同分类结果，因此选择相似性尺度要遵循一定的原则：第一，必须在实际应用中有明确的意义。第二，要与原始数据的性质以及对原始数据处理后的数据性质相一致。例如，在聚类前已对原始数据变量间的相关性作了处理，就可采用欧氏距离。第三，要与所采用的聚类方法相一致，如若打算用离差平方和法进行聚类，那只能用欧氏距离。

一般来说，用相关系数表示的相似系数的不变性要优于其他种相似系数，但相关系数的分辨力却不如其他种相似系数。用相似系数绘制出的聚类谱系图，比用距离系数绘制的要明显。

距离的选择是个复杂的问题，应根据待分类对象的特点作具体分析。在初次进行聚类分析时，可同时试用几种距离，经对比、分析后再确定合适的距离。

8.2.3 系统聚类的基本原理

聚类分析方法包括系统聚类法、动态聚类法、模糊聚类法等。在此只介绍应用最广的系统聚类法。

1. 系统聚类的基本思想

首先将待分类的 n 个样品（或 m 个变量）各自看成一类，这样就可以认为最初为 n 类，计算类与类之间的距离（或相似系数），以及样品之间的距离（或变量间相似系数）。由于开始时每个样品自成一类，这时类与类之间的距离（或相似系数）与样品之间的距离（或变量间的相似系数）是相等的。然后将关系最亲密的两类（如距离最小的两个样品，或相似系数最大的两个变量）合并成新类，并计算新类与其他各类的距离（或相似系数），构成新的距离（或相似系数矩阵），再次将关系最密切的两类合并；重复上述操作。每并类一次，类数就会减少一次，如此重复并类，直至所有样品（或变量）都归为一类。

2. 系统聚类的基本步骤

（1）原始数据的变换。当变量间量纲不一致时，可采用中心化、标准化等方法将原始数据加以变换，使量纲统一。

（2）规定样品间距离（如绝对值、欧氏距离等）或变量间相似系数（如积差相关系数、夹角余弦等），并规定类与类之间的距离（如最短距离、最长距离等）。按规定计算每两个样品间的距离，或两个变量间的相似系数，获得初始的样品距离矩阵 $d(0)_{n \times n}$ 或变量间相似系数矩阵 $r(0)_{m \times m}$。这两个矩阵都是对称的，即上下三角形对应元素数值都相同，故都省略了下三角形部分。在 $d(0)_{n \times n}$ 矩阵中对角线上的值都是 0；在 $r(0)_{m \times m}$ 矩阵中对角线上的值都是 1，非对角线上的值都小于或等于 1。

（3）并类。将关系最亲密的两类（如最小距离所对应的两个样品，或最大相似系数所对应的两个变量）合并成新一类，然后用定义的类与类之间的距离计算新类与其他类的距离，并与未参加并类的各类构成新的距离矩阵 $d(1)_{(n-1) \times (n-1)}$ 或相似系数矩阵 $r(1)_{(m-1) \times (m-1)}$。这时若是 Q 型聚类，样品共有 $n-1$ 类；若为 R 型聚类，变量共有 $m-1$ 类。如此重复并类，每并类一次待分类的样品或变量就减少一类，直至样品或变量归为一类。

（4）绘制聚类谱系图。

（5）决定分类个数及各类成员。

8.2.4　系统聚类方法

1. 最短距离法

最短距离法（nearest neighbor 或 single linkage method），是将一个类中每个样品点与另一个类中每个样品点之间的最短距离作为类与类之间的距离（示意图如图 8.1 所示），即 G_p 类与 G_q 类之间的距离 D_{pq} 定义为

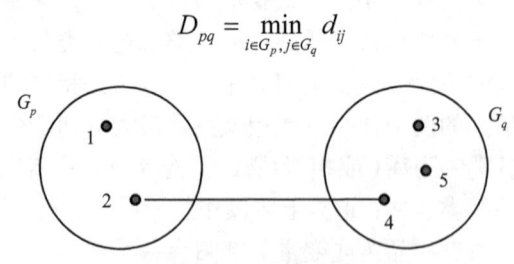

$$D_{pq} = \min_{i \in G_p, j \in G_q} d_{ij}$$

图 8.1　类间距离示意图：最短距离 $D_{pq} = d_{24}$

并类后产生新类，计算新类与其他类之间的距离，用相同的方法获取新距离矩阵下最短距离。重复此操作，直到所有样品（或变量）合并成一类。

最短距离法呈现单调上升，处于空间压缩状态，且收缩得快，表现为压缩了

谱系图距离。这种方法在并类过程中，出现样品不断被并入某一类的链锁反应，每当两类样品合并后，新类与其他类的距离是取原来两类距离的最小者，这就缩小了新类与其他的距离，因而除了特殊数据之外，一般不宜用此方法。

2. 最长距离法

最长距离法（furthest neighbor 或 complete linkage method），是将一个类中每个样品点与另一个类中每个样品点之间的最长距离作为类与类之间的距离（图8.2）。用公式表示为

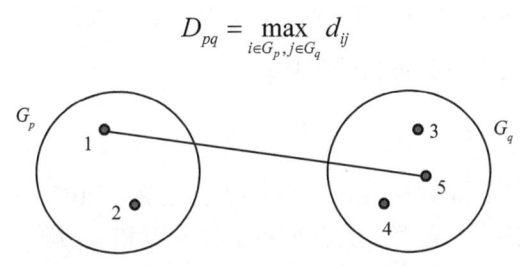

$$D_{pq} = \max_{i \in G_p, j \in G_q} d_{ij}$$

图8.2 类间距离示意图：最长距离 $D_{pq} = d_{15}$

最长距离法呈现单调性，聚类空间呈扩张性，原因是合并后的新类与其他类的距离是取原来两类距离的最大者，表现为延长了谱系图距离。

3. 类平均法

类平均法（group average method）是两类中任意两个样品距离的平均值（图8.3），用公式表示为

$$D_{pq} = \frac{1}{n_p n_q} \sum_{i \in G_p} \sum_{j \in G_q} d_{ij}$$

式中，n_p 和 n_q 分别表示两类中的样品数。也有学者将两类之间的距离平方定义为这两类样本两两之间的平均平方距离，称为类平均法的递推公式（这里不再详细叙述）。

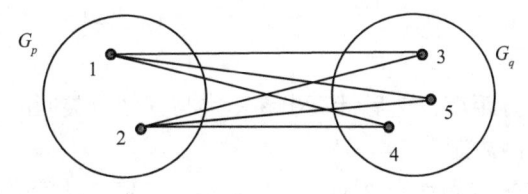

图8.3 类间距离示意图：平均距离 $D_{pq} = \frac{1}{6}(d_{13} + d_{14} + d_{15} + d_{23} + d_{24} + d_{25})$

类平均法充分利用了所有样品的信息，既呈空间守恒状态，又具单调性质，是聚类效果好、应用广泛的一种聚类方法。

4. 重心法

重心法（centroid method）是计算变量空间中两类重心的距离，重心位置的确定需要考虑两类中各自包含的样品数目。其计算公式如下

$$D_{pq} = d_{\bar{x}_p \bar{x}_q}$$

式中，$\bar{x}_p$ 和 $\bar{x}_q$ 为两类的重心位置（也指平均值）。每类重心计算公式稍复杂，本书不再详细叙述，请读者参考相关文献。

5. 离差平方和法

离差平方和法（sum of squares method），也称 Ward 方法，其思想来源于方差分析。若分类合理，则同类内样品间的离差平方和应当较小，而类与类之间的离差平方和应当较大。

将 G_p 与 G_q 两类合并为新类 G_r 后，类内总离差平方和的增加量作为 G_p 与 G_q 的类间平方距离，即

$$D_{pq}^2 = \frac{n_p n_q}{n_r}(\bar{x}_p - \bar{x}_q)'(\bar{x}_p - \bar{x}_q)$$

此时，类 G_r 与其他类 G_k 距离的递推公式为

$$D_{kr}^2 = \frac{n_k + n_p}{n_r + n_k}D_{kp}^2 + \frac{n_k + n_q}{n_r + n_k}D_{kq}^2 + \frac{n_k}{n_r + n_k}D_{pq}^2$$

式中，n_p、n_q、n_r 和 n_k 分别为 G_p、G_q、G_r 和 G_k 类中所含样品数。

开始时由于各样品自成一类，故 $n_p = n_q = 1$，$n_r = 2$，则最初的类间平方距离可写成

$$D_{pq}^2 = \frac{1}{2}(\bar{x}_p - \bar{x}_q)'(\bar{x}_p - \bar{x}_q) = \frac{1}{2}d_{pq}^2$$

以此作为初始的平方距离，然后计算出新一类与其他各类间的平方矩阵，以此类推，构成新的平方距离矩阵。

可以证明离差平方和法定义的类间距离 D_{pq} 与重心法定义的距离 D_{pq} 只相差一个常数倍，这个倍数与两类的样品数有关。

8.2.5 谱系分类的最终确定

聚类谱系图仅反映了根据样品间或变量间的亲疏关系的并类过程,它本身并没有对样品进行分类,但它可以作为对样品最终分类的依据。从最终分类的方法来说,有两种:一种是先确定分类数目,后确定分类距离的阈值;另一种是先确定分类距离的阈值,后确定分类数目。无论哪种方法,最终分类都应遵循以下几点原则(王孝玲,2015):

(1)类内距离差异小,类间距离差异大,即各类重心间距离大;
(2)所分出的各类都要有实际意义;
(3)每类中所包含的样品不要过多;
(4)若用几种不同方法进行聚类,应在各种聚类谱系图上反映出有较多相同的同类。

聚类分析是对样品进行的定量分类,所分的类是否正确,是否符合被分类样品的性质、特点及其规律,还要接受客观实际的检验和纠正。

8.2.6 应用举例

例 8.1 在山东高青、博兴等地发现了部分白陶佛教造像,经 XRF 检测和物性分析,得到的检测数据如表 8.1 所示(张淑敏和肖贵田,2011):

表 8.1 陶(瓷)片样品的主次量化学组成　　（单位:%）

编号	样品	SiO_2	Al_2O_3	Fe_2O_3	TiO_2	Na_2O	K_2O	CaO	MgO	P_2O_5
1	高Ⅰ	50.46	13.30	5.53	0.66	0.51	2.24	1.77	25.32	0.21
2	高Ⅱ	60.66	26.91	4.10	1.23	0.64	3.01	2.07	1.00	0.38
3	博Ⅰ	48.03	16.10	6.72	0.68	0.59	1.36	3.80	22.60	0.12
4	博Ⅱ	48.01	14.98	4.69	0.90	0.31	0.74	1.92	28.33	0.11
5	博1	48.87	17.36	6.83	0.72	0.64	1.61	1.79	22.05	0.12
6	博2	63.55	26.50	2.39	1.89	0.57	3.81	0.63	0.58	0.07
7	博3	64.73	24.03	2.82	1.85	0.45	2.90	2.40	0.69	0.13

选择 OriginPro 2018C(汉化版)软件,将数据输入其中,选择其中的系统聚类分析,其中模块说明如图 8.1 所示。以此讨论不同聚类方法下 7 个样品的聚类效果。

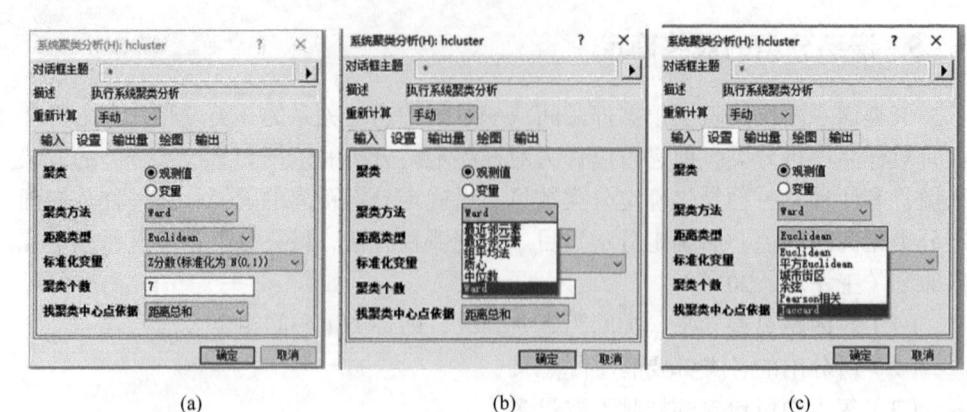

图 8.4　系统聚类分析对话框列表：(a) 主界面对话框；(b) 聚类方法对话框；(c) 距离类型对话框

1. 原始数据的转换（标准化变量对话框）

首先选择数据的标准化，对话框中有两种方法选择：一种为采用标准差进行的标准化，即得到 Z 分量矩阵；另一种是极差进行的归一化转换。两种方法结果数据如下表（我们在后续讨论中选择 Z 分量）。

1) 标准差标准化转换

编号	SiO_2	Al_2O_3	Fe_2O_3	TiO_2	Na_2O	K_2O	CaO	MgO	P_2O_5
1	−0.57711	−1.14474	0.45764	−0.87548	−0.16843	0.00133	−0.30065	0.84944	0.45105
2	0.74825	1.22199	−0.35603	0.17986	0.92637	0.7186	0.01662	−1.03668	2.07758
3	−0.89285	−0.65783	1.13475	−0.83845	0.50529	−0.8184	1.84621	0.63849	−0.41005
4	−0.89545	−0.85259	−0.02032	−0.43113	−1.85273	−1.39594	−0.14202	1.08288	−0.50573
5	−0.78371	−0.43872	1.19734	−0.76439	0.92637	−0.58552	−0.2795	0.59584	−0.41005
6	1.12377	1.1507	−1.32902	1.40182	0.33686	1.46381	−1.50628	−1.06925	−0.88844
7	1.2771	0.72117	−1.08435	1.32776	−0.67372	0.61613	0.36562	−1.06072	−0.31437

2) 极差正规化转换

编号	SiO_2	Al_2O_3	Fe_2O_3	TiO_2	Na_2O	K_2O	CaO	MgO	P_2O_5
1	0.14653	0	0.70721	0	0.60606	0.4886	0.35962	0.89153	0.45161
2	0.75658	1	0.38514	0.46341	1	0.73941	0.45426	0.01514	1
3	0.0012	0.20573	0.97523	0.01626	0.84848	0.20195	1	0.79351	0.16129
4	0	0.12344	0.51802	0.19512	0	0	0.40694	1	0.12903
5	0.05144	0.29831	1	0.04878	1	0.28339	0.36593	0.77369	0.16129
6	0.92943	0.96988	0	1	0.78788	1	0	0	0
7	1	0.78839	0.09685	0.96748	0.42424	0.70358	0.55836	0.00396	0.19355

2. 距离系数（距离类型对话框）

接着，选择距离类型，对话框中提供了六种距离类型，包括欧氏距离、欧氏距离平方、余弦距离、Pearson 相关等，我们在此选择欧氏距离和余弦距离作为例子进行介绍（后续分析中我们选择欧氏距离）。

1）欧氏距离（以 Z 分量计算）

	1	2	3	4	5	6	7
1	0	4.14132	2.70509	2.52921	1.85739	5.08562	4.41174
2	4.14132	0	4.93639	5.55675	4.36478	3.82184	3.28531
3	2.70509	4.93639	0	3.40464	2.19575	6.16829	4.97632
4	2.52921	5.55675	3.40464	0	3.22846	5.72491	4.66373
5	1.85739	4.36478	2.19575	3.22846	0	5.1277	4.7275
6	5.08562	3.82184	6.16829	5.72491	5.1277	0	2.41802
7	4.41174	3.28531	4.97632	4.66373	4.7275	2.41802	0

2）余弦距离（以 Z 分量计算）

	1	2	3	4	5	6	7
1	0	1.39315	0.58994	0.48067	0.41217	1.68881	1.82481
2	1.39315	0	1.42487	1.76235	1.42251	0.66631	0.66198
3	0.58994	1.42487	0	0.69506	0.35307	1.84097	1.60782
4	0.48067	1.76235	0.69506	0	0.78142	1.54811	1.37556
5	0.41217	1.42251	0.35307	0.78142	0	1.57816	1.89948
6	1.68881	0.66631	1.84097	1.54811	1.57816	0	0.26332
7	1.82481	0.66198	1.60782	1.37556	1.89948	0.26332	0

3. 选择聚类方法（聚类方法对话框），并画出谱系图

最后，选择聚类方法，对话框中提供了六种聚类方法，包括最短距离法、类平均法、重心法、Ward 法等。我们将重点讲解最短距离法的聚类过程，然后简单介绍其他方法的聚类过程；最后，相应画出谱系图。

以欧氏距离表示的初始距离矩阵开始，简化如下，记作初始距离矩阵 $D(0)$：

	G_1	G_2	G_3	G_4	G_5	G_6	G_7
G_1	0	4.14132	2.70509	2.52921	1.85739*	5.08562	4.41174
G_2		0	4.93639	5.55675	4.36478	3.82184	3.28531
G_3			0	3.40464	2.19575	6.16829	4.97632

	G_1	G_2	G_3	G_4	G_5	G_6	G_7
G_4				0	3.22846	5.72491	4.66373
G_5					0	5.1277	4.72750
G_6						0	2.41802
G_7							0

注：表中"*"标注为选择的最短距离（以下同）。

1) 最短距离法

（1）以 7 个样品自成一类，类与类之间的距离与初始距离矩阵中的元素数据相对应。在 $D(0)$ 中 1.85739 为最小，故将 G_1 和 G_5 合并成新一类，记为 G_{1+5}，此次并类距离为 1.85739。然后重新计算新类 G_{1+5} 与其他各类间的距离，根据公式 $D_{pq} = \min\limits_{i \in G_p, j \in G_q} d_{ij}$，得到：

$$D_{2,(1+5)} = \min(d_{21}, d_{25}) = \min(4.14132, 4.36478) = 4.14132$$

$$D_{3,(1+5)} = \min(d_{31}, d_{35}) = \min(2.70509, 2.19575) = 2.19575$$

$$D_{4,(1+5)} = \min(d_{41}, d_{45}) = \min(2.52921, 3.22846) = 2.52921$$

以此类推，得到 $D_{6,(1+5)} = 5.08562$ 和 $D_{7,(1+5)} = 4.41174$，而未参与并类的类间距离不变，于是得到新的距离矩阵 $D(1)$：

	G_{1+5}	G_2	G_3	G_4	G_6	G_7
G_{1+5}	0	4.14132	2.19575*	2.52921	5.08562	4.41174
G_2		0	4.93639	5.55675	3.82184	3.28531
G_3			0	3.40464	6.16829	4.97632
G_4				0	5.72491	4.66373
G_6					0	2.41802
G_7						0

（2）在新的 $D(1)$ 距离矩阵中以 2.19575 最小，故将 G_{1+5} 与 G_3 合并为新的矩阵 G_{1+5+3}，此次并类距离为 2.19575。再计算 G_{1+5+3} 与其他各类间距离（聚类方法同上面介绍），并与未参与并类的类间距离一同构成新的距离矩阵 $D(2)$：

	G_{1+5+3}	G_2	G_4	G_6	G_7
G_{1+5+3}	0	4.14132	2.52921	5.08562	4.41174
G_2		0	5.55675	3.82184	3.28531
G_4			0	5.72491	4.66373
G_6				0	2.41802*
G_7					0

（3）在新的 $D(2)$ 距离矩阵中以 2.41802 最小，故将 G_6 和 G_7 合并为新的矩阵 G_{6+7}，此次并类距离为 2.41802。得到新的矩阵 $D(3)$：

	G_{1+5+3}	G_2	G_4	G_{6+7}
G_{1+5+3}	0	4.14132	2.52921*	4.41174
G_2		0	5.55675	3.28531
G_4			0	4.66373
G_{6+7}				0

（4）在新的 $D(3)$ 距离矩阵中以 2.52921 最小，故将 G_{1+5+3} 和 G_4 合并为新的矩阵 $G_{1+5+3+4}$，此次并类距离为 2.52921。得到新的矩阵 $D(4)$：

	$G_{1+5+3+4}$	G_2	G_{6+7}
$G_{1+5+3+4}$	0	4.14132	4.41174
G_2		0	3.28531*
G_{6+7}			0

（5）在新的 $D(4)$ 距离矩阵中以 3.28531 最小，故将 G_{6+7} 和 G_2 合并为新的矩阵 G_{6+7+2}，此次并类距离为 3.28531。得到新的矩阵 $D(5)$：

	$G_{1+5+3+4}$	G_{6+7+2}
$G_{1+5+3+4}$	0	4.14132*
G_{6+7+2}		0

（6）最后将 $G_{1+5+3+4}$ 和 G_{6+7+2} 合并成一大类，并类距离为 4.14132。将上述过程绘制成聚类谱系图，如图 8.5 所示。

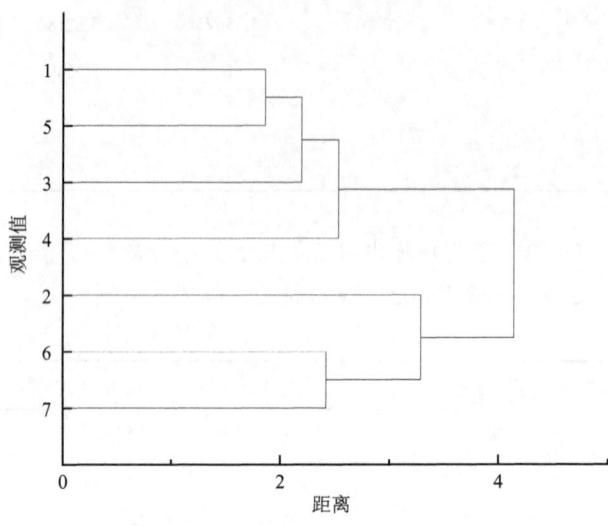

图 8.5　最短距离法聚类谱系图

最短距离法具有单调性，呈单调上升，并类距离逐渐增大，具体并类过程如表 8.2 所示。

表 8.2　最短距离法聚类过程

并类次数	并类距离	并类 1	并类 2	新并类	并类个数
1	1.85739	G_1	G_5	G_{1+5}	6
2	2.19575	G_{1+5}	G_3	G_{1+5+3}	5
3	2.41802	G_6	G_7	G_{6+7}	4
4	2.52921	G_{1+5+3}	G_4	$G_{1+5+3+4}$	3
5	3.28531	G_2	G_{6+7}	G_{6+7+2}	2
6	4.14132	$G_{1+5+3+4}$	G_{6+7+2}	$G_{1+5+3+4+6+7+2}$	1

2）最长距离法

最长距离法的聚类步骤与最短距离法类似，仍将距离矩阵中最亲近的（距离最小）的两类合并成新一类，其区别是在求新类与其他类之间的距离时，要求距离最长者作为类间距离。其并类过程及最后的聚类谱系图如表 8.3 和图 8.6 所示。

第 8 章 多元统计分析

表 8.3 最长距离法聚类过程

并类次数	并类距离	并类 1	并类 2	新并类	并类个数
1	1.85739	G_1	G_5	G_{1+5}	6
2	2.41802	G_6	G_7	G_{6+7}	5
3	2.70509	G_{1+5}	G_3	G_{1+5+3}	4
4	3.40464	G_{1+5+3}	G_4	$G_{1+5+3+4}$	3
5	3.82184	G_2	G_{6+7}	G_{6+7+2}	2
6	6.16829	$G_{1+5+3+4}$	G_{6+7+2}	$G_{1+5+3+4+6+7+2}$	1

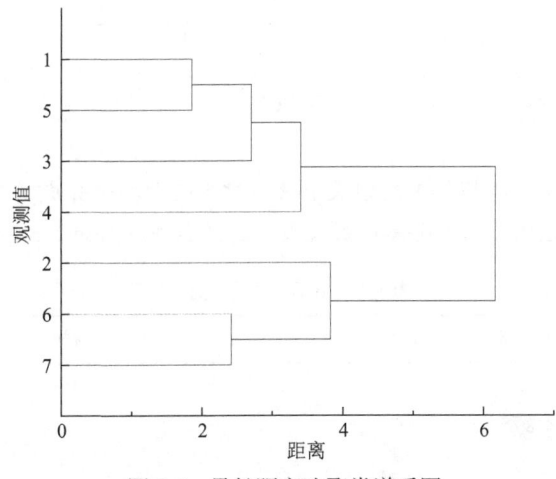

图 8.6 最长距离法聚类谱系图

3）类平均法

类平均法也是从聚类矩阵中找到最小值所对应的两类合并成新类，其他类与新类间的距离以类平均法求算。其并类过程及最后的聚类谱系图如表 8.4 和图 8.7 所示。

表 8.4 类平均法聚类过程

并类次数	并类距离	并类 1	并类 2	新并类	并类个数
1	1.85739	G_1	G_5	G_{1+5}	6
2	2.41802	G_6	G_7	G_{6+7}	5
3	2.45042	G_{1+5}	G_3	G_{1+5+3}	4
4	3.05411	G_{1+5+3}	G_4	$G_{1+5+3+4}$	3
5	3.55357	G_2	G_{6+7}	G_{6+7+2}	2
6	4.99042	$G_{1+5+3+4}$	G_{6+7+2}	$G_{1+5+3+4+6+7+2}$	1

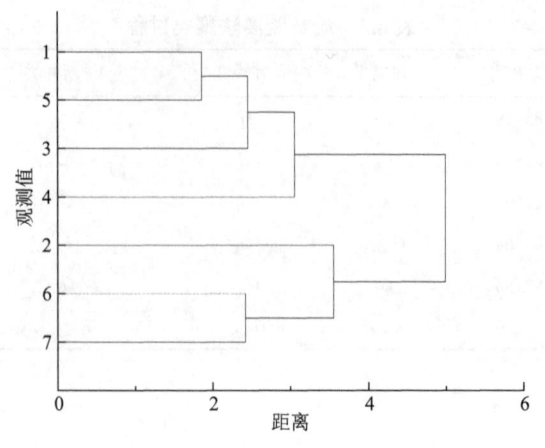

图 8.7 类平均法聚类谱系图

4）Ward 方法

Ward 法也是从聚类矩阵中找到最小值所对应的两类合并成新类，其他类与新类间的距离以 Ward 法求算。其并类过程及最后的聚类谱系图如表 8.5 和图 8.8 所示。

表 8.5 Ward 法聚类过程

并类次数	并类距离	并类 1	并类 2	新并类	并类个数
1	1.85739	G_1	G_5	G_{1+5}	6
2	2.41802	G_6	G_7	G_{6+7}	5
3	2.6481	G_{1+5}	G_3	G_{1+5+3}	4
4	3.45479	G_{1+5+3}	G_4	$G_{1+5+3+4}$	3
5	3.93209	G_2	G_{6+7}	G_{6+7+2}	2
6	10.06984	$G_{1+5+3+4}$	G_{6+7+2}	$G_{1+5+3+4+6+7+2}$	1

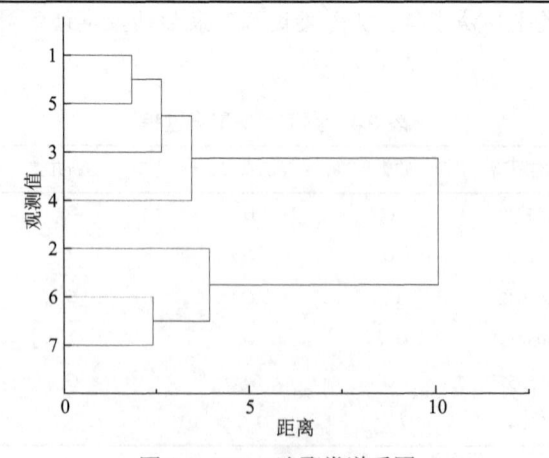

图 8.8 Ward 法聚类谱系图

8.3 主成分分析

主成分分析（principal components analysis）是利用降维的思想，在损失少量信息的前提下，把多个变量转化为几个综合变量的多元统计方法。在主成分分析中，通过原始变量相关矩阵或协方差矩阵内部结构关系，利用原始变量的线性组合形成几个综合变量（称为主成分），可以在保留原始变量主要信息的前提下起到降维与简化问题的作用，使得在研究复杂问题时更容易抓住主要矛盾。一般来说，利用主成分分析得到的主成分与原始变量之间有如下基本关系：

（1）每个主成分都是各原始变量的线性组合；
（2）主成分的数目大大少于原始变量的数目；
（3）主成分保留了原始变量的绝大多数信息；
（4）主成分之间互不相关。

通过主成分分析，可以从样品之间错综复杂的关系中找出一些主要成分，从而有效利用大量统计数据进行定量分析，揭示变量之间的内在关系，得到对样品特征及其发展规律的一些深层次的启发，把研究工作引向深入（何晓群，2019）。

8.3.1 基本原理

设有一个多变量的样本，含有 n 个样品 $(i=1,2,\cdots,n)$，每个样品被 m 个变量 $x_k(k=1,2,\cdots,m)$ 所描述，由观测值（原始分数）组成一个矩阵

$$\boldsymbol{X} = (x_{ik})_{n\times m} = \begin{pmatrix} x_{11} & \cdots & x_{1m} \\ \vdots & & \vdots \\ x_{n1} & \cdots & x_{nm} \end{pmatrix}$$

主成分分析中需要将上述矩阵中的每个原始分数变成标准分数，转换方式可参考 8.2.1 节，我们在这里不再详细叙述。这样上述矩阵中的 x_{ik} 在后续讨论中可以代表原始数据，也可以代表原始数据转化后的标准分数。也就是说矩阵中我们假设这些 x_{ik} 都是对变量中心化的，即矩阵中每一列的和均为零，即

$$\sum_{i=1}^{n} x_{ik} = 0 \quad k=1,2,\cdots,m$$

原始数据的中心化对于主成分分析的计算是非常重要的。如果数据已经是中心化的，那么矩阵 $\boldsymbol{x}_{(n\times m)}$ 中每列变量的平方和 $\sum_i x_{ik}^2$ 就是变量 x_k 的离差平方和，等于变量 x_k 的方差 $\mathrm{var}(x_k)$ 的 $(n-1)$ 倍；而样本中全部变量的总离差平方和是各变量

离差平方和的总和，即 $\sum_k \sum_i x_{ik}^2$。

现在对 m 维空间的坐标轴作刚性转动，这也等于对原始数据作线性转换，也就是说新的综合变量 y 是原来变量 x 的线性组合，有

$$y_{ik} = \sum_{l=1}^m x_{il} t_{lk} \quad i=1,2,\cdots,n; k=1,2,\cdots,m$$

写成矩阵相乘形式：

$$(y_{ik})_{n\times m} = (x_{ik})_{n\times m}(t_{lk})_{n\times m}$$

$(t_{lk})_{n\times m}$ 是一个 $n\times m$ 阶的矩阵，称为变换矩阵。坐标轴的刚性转动，即变量作线性变换时，样本的总离差平方和，或简称总离差是不变的，但是每个变量的离差平方和是在变化的。

我们总希望在坐标变换后，新的变量 y_k 的方差尽可能大且各个 y_k 之间相互独立。这样少数几个新变量 y_k 就可以解释样本中大部分的总离差，而且第一个新变量 y_1 能解释最多的总离差，第二个新变量 y_2 能解释第二多的总离差……。另外，也说明各综合变量在总方差中所占的比例依次递减。y_1 和 y_2 分别称为第一主成分和第二主成分，按次序 y_k 称为第 k 个主成分。在实际的工作中，通常只挑选前几个方差最大的主成分，从而达到简化系统结构、抓住问题实质的目的。

8.3.2 几何意义

方便起见，我们仅在二维空间中讨论主成分的几何意义，所得结论可以很容易推广到多维情况。设有 n 个样品，每个样品都有两个观测变量 x_1 和 x_2，这样在由变量 x_1 和 x_2 组成的坐标空间中，n 个样品散布的情况如带状（图 8.9）（何晓群，2019）。

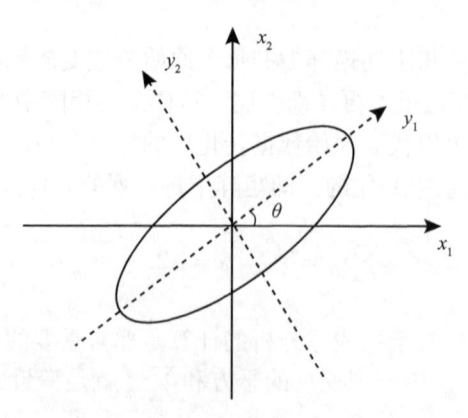

图 8.9 主成分分析概念的二维表示

由图可以看出，这 n 个样品无论沿 x_1 轴方向还是沿 x_2 轴方向，均有较大的离散性，其离散程度可以分别用观测值 x_1 和 x_2 的方差定量地表示。我们的目的是考虑 x_1 和 x_2 的线性组合，使原始样品数据可以由新的变量 y_1 和 y_2 来刻画。在几何上就是将坐标轴按逆时针方向旋转 θ 角度，得到新的坐标轴 y_1 和 y_2，坐标轴的旋转公式为

$$\begin{cases} y_{i1} = x_{i1}\cos\theta + x_{i2}\sin\theta \\ y_{i2} = -x_{i1}\sin\theta + x_{i2}\cos\theta \end{cases} \quad i = 1, 2, \cdots, n$$

其矩阵形式为

$$\begin{pmatrix} y_{i1} \\ y_{i2} \end{pmatrix} = \begin{pmatrix} \cos\theta & \sin\theta \\ -\sin\theta & \cos\theta \end{pmatrix} \begin{pmatrix} x_{i1} \\ x_{i2} \end{pmatrix} = (t_{ik})_{n\times m} (x_{ik})_{n\times m}$$

式中，$(t_{ik})_{n\times m}$ 为旋转变换矩阵，是正交矩阵。

经过这样的旋转后，n 个样品在 y_1 轴上的离散程度最大，变量 y_1 代表了原始数据的绝大部分信息，这样，有时在研究实际问题时，即使不考虑 y_2 也无损大局。因此，经过上述旋转变换后就可以把原始数据的信息集中到 y_1 轴上，而主成分分析的作用与几何意义也就明了了。当然，如果是服从正态分布的变量，主成分分析会更为明显。对于多元正态分布的总体情况，有类似的结论。

举例说明二维空间中的主成分分析意义：表 8.6 列出了一个由 8 个样品组成的样本，每个样品被 2 个变量 x_1 和 x_2 所描述，原始变量数据、中心化数据和主成分得分（或称因子得分）一并列于表中（陈铁梅，2005）。

表 8.6　二维空间中 8 个样品的主成分分析数据

样品号	原始 x_1	原始 x_2	中心化 x_1	中心化 x_2	主成分 y_1	主成分 y_2
1	4	6	3.5	5.75	6.71	0.51
2	4	4	3.5	3.75	5.09	−0.66
3	0	1	−0.5	0.75	0.32	0.84
4	2	0	1.5	−0.25	0.67	−1.36
5	−3	−4	−3.5	−4.25	0.67	−1.36
6	−1	−4	−1.5	−4.25	−4.33	−1.26
7	3	5	2.5	4.75	5.32	0.74
8	−5	−6	−5.5	−6.25	−8.28	0.82
离差平方和	78	145.5	78	145.5	217	6.2

需要说明的是，中心化变量中的元素平方和 $\sum_i x_{ik}^2$ 分别是变量 x_1 和 x_2 的离差平方和，而 $\sum_i \left(x_{i1}^2 + x_{i2}^2 \right)$ 是样本的总离差平方和，或简称总离差。实际计算得到的两个变量的离差平方和分别为 78 和 145.5，它们之间的差别并不大，仅约 2 倍。样本的总离差为 78+145.5=223.5。

当用一个"处于这两个变量之间，又同时与这两个变量高度相关的综合变量"来取代这两个变量时，我们希望这种取代能反映绝大部分的总离差。以图 8.9 为示例，将由 x_1 和 x_2 组成的原始坐标轴刚性旋转 θ 角度，得到新的坐标系 (y_1, y_2)。因为数据已经是中心化的，因此可以直接按照坐标轴的旋转公式进行坐标轴转动。转动后，在新的坐标体系 (y_1, y_2) 下，样本的总离差是不变的，即有

$$\sum_i y_{i1}^2 + \sum_i y_{i2}^2 = \sum_i x_{i1}^2 + \sum_i x_{i2}^2$$

因为离差平方和等于方差的 $(n-1)$ 倍，所示上式等价于

$$\text{var}(y_1) + \text{var}(y_2) = \text{var}(x_1) + \text{var}(x_2)$$

在上面的数据转换中，虽然总离差不变，但是 $\text{var}(y_1)$ 和 $\text{var}(y_2)$ 是随 θ 角的变化而变化的。应该这样选择 θ 角，使得 $\text{var}(y_1)$ 有最大值而 $\text{var}(y_2)$ 有最小值，即尽量拉开 $\text{var}(y_1)$ 和 $\text{var}(y_2)$ 的距离。为此，就是让 $\sum_i y_{i1}^2$ 或 $\text{var}(y_1)$ 对 θ 角的导数为零。求得的导数表达式为

$$\frac{\mathrm{d}\sum_i y_{i1}^2}{\mathrm{d}\theta} = 2\cos\theta\sin\theta\left(-\sum_i x_{i1}^2 + \sum_i x_{i2}^2 \right) + 2\cos 2\theta \sum_i x_{i1}^2 \cdot x_{i2}^2 = 0$$

将表 8.6 中的中心化数据代入上式，解此方程得到 $\theta \approx 54.23°$。即将原始坐标轴转动 54.23° 就得到主成分坐标轴 y_1 和 y_2。有了旋转角度后，按照坐标轴的旋转公式就可以计算得到各个样品在新坐标下的坐标值 (y_{i1}, y_{i2})，称为样品的主成分得分或因子得分。

8 个样品的主成分得分列于表 8.6 的第 6 列和第 7 列。样本的主成分得分也是中心化的，两列变量数据的平方和分别给出每个主成分的离差平方和，分别为 217.3 和 6.2，差距已经扩大将近 30 倍，但是总离差并没有发生改变，仍然是 217.3+6.2=223.5，表明上述的坐标转换并不改变总离差的数值。这样得到的变量 y_1 具有最大的离差及方差 $\text{var}(y_1)$。

y_1 称为第一主成分（PC1），相应地，y_2 称为第二主成分（PC2）。其中第一主成分所保留的信息量可以通过百分比计算，即

$$\frac{\mathrm{var}(y_1)}{\mathrm{var}(y_1)+\mathrm{var}(y_2)}=\frac{217.3}{217.3+6.2}=0.972$$

也就是说，第一主成分所保留的信息百分比为 97.2%，从而达到了降维的目的。

8.3.3 主要性质

主成分 $y_1, y_2, \cdots, y_m$ 的协方差矩阵是一个对角矩阵，对角矩阵元 $\lambda_1, \lambda_2, \cdots, \lambda_m$ 是原变量相关系数矩阵的特征根，也是第 i 个主成分 y_i 的方差，且有 $\lambda_1 \geq \lambda_2 \geq \cdots \geq \lambda_m$。如何求解协方差矩阵，以及原始数据的转换等，要具有一定的数学知识，在此不再讨论，读者可参考相关文献（王孝玲，2015；何晓群，2019 等），这里简单介绍主成分分析中经常用到的几个性质。

1. 方差的贡献率

第 i 个主成分的方差与总方差之比

$$\alpha_i = \frac{\lambda_i}{\sum_1^m \lambda_i}$$

称为第 i 个主成分 y_i 的贡献率。这反映了第 i 个主成分 y_i 概括了原始变量信息的百分比，或者说原始变量总方差中被第 i 个主成分 y_i 分析解释的百分比。其中第一主成分 y_1 的贡献率最大，表明它对原始变量分析解释能力最强，而剩下的 $y_2, y_3, \cdots, y_m$ 主成分贡献率依次减小，对原始变量的分析解释能力依次减弱。

进行主成分分析的目的之一是减少变量的个数，所以一般不会取 m 个主成分，而是取 l 个主成分（$l < m$）。m 取多少比较合适，是一个很实际的问题，通常以所取 m 使得主成分 $y_1, y_2, \cdots, y_k$ 累积贡献率达到 85% 以上为宜，即

$$\frac{\sum_1^l \lambda_i}{\sum_1^m \lambda_i} \geq 85\%$$

这样，既能使信息损失不太多，又能达到减小变量、简化问题的目的。另外，选取主成分还可根据特征根的变化来确定。图 8.10 为 Origin 软件所生成的碎石图。

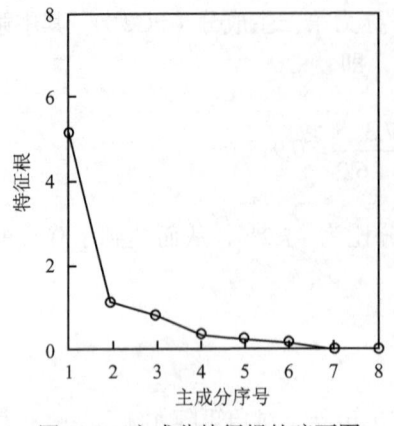

图8.10 主成分特征根的碎石图

由图 8.10 可知，第二个与第三个特征根变化的趋势已经开始趋于平衡，所以取前两个或前三个主成分是比较合适的。采用这种方法确定的主成分个数与按照累积贡献率确定的主成分个数往往是一致的。在实际应用中，有些研究者习惯于保留那些特征根大于 1 的主成分，但这种方法缺乏完善的理论支持。在大多数情况下，取前三个主成分即可使所选主成分保持信息总量的比例达到 85% 以上。

2. 因子负荷量

第 l 个主成分 y_l 与原始变量 x_i 的相关系数 $\rho(y_l, x_i)$ 称为因子负荷量。其相关系数为

$$\rho(y_l, x_i) = \frac{\mathrm{cov}(y_l, x_i)}{\sqrt{\mathrm{var}(y_l)}\sqrt{\mathrm{var}(x_i)}}$$

因子负荷量是主成分解释中非常重要的解释依据，因子负荷量的绝对值大小刻画了该主成分的主要意义及其成因。绝对值越大，表明 y_l 和 x_i 的相依程度越大，或称 y_l 对于 x_i 的负荷量越大，进行主成分分析的目的之一就是要算出各个因子负荷量的值，它对主成分的解释提供了依据。

8.3.4 分析步骤

主成分的求法可以从样本协方差矩阵出发，也可以从样本相关系数矩阵出发求解。下面仅以从相关矩阵出发求解主成分的计算方法和分析步骤（王孝玲，2015）。

1. 将原始变量标准化

为了使主成分分析能均等地对待每个原始变量，当原始变量间的量纲（单位）不完全相同，或各变量的取值范围彼此相差较大时，需要对原始变量做标准化处理，就是说将 n 个样品在 m 个变量上的每个原始分数转换成标准分数

$$x'_{ik} = \frac{x_{ik} - \overline{x}_k}{s_k} \qquad i = 1, 2, \cdots, n; k = 1, 2, \cdots, m$$

式中，x_{ik} 为原始分数；$\overline{x}_k$ 和 s_k 分别为第 k 个原始变量的平均值和标准差。

2. 求相关矩阵及其特征根、相对应的特征向量，建立主成分方程

用原始数据或标准化数据（二者计算结果相同），用第 7 章积差相关法计算每两个原始变量间的相关系数，并构成相关系数矩阵 **R**；然后解相关矩阵 **R** 的特征方程 $|\lambda_i \mathbf{I} - \mathbf{R}| = 0$，求得 m 个特征根的值 $\lambda_1, \lambda_2, \cdots, \lambda_m$，并将之从大到小排列。再将每个特征值 λ_i 逐个代入与特征方程相对应的齐次线性方程组 $(\lambda_i \mathbf{I} - \mathbf{R}) t_i = 0$，求得与 λ_i 值相对应的特征向量 t_i，并列出各主成分方程 $y_{ik} = \sum_{l=1}^{m} x_{ik} t_{lk}$。

3. 求每个主成分的贡献率及其累积贡献率，并确定所选取的主成分数 k

计算每个主成分的贡献率及其累积贡献率。当前几个主成分的累积贡献率达到 80%～90%时，就可以确定所选取的主成分个数 l，而舍去剩余的主成分信息。

4. 求原始变量在主成分上的载荷，每个样品在前 l 个主成分上的得分

计算原始变量 x_i 与主成分 y_l 之间的相关系数，以获得原始变量 x_i 在主成分 y_l 上的载荷，作为解释主成分的依据。

5. 对主成分意义的解释

主成分分析过程中的每一步计算结果，都有可能成为分析解释的依据。譬如，可通过对原始变量标准差大小、各变量间相关系数大小的直接观察，从中得到启发；可通过对选取的 l 个主成分相应的特征向量值的正负、大小，以及绝对值大小的分析对比找出规律，从而对主成分的意义作出判断，对样品作出分类。

以用求得的第 k 个原始变量 x_k 在第一主成分上的负荷值 $\rho(y_1, x_k)$ 为点的横轴，以该原始变量 x_k 在第二主成分上的负荷量 $\rho(y_2, x_k)$ 为点的纵轴进行制图，以此对 m 个原始变量进行分类；也将原始分数（或标准分数）代入所选取的前 l 个

主成分方程中，以所求得的两个主成分分值为横纵轴，如以第一主成分为横轴，以第二主成分为纵轴描点作图，以此对样本进行分类。

8.3.5 应用举例

例 8.2 仍以山东高青、博兴等地发现了部分白陶佛教造像的化学成分数据为例（表 8.1），进行主成分分析说明。

选择 OriginPro 2018C（汉化版）软件，将数据输入其中，选择其中的系统聚类分析，其中模块说明如图 8.11 所示。以此讨论主成分分析方法下 7 个样品的聚类效果。

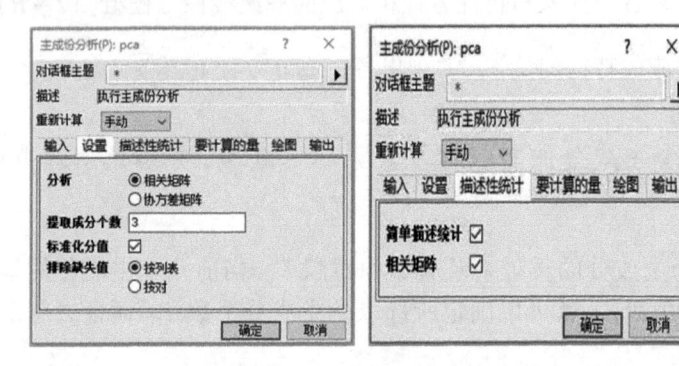

(a) (b)

图 8.11 主成分分析对话框列表：(a) 设置界面对话框；(b) 描述性统计对话框

1. 求相关矩阵、特征根、特征根的贡献并确定主成分个数

将原始数据转化成标准分后，就可以得到标准化变量的相关矩阵，进而求解。
（1）求标准化变量的相关矩阵 R，结果如表 8.7 所示。

表 8.7　9 个标准化变量的相关矩阵表

	$R(x_1)$	$R(x_2)$	$R(x_3)$	$R(x_4)$	$R(x_5)$	$R(x_6)$	$R(x_7)$	$R(x_8)$	$R(x_9)$
$R(x_1)$	1	0.91396	−0.89036	0.94076	0.13173	0.90139	−0.39034	−0.97148	0.17245
$R(x_2)$	0.91396	1	−0.75411	0.84118	0.34457	0.83179	−0.34598	−0.9732	0.27571
$R(x_3)$	−0.89036	−0.75411	1	−0.93757	0.26603	−0.74503	0.53752	0.79084	0.00706
$R(x_4)$	0.94076	0.84118	−0.93757	1	−0.07354	0.78895	−0.43883	−0.88251	−0.1348
$R(x_5)$	0.13173	0.34457	0.26603	−0.07354	1	0.39564	0.04156	−0.31345	0.35185
$R(x_6)$	0.90139	0.83179	−0.74503	0.78895	0.39564	1	−0.51952	−0.89093	0.2135

续表

	$R(x_1)$	$R(x_2)$	$R(x_3)$	$R(x_4)$	$R(x_5)$	$R(x_6)$	$R(x_7)$	$R(x_8)$	$R(x_9)$
$R(x_7)$	−0.39034	−0.34598	0.53752	−0.43883	0.04156	−0.51952	1	0.30144	0.09193
$R(x_8)$	−0.97148	−0.9732	0.79084	−0.88251	−0.31345	−0.89093	0.30144	1	−0.25683
$R(x_9)$	0.17245	0.27571	0.00706	−0.1348	0.35185	0.2135	0.09193	−0.25683	1

由相关系数矩阵可以看出，有部分变量之间的相关系数很小，特别是与变量 x_9 间的相关系数均小于0.5，也就表明 P_2O_5（变量 x_9）与其他变量间相关性很差。因此在后续分析中未将 P_2O_5（变量 x_9）作为分析变量输入程序中。如果将其也作为变量输入，程序的执行会揭示它们之间的相关系数过小，即它们的采样适宜度是令人怀疑的（如果不这样处理，似乎对结果也影响不大，但是结果会受到质疑）。

删除变量 x_9（P_2O_5）后，新的相关系数矩阵如表8.8所示。

表8.8　8个标准化变量的相关矩阵表

	$R(x_1)$	$R(x_2)$	$R(x_3)$	$R(x_4)$	$R(x_5)$	$R(x_6)$	$R(x_7)$	$R(x_8)$
$R(x_1)$	1	0.91396	−0.89036	0.94076	0.13173	0.90139	−0.39034	−0.97148
$R(x_2)$	0.91396	1	−0.75411	0.84118	0.34457	0.83179	−0.34598	−0.9732
$R(x_3)$	−0.89036	−0.75411	1	−0.93757	0.26603	−0.74503	0.53752	0.79084
$R(x_4)$	0.94076	0.84118	−0.93757	1	−0.07354	0.78895	−0.43883	−0.88251
$R(x_5)$	0.13173	0.34457	0.26603	−0.07354	1	0.39564	0.04156	−0.31345
$R(x_6)$	0.90139	0.83179	−0.74503	0.78895	0.39564	1	−0.51952	−0.89093
$R(x_7)$	−0.39034	−0.34598	0.53752	0.43883	0.04156	−0.51952	1	0.30144
$R(x_8)$	−0.97148	−0.9732	0.79084	−0.88251	−0.31345	−0.89093	0.30144	1

（2）求特征根及贡献率统计（如表8.9所示）。

表8.9　特征根、贡献率和累积贡献率统计表

	特征根	贡献率（%）	累积贡献率（%）
1	5.61223	70.15	70.15
2	1.37692	17.21	87.36
3	0.79191	9.90	97.26

续表

	特征根	贡献率（%）	累积贡献率（%）
4	0.14538	1.82	99.08
5	0.05353	0.67	99.75
6	0.02003	0.25	100.00
7	0	0.00	100.00
8	0	−0.00	100.00

主成分分析中重要的输入表格就是"相关矩阵的特征根"，这个特征根等于该主成分所解释的方差值，而全部特征根的总和等于总方差，也等于变量的数目。根据特征根作图，就得到如图 8.10 所示的碎石图。表格中的贡献率表示该主成分所解释的总方差的百分比，表中各主成分是按照其特征根的大小排序的，表的最右列显示至某行前，所有主成分所解释的方差的累积百分比。

（3）确定特征根个数。

通过表 8.9 可以看到当选取 2 个主成分时，已经能够解释 87.36%的总方差，累积已经超过 85%，因此可以在该例中确定主成分的个数为 2。

2. 求主成分方程和样品的主成分得分

（1）Origin 程序会输出因子得分系数矩阵（表 8.10），利用这些系数，根据样品的原始变量值可以计算每个样品的主成分得分，即样品在主成分坐标中的坐标值。

表 8.10　提取的前 2 个主成分的系数矩阵

	PC1 系数	PC2 系数	PC3 系数
x_1	0.41492	−0.0018	0.15770
x_2	0.39465	0.18514	0.12026
x_3	−0.37936	0.35868	−0.07432
x_4	0.39777	−0.18881	0.16716
x_5	0.07229	0.81699	−0.24796
x_6	0.39069	0.18024	−0.19127
x_7	−0.21669	0.27092	0.89013
x_8	−0.40637	−0.16753	−0.19184

于是可得出相应的主成分方程：

$$F_1 = 0.41492x_1 + 0.39465x_2 - 0.37936x_3 + 0.39777x_4 + 0.07229x_5$$
$$+ 0.39069x_6 - 0.21669x_7 - 0.40637x_8$$

$$F_2 = -0.0018x_1 + 0.18514x_2 + 0.35868x_3 - 0.18881x_4 + 0.81699x_5$$
$$+ 0.18024x_6 + 0.27092x_7 - 0.16753x_8$$

$$F_3 = 0.15770x_1 + 0.12026x_2 - 0.07432x_3 + 0.16716x_4 - 0.24796x_5$$
$$- 0.19127x_6 + 0.89013x_7 - 0.19184x_8$$

（2）求样品的主成分得分。

由上述方程，可得出主成分的得分；并按照表 8.9 中的特征根和贡献率依据公式 $E = \sum \lambda F$ 得出样品的综合得分。通过综合得分（表 8.11 中第 5 列），我们发现样品 2、6 和 7 的数值在 218～232 范围，而样品 1、3、4 和 5 的数值在 76～100 之间，明显分为两类。同样，我们也可以对第一主成分和第二主成分作散点图（图 8.12），7 个样品也明显聚成两组。这种分组情况与聚类分析（8.2.6 节）结果一致。也说明各组间的化学元素组成具有明显的差异，正是这种差异导致了主成分坐标上各组陶（瓷）片聚成基本分离的族群，而这种差异在原始变量数据中很难直接被观察到，需要这样的统计方法给予补充。

表 8.11 主成分得分表

	PC1 系数	PC2 系数	PC3 系数	综合得分
x_1	14.58992	1.28849	5.41967	87.94801
x_2	35.09073	7.56995	13.61961	218.14598
x_3	14.57068	3.14671	7.76534	92.2562
x_4	12.79419	0.35995	5.23047	76.44162
x_5	16.15102	3.04388	6.30398	99.8266
x_6	37.82943	6.51813	12.9266	231.5191
x_7	36.37269	6.41953	14.53524	224.48166
x_8	14.58992	1.28849	5.41967	87.94801

尽管主成分分析与聚类分析结果一致，但是主成分分析能够评价原始变量中某种变量对聚类的贡献大小，这是聚类分析所不具备的。但是在样品数量比较多的情况下，聚类分析和主成分分析均会影响某些个别样品的分类，将二者结合讨论在以往考古分析中比较常见，也能尽量避免这种影响。

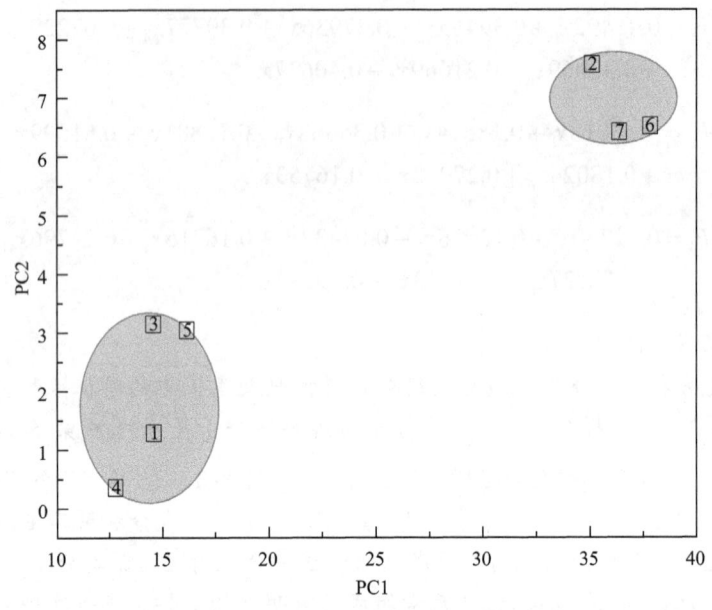

图 8.12　第一主成分和第二主成分得分散点图

8.4　判　别　分　析

　　判别分析（discriminant analysis）是一种对样品进行归类的多元统计方法。前面叙述的聚类分析和主成分分析针对的是数值变量，而判别分析针对的是非数值变量的情形。例如，在鉴定古代瓷器方面，如果我们已经知道了明代、清代景德镇官窑产瓷器的化学元素组成，对于一个未知来源的瓷器，我们希望根据这个样品的化学元素组成来判断它是明、清哪个朝代的瓷器。在判别分析中就是用数值变量（作解释变量）通过数学关系来判断样品所属的类别变量（作被解释变量），上述情况所属的化学元素就是数值变量，而明、清瓷器就属名义变量。判别分析就是根据样本的特征性质判断个别样品归属于哪种已知类型的一种方法。

　　判别分析在考古研究中尽管不如聚类分析和主成分分析应用广，但是也较早地进入了考古研究领域。1986年中国科学院古脊椎动物与古人类研究所王令红先生曾经用判别分析（结合主成分分析和聚类分析），针对新石器时期和现代居民的颅骨测量，探究了时代变化与地理差异对颅骨性状的影响（王令红，1986），这是中国较早使用判别分析（包括其他多元统计分析）在考古研究中的应用实例。

　　本节将介绍判别分析的内在性质、基本原理和应用条件，并举例说明这些方法的应用和结果的解释。

8.4.1 基本思想

以最简单两类样本为例说明。如果样本的先验分类仅为 A 和 B 两类（图 8.13），而每个样品只需 x_1 和 x_2 两个变量来描述，如果在每个样本中样品点分布接近正态分布，且有相近的离散程度下，可以执行一个线性变换，有 $z = a_1x_1 + a_2x_2$，对每个样品 i 根据其原始坐标 (x_{i1}, x_{i2})，都可以计算出一个 z_i 值。这样根据 z_i 值单个变量的大小来判断样品的归属类别 A 和 B。选择不同的 a_1 和 a_2 就会得到不同的 z_i 值，如图 8.13 所示，我们能够选择合适的 a_1 和 a_2 使计算所得到的 z 值正好与图上的 z 轴相符，显然这时 z_i 值就能够最佳地判断某个样品的归属类别。判别分析就是要寻找这样一个能对样品进行最佳归类的函数 z。z 称为判别函数，a_1 和 a_2 是判别函数的系数，z_i 称为样品 i 的判别得分。也需注意，当样品落在两个样本相互交叉的区域，如果用样品的判别得分 z_i 值进行判断就有可能发生误判，误判率的大小是评价判别函数有效性的标准之一（陈铁梅，2005）。

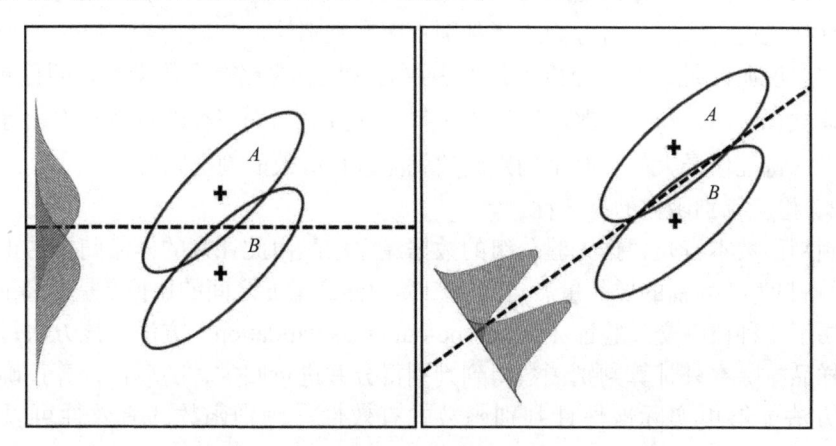

图 8.13 两个先验组样本判别分析原理示意图

1. 判别分析的要求

分组类别须在两组以上；每组样品规模必须至少在一个以上；原始分析变量（或者说解释变量）必须是可测量的，即为数值变量，这样才能够计算其平均值和方差，使其合理地应用于统计函数。

2. 判别分析中的假设

（1）每一个原始分析变量不能是其他原始变量的线性组合。如果某个原始变量与其他变量高度相关，虽然能求解，但参数估计的标准误将很大，以至于参数估计在统计上不显著。

（2）各组原始变量的协方差矩阵相等。判别分析最简单和最常用的形式是采用线性判别函数，它们是原始变量的简单线性组合。在各组协方差矩阵相等的假设条件下，可以使用很简单的公式来计算判别函数和进行显著性检验。

（3）各原始分析变量遵从多元正态分布，即每个原始变量对于所有其他变量的固定值有正态分布。在这种条件下可以精确计算显著性检验值和分组归属的概率。当违背该假设时，计算的概率将非常不准确。

3. 判别分析的流程

1）建立判别函数，并对样品进行归类

根据类别已知样品的坐标 x_{ik} 来计算推导判别函数，并根据判别函数对每个样品归类，包括对已知类别和未知类别的全部样品进行归类。在此过程中，根据判别函数的形式，可以分为线性判别和非线性判别（如二次函数）；根据确定待判样品的归属方法，可分为距离判别、Fisher 判别、Bayes 判别等；根据建立判别函数处理变量的方法，又可分为逐步判别、序贯判别等。

需要说明的是，判别分析中判别函数的数量总要比类别数少一，即分 n 组时需要建立 $(n-1)$ 个判别函数。但是这些判别函数对判别归类的贡献并不相等，往往只考虑特征值最大的一两个判别函数就能进行有效的判别归类。

2）检验判别函数的有效性

判别函数本身是根据先验分组的数据建立的，由此评判的样品归类的正确率（即预测归为某类别的样品量 k 与已知归类的样品量 n 之间的比值）是偏高的。由此发展了一种留一交叉验证（leave-one-out cross validation）方法，该方法每次将一个样品排除在外计算判别函数得到判别得分并进行归类，随后再计算正确率。这种方法能够更实际地估计判别函数的有效性。判别函数的有效性可以通过 Wilk's λ 值表示（Wilk's λ 值将在后续案例分析中继续说明）。

3）分析原始变量对评判函数的贡献

判别分析的结果输出中，会有一个 $(n\times1)$ 的结构矩阵，该矩阵的元素是判别得分与各变量间的简单相互关系数，并按照大小排列。排列顺序反映了变量对判别函数的贡献大小。

8.4.2 判别函数

判别分析通常都要设法建立一个判别函数，然后利用此函数进行评判，判别函数主要有两种，即线性判别函数（linear discriminant function）和典型判别函数（canonical discriminant function）。

线性判别函数是指对于一个总体，如果各组（类别）样品相互独立，且服从多元正态分布，就可建立线性判别函数，形式如下：

$$W_i(\boldsymbol{x}) = \boldsymbol{a}_i'\boldsymbol{x} + \boldsymbol{c}_i \qquad i=1,2,\cdots,k$$

式中，i 为判别组数；W_i 为判别指标（或者称作判别分数或判别值），根据所用方法的不同，可能是概率（如选取 Bayes 方法），也可能是坐标值或分值（如距离判别方法）；$\boldsymbol{x}$ 为自变量或预测变量，即反映研究对象特征的变量；$\boldsymbol{a}$ 为各变量系数，也称判别系数。

建立判别函数必须使用一个训练样品集（或者称总体），就是已知实际分类且各指标的观察值并已测得的样品，它对判别函数的建立非常重要。

典型判别函数也是原始自变量的线性组合，通过建立少量典型变量可以比较方便地描述各类之间的关系。

8.4.3　判别方法

判别方法就是确定待判样品归属于哪一组的方法，可分为参数法和非参数法，也可以根据资料的性质分为定性判别分析和定量判别分析。此处给出的分类主要是根据采用的判别标准分的几种常用方法，属连续性判别方法。

1. 距离判别

其基本思想是由已知分类样品得出每个类别的重心坐标，然后对新样品求出它们离各个类别重心的距离远近，从而归入离得最近的类。也就是根据个体样品离母体样本远近进行判别。最常用的距离是马氏距离，偶尔也采用欧氏距离。距离判别的特点是直观、简单，适合于对自变量均为连续变量的情况下进行分类，且它对变量的分布类型无严格要求，特别是并不严格要求总体协方差阵相等。

1）两总体情况

设有两个总体 G_1 和 G_2，$\boldsymbol{x}$ 是一个 p 维样品，若能定义样品到总体 G_1 和 G_2 的距离 $d(\boldsymbol{x},G_1)$ 和 $d(\boldsymbol{x},G_2)$，则可用如下的规则进行评判：

$$\begin{cases} D(\boldsymbol{x},G_1) < D(\boldsymbol{x},G_2), \boldsymbol{x} \in G_1 \\ D(\boldsymbol{x},G_1) > D(\boldsymbol{x},G_2), \boldsymbol{x} \in G_2 \\ D(\boldsymbol{x},G_1) = D(\boldsymbol{x},G_2),\text{待判} \end{cases}$$

这里用马氏距离作为描述样品间、样品与总体中心间距离。总体 G_1 和 G_2 中样品的马氏距离平方分别为

$$D^2(\boldsymbol{x},G_1) = (\boldsymbol{x}-\boldsymbol{\mu}_1)'\boldsymbol{\Sigma}_1^{-1}(\boldsymbol{x}-\boldsymbol{\mu}_1)$$

$$D^2(\boldsymbol{x}, G_2) = (\boldsymbol{x} - \boldsymbol{\mu}_2)' \boldsymbol{\Sigma}_2^{-1} (\boldsymbol{x} - \boldsymbol{\mu}_2)$$

式中，$\boldsymbol{\mu}_1$ 和 $\boldsymbol{\mu}_2$，$\boldsymbol{\Sigma}_1$ 和 $\boldsymbol{\Sigma}_2$ 分别为总体 G_1 和 G_2 的平均值和协方差阵。

（1）协方差阵相等时：

当总体 G_1 和 G_2 为正态分布且协方差相等时，即 $\boldsymbol{\Sigma}_1 = \boldsymbol{\Sigma}_2 = \boldsymbol{\Sigma}$，则两个马氏距离平方的差：

$$\Delta D^2 = D^2(\boldsymbol{x}, G_1) - D^2(\boldsymbol{x}, G_2) = 2\left(\boldsymbol{x} - \frac{\boldsymbol{\mu}_1 + \boldsymbol{\mu}_2}{2}\right)' \boldsymbol{\Sigma}^{-1}(\boldsymbol{\mu}_1 - \boldsymbol{\mu}_2)$$

令

$$\bar{\boldsymbol{\mu}} = \frac{\boldsymbol{\mu}_1 + \boldsymbol{\mu}_2}{2}$$

$$\boldsymbol{a} = \boldsymbol{\Sigma}^{-1}(\boldsymbol{\mu}_1 - \boldsymbol{\mu}_2)$$

$$W(\boldsymbol{x}) = (\boldsymbol{\mu}_1 - \boldsymbol{\mu}_2)' \boldsymbol{\Sigma}^{-1}(\boldsymbol{x} - \bar{\boldsymbol{\mu}}) = \boldsymbol{a}'(\boldsymbol{x} - \bar{\boldsymbol{\mu}})$$

于是判别规则可表示为

$$\begin{cases} W(\boldsymbol{x}) > 0, \boldsymbol{x} \in G_1 \\ W(\boldsymbol{x}) < 0, \boldsymbol{x} \in G_2 \\ W(\boldsymbol{x}) = 0, \text{待判} \end{cases}$$

此时样品的归属取决于 $W(\boldsymbol{x})$ 的值。通常称 $W(\boldsymbol{x})$ 为判别函数，由于它是线性函数，又称线性判别函数，$\boldsymbol{a}$ 就是判别系数（类似于回归系数）。线性判别函数使用最为方便，在实际应用中也最广泛。

当 $\boldsymbol{\mu}_1$、$\boldsymbol{\mu}_2$、$\boldsymbol{\Sigma}$ 未知时，可通过样本来估计。设 $\boldsymbol{x}_1^{(1)}, \boldsymbol{x}_2^{(1)}, \cdots, \boldsymbol{x}_{n_1}^{(1)}$ 是来自 G_1 的样本，$\boldsymbol{x}_1^{(2)}, \boldsymbol{x}_2^{(2)}, \cdots, \boldsymbol{x}_{n_2}^{(2)}$ 是来自 G_2 的样本，可以得到以下估计

$$\hat{\boldsymbol{\mu}}_1 = \frac{1}{n_1} \sum_{i=1}^{n_1} \boldsymbol{x}_i^{(1)} = \bar{\boldsymbol{x}}^{(1)}$$

$$\hat{\boldsymbol{\mu}}_2 = \frac{1}{n_2} \sum_{i=1}^{n_2} \boldsymbol{x}_i^{(2)} = \bar{\boldsymbol{x}}^{(2)}$$

$$\hat{\boldsymbol{\Sigma}} = \frac{1}{n_1 - n_2 - 2} \left(\sum_{i=1}^{n_1} (\boldsymbol{x}_i^{(1)} - \bar{\boldsymbol{x}}^{(1)})(\boldsymbol{x}_i^{(1)} - \bar{\boldsymbol{x}}^{(1)})' + \sum_{i=1}^{n_2} (\boldsymbol{x}_i^{(2)} - \bar{\boldsymbol{x}}^{(2)})(\boldsymbol{x}_i^{(2)} - \bar{\boldsymbol{x}}^{(2)})' \right)$$

（2）协方差不等时：

当两个总体协方差阵 $\boldsymbol{\Sigma}_1$ 和 $\boldsymbol{\Sigma}_2$ 不等时，可用

$$W(\boldsymbol{x}) = D^2(\boldsymbol{x}, G_1) - D^2(\boldsymbol{x}, G_2)$$
$$= (\boldsymbol{x}-\boldsymbol{\mu}_2)'\boldsymbol{\Sigma}_2^{-1}(\boldsymbol{x}-\boldsymbol{\mu}_2) - (\boldsymbol{x}-\boldsymbol{\mu}_1)'\boldsymbol{\Sigma}_1^{-1}(\boldsymbol{x}-\boldsymbol{\mu}_1)$$

作为判别函数，这时它是 $\boldsymbol{x}$ 的二次函数。

2）多总体情况

（1）协方差阵相等时：

对于 k 个总体 $G_1, G_2, \cdots, G_k$，其平均值分别为 $\boldsymbol{\mu}_1, \boldsymbol{\mu}_2, \cdots, \boldsymbol{\mu}_k$，协方差均为 $\boldsymbol{\Sigma}$。类似于两总体的讨论，判别函数为

$$W_{ij}(\boldsymbol{x}) = 2\left(\boldsymbol{x} - \frac{\boldsymbol{\mu}_i + \boldsymbol{\mu}_j}{2}\right)'\boldsymbol{\Sigma}^{-1}(\boldsymbol{\mu}_i - \boldsymbol{\mu}_j)$$

当然如果 $\boldsymbol{\mu}_1, \boldsymbol{\mu}_2, \cdots, \boldsymbol{\mu}_k$，$\boldsymbol{\Sigma}$ 未知时，类似两总体情况也可以用各个样本数据表示（这里不再详细叙述）。

（2）协方差阵不相同时：

判别函数属于二次判别函数：

$$W_{ij}(\boldsymbol{x}) = (\boldsymbol{x}-\boldsymbol{\mu}_i)'\boldsymbol{\Sigma}_i^{-1}(\boldsymbol{x}-\boldsymbol{\mu}_i) - (\boldsymbol{x}-\boldsymbol{\mu}_j)'\boldsymbol{\Sigma}_j^{-1}(\boldsymbol{x}-\boldsymbol{\mu}_j)$$

线性判别函数容易计算，二次判别函数计算比较复杂，需要更多的数学知识。

在实际进行判别分析时，究竟选取线性判别函数还是二次判别函数。第一，一般而言，如果各组的样本容量普遍较小，则选择线性判别函数应是一个较好的策略。相反，如果各组的样本容量都非常大，则更倾向于采用二次判别函数。第二，如果对使用线性判别函数还是二次判别函数拿不准，则可以同时采用这两种方法分别进行判别，然后用交叉验证法比较其误判评率的大小，以此判断到底采用哪种方法更为合适。

2. Fisher 判别

Fisher 判别是根据线性 Fisher 函数值进行判别，使用此准则要求各组变量的平均值有显著性差异。该方法的基本思想就是将高维空间的样本投影到低维空间上，使得投影后的样本数据在新的低维空间上有最小的类内距离以及最大的类间距离，这样在该低维空间上有最佳的可分离性。Fisher 判别的优势在于对分布、

方差等都没有任何限制，应用范围比较广。另外，用该判别方法建立的判别方差可以直接用手工计算的方法进行新样品的判别，这在许多时候是非常方便的。

设从 k 个总体分别取 k 组 p 维观测值如下：

$$\begin{cases} G_1 : x_1^{(1)}, x_2^{(1)}, \cdots, x_{n_1}^{(1)} \\ G_2 : x_1^{(2)}, x_2^{(2)}, \cdots, x_{n_2}^{(2)} \\ \quad\quad\quad\quad\vdots \\ G_k : x_1^{(k)}, x_2^{(k)}, \cdots, x_{n_k}^{(k)} \end{cases}$$

令 a 为 R^p 中的任一向量，$u(x) = a'x$ 为 x 向以 a 为法线方向的投影，这时，上述数据的投影为

$$\begin{cases} G_1 : a'x_1^{(1)}, a'x_2^{(1)}, \cdots, a'x_{n_1}^{(1)} \\ G_2 : a'x_1^{(2)}, a'x_2^{(2)}, \cdots, a'x_{n_2}^{(2)} \\ \quad\quad\quad\quad\vdots \\ G_k : a'x_1^{(k)}, a'x_2^{(k)}, \cdots, a'x_{n_k}^{(k)} \end{cases}$$

它正好组成一元方差分析的数据。

组间平方和为

$$SSG = \sum_{i=1}^{k} n_i \left(a\overline{x}^{(i)} - a\overline{x} \right)^2 = a' \left[\sum_{i=1}^{k} n_i \left(\overline{x}^{(i)} - \overline{x} \right) \left(\overline{x}^{(i)} - \overline{x} \right)' \right] a = a'Ba$$

式中，$\overline{x}^{(i)}$ 和 $\overline{x}$ 分别为第 i 组均值和总均值向量。

组内平方和为

$$SSE = \sum_{i=1}^{k} \sum_{j=1}^{n_i} \left(a'x_j^{(i)} - a'\overline{x}^{(i)} \right)^2$$

$$= a' \left[\sum_{i=1}^{k} \sum_{j=1}^{n_i} \left(x_j^{(i)} - \overline{x}^{(i)} \right) \left(x_j^{(i)} - \overline{x}^{(i)} \right)' \right] a = a'Ea$$

如果 k 组均值有显著差异，则

$$F = \frac{SSG/(k-1)}{SSE/(n-k)}$$

应充分大，或者

$$\Delta(\boldsymbol{a}) = \frac{\boldsymbol{a}'\boldsymbol{B}\boldsymbol{a}}{\boldsymbol{a}'\boldsymbol{E}\boldsymbol{a}}$$

应充分大。所以我们可以求 $\boldsymbol{a}$ ，使得 $\Delta(\boldsymbol{a})$ 达到最大。显然这个 $\boldsymbol{a}$ 并不唯一，因为如果 $\boldsymbol{a}$ 使 $\Delta(\cdot)$ 达到最大，则 $c\boldsymbol{a}$ 也会使它达到极大，c 为任意不等于零的实数。由矩阵知识，我们知道 $\Delta(\cdot)$ 的极大值为 λ_1，它是 $|\boldsymbol{B}-\lambda\boldsymbol{E}|=0$ 的最大根，$\boldsymbol{l}_1, \boldsymbol{l}_2, \cdots, \boldsymbol{l}_r$ 为相应的特征向量，当 $\boldsymbol{a}=\boldsymbol{l}_1$ 时，可使 $\Delta(\cdot)$ 达到最大。由于 $\Delta(\boldsymbol{a})$ 可衡量判别函数 $u(\boldsymbol{x})=\boldsymbol{a}'\boldsymbol{x}$ 的效果，故称 $\Delta(\boldsymbol{a})$ 为判别效率。

综上所述，可得到如下结论：

Fisher 准则下的判别函数 $u(\boldsymbol{x})=\boldsymbol{a}'\boldsymbol{x}$ 的解 $\boldsymbol{a}$ 为方程 $|\boldsymbol{B}-\lambda\boldsymbol{E}|=0$ 的最大特征根 λ_1 所对应的特征向量 $\boldsymbol{l}_1$，且相应的判别效率为 $\Delta(\boldsymbol{l}_1)=\lambda_1$。

在有些问题中，仅用一个线性判别函数不能很好地区分各个总体，可取 λ_2 对应的特征向量 $\boldsymbol{l}_2$，建立第二个判别函数 $\boldsymbol{l}_2'\boldsymbol{x}$。如果还不够，可建立第三个线性判别函数 $\boldsymbol{l}_3'\boldsymbol{x}$，以此类推。

关于 Fisher 判别的其他性质及详细推导可参见相关文献。

3. Bayes 判别

Bayes 判别就是根据总体的先验概率，使误判的平均损失达到最小而进行的判别。其最大优势是可以用于多组判别问题。但是适用此方法必须满足三个假设条件，即各种变量必须服从多元正态分布、各组协方差矩阵必须相等、各组变量均值均有显著性差异。在 Origin 软件处理中更多地使用距离判别和 Fisher 判别方法，在此不再对 Bayes 判别方法进行讨论，具体细节读者可参考相关文献。

8.4.4 应用举例

例 8.3 判别分析的一个重要应用就是依据化学成分对陶器进行分类。本案例中以北阡遗址陶器的化学组成（表 8.12）进行分类，前期文献中已经采用主成分分析和聚类分析进行了分类（王芬和陈淑青，2013），大致将 26 个样品分为两类，我们拟采用判别分析对分类结果进行评判。分析如下：

表 8.12　北阡遗址出土陶片主次量元素化学组成　　（单位：%）

编号	名称	A	B	C	D	E	F	G	H	I	J
		x_1	x_2	x_3	x_4	x_5	x_6	x_7	x_8	x_9	y
		SiO_2	Al_2O_3	Fe_2O_3	TiO_2	CaO	MgO	Na_2O	K_2O	P_2O_5	类别
1	陶鼎	50.06	19.55	10.24	0.73	6.01	8.91	0.63	1.64	1.67	II

续表

编号	名称	A x_1 SiO$_2$	B x_2 Al$_2$O$_3$	C x_3 Fe$_2$O$_3$	D x_4 TiO$_2$	E x_5 CaO	F x_6 MgO	G x_7 Na$_2$O	H x_8 K$_2$O	I x_9 P$_2$O$_5$	J y 类别
2	陶豆	55.36	19.23	9.6	1.09	4.93	1.19	1.32	2.83	3.45	II
4	觚形杯	55.23	18.93	9.72	1.29	3.8	1.91	1.01	3.77	1.64	I
6	陶钵	61.99	14.47	8.22	1.02	5.09	1.72	0.95	3.02	1.83	II
7	陶钵	59.34	18.08	9.33	1.16	3.39	1.97	1.19	3.85	1.29	I
8	陶壶	53.61	17.04	11.35	1.15	5.51	2.98	1.45	2.64	2.66	II
10	陶钵	53.41	21.21	7.74	1.07	7.17	3.02	1.53	2.95	0.93	II
11	陶壶	60.44	17.03	12.32	0.45	3.45	1.55	0.28	1.51	1.17	II
12	陶壶	59.81	20.03	8.46	0.85	2.63	3.37	1.12	2.9	0.32	I
13	陶壶	56.53	17.71	10.59	1.2	4.4	0.71	1.32	3.73	2.76	II
14	陶鬶	59.59	21.01	7.78	0.96	1.7	1.35	1.47	5.16	0.42	I
15	陶鬶	53.72	13.71	9.83	0.91	7.3	7.78	0.57	1.83	2.22	II
16	陶罐	51.25	16.47	13.57	2.02	5.76	3.59	2.02	3.43	0.75	II
17	陶罐	66.37	16.35	6.97	0.94	2.77	0.92	1.29	3.59	0.34	I
18	陶罐	62.28	18.31	7.01	1.26	3.11	1.21	1.24	3.63	1.35	I
19	陶鼎	65.76	15.29	7.71	0.88	3.13	0.78	0.58	3.64	0.94	I
20	陶鼎	48.39	16.13	9.99	1.02	6.41	1.87	0.95	4.47	2.02	II
21	陶鼎	50.91	18.37	11.78	1.3	5.53	6.05	1.26	3.13	0.86	II
24	觚形杯	60.97	17.12	7.2	1.23	3.78	1.98	1.22	4.32	1.13	I
25	陶豆	60.64	17.89	8.14	1.52	3.21	1.94	1.37	4.15	0.46	I
27	陶钵	59.16	21.67	7.15	1.63	1.95	1.96	0.88	4.7	0.34	I
28	陶钵	63.63	17.21	6.21	0.87	3.27	1.29	1.35	3.69	1.58	I
29	陶钵	66.42	15.11	5.73	1.25	3.74	1.21	1.33	3.91	0.51	I
30	陶钵	59.15	18.45	7.8	1.04	3.62	1.04	1.7	4.05	1.89	I
31	陶钵	62.03	17.34	8.4	1.07	3.43	1.23	1.24	3.45	1.18	I
32	陶缸	65.91	19.96	3.74	1.12	2.03	0.87	0.66	4.53	0.8	I

1. 定义新的变量

根据主成分分析结果，定义新的变量 y 并将 26 个样品进行标记，分别标记为

Ⅰ类和Ⅱ类。

训练样本分组选择变量 y，训练样本选择变量 $x_1,x_2,\cdots,x_9$，如图 8.14（a）所示；在设置部分中，先验概率、判别函数、典型判别分析和交叉验证各项选择如图 8.14（b）所示。

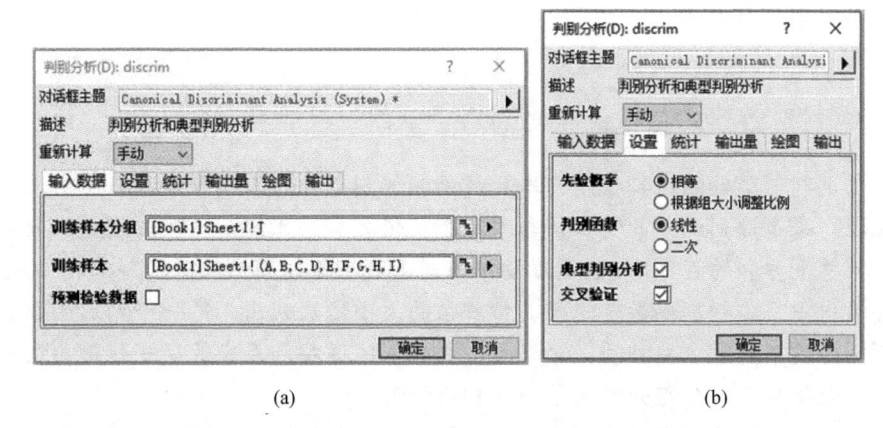

图 8.14 Origin 软件中判别分析方法的数据输入对话框（a）和设置对话框（b）

2. 描述统计量和各组均值的检验

输出结果中，会对各变量数据及各组（类）的描述统计量和对各组均值是否相等进行检验。这里不对数据的描述性统计分析进行讨论，只关注单因素方差分析（one way ANOVA）（介绍参见第 6 章 6.5 节），其输出结果如表 8.13 所示。

表 8.13 各总体变量均值的一致性检验

			F	df_1	df_2	P
A	SiO_2	x_1	26.62533	1	24	0.0000
B	Al_2O_3	x_2	1.04295	1	24	0.3173
C	Fe_2O_3	x_3	23.76047	1	24	0.0000
D	TiO_2	x_4	0.17337	1	24	0.6808
E	CaO	x_5	51.00591	1	24	0.0000
F	MgO	x_6	7.61429	1	24	0.0109
G	Na_2O	x_7	0.14936	1	24	0.7026
H	K_2O	x_8	15.28006	1	24	0.0000
I	P_2O_5	x_9	10.54073	1	24	0.0034

根据表 8.13 数据可知，在 0.01 的显著性水平上拒绝 SiO_2、Fe_2O_3、CaO、MgO、K_2O、P_2O_5 在两组均值相等的假设，即认为变量 A、C、E、F、H、I 在两组的均值是有显著差异的。而 Al_2O_3、TiO_2、Na_2O 在两组的均值没有显著性差异，在后续中将此三个变量 B、D、G 从分析数据中剔除，用剩下的变量进行判别分析。即在以下的分析中选择 A、C、E、F、H、I 五个变量再次进行统计分析。

3. 判别函数的特征值和对判别得分的一致性检验

每个判别函数的特征值是样本对该函数评判得分的组间平方和与组内平方和的比值。每个评判函数的特征值与所有特征值之和的比值，反映该评判函数所能解释的总平方和的百分比，也是度量该判别函数在各判别函数中的"权重"。Origin 程序输出中，各判别函数是根据其特征值的大小依次列出，第一个判别函数在样品判别归类中起最主要作用，第二个次之，依次递推。表中最后一列是典型相关系数，表征判别得分与分类变量间的相关程度。

由于本案例中仅有两类，其输出函数仅为一个。表 8.14 中数据反映判别函数的特征值、解释方差的比例和典型相关系数。

表 8.14　判别函数的特征值表

函数	特征值	方差百分比（%）	累积百分比（%）	典型相关系数
1	4.29255	100.00	100.00	0.90059

Wilk's λ 值是对各组判别得分均值的一致性检验，从而检验判别函数的有效性。由于本案例中只有一个判别函数，也就相当于第一个判别函数的 Wilk's λ 值。Wilk's λ 值可以转换成 χ^2 检验，其显著性水平明显小于 0.01（表 8.15），说明两组评判得分均值的差别是显著的。

表 8.15　Wilk's λ 值表

函数检验	Wilk's λ	卡方	df	显著性水平
1 to 1	0.18894	34.9923	6	0.0000

4. 判别函数和判别载荷

根据输出的标准化典型系数，可以书写判别函数（表 8.16），这些标准化变量系数也就是判别权重；结构矩阵中的系数，即为判别载荷。由判别权重和判别载荷可以看出，哪些变量对判别函数的贡献较大。

第 8 章　多元统计分析

表 8.16　判别函数系数表

变量			第一判别函数	
			标准化典型系数	非标准化典型系数
A	SiO_2	x_1	−0.41598	4.5534
C	Fe_2O_3	x_3	0.34418	−0.1121
E	CaO	x_5	0.70442	0.2182
F	MgO	x_6	−0.4817	0.78039
H	K_2O	x_8	−0.56639	−0.25817
I	P_2O_5	x_9	0.12632	−0.78368

可得标准化的判别函数：

$$y_1 = -0.41598x_1 + 0.34418x_3 + 0.70442x_5 - 0.4817x_6 - 0.56639x_8 + 0.12632x_9$$

同样地，可得到非标准化的判别函数：

$$y_1 = 4.5534x_1 - 0.1121x_3 + 0.2182x_5 + 0.78039x_6 - 0.25817x_8 - 0.78368x_9$$

我们可以根据上述判别函数计算每个观测的判别的得分值 Z 和各组中心的判别得分值。表 8.17 是根据非标准化的判别函数得到的 2 个组中心位置（由于只有一个判别函数，呈现一维状态）。根据结果，判别函数第 2 组平均得分点为 2.32448，第 1 组平均得分点在 −1.70462。我们就可以根据每个样品的判别 Z 得分对观测进行分类。

表 8.17　2 个判别组中心位置的判别得分（根据非标准化判别函数计算）

	判别变量
组 2	2.32448
组 1	−1.70462

5. 分类的统计结果

在分类输出结果中，包括分类过程、各组的先验概率、分配结果以及每组的分类函数。我们先讨论分类函数。分类函数（区别于判别函数），是线性判别函数，由表 8.18 所示系数表示：

组 2 的分类函数：

$$f_2 = -1143.21418 + 24.75828x_1 + 34.41568x_3 + 30.58559x_5$$
$$+ 30.93638x_6 + 85.70480x_8 + 31.93343x_9$$

组1的分类函数：

$$f_1 = -1160.31154 + 25.20994x_1 + 33.53652x_3 + 27.44131x_5$$
$$+ 31.97658x_6 + 88.86235x_8 + 31.20564x_9$$

表8.18 判别函数系数

			组2	组1
		常数	−1143.21418	−1160.31154
A	SiO_2	x_1	24.75828	25.20994
C	Fe_2O_3	x_3	34.41568	33.53652
E	CaO	x_5	30.58559	27.44131
F	MgO	x_6	30.93638	31.97658
H	K_2O	x_8	85.70480	88.86235
I	P_2O_5	x_9	31.93343	31.20564

我们可以计算出每个样品在各组的分类函数值，然后将样品分类到较大的分类函数值中，就可以得到分类矩阵表，从而统计出预测的样品所属组关系，以及通过交叉验证得到的所属组关系，计算出分类结果分析判对和判错的百分比。如果判错百分比偏高，说明组组之间不太容易区分。在本案例中，分类结果表示能够100%区分此26个样品为2组，也验证了聚类分析所得结论。

8.5 应用实例

8.5.1 陶器的元素分析与多元统计分析

统计方法或参数：聚类分析，判别分析，主成分分析。

参考文献：Archaeometry，2022，64：1377-1393。

在古代聚落的发掘过程中，陶器的贡献量最大，所以从陶器中发现的信息也就非常多，如通过外形可以估计陶器（或者说遗址）的年代。陶器材料主要基于黏土矿物，因此了解制作陶器的黏土组成（或者元素组成）将是一个非常有用的工具，可用于确定黏土原料的来源、不同遗址间的产量分布，甚至一个大的遗址内的产量分布等。判断考古陶器来源可基于：①陶器的化学成分与当地原材料（如黏土、胚料等）的比较；②陶器的矿物和化学特性与生产用料（如窑废料、未烧制的陶器等）的比较；③陶器外形或化学数据与相应参照物的比较，当前的主要工作集中于此。

对陶器的化学分析可提供很多非常有价值的信息，能够了解古代人类的生活状况。目前有很多仪器设备可分析陶器的化学成分，如中子活化分析（NAA）、X射线荧光（XRF）和电感耦合等离子体质谱（ICP-MS）等。但是在讨论产地时，仅仅通过陶器的定量元素组成做出判断还是不够的，有必要与类似的陶器材料进行比较做出判断。换句话说，需要与所谓的参照组进行比较。这里所说的参照组是指对已知来源的陶器碎片进行了系列化学元素成分分析并有了适当的确定标准，已经清楚了考古论据或化学、岩相学，与当地原材料、窑废弃物等的对应关系。

但是在有限量的样品情况下，创建一个可判断来源的参照组还是有很大困难的，毕竟很多的未知陶器碎片有着相似的化学组成。研究也表明，即使在单一类型的陶器中，元素组成也有可能存在相当大的差异，这反过来会误导陶器碎片的分类。因此，Badawy选择了三种不同类型的古代陶器，运用不同的统计方法如聚类分析、判别分析、主成分分析等，以及最近的机器学习技术，根据化学元素组成进行分类，并作相似讨论（Badawy et al., 2022）。

1. 材料

根据化学成分选择了48个陶瓷样品，分为Bolgar（26个）、Moscow（11个）和Selitrennoe（11个）三个遗址。这些陶瓷样品来自三个不同的遗址，年代跨度为12~17世纪（遗址地理位置及代表性陶瓷碎片见图8.15）。样品要求：尽可能没有掺杂物、含铁（红色）黏土制成的陶瓷。选择的这三个地方都是陶器生产地，也有相当数量的专著和文章对此作过描述。

2. 元素分析

测定了48件陶器碎片的37种元素含量（mg/kg），并对检测数据进行了描述性统计，包括平均值、标准差、中值、最小值、最大值、偏度、峰度、标准误和变异系数等。微量元素含量与文献中报告数值相一致，也证明了分析结果的可靠性。正态性检验结果表明，陶器样品中一些常量元素和微量元素呈非正态分布。值得注意的是，当以遗址作为分类变量时，单因素方差分析（one way ANOVA）不会产生组间的显著性差异（$P=0.71$），但是当考虑两个变量时（遗址和元素）会产生可靠的模型，这也是选择双因素方差分析（two way ANOVA）的原因。在显著性（0.0001~0.001）的范围内，计算出的P值为0.000136（$\alpha=5\%$），这很好地表明三组之间的差异具有统计学上的显著性，零假设被拒绝。需要特别注意的是，这些分析不足以做出可靠的假设，还需要更多的统计分析，因为方差分析假设的前提是数据符合正态分布。

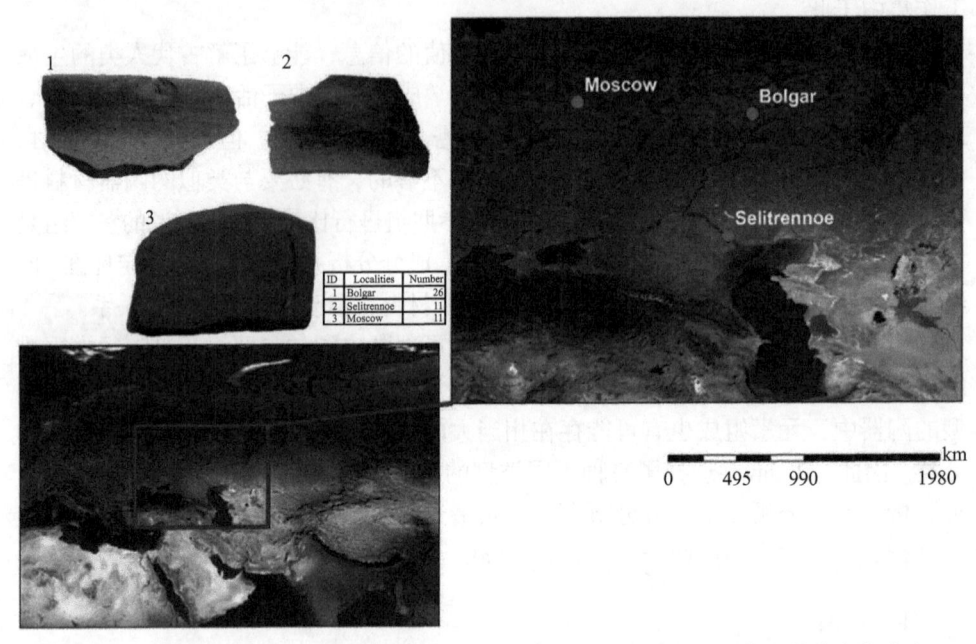

图 8.15 三处遗址（Moscow、Bolgar 和 Selitrennoe）的地理位置及代表性的陶瓷碎片

为了避免元素之间的显著差异，对相应元素浓度进行了归一化处理。这样发现稀土元素的浓度在三个批次研究中几乎相同，而含量较高的元素有 P、Zr 和 Hf。陶器碎片中磷的存在是人类活动的良好指标，磷的浓度很可能是由于埋在地下的考古陶器中的磷污染所致。磷不是陶瓷黏土中的主要元素，但在考古陶器中高达 10% 以上的 P_2O_5 含量也是常见的，这样高的含量通常被解释为陶器受到污染所致。磷的来源可能是与陶瓷一起扔掉的骨头、容器使用过程中包含的食物或农业肥料所造成的。因此在后续统计分析中，磷被视为异常元素，并被从数据中集中删除。

三元图是一种非常有用的方法，可以提取更多关于陶器元素来源的信息。三元图代表三组分系统，可方便地用于可视化岩石或矿物的成分变化，如图 8.16 所示，为 Al_2O_3-Na_2O-K_2O 和 La-Sc-Th 三元图。

基于 Shand 提出的定义，碱度指标 AI 在分子基础上有：$AI = Al - (K + Na)$。其中偏铝质岩（Metaluminous）或过铝质岩（Peraluminous）有 $AI > 0$，而亚碱性岩（Peralkaline）有 $AI < 0$。这种特性在三元图中体现于样本分布在金属铝/过铝岩石附近，这也表明样品中含有大量的铝。Sc-La-Th 三元图也可以明显区分三个陶器组。

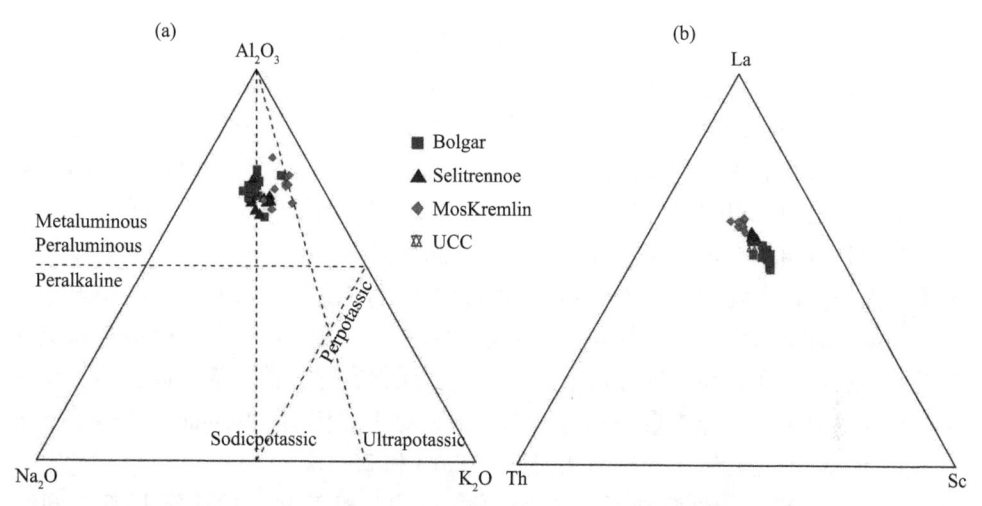

图 8.16 Bolgar、Selitrennoe、MosKremlin 和 UCC 遗址陶器碎片 Al_2O_3-Na_2O-K_2O 和 La-Sc-Th 三元图表示的岩石类型，包括偏铝质（Metaluminous）、过铝质岩（Peraluminous）、亚碱性岩（Peralkaline）、过钾质岩（Perpotassic）、钠钾质岩（Sodicpotassic）和超钾质岩（Ultrapotassic）。MosKremlin 和 UCC 都是 MOSCOW 地区遗址

3. 多元统计分析

聚类分析选择欧氏距离计算组间距离，基于平均方法对不同组分类，最终的聚类结果如图 8.17 所示。很明显，所研究的陶器能够很好地聚集在一起，只有 55 号样品除外，它形成了一个单独的组。文献表明虽然 55 号样品来自 Bolgar，但它

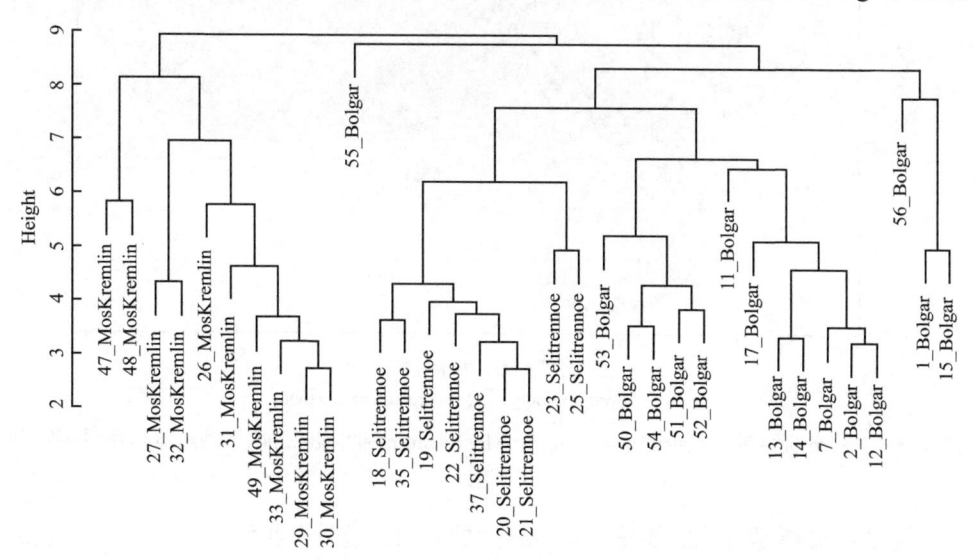

图 8.17 48 个陶器碎片的聚类树状图

最初是在一艘运输船中发现的,很显然 55 号样品的化学元素组成与这些组中样品有明显差别。聚落分析也表明,来自 Bolgar 和 Selitrennoe 的陶器都由两个次组组成,而 MosKremlin 则只有一个独立的组。这些发现与方差分析得出的结论并不一致。尽管所有的陶片都能很好地聚集在一起,但并不是所有的碎片聚集到每类中。这可能是因为根据考古学家的分类,并非所有的陶器碎片都来自同一时期。

判别分析通过变量线性组合,有助于预测分类变量。首先用已知分类样品构建预测方程,该方程随后用于未知样品的分类判别。这种方法有很大的局限性,即要使观测数量远高于变量数量,至少是变量的 2~3 倍,以避免过度拟合和误导新组的识别。这样,在判别分析中选择的主要元素有硅、钠、铝、钾、钙、钛、锰和铁等。由于每组样本量不相等,因此根据每组的比例,Bolgar、MosKremlin 和 Selitrennoe 的先验概率分别为 45.7%、28.6%和 25.7%。

LD1 和 LD2 的线性判别函数系数分别为 71.1%和 28.9%。LD1 和 LD2 之间的关系如图 8.18 所示。从图中可以看出,几乎所有的陶器碎片都按照每种类型有着很好的区分,但也有一些重叠,如 48 号样品。最有可能的是,这些容器的碎片具有与其他容器相同的地球化学特征。在很大程度上,判别分析与聚类分析的结果相匹配。

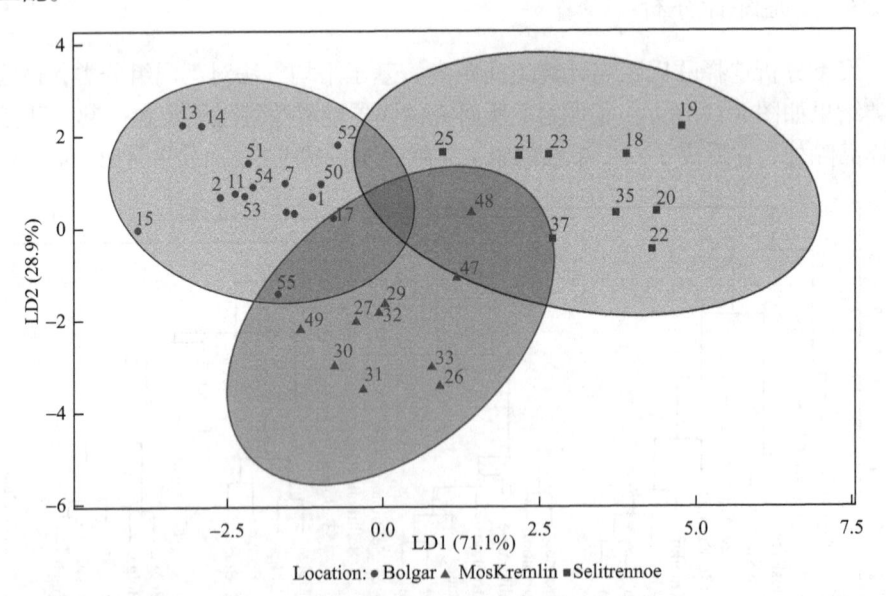

图 8.18 判别分析结果,三个遗址(Bolgar、MosKremlin 和 Selitrennoe)的陶器碎片明显分为三组

主成分分析是寻找能简化数据集维度的方法,统计分析结果显示前三个主成分分析解释了几乎 66%的数据,它们分别占特征值的 12.3、6.4 和 3.1 以及方差百

分比的 37.2%、19.5%和 9.4%。图 8.19 描绘了三组不同的陶器碎片在主成分分析下的分类，其中只有样品 11 号有分类错误。这一分类结果表明，主成分分析法是一种强有力的基于化学数据来识别陶器碎片来源的统计方法。与聚类分析和判别分析不同，主成分分析以最低的干扰水平给出了三个清晰的分组。

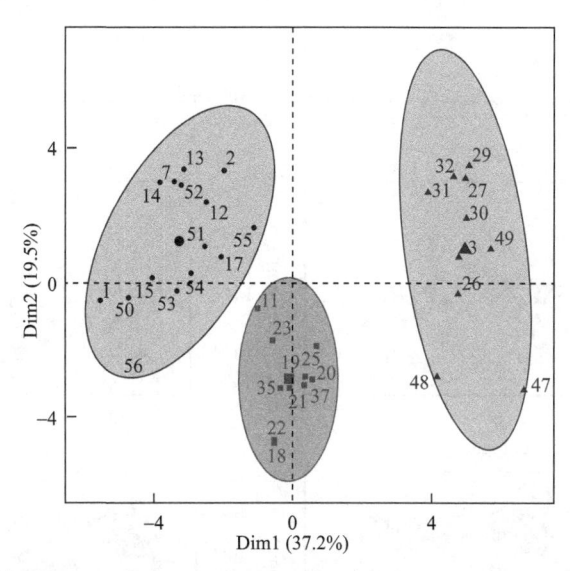

图 8.19 主成分分析结果，三个遗址（Bolgar、MosKremlin 和 Selitrennoe）的陶器碎片分为三组

4. 提取地球化学指纹

地球化学指纹（geochemical fingerprint）提供了考古陶器起源、来源和形成的信息。例如，一旦陶器被制造出来，它的地球化学成分会持续存在，不会随时间而改变。这样陶器碎片保留了主要的地球化学特征，其原始的化学特征仍然可以为后人所识别。Badawy 利用统计软件，将实验数据作为训练集，运用机器学习方法来测试三种陶器分类，并探讨每种元素对分类影响的贡献。

研究发现，对于此批次陶器能够区分不同类型的特征元素包括铬、锑、钠、镍、钇、锰和钙。氧化铬（Cr_2O_3）在许多文献中被提及，是陶瓷化学组成中的一个重要成分。氧化铬主要显示绿色，与其他元素反应会改变颜色。例如，铬与锡反应产生粉红色，与氧化锌反应产生棕色，并显红色的趋势（红色归因于碎片中的铁）。考虑到铬的重要性，图 8.20 展示了铬与部分元素的含量关系。显然，铬与多种元素之间的关系能够区分三种产地陶器，尽管在三个组间会有少数样品误判，但是总体而言，所使用的基于 Cr 元素含量，能很好区分陶器碎片的归类，也就是说可探究陶器来源。

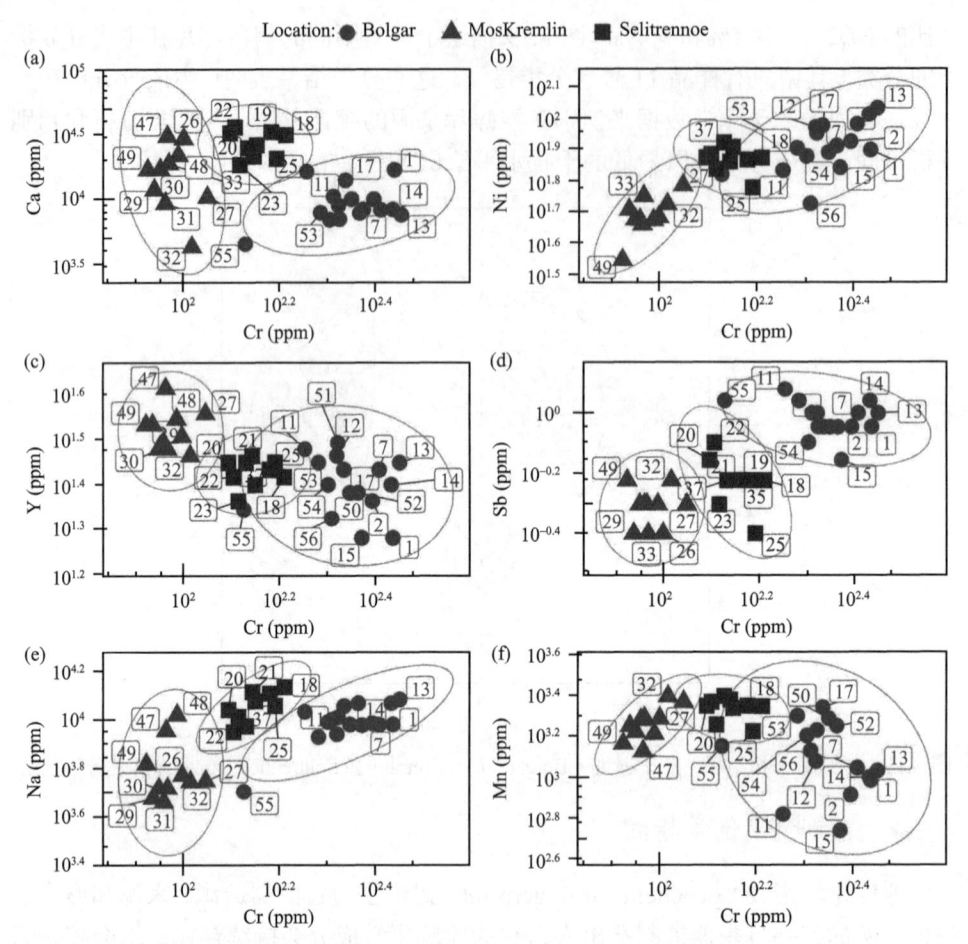

图 8.20　遗址陶器中 Cr 元素与部分元素（Ca、Ni、Y、Sb、Na 和 Mn）的浓度关系

总之，这项研究通过中子活化技术和多元统计方法，研究了不同来源的陶瓷碎片的元素组成和分类信息。数据表明 P 和 Zr 有显著贡献，而 Si 和 Mg 的浓度变化幅度大。三元图表明，陶瓷原料黏土明显偏金属铝岩石，体现黏土、淤泥和砂的组合。除了方差分析之外，不同的统计分析包括聚类分析、判别分析和主成分分析，都显示了相似的结果，而主成分分析有最好的分类结果。通过机器学习建议的化学指纹元素，有 Cr 与 Ca、Ni、Sb、Na 和 Mn，可进行地质溯源。研究也说明对于类似的统计分析，建议使用多种多元统计方法，不要基于单一分析就作出结论。

8.5.2　从几何形态学看铁制武器的标准化

统计方法或参数：聚类分析，主成分分析，标准偏差，差异系数等。

参考文献：Journal of Archaeological Science，2019，101：34-51。

对古代人造器物标准化生产的判断除了采用变异系数（the coefficient of variation，CV）以外，几何形态学（geometric morphometric，GMM）也逐渐为人们所采纳。选择来自欧洲西北部的斯堪的纳维亚半岛（Scandinavian）的铁制武器 Havor 长矛，多种测量方法和统计方法并用，以比较 GMM 分析与 CV 分析的结果异同。

1. 传统的度量分析——变异系数（CV）

人造器物的标准化可以定义为"被制造成相同程度的相对量度"。探究物体特征（如尺寸、形状等）的标准化是研究古代人造器物生产状况经常采用的方法，例如，器物高度的标准化可被视为生产单位相对较少、有严格的质量控制或高制造技能等的标志。标准化研究也存在一个挑战，就是它体现的是一个相对参数，例如，依据冶金炉渣中某化学元素的含量来确定"高"或"低"的标准化转化阈值是有一定难度的。此外，当体现不同规模或不同技术时，比较标准化程度也有风险，如比较通过铸模生产的物体与通过雕刻或建模生产的物体。

作为标准化的无量纲度量的变异系数，可以在差距较大的数据集间进行比较，例如，在人造器物的宽度和长度之间进行比较。变异系数以百分比表示，较低的 CV 对应于较高的标准化，反之亦然。在没有模具或测量工具的纯手工生产条件下，为追求标准化生产人类复制错误所造成的 CV 可小于 5%，而随机或完全非标准化生产的上限为 58%（Eerkens，2000；Eerkens and Bettinger，2001）。因此，在两极端数据之间存在不同程度的标准化，低 CV 值体现标准化程度高，高 CV 值意味着标准化程度低。

通过测量关键尺寸并作统计分析，CV 已成功用于研究武器生产的标准化。模具铸造的青铜武器适用于此方法，而锻造的铁器是否适合还有一定的挑战。以往对武器的标准化研究，主要针对特定的尺寸或特征量，而不是整体形状。为了弥补分析不足，有些文献用增加整体形状或微观形态作为定性补充，这种分析措施很有见地，也为几何形态学的介入提供了借鉴。

2. 几何形态学分析

对古代铁器武器，需要通过整体外观、形状，而不是仅通过尺寸来评判其生产的标准化。GMM 方法可容易把大小和形状分开，从而可以独立地研究形状。以整体外观作为基准标准，并不意味着否定尺寸或宽度不重要；相反，它认为形状可能是设定标准的主要功能，而不是固有的大小。

其实以往研究铁制或青铜武器，主要还是利用尺度测量来推断它们的标准化程度。Birch 首次将 GMM 分析应用于铁制武器，研究整体形状变化的标准化（Birch et al.，2019）。GMM 分析作为一种理解形状之间的变化和关系的手段，已经在考古科学中有广泛应用，如在动物考古、人类进化、古植物学和古环境生态学中，以研究分类关系和物种鉴定。这种方法有助于研究陶器类型学（Wilczek et al.，2014）以及石器技术发展。目前 GMM 方法也已经发展成三维分析。

3. 材料

在斯堪的纳维亚南部已知有近 30 处的武器祭品遗址，这些祭品被认为是战败军队的象征，大部分时间可追溯到公元三世纪早期到移民时期（大约公元 500 年）。在这些武器中，六个主要武器发现点共出土了 120 多把 Havor 长矛。Havor 长矛更准确的定义为枪头，它被绑在一根木棍上作为标枪投掷杀敌。本研究中选择日德兰半岛东海岸（丹麦）的三个主要武器储藏地 Ejsbøl、Nydam 和 Illerup 的 Havor 长矛。另外选取来自其他地点单独发现或发掘的 15 件 Havor 长矛，根据墓地等信息确定年代大约在罗马铁器时代晚期和日耳曼铁器时代早期。

针对 Nydam 和 Illerup 地区的 13 个样品作金相分析，对其微观结构分析表明，此 13 支长矛都是由纯铁经相同的螺纹技术锻造而成，但是来自不同的矿源（可能来自挪威和日德兰半岛）。也就是说，尽管 Havor 长矛看起来是标准化的，锻造技术也说明这一点，但是采用的是不同来源的铁矿。

在 Illerup 地的三把 Havor 长矛上刻有相同的北欧古文字铭文，被解释为制造商的标记，可能是武器铁匠、作坊标记，也或认为是部队首领标记，因此人们将这些铭文解释为从中央权利机构分发的战争装备的所有权标记。这些信息都认为是武器标准化生产的象征。

4. 统计方法

使用已出版发掘报告中的表格数据或比例图，筛选了三个遗址 Ejsbøl（$n = 17$）、Nydam（$n = 49$）和 Illerup（$n = 57$）总共 123 个长矛做尺寸分析。在每个样品上测量八个具体长度，对应长矛的总长度、距铆钉处距离等（图 8.21）。尽管标识为长矛柄套（socket）直径，但是由于柄套并非圆形，因此这里指的都是柄套最宽处测量值。由于记录图纸原因，并不是所有的铆钉孔处能容易观察到角度，因此这些数据还是有比较大的误差。对测量数据进行描述性统计分析，计算每组测量值的 CV，然后检查各特征测量数据之间的 Pearson 积差相关系数 r。本文中将相关性分为弱（$0 \leq r < 0.5$）、强（$0.5 \leq r < 0.9$）和非常强（$0.9 \leq r \leq 1$）。

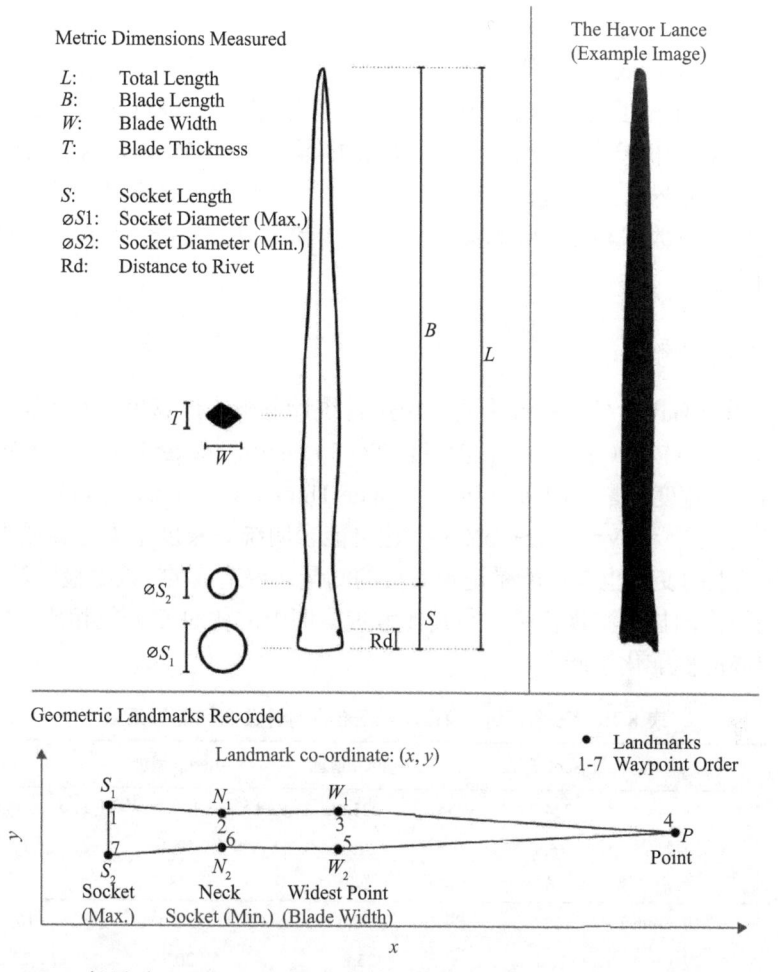

图 8.21 Havor 长矛（The Havor Lance）的外形特征（Example Image）、测量尺寸（Metric Dimensions Measured）和标记点位置（Geometric Landmarks Recorded）。图中包括 Havor 矛的总长（Total Length），枪头刃长、宽和厚（Blade Length, Width and Thickness），矛套的长（Socket Length）、最大[Socket Diameter（Max.）]和最小[Socket Diameter（Min.）]直径，以及铆钉距矛套底部距离（Distance to Rivet）；各标记点（Landmarks）位置，如 S_1 和 S_2 之间为矛套的最大直径[Socket（Max.）]，N_1 和 N_2 之间为矛套的最小直径[Socket（Min.）]，W_1 和 W_2 之间矛刃的最宽处（Widest Point, Blade Width），以及矛尖 P 点（P Point）

在三个遗址 Ejsbøl（$n=6$）、Nydam（$n=24$）和 Illerup（$n=48$）选择了 78 个完整长矛进行 GMM 分析。每个样品选择七个标记位置作为长矛形状标识（图 8.21）。为了比较长矛的形状，采用广义普氏分析（generalized Procrustes analysis，GPA）对长矛样品进行形状叠加，涉及依据长矛重心进行大小缩放（即让所有的长矛重心重叠），并旋转、平移作形状比较。GMM 分析从目视检查的 GPA 开始，Hotelling

T^2 统计用于检验不同变量的均值，其本质上是对两个样本进行 t 检验的多变量形式，如得到的 p 值低于显著性水平（$\alpha=0.05$）将拒绝零假设（即长矛形状无显著差异）。由于只比较了两个样本，因此是对三个遗址点之间进行成对的 Hotelling T^2 统计。Goodall F 检验两两遗址间平均形状的差异。采用 Procrustes ANOVA 对 77 个长矛的形状差异作总体统计检验，以确定平均形状是否有显著差异。

对长度测量数据和 GMM 数据作聚类分析和主成分分析，是对上述统计结果的补充和丰富。

5. 统计结果

对 123 个 Havor 长矛的 8 个测量值进行统计分析，计算出的 CV 表明长矛的标准化程度相对较高（表 8.19）。与长度（Total Length, Socket Length）（CV=20%～24%）相比，宽度测量（Blade Width, Blade Thickness, Socket Thickness）的 CV 变化量相对较低（CV=14%～16%），这可能表明统一长度不太重要或者难以实现，尽管较大的变化也有可能是记录人员的测量误差造成的，数据显示较大的 CV 值通常与较大的长度测量相关。与其他考古案例中记载的 CV 值相比，Havor 长矛有相对高的标准化生产。

表 8.19 三个遗址中 Havor 长矛的测量数据和变异系数

		Ejsbøl 遗址		Nydam 遗址		Illerup 遗址		汇总	
总长	平均（mm）	224.8	±38	221.4	±48.5	199.1	±34.6	208.0	±40.6
	CV（%）	16.9		21.9		17.4		19.5	
	n	6		24		48		78	
刃长	平均（mm）	189.0	±34.2	178.3	±46.0	159.1	±32.9	167.7	±38.9
	CV（%）	18.1		25.8		20.7		23.2	
	n	6		30		51		87	
刃宽	平均（mm）	13.6	±2.0	12.9	±1.9	12.0	±1.8	13.0	±1.9
	CV（%）	14.4		14.5		14.0		14.3	
	n	16		48		57		121	
刃厚	平均（mm）	9.1	±1.3	9.9	±1.2	9.8	±1.3	9.7	±1.3
	CV（%）	14.8		12.5		13.6		13.5	
	n	16		43		57		116	
套长	平均（mm）	32.8	±9.2	40.2	±11.5	39.3	±7.2	38.7	±9.3
	CV（%）	28.2		28.5		18.4		24.1	
	n	13		31		50		94	
矛套最大直径	平均（mm）	16.6	±2.7	17.0	±2.4	17.9	±1.5	17.3	±2.1
	CV（%）	16.0		13.9		8.3		12.2	
	n	12		44		33		89	

		Ejsbøl 遗址		Nydam 遗址		Illerup 遗址		汇总	
矛套最小直径	平均（mm）	12.5	±2.0	12.2	±1.9	10.9	±1.6	11.6	±1.9
	CV（%）	15.8		15.4		15.1		16.4	
	n	15		42		54		111	

根据以前研究，多是单独使用 CV 讨论考古遗物的某个特征测量。Birch 采用相关矩阵形式表征两两测量数据之间的相关性（Birch and Martinon-Torres, 2019），如图 8.22 所示，包括 Pearson 相关系数 r 值、原始数据的散点图和分布直方图。与宽度相关（Blade Width, Socket Thickness）的相关性很强，而与柄套相关的区域相关性最弱。相关矩阵清楚表明，长矛中的许多特征测量有很好的相关性，如枪头长度（Blade Length）和总长度（Total Length）之间有明显的线性关系（$r = 0.94$）。

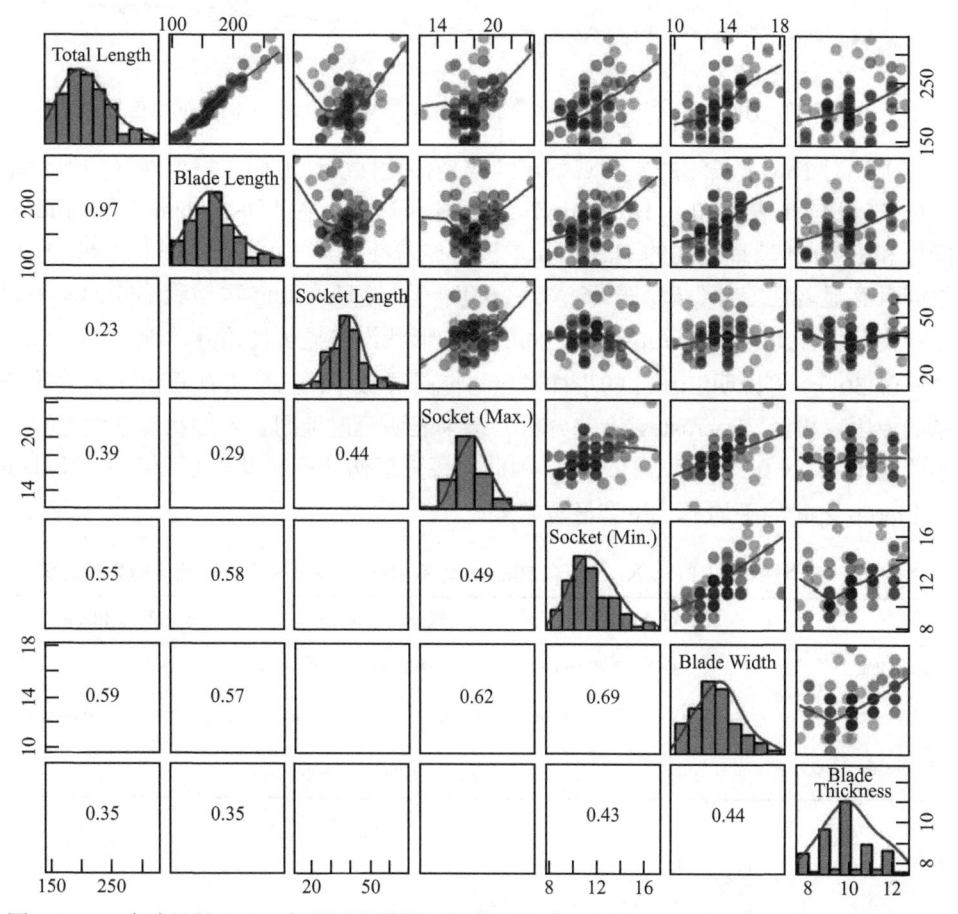

图 8.22　三个遗址的 Havor 长矛测量数据间的相关矩阵，包括 Pearson 相关系数、双变量散点图和描述数据分布的直方图（图中英文说明与图 8.21 一致）

图 8.23 为长矛枪头形状叠加的 GPA 图,从中可看出 Havor 长矛形状基本一致,也就是说每个长矛与平均形状相一致,主要差别在柄套区域。通过标志点位置,发现沿长矛的长度轴变化幅度大,而表示长矛宽的标志点变化幅度非常小,显示出与测量结果的一致性。三个遗址中的长矛还是稍有区别,例如,Nydam 遗址长矛上的柄套位置变化幅度大,Ejsbøl 和 Illerup 遗址长矛的"颈部"稍有弯曲。相较而言,Nydam 遗址中的长矛离散性更明显一些。

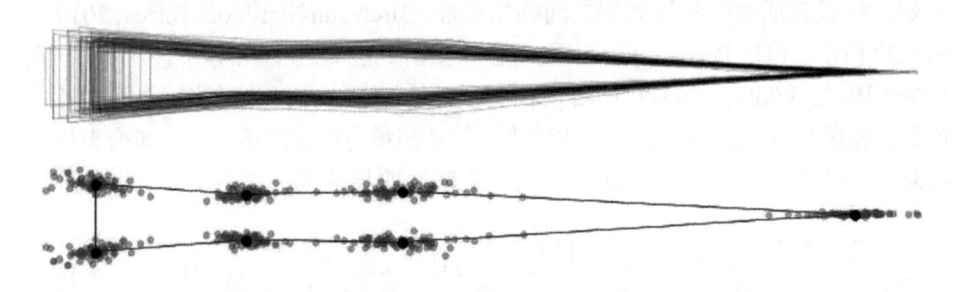

图 8.23　Havor 长矛的枪头形状叠加的 GPA 图和平均形状上的特征点位置

上述对 Havor 长矛的差异观察还纯粹是描述性统计方面,需要对平均形状差异作统计比较(表 8.20)。Hotelling T^2 统计显示 Ejsbøl 遗址和 Nydam 遗址,Illerup 遗址和 Nydam 遗址之间的 Havor 长矛没有显著性差异,而 Ejsbøl 和 Illerup 遗址之间具有显著性差异($F_{2,49}=3.6$,$P<0.004$)。与 Hotelling T^2 检验不同,Goodall F 检验表明 Ejsbøl 和 Illerup 遗址之间的平均形状没有显著性差异($F_{2,49}=0.752$,$P=0.430$),也说明 Ejsbøl 的小样本量可能是导致不同检验方法得出不同检验结果的原因。再经 Procrustes 方差分析,结果表明三遗址间长矛形状显著性差异并不明显($F_{2,77}=0.592$,$P=0.7$)。因此,接受最初的零假设,即 Ejsbøl、Nydam 和 Illerup 之间的平均形状没有显著差异。

表 8.20　三个遗址 Ejsbøl、Nydam 和 Illerup 之间 Havor 长矛形状的统计检验方法比较

	Ejsbøl 和 Nydam		Illerup 和 Nydam		Ejsbøl 和 Illerup	
Hotelling T^2 检验	$F_{2,27}=3.6$	$P=0.099$	$F_{2,69}=0.7$	$P=0.739$	$F_{2,49}=3.6$	$P<0.004$
Goodall F 检验	$F_{2,27}=0.084$	$P=0.806$	$F_{2,69}=0.829$	$P=0.490$	$F_{2,49}=0.752$	$P=0.430$
Procrustes ANOVA			$F_{2,77}=0.592$,	$P=0.7$		

6. 多元统计分析

对测量数据和 GMM 数据(GPA 校准坐标)进行多元统计分析,可评估每种

数据类型下的统计结果。两种数据集的系统聚类分析给出了几乎一致的结果（图 8.24，基于篇幅原因只列出了测量数据的 HCA）。HCA 树状图揭示了两个主要类别。第一聚类基本包括 Nydam 遗址的 6 个长矛（尽管图 8.24 中也包括来自 Illerup 遗址的一个长矛），第二和第三分支的距离并没有缩短多少，表明与第一聚类的差异并不大，也表明根据测量数据或形状标识，剩余长矛的形状是难以区分的。主要的差异还是那六个已经确定的第一类分组的长矛。

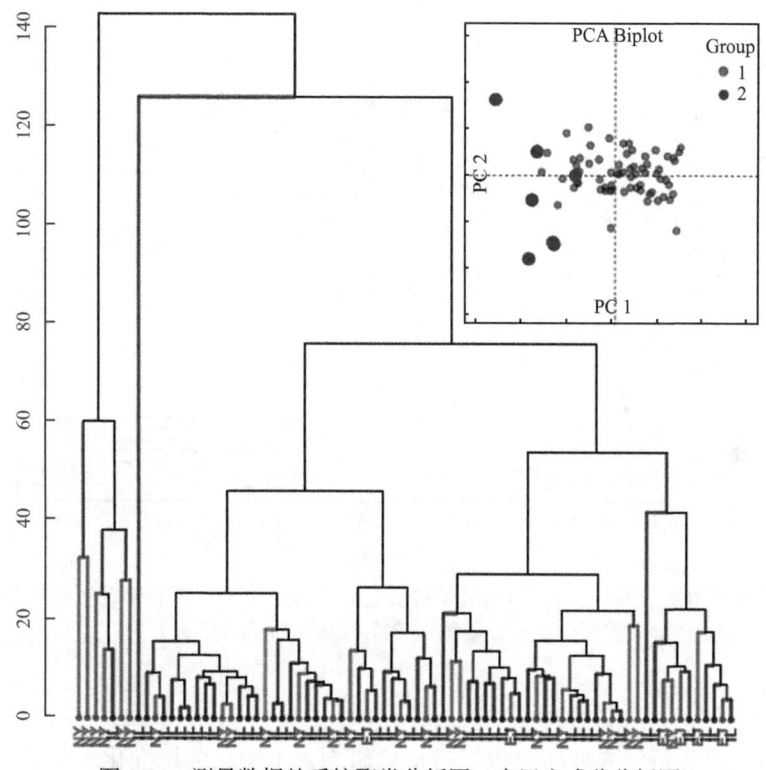

图 8.24 测量数据的系统聚类分析图，内置主成分分析图

使用 GMM 坐标数据获得的主成分分析结果，比使用测量数据获得 PCA 结果有了显著提高。测量数据的前两个主成分仅仅解释了总变异量的 70%，而 GMM 数据的主成分分析解释了 98% 的变异量，标志着相对测量数据的主成分分析有了很大的改进，负载向量也在零附近均匀分布。这种变化可由点 P，插套附近的 S_1 和 S_2，以及宽度 W_1 和 W_2 的坐标来解释，这些都体现了 Havor 长矛的长度方向上的标识。

PCA 分析结果强调了 GMM 数据比测量数据更有助于区分差异。六个 Nydam 长矛异常值或多或少地在测量数据的主成分分析中聚集在一起，然而在 GMM 数据的主成分分析中形成了两个独立的组，也反映了两个最极端的形状差异（细长

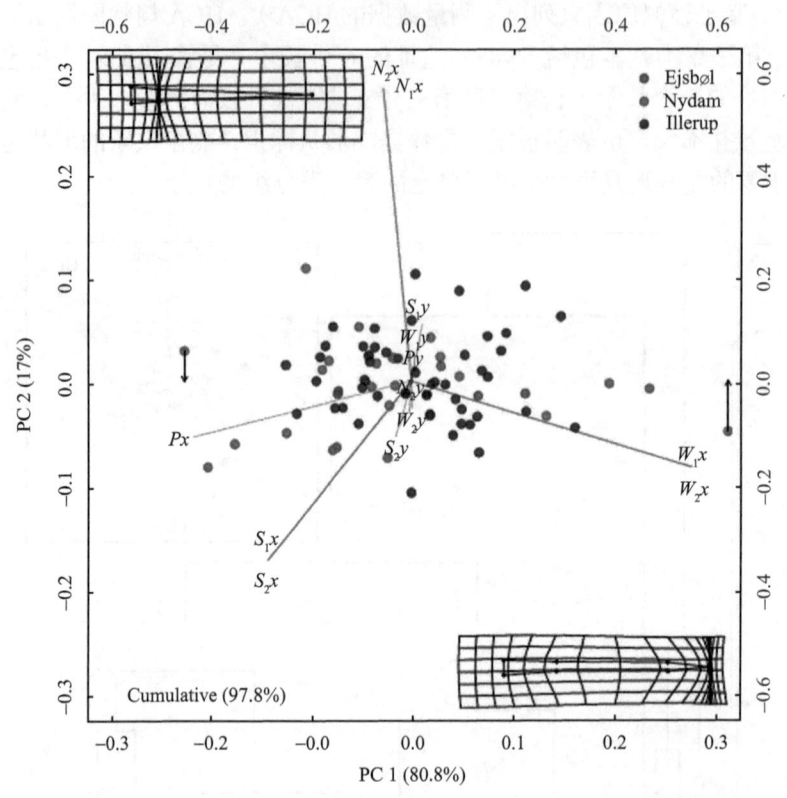

和宽短），如图 8.25 中的扭曲网格所示。

图 8.25　长矛形状的主成分分析图（GMM 数据），以及显示沿 PC1 极端情况下的扭曲网格图，前两个主成分累积 97.8%（Cumulative 97.8%）

7. 相关结论

上述统计分析结果证实可以通过形状研判人工制品的标准化。在此主要论述如下：

（1）Havor 长矛为标准化产品。总的来说，遗址内和遗址间的 Havor 长矛没有显著差异，证实了长矛是高度标准化武器的推断。考虑到所有这些武器的年代跨度仅为 25 年（公元 375～400 年），并且金相分析也显示这些武器有类似的制造方法。有趣的是，金相研究也指出金属来源不同，潜在突出了这些物质的地质和制造来源之间的差异。当考虑到这些武器是纯手工打造而成的，通过在铁砧上热锻不同成分和硬度的铸铁，武器标准化就更加明显了。

每个长矛的生产都是一个独立事件，即使在短时间内，以某个长矛为模板经复制打造产生的累积错误都可能导致更大的外形变化，这有可能是 Nydam 遗址中六个长矛与平均外形有显著差异属极端异常值的原因。因此，这些长矛可能就是不同作坊（车间）的仿制品。

（2）测量方法的局限性。长度分析，通过 CV 数据进行评判，有效地给出了 Havor 长矛为高度标准化的武器。不同测量单位之间可以通过 CV 进行比较，但是这种方法可能不太适合分析前工业化背景下的人工制品（考古中的纯手工制品）。测量数据之间的 Pearson 相关系数作为避免孤立研究单个变量的手段，是对测量数据判断标准化的一种补充，可识别标准化模式下不同元素间的相关性。但是即使考虑了多元方法，CV 方法本身所带来的缺陷也仍然存在。主要的缺陷是，测量长度的选择基本上反映了测量人员的选择，可能就与原始生产者关注的测量点不一致。

（3）多元统计分析中测量数据与 GMM 数据的比较。这两组数据集都强调了 Havor 长矛的宽比长更影响标准化的评判。GMM 数据主成分分析可解释总变化的98%，是对选取测量数据（70%）的一个显著改进，证实了形状是研究和描述武器标准化的有效手段。

（4）GMM 分析的优势。形状分析的优点就是将整个外观作为一个整体来考虑，而不是人为地将某特定的特征尺寸用于评判标准化。GMM 方法中可以通过多变量平均值、组内变异或组间变异来检验平均形状差异，利用多种统计方法（T^2 检验、F 检验、方差分析等）对平均形状差异作双向统计检验，可确保所有结果和所得结论是稳健的。未来的工作，可以考虑三维下的形状比较，会增加 GMM 分析的可靠性。

总之，采用形状分析用于评判武器的标准化，与传统测量数据的度量方法相比，其整体优势可产生稳健和改进的结果，可用于识别和统计评估整体外形而不是关注某一部分的标准化。这项研究表明，形状分析结合统计分析应该成为一种标准的评判人工器物生产标准化的新手段。

主要参考文献

陈铁梅. 2005. 定量考古学[M]. 北京: 北京大学出版社.
何晓群. 2019. 多元统计分析[M]. 5 版. 北京: 中国人民大学出版社.
王芬, 陈淑青. 2013. 北阡遗址史前陶器化学成分和物性特性分析[J]. 东方考古, 10: 134-150.
王令红. 1986. 中国新石器时代和现代居民的时代变化和地理变异——颅骨测量性状的统计分析研究[J]. 人类学学报, 5(3): 243-258.
王孝玲. 2015. 教育统计学[M]. 上海: 华东师范大学出版社.
张淑敏, 肖贵田. 2011. 山东白陶佛教造像[M]. 北京: 文物出版社.
Badawy W M, Bmitriev A Y, Koval V Y, et al. 2022. Formation of reference groups for archaeological pottery using neutron activation and multivariate statistical analyses[J]. Archaeometry, 64: 1377-1393.

Birch T, Martinon-Torres M. 2019. Shape as a measure of weapon standardization: From metric to geometric morphometric analysis of the Iron Age 'Havor' lance from Southern Scandinavia[J]. Journal of Archaeological Science, 101: 34-51.

Eerkens J W. 2000. Practice makes within 5% of perfect: The role of visual perception, motor skills, and human memory in artifact variation and standardization[J]. Current Anthropology, 41: 663-668.

Eerkens J W, Bettinger R. 2001. Techniques for assessing standardization in artifact assemblages: Can we scale material variability?[J]. American Antiquity, 66: 493-504.

Wilczek J, Monna F, Barral P, et al. 2014. Morphometrics of second iron age ceramics-strengths, weaknesses, and comparison with traditional typology[J]. Journal of Archaeological Science, 50: 39-50.

附录 I　Origin 软件简介

Origin 软件是一款强大的科技绘图和数据分析软件，能够轻松地帮助科研工作者完成数据导入、分析、绘图等任务。根据经验，Origin 软件可轻松绘制效果良好的图以展示考古数据，也有强大的统计分析功能（包括描述性统计、统计检验、线性回归、多元统计分析等），便于考古数据的后续分析。本附录旨在对 Origin 软件的界面和基本功能进行简要的概述，方便读者快速上手。更多高阶功能读者可参阅 Origin 软件的在线帮助文件或官方学习教程（https://www.originlab.com/doc/User-Guide）、论坛（https://my.originlab.com/Forum/）等，以及本教材相关章节的案例部分。

1. 软件获取和安装

Origin 为学术用户提供免费试用版，只要读者拥有 edu 后缀的邮箱账号即可在官方网站（https://www.originlab.com/）申请学生用户使用许可证，通常可免费使用半年，到期后可继续申请（https://www.originlab.com/index.aspx?pid=4450）。其安装过程与一般 Windows 系统下的软件相同，安装完成后需要完成激活许可证方可正常使用。Origin 支持多国语言，默认为英文，读者也可通过菜单栏—帮助—更改语言切换为中文以方便使用。

2. 工作界面

附图是一个典型的 Origin 工作界面，主要包括菜单栏、快捷工具栏、项目管理器、子窗口、对象管理器等。

与绝大多数 Windows 软件的操作逻辑一致，Origin 的所有功能均可通过菜单栏调出，在不同窗口或环境下菜单栏会略有不同，根据被激活的子窗口不同而改变（被激活子窗口有红色边框高亮显示，如附图的绘图窗口）。工具栏主要提供了更便捷的方式，绝大多数菜单栏中的指令均可通过单击工具栏上的图标迅速完成，除此之外，在子窗口中往往通过单击右键或双击左键也可以弹出相关操作的菜单（也可通过对象管理器进行相关操作），读者可根据操作习惯自行选择。

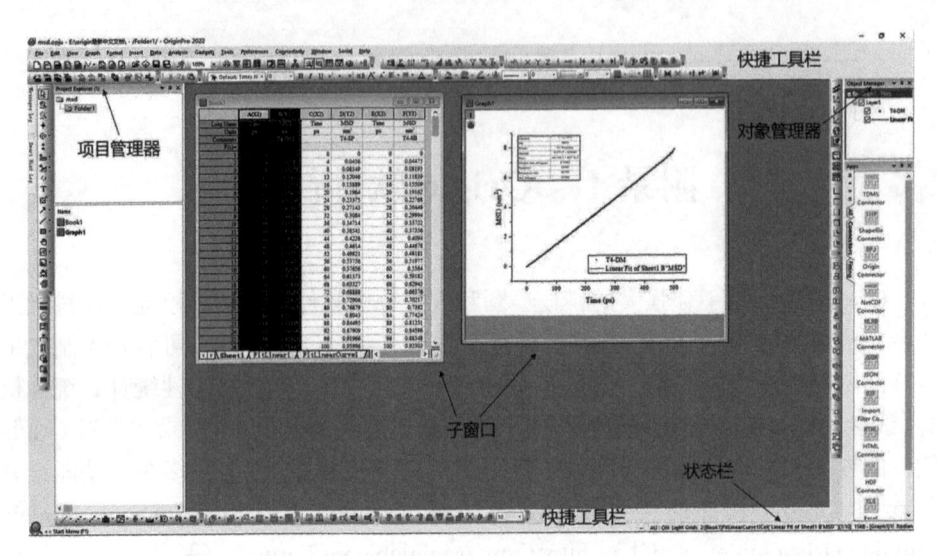

附图　Origin 工作界面

项目管理器负责组织和管理当前项目文件下的各个子文件夹和子窗口文件。附图展示了当前项目 msd 中包含一个子文件夹 Folder1，其中包含两个文件，即 Book1 和 Graph1。

子窗口即进行数据处理、分析、绘图的窗口，为主要工作区域，具体类型有工作簿窗口（存储数据，类似 Excel 表格，如附图 Book1）、图形窗口（存储和显示绘制的图形，如附图 Graph1）、矩阵窗口（类似工作簿，用于存储矩阵）等。

3. 数据导入与处理

利用 Origin 软件进行数据分析或绘制图形的第一步即数据导入。其支持非常丰富的数据导入方式，常规方法如通过菜单栏使用导入向导导入文件（Data-import），或直接拖拽到工作窗口，或对于简单数据通过复制粘贴的方式等。

数据导入后即在工作簿子窗口呈现（如附图 Book1），类似 Excel 软件可对工作表的行和列进行操作（插入、删除等），属性设置（列名称、单位、注释等），调整数据显示方式（数值、文本、科学记数法等），函数操作（通过 set column value 对列数据进行简单函数运算、微分、积分等）等。

4. 图形绘制

为了更佳地呈现数据，Origin 软件提供了丰富的绘图模板，读者只需选择需要绘图的数据，然后选择相应的图形类型即可轻松作图。Origin 提供的常见绘图模板可由菜单栏 Plot 中查看，图 2.38 列出了几类常用的二维及三维图形（包括折线图、散点图、条状图、饼形图、3D曲面、等高线图等其他专业图形），对于其他Origin中能实现的绘图效果，在其官方网站graph gallery页面中有单独展示。

5. 数据的统计分析

Origin同时还提供了强大的数据分析功能，如数据拟合、插值、峰值分析、信号处理、统计等。以曲线拟合为例（菜单栏 Analysis-Fitting），Origin中支持线性及多项式拟合、非线性拟合（包括内建函数或自定义函数拟合）。以统计为例，Origin支持描述性统计（菜单栏 Statistics-Descriptive Statistics，包括频数分析、分布检验、相关性分析、离群值检测等），同时还提供了各种统计图的绘制（如箱线图、小提琴图、直方图等）；假设检验工具（菜单栏 Statistics-Hypothesis Testing，如T检验、比率检验等）；方差分析（菜单栏 Statistics-ANOVA），以及其他的高级统计工具，如多变量分析（菜单栏 Statistics-Multivariate Analysis，包括主成分分析、聚类分析、判别分析、偏最小二乘等）。

附录 II 统计用表

附录 II.1 正态分布表

(曲线下的面积 P 与纵线高度 Y)

Z	Y	P	Z	Y	P	Z	Y	P
0.00	0.39894	0.00000	0.28	0.38361	0.11026	0.56	0.34105	0.21226
0.01	0.39892	0.00399	0.29	0.38251	0.11409	0.57	0.33912	0.21566
0.02	0.39886	0.00798	0.30	0.38139	0.11791	0.58	0.33718	0.21904
0.03	0.39876	0.01197	0.31	0.38023	0.12172	0.59	0.33521	0.22240
0.04	0.39862	0.01595	0.32	0.37903	0.12552	0.60	0.33322	0.22575
0.05	0.39844	0.01994	0.33	0.37780	0.12930	0.61	0.33121	0.22907
0.06	0.39822	0.02392	0.34	0.37654	0.13307	0.62	0.32918	0.23237
0.07	0.39797	0.02790	0.35	0.37524	0.13683	0.63	0.32713	0.23565
0.08	0.39767	0.03188	0.36	0.37391	0.14058	0.64	0.32506	0.23891
0.09	0.39733	0.03586	0.37	0.37255	0.14431	0.65	0.32297	0.24215
0.10	0.39695	0.03983	0.38	0.37115	0.14803	0.66	0.32086	0.24537
0.11	0.39654	0.04380	0.39	0.36973	0.15173	0.67	0.31874	0.24857
0.12	0.39608	0.04776	0.40	0.36827	0.15542	0.68	0.31659	0.25175
0.13	0.39559	0.05172	0.41	0.36678	0.15910	0.69	0.31443	0.25190
0.14	0.39505	0.05567	0.42	0.36526	0.16276	0.70	0.31225	0.25804
0.15	0.39448	0.05962	0.43	0.36371	0.16640	0.71	0.31006	0.26115
0.16	0.39387	0.06356	0.44	0.36213	0.17003	0.72	0.30785	0.26424
0.17	0.39322	0.06749	0.45	0.36053	0.17364	0.73	0.30563	0.26730
0.18	0.39253	0.07142	0.46	0.35889	0.17724	0.74	0.30339	0.27035
0.19	0.39181	0.07535	0.47	0.35723	0.18082	0.75	0.30114	0.27337
0.20	0.39104	0.07926	0.48	0.35553	0.18439	0.76	0.29887	0.27637
0.21	0.39024	0.08317	0.49	0.35381	0.18793	0.77	0.29659	0.27935
0.22	0.38940	0.08706	0.50	0.35207	0.19146	0.78	0.29431	0.28230
0.23	0.38853	0.09095	0.51	0.35029	0.19497	0.79	0.29200	0.28524
0.24	0.38762	0.09483	0.52	0.34849	0.19847	0.80	0.28969	0.28814
0.25	0.38667	0.09871	0.53	0.34667	0.20194	0.81	0.28737	0.29103
0.26	0.38568	0.10257	0.54	0.34482	0.20540	0.82	0.28504	0.29389
0.27	0.38466	0.10642	0.55	0.34294	0.20884	0.83	0.28269	0.29673

续表

Z	Y	P	Z	Y	P	Z	Y	P
0.84	0.28034	0.29955	1.21	0.19186	0.38686	1.58	0.11450	0.44295
0.85	0.27798	0.30234	1.22	0.18954	0.38877	1.59	0.11270	0.44408
0.86	0.27562	0.30511	1.23	0.18724	0.39065	1.60	0.11092	0.44520
0.87	0.27324	0.30785	1.24	0.18194	0.39251	1.61	0.10915	0.44630
0.88	0.27086	0.31057	1.25	0.18265	0.39435	1.62	0.10741	0.44738
0.89	0.28848	0.31327	1.26	0.18031	0.39617	1.63	0.10567	0.44845
0.90	0.26609	0.31594	1.27	0.17810	0.39796	1.64	0.10396	0.44950
0.91	0.26369	0.31859	1.28	0.17585	0.39973	1.65	0.10226	0.45053
0.92	0.26129	0.32121	1.29	0.17360	0.40147	1.66	0.10059	0.45154
0.93	0.25888	0.32381	1.30	0.17137	0.40320	1.67	0.09893	0.45254
0.94	0.25647	0.32639	1.31	0.16915	0.40490	1.68	0.09728	0.45352
0.95	0.25406	0.32894	1.32	0.16691	0.40658	1.69	0.09566	0.45449
0.96	0.25164	0.33117	1.33	0.16474	0.40824	1.70	0.09405	0.45543
0.97	0.24923	0.33398	1.34	0.16256	0.40988	1.71	0.09246	0.45637
0.98	0.24681	0.33646	1.35	0.16038	0.41149	1.72	0.09089	0.45728
0.99	0.21439	0.33891	1.36	0.15822	0.41309	1.73	0.08933	0.45818
1.00	0.24197	0.34134	1.37	0.15608	0.41466	1.74	0.08780	0.45907
1.01	0.23955	0.34375	1.38	0.15395	0.41621	1.75	0.08628	0.45994
1.02	0.23713	0.34614	1.39	0.15183	0.41774	1.76	0.08478	0.46080
1.03	0.23471	0.34850	1.40	0.14973	0.41921	1.77	0.08329	0.46164
1.04	0.23230	0.35083	1.41	0.14764	0.42073	1.78	0.08183	0.46246
1.05	0.22988	0.35314	1.42	0.14556	0.42220	1.79	0.08038	0.46327
1.06	0.22747	0.35543	1.43	0.14350	0.42364	1.80	0.07895	0.46407
1.07	0.22506	0.35769	1.44	0.14146	0.42507	1.81	0.07754	0.46185
1.08	0.22265	0.35993	1.45	0.13943	0.42647	1.82	0.07614	0.46562
1.09	0.22025	0.36214	1.46	0.13742	0.42786	1.83	0.07477	0.46638
1.10	0.21785	0.36433	1.47	0.13542	0.42922	1.84	0.07341	0.46712
1.11	0.21546	0.36650	1.48	0.13344	0.43056	1.85	0.07206	0.46784
1.12	0.21307	0.36864	1.49	0.13147	0.43189	1.86	0.07074	0.46856
1.13	0.21069	0.37076	1.50	0.12952	0.43319	1.87	0.06943	0.46926
1.14	0.20831	0.37286	1.51	0.12758	0.43448	1.88	0.06814	0.46995
1.15	0.20594	0.37493	1.52	0.12566	0.43574	1.89	0.06687	0.47062
1.16	0.20357	0.37698	1.53	0.12376	0.43699	1.90	0.06562	0.47128
1.17	0.20121	0.37900	1.54	0.12188	0.43822	1.91	0.06439	0.47193
1.18	0.19886	0.38100	1.55	0.12001	0.43943	1.92	0.06316	0.47257
1.19	0.19652	0.38298	1.56	0.11816	0.44062	1.93	0.06195	0.47320
1.20	0.19419	0.38493	1.57	0.11632	0.44179	1.94	0.06077	0.47381

续表

Z	Y	P	Z	Y	P	Z	Y	P
1.95	0.05959	0.47411	2.30	0.02833	0.48928	2.65	0.01191	0.49598
1.96	0.05844	0.47500	2.31	0.02768	0.48956	2.66	0.01160	0.49609
1.97	0.05730	0.47558	2.32	0.02705	0.48983	2.67	0.01130	0.49621
1.98	0.05618	0.47615	2.33	0.02643	0.49010	2.68	0.01100	0.49632
1.99	0.05508	0.47670	2.34	0.02582	0.49036	2.69	0.01071	0.49643
2.00	0.05399	0.47725	2.35	0.02522	0.49061	2.70	0.01042	0.49653
2.01	0.02592	0.47778	2.36	0.02463	0.49086	2.71	0.01014	0.49664
2.02	0.05186	0.47831	2.37	0.02406	0.49111	2.72	0.00987	0.49674
2.03	0.05082	0.47882	2.38	0.02349	0.49134	2.73	0.00961	0.49683
2.04	0.04980	0.47932	2.39	0.02294	0.49158	2.74	0.00935	0.49693
2.05	0.04879	0.47982	2.40	0.02239	0.49180	2.75	0.00909	0.49702
2.06	0.04780	0.48030	2.41	0.02186	0.49202	2.76	0.00885	0.49711
2.07	0.04682	0.48077	2.42	0.02134	0.49224	2.77	0.00861	0.49720
2.08	0.04586	0.48124	2.43	0.02083	0.49245	2.78	0.00837	0.49728
2.09	0.04491	0.48169	2.44	0.02033	0.49266	2.79	0.00814	0.49736
2.10	0.04398	0.48214	2.45	0.01984	0.49286	2.80	0.00792	0.49744
2.11	0.04307	0.48257	2.46	0.01936	0.49305	2.81	0.00770	0.49752
2.12	0.04217	0.48300	2.47	0.01889	0.49324	2.82	0.00748	0.49760
2.13	0.04128	0.48341	2.48	0.01842	0.49343	2.83	0.00727	0.49767
2.14	0.04041	0.48382	2.49	0.01797	0.49361	2.84	0.00707	0.49774
2.15	0.03955	0.48422	2.50	0.01753	0.49379	2.85	0.00687	0.49781
2.16	0.03871	0.48461	2.51	0.01709	0.49396	2.86	0.00668	0.49788
2.17	0.03788	0.48500	2.52	0.01667	0.49413	2.87	0.00649	0.49795
2.18	0.03706	0.48537	2.53	0.01625	0.49430	2.88	0.00631	0.49801
2.19	0.03626	0.48574	2.54	0.01585	0.49446	2.89	0.00613	0.49807
2.20	0.03547	0.48610	2.55	0.01545	0.49461	2.90	0.00595	0.49813
2.21	0.03470	0.48645	2.56	0.01506	0.49477	2.91	0.00578	0.49819
2.22	0.03394	0.48679	2.57	0.01468	0.49492	2.92	0.00562	0.49825
2.23	0.03319	0.48713	2.58	0.01431	0.49506	2.93	0.00545	0.49831
2.24	0.03246	0.48745	2.59	0.01394	0.49520	2.94	0.00530	0.49836
2.25	0.03174	0.48778	2.60	0.01358	0.49534	2.95	0.00514	0.49841
2.26	0.03103	0.48809	2.61	0.01323	0.49517	2.96	0.00499	0.49846
2.27	0.03034	0.48840	2.62	0.01289	0.49560	2.97	0.00485	0.49851
2.28	0.02965	0.48870	2.63	0.01256	0.49573	2.98	0.00471	0.49856
2.29	0.02898	0.48899	2.64	0.01223	0.49585	2.99	0.00457	0.49861

续表

Z	Y	P	Z	Y	P	Z	Y	P
3.00	0.00443	0.49865	3.35	0.00146	0.49960	3.70	0.00042	0.49989
3.01	0.00430	0.49869	3.36	0.00141	0.49961	3.71	0.00041	0.49990
3.02	0.00417	0.49874	3.37	0.00136	0.49962	3.72	0.00039	0.49990
3.03	0.00405	0.49878	3.38	0.00132	0.49964	3.73	0.00038	0.49990
3.04	0.00393	0.49882	3.39	0.00127	0.49965	3.74	0.00037	0.49991
3.05	0.00381	0.49886	3.40	0.00123	0.49966	3.75	0.00035	0.49991
3.06	0.00370	0.49889	3.41	0.00119	0.49968	3.76	0.00034	0.49992
3.07	0.00358	0.49893	3.42	0.00115	0.49969	3.77	0.00033	0.49992
3.08	0.00348	0.49897	3.43	0.00111	0.49970	3.78	0.00031	0.49992
3.09	0.00337	0.49900	3.44	0.00107	0.49971	3.79	0.00030	0.49992
3.10	0.00327	0.49903	3.45	0.00104	0.49972	3.80	0.00029	0.49993
3.11	0.00317	0.49906	3.46	0.00100	0.49973	3.81	0.00028	0.49993
3.12	0.00307	0.49910	3.47	0.00097	0.49974	3.82	0.00027	0.49993
3.13	0.00298	0.49913	3.48	0.00094	0.49975	3.83	0.00026	0.49994
3.14	0.00288	0.49916	3.49	0.00090	0.49976	3.84	0.00025	0.49994
3.15	0.00279	0.49918	3.50	0.00087	0.49977	3.85	0.00024	0.49994
3.16	0.00271	0.49921	3.51	0.00084	0.49978	3.86	0.00023	0.49994
3.17	0.00262	.49924	3.52	0.00081	0.49978	3.87	0.00022	0.49995
3.18	0.00254	0.49926	3.53	0.00079	0.49979	3.88	0.00021	0.49995
3.19	0.00246	0.49929	3.54	0.00076	0.49980	3.89	0.00021	0.49995
3.20	0.00238	0.49931	3.55	0.00073	0.49981	3.90	0.00020	0.49995
3.21	0.00231	0.49934	3.56	0.00071	0.49981	3.91	0.00019	0.49995
3.22	0.00224	0.49936	3.57	0.00068	0.49982	3.92	0.00018	0.49996
3.23	0.00216	0.49938	3.58	0.00066	0.49983	3.93	0.00018	0.49996
3.24	0.00210	0.49940	3.59	0.00063	0.49983	3.94	0.00017	0.49996
3.25	0.00203	0.49942	3.60	0.00061	0.49984	3.95	0.00016	0.49996
3.26	0.00196	0.49944	3.61	0.00059	0.49985	3.96	0.00016	0.49996
3.27	0.00190	0.49946	3.62	0.00057	0.49985	3.97	0.00015	0.49988
3.28	0.00184	0.49948	3.63	0.00055	0.49986	3.98	0.00014	0.49997
3.29	0.00178	0.49950	3.64	0.00053	0.49986	3.99	0.00014	0.49997
3.30	0.00172	0.49952	3.65	0.00051	0.49987			
3.31	0.00167	0.49953	3.66	0.00049	0.49987			
3.32	0.00161	0.49955	3.67	0.00047	0.49988			
3.33	0.00156	0.49957	3.68	0.00046	0.49988			
3.34	0.00151	0.49958	3.69	0.00044	0.49989			

附录Ⅱ.2 t 值表

f	$P(2)$: 0.50 / $P(1)$: 0.25	0.20 / 0.10	0.10 / 0.05	0.05 / 0.025	0.02 / 0.01	0.01 / 0.005	0.005 / 0.0025	0.002 / 0.001	0.001 / 0.0005
1	1.000	3.078	6.314	12.706	31.821	63.657	127.321	318.309	636.619
2	0.816	1.886	2.920	4.303	6.965	9.925	14.089	22.327	31.599
3	0.765	1.638	2.353	3.182	4.541	5.841	7.453	10.215	12.924
4	0.741	1.533	2.132	2.776	3.747	4.604	5.598	7.173	8.610
5	0.727	1.476	2.015	2.571	3.365	4.032	4.773	5.893	6.869
6	0.718	1.440	1.943	2.447	3.143	3.707	4.317	5.208	5.959
7	0.711	1.415	1.895	2.365	2.998	3.499	4.029	4.785	5.408
8	0.706	1.397	1.860	2.306	2.896	3.355	3.833	4.501	5.041
9	0.703	1.383	1.833	2.262	2.821	3.250	3.690	4.297	4.781
10	0.700	1.372	1.812	2.228	2.764	3.169	3.581	4.144	4.587
11	0.697	1.363	1.796	2.201	2.718	3.106	3.497	4.025	4.437
12	0.695	1.356	1.782	2.179	2.681	3.055	3.428	3.930	4.318
13	0.694	1.350	1.771	2.160	2.650	3.012	3.372	3.852	4..221
14	0.692	1.345	1.761	2.145	2.624	2.977	3.326	3.787	4.140
15	0.691	1.341	1.753	2.131	2.602	2.947	3.286	3.733	4.073
16	0.690	1.337	1.746	2.120	2.583	2.921	3.252	3.686	4.015
17	0.689	1.333	1.740	2.110	2.567	2.898	3.222	3.646	3.965
18	0.688	1.330	1.734	2.101	2.552	2.878	3.197	3.610	3.922
19	0.688	1.328	1.729	2.093	2.539	2.861	3.174	3.579	3.883
20	0.687	1.325	1.725	2.086	2.528	2.845	3.153	3.552	3.850
21	0.686	1.323	1.721	2.080	2.518	2.831	3.135	3.527	3.819
22	0.686	1.321	1.717	2.074	2.508	2.819	3.119	3.505	3.792
23	0.685	1.319	1.714	2.069	2.500	2.807	3.104	3.485	3.768
24	0.685	1.318	1.711	2.064	2.492	2.797	3.091	3.467	3.745
25	0.684	1.316	1.708	2.060	2.485	2.787	3.078	3.450	3.725
26	0.684	1.315	1.706	2.056	2.479	2.779	3.067	3.435	3.707
27	0.684	1.314	1.703	2.052	2.473	2.771	3.057	3.421	3.690
28	0.683	1.313	1.701	2.048	2.467	2.763	3.047	3.408	3.674

续表

f	$P(2)$:	0.50	0.20	0.10	0.05	0.02	0.01	0.005	0.002	0.001
	$P(1)$:	0.25	0.10	0.05	0.025	0.01	0.005	0.0025	0.001	0.0005
29		0.683	1.311	1.699	2.045	2.462	2.756	3.038	3.396	3.659
30		0.683	1.310	1.697	2.042	2.457	2.750	3.030	3.385	3.646
31		0.682	1.309	1.696	2.040	2.453	2.744	3.022	3.375	3.633
32		0.682	1.309	1.694	2.037	2.449	2.738	3.015	3.365	3.622
33		0.682	1.308	1.692	2.035	2.445	2.733	3.008	3.356	3.611
34		0.682	1.307	1.691	2.032	2.441	2.728	3.002	3.348	3.601
35		0.682	1.306	1.690	2.030	2.438	2.724	2.996	3.340	3.591
36		0.681	1.306	1.688	2.028	2.434	2.719	2.990	3.333	3.582
37		0.681	1.305	1.687	2.026	2.431	2.715	2.985	3.326	3.574
38		0.681	1.304	1.686	2.024	2.429	2.712	2.980	3.319	3.566
39		0.681	1.304	1.685	2.023	2.426	2.708	2.976	3.313	3.558
40		0.681	1.303	1.684	2.021	2.423	2.704	2.971	3.307	3.551
50		0.679	1.299	1.676	2.009	2.403	2.678	2.937	3.261	3.496
60		0.679	1.296	1.671	2.000	2.390	2.660	2.915	3.232	3.460
70		0.678	1.294	1.667	1.994	2.381	2.648	2.899	3.211	3.435
80		0.678	1.292	1.664	1.990	2.374	2.639	2.887	3.195	3.416
90		0.677	1.291	1.662	1.987	2.368	2.632	2.878	3.183	3.402
100		0.677	1.290	1.660	1.984	2.364	2.626	2.871	3.174	3.390
200		0.676	1.286	1.653	1.972	2.345	2.601	2.839	3.131	3.340
500		0.675	1.283	1.648	1.965	2.334	2.586	2.820	3.107	3.310
1000		0.675	1.282	1.646	1.962	2.330	2.581	2.813	3.098	3.300
∞		0.6745	1.2816	1.6449	1.9600	2.3263	2.5758	2.8070	3.0902	3.2905

附录Ⅱ.3 F值表

$P = 0.05$

df_2	1	2	3	4	5	6	7	8	9	10	12	14	16	18	20	df_2
1	161	200	216	225	230	234	237	239	241	242	244	245	246	247	248	1
2	18.5	19.0	19.2	19.2	19.3	19.3	19.4	19.4	19.4	19.4	19.4	19.4	19.4	19.4	19.4	2
3	10.1	9.55	9.28	9.12	9.01	8.94	8.89	8.85	8.81	8.79	8.74	8.71	8.69	8.67	8.66	3
4	7.71	6.94	6.59	6.39	6.26	6.16	6.09	6.04	6.00	5.96	5.91	5.87	5.84	5.82	5.80	4
5	6.61	5.79	5.41	5.19	5.05	4.95	4.88	4.82	4.77	4.74	4.68	4.64	4.60	4.58	4.56	5
6	5.99	5.14	4.76	4.53	4.39	4.28	4.21	4.15	4.10	4.06	4.00	3.96	3.92	3.90	3.87	6
7	5.59	4.74	4.35	4.12	3.97	3.87	3.79	3.73	3.68	3.64	3.57	3.53	3.49	3.47	3.44	7
8	5.32	4.46	4.07	3.84	3.69	3.58	3.50	3.44	3.39	3.35	3.28	3.24	3.20	3.17	3.15	8
9	5.12	4.26	3.86	3.63	3.48	3.37	3.29	3.23	3.18	3.14	3.07	3.03	2.99	2.96	2.94	9
10	4.96	4.10	3.71	3.48	3.33	3.22	3.14	3.07	3.02	2.98	2.91	2.86	2.83	2.80	2.77	10
11	4.84	3.98	3.59	3.36	3.20	3.09	3.01	2.95	2.90	2.85	2.79	2.74	2.70	2.67	2.65	11
12	4.75	3.89	3.49	3.26	3.11	3.00	2.91	2.85	2.80	2.75	2.69	2.64	2.60	2.57	2.54	12
13	4.67	3.81	3.41	3.18	3.03	2.92	2.83	2.77	2.71	2.67	2.60	2.55	2.51	2.48	2.46	13
14	4.60	3.74	3.34	3.11	2.96	2.85	2.76	2.70	2.65	2.60	2.53	2.48	2.44	2.41	2.39	14
15	4.54	3.68	3.29	3.06	2.90	2.79	2.71	2.64	2.59	2.54	2.48	2.42	2.38	2.35	2.33	15
16	4.49	3.63	3.24	3.01	2.85	2.74	2.66	2.59	2.54	2.49	2.42	2.37	2.33	2.30	2.28	16
17	4.45	3.59	3.20	2.96	2.81	2.70	2.61	2.55	2.49	2.45	2.38	2.33	2.29	2.26	2.23	17
18	4.41	3.55	3.16	2.93	2.77	2.66	2.58	2.51	2.46	2.41	2.34	2.29	2.25	2.22	2.19	18
19	4.38	3.52	3.13	2.90	2.74	2.63	2.54	2.48	2.42	2.38	2.31	2.26	2.21	2.18	2.16	19
20	4.35	3.49	3.10	2.87	2.71	2.60	2.51	2.45	2.39	2.35	2.28	2.22	2.18	2.15	2.12	20
21	4.32	3.47	3.07	2.84	2.68	2.57	2.49	2.42	2.37	2.32	2.25	2.20	2.16	2.12	2.10	21
22	4.30	3.44	3.05	2.82	2.66	2.55	2.46	2.40	2.34	2.30	2.23	2.17	2.13	2.10	2.07	22
23	4.28	3.42	3.03	2.80	2.64	2.53	2.44	2.37	2.32	2.27	2.20	2.15	2.11	2.07	2.05	23
24	4.26	3.40	3.01	2.78	2.62	2.51	2.42	2.36	2.30	2.25	2.18	2.13	2.09	2.05	2.03	24
25	4.24	3.39	2.99	2.76	2.60	2.49	2.40	2.34	2.28	2.24	2.16	2.11	2.07	2.04	2.01	25
26	4.23	3.37	2.98	2.74	2.59	2.47	2.39	2.32	2.27	2.22	2.15	2.09	2.05	2.02	1.99	26
27	4.21	3.35	2.96	2.73	2.57	2.46	2.37	2.31	2.25	2.20	2.13	2.08	2.04	2.00	1.97	27

续表

df_2	\multicolumn{14}{c	}{df_1}	df_2
	1	2	3	4	5	6	7	8	9	10	12	14	16	18	20	
28	4.20	3.34	2.95	2.71	2.56	2.45	2.36	2.29	2.24	2.19	2.12	2.06	2.02	1.99	1.96	28
29	4.18	3.33	2.93	2.70	2.55	2.43	2.35	2.28	2.22	2.18	2.10	2.05	2.01	1.97	1.94	29
30	4.17	3.32	2.92	2.69	2.53	2.42	2.33	2.27	2.21	2.16	2.09	2.04	1.99	1.96	1.93	30
32	4.15	3.29	2.90	2.67	2.51	2.40	2.31	2.24	2.19	2.14	2.07	2.01	1.97	1.94	1.91	32
34	4.13	3.28	2.88	2.65	2.49	2.38	2.29	2.23	2.17	2.12	2.05	1.99	1.95	1.92	1.89	34
36	4.11	3.26	2.87	2.63	2.48	2.36	2.28	2.21	2.15	2.11	2.03	1.98	1.93	1.90	1.87	36
38	4.10	3.24	2.85	2.62	2.46	2.35	2.26	2.19	2.14	2.09	2.02	1.96	1.92	1.88	1.85	38
40	4.08	3.23	2.84	2.61	2.45	2.34	2.25	2.18	2.12	2.08	2.00	1.95	1.90	1.87	1.84	40
42	4.07	3.22	2.83	2.59	2.44	2.32	2.24	2.17	2.11	2.06	1.99	1.93	1.89	1.86	1.83	42
44	4.06	3.21	2.82	2.58	2.43	2.31	2.23	2.16	2.10	2.05	1.98	1.92	1.88	1.84	1.81	44
46	4.05	3.20	2.81	2.57	2.42	2.30	2.22	2.15	2.09	2.04	1.97	1.91	1.87	1.83	1.80	46
48	4.04	3.19	2.80	2.57	2.41	2.29	2.21	2.14	2.08	2.03	1.96	1.90	1.86	1.82	1.79	48
50	4.03	3.18	2.79	2.56	2.40	2.29	2.20	2.13	2.07	2.03	1.95	1.89	1.85	1.81	1.78	50
60	4.00	3.15	2.76	2.53	2.37	2.25	2.17	2.10	2.04	1.99	1.92	1.86	1.82	1.78	1.75	60
80	3.96	3.11	2.72	2.49	2.33	2.21	2.13	2.06	2.00	1.95	1.88	1.82	1.77	1.73	1.70	80
100	3.94	3.09	2.70	2.46	2.31	2.19	2.10	2.03	1.97	1.93	1.85	1.79	1.75	1.71	1.68	100
125	3.92	3.07	2.68	2.44	2.29	2.17	2.08	2.01	1.96	1.91	1.83	1.77	1.72	1.69	1.65	125
150	3.90	3.06	2.66	2.43	2.27	2.16	2.07	2.00	1.94	1.89	1.82	1.76	1.71	1.67	1.64	150
200	3.89	3.04	2.65	2.42	2.26	2.14	2.06	1.98	1.93	1.88	1.80	1.74	1.69	1.66	1.62	200
300	3.87	3.03	2.63	2.40	2.24	2.13	2.04	1.97	1.91	1.86	1.78	1.72	1.68	1.64	1.61	300
500	3.86	3.01	2.62	2.39	2.23	2.12	2.03	1.96	1.90	1.85	1.77	1.71	1.66	1.62	1.59	500
1000	3.85	3.00	2.61	2.38	2.22	2.11	2.02	1.95	1.89	1.84	1.76	1.70	1.65	1.61	1.58	1000
∞	3.84	3.00	2.60	2.37	2.21	2.10	2.01	1.94	1.88	1.83	1.75	1.69	1.64	1.60	1.57	∞

$P = 0.05$

df_2	22	24	26	28	30	35	40	45	50	60	80	100	200	500	∞	df_2
1	249	249	249	250	250	251	251	251	252	252	252	253	254	254	254	1
2	19.5	19.5	19.5	19.5	19.5	19.5	19.5	19.5	19.5	19.5	19.5	19.5	19.5	19.5	19.5	2
3	8.65	8.64	8.63	8.62	8.62	8.60	8.59	8.59	8.58	8.57	8.56	8.55	8.54	8.53	8.53	3
4	5.79	5.77	5.76	5.75	5.75	5.73	5.72	5.71	5.70	5.69	5.67	5.66	5.65	5.64	5.63	4
5	4.54	4.53	4.52	4.50	4.50	4.48	4.46	4.45	4.44	4.43	4.41	4.41	4.39	4.37	4.37	5
6	3.86	3.84	3.83	3.82	3.81	3.79	3.77	3.76	3.75	3.74	3.72	3.71	3.69	3.68	3.67	6
7	3.43	3.41	3.40	3.39	3.38	3.36	3.34	3.33	3.32	3.30	3.29	3.27	3.25	3.24	3.23	7
8	3.13	3.12	3.10	3.09	3.08	3.06	3.04	3.03	3.02	3.01	2.99	2.97	2.95	2.94	2.93	8
9	2.92	2.90	2.89	2.87	2.86	2.84	2.83	2.81	2.80	2.79	2.77	2.76	2.73	2.72	2.71	9
10	2.75	2.74	2.72	2.71	2.70	2.68	2.66	2.65	2.64	2.62	2.60	2.59	2.56	2.55	2.54	10
11	2.63	2.61	2.59	2.58	2.57	2.55	2.53	2.52	2.51	2.49	2.47	2.46	2.43	2.42	2.40	11
12	2.52	2.51	2.49	2.48	2.47	2.44	2.43	2.41	2.40	2.38	2.36	2.35	2.32	2.31	2.30	12
13	2.44	2.42	2.41	2.39	2.38	2.36	2.34	2.33	2.31	2.30	2.27	2.26	2.23	2.22	2.21	13
14	2.37	2.35	2.33	2.32	2.31	2.28	2.27	2.25	2.24	2.22	2.20	2.19	2.16	2.14	2.13	14
15	2.31	2.29	2.27	2.26	2.25	2.22	2.20	2.19	2.18	2.16	2.14	2.12	2.10	2.08	2.07	15
16	2.25	2.24	2.22	2.21	2.19	2.17	2.15	2.14	2.12	2.11	2.08	2.07	2.04	2.02	2.01	16
17	2.21	2.19	2.17	2.16	2.15	2.12	2.10	2.09	2.08	2.06	2.03	2.02	1.99	1.97	1.96	17
18	2.17	2.15	2.13	2.12	2.11	2.08	2.06	2.05	2.04	2.02	1.99	1.98	1.95	1.93	1.92	18
19	2.13	2.11	2.10	2.08	2.07	2.05	2.03	2.01	2.00	1.98	1.96	1.94	1.91	1.89	1.83	19
20	2.10	2.08	2.07	2.05	2.04	2.01	1.99	1.98	1.97	1.95	1.92	1.91	1.88	1.86	1.84	20
21	2.07	2.05	2.04	2.02	2.01	1.98	1.96	1.95	1.94	1.92	1.89	1.88	1.84	1.82	1.81	21
22	2.05	2.03	2.01	2.00	1.98	1.96	1.94	1.92	1.91	1.89	1.86	1.85	1.82	1.80	1.78	22
23	2.02	2.00	1.99	1.97	1.96	1.93	1.91	1.90	1.88	1.86	1.84	1.82	1.79	1.77	1.76	23
24	2.00	1.98	1.97	1.95	1.94	1.91	1.89	1.88	1.86	1.84	1.82	1.80	1.77	1.75	1.73	24
25	1.98	1.96	1.95	1.93	1.92	1.89	1.87	1.86	1.84	1.82	1.80	1.78	1.75	1.73	1.71	25
26	1.97	1.95	1.93	1.91	1.90	1.87	1.85	1.84	1.82	1.80	1.78	1.76	1.73	1.71	1.69	26
27	1.95	1.93	1.91	1.90	1.88	1.86	1.84	1.82	1.81	1.79	1.76	1.74	1.71	1.69	1.67	27
28	1.93	1.91	1.90	1.88	1.87	1.84	1.82	1.80	1.79	1.77	1.74	1.73	1.69	1.67	1.65	28
29	1.92	1.90	1.88	1.87	1.85	1.83	1.81	1.79	1.77	1.75	1.73	1.71	1.67	1.65	1.64	29
30	1.91	1.89	1.87	1.85	1.84	1.81	1.79	1.77	1.76	1.74	1.71	1.70	1.66	1.64	1.62	30
32	1.88	1.86	1.85	1.83	1.82	1.79	1.77	1.75	1.74	1.71	1.69	1.67	1.63	1.61	1.59	32
34	1.86	1.84	1.82	1.80	1.80	1.77	1.75	1.73	1.71	1.69	1.66	1.65	1.61	1.59	1.57	34
36	1.85	1.82	1.81	1.79	1.78	1.75	1.73	1.71	1.69	1.67	1.64	1.62	1.59	1.56	1.55	36

续表

df$_2$	\multicolumn{14}{c	}{df$_1$}	df$_2$
	22	24	26	28	30	35	40	45	50	60	80	100	200	500	∞	
38	1.83	1.81	1.79	1.77	1.76	1.73	1.71	1.69	1.68	1.65	1.62	1.61	1.57	1.54	1.53	38
40	1.81	1.79	1.77	1.76	1.74	1.72	1.69	1.67	1.66	1.64	1.61	1.59	1.55	1.53	1.51	40
42	1.80	1.78	1.76	1.74	1.73	1.70	1.68	1.66	1.65	1.62	1.59	1.57	1.53	1.51	1.49	42
44	1.79	1.77	1.75	1.73	1.72	1.69	1.67	1.65	1.63	1.61	1.58	1.56	1.52	1.49	1.48	44
46	1.78	1.76	1.74	1.72	1.71	1.68	1.65	1.64	1.62	1.60	1.57	1.55	1.51	1.48	1.46	46
48	1.77	1.75	1.73	1.71	1.70	1.67	1.64	1.62	1.61	1.59	1.56	1.54	1.49	1.47	1.45	48
50	1.76	1.74	1.72	1.70	1.69	1.66	1.63	1.61	1.60	1.58	1.54	1.52	1.48	1.46	1.44	50
60	1.72	1.70	1.68	1.66	1.65	1.62	1.59	1.57	1.56	1.53	1.50	1.18	1.44	1.41	1.39	60
80	1.68	1.65	1.63	1.62	1.60	1.57	1.54	1.52	1.51	1.48	1.45	1.43	1.38	1.35	1.32	80
100	1.65	1.63	1.61	1.59	1.57	1.54	1.52	1.49	1.48	1.45	1.41	1.39	1.34	1.31	1.28	100
125	1.63	1.60	1.58	1.57	1.55	1.52	1.49	1.47	1.45	1.42	1.39	1.36	1.31	1.27	1.25	125
150	1.61	1.59	1.57	1.55	1.53	1.50	1.48	1.45	1.44	1.41	1.37	1.34	1.29	1.25	1.22	150
200	1.60	1.57	1.55	1.53	1.52	1.48	1.46	1.43	1.41	1.39	1.35	1.32	1.26	1.22	1.19	200
300	1.58	1.56	1.53	1.51	1.50	1.46	1.43	1.41	1.39	1.36	1.32	1.30	1.23	1.19	1.15	300
500	1.56	1.54	1.52	1.50	1.48	1.45	1.42	1.40	1.38	1.34	1.30	1.28	1.21	1.16	1.11	500
1000	1.55	1.53	1.51	1.49	1.47	1.44	1.41	1.38	1.36	1.33	1.29	1.26	1.19	1.13	1.08	1000
∞	1.54	1.52	1.50	1.48	1.46	1.42	1.39	1.37	1.35	1.32	1.27	1.24	1.17	1.11	1.00	∞

$P = 0.01$

df_2	1	2	3	4	5	6	7	8	9	10	12	14	16	18	20	df_2
						df_1										
1	4052	5000	5403	5625	5764	5859	5928	5981	6022	6056	6106	6142	6169	6190	6209	1
2	98.5	99.0	99.2	99.2	99.3	99.3	99.4	99.4	99.4	99.4	99.4	99.4	99.4	99.4	99.4	2
3	34.1	30.8	29.5	28.7	28.2	27.9	27.7	27.5	27.3	27.2	27.1	26.9	26.8	26.8	26.7	3
4	21.2	18.0	16.7	16.0	15.5	15.2	15.0	14.8	14.7	14.5	14.4	14.2	14.2	14.1	14.0	4
5	16.3	13.3	12.1	11.4	11.0	10.7	10.5	10.3	10.2	10.1	9.89	9.77	9.68	9.61	9.55	5
6	13.7	10.9	9.78	9.15	8.75	8.47	8.26	8.10	7.98	7.87	7.72	7.60	7.52	7.45	7.40	6
7	12.2	9.55	8.45	7.85	7.46	7.19	6.99	6.84	6.72	6.62	6.47	6.36	6.27	6.21	6.16	7
8	11.3	8.65	7.59	7.01	6.63	6.37	6.18	6.03	5.91	5.81	5.67	5.56	5.48	5.41	5.36	8
9	10.6	8.02	6.99	6.42	6.06	5.80	5.61	5.47	5.35	5.26	5.11	5.00	4.92	4.86	4.81	9
10	10.0	7.56	6.55	5.99	5.64	5.39	5.20	5.06	4.94	4.85	4.71	4.60	4.52	4.46	4.41	10
11	9.65	7.21	6.22	5.67	5.32	5.07	4.89	4.74	4.63	4.54	4.40	4.29	4.21	4.15	4.10	11
12	9.33	6.93	5.95	5.41	5.06	4.82	4.64	4.50	4.39	4.30	4.16	4.05	3.97	3.91	3.86	12
13	9.07	6.70	5.74	5.21	4.86	4.62	4.44	4.30	4.19	4.10	3.96	3.86	3.78	3.71	3.66	13
14	8.86	6.51	5.56	5.04	4.70	4.46	4.28	4.14	4.03	3.94	3.80	3.70	3.62	3.56	3.51	14
15	8.68	6.36	5.42	4.89	4.56	4.32	4.14	4.00	3.89	3.80	3.67	3.56	3.49	3.42	3.37	15
16	8.53	6.23	5.29	4.77	4.14	4.20	4.03	3.89	3.78	3.69	3.55	3.45	3.37	3.31	3.26	16
17	8.40	6.11	5.18	4.67	4.34	4.10	3.93	3.79	3.68	3.59	3.46	3.35	3.27	3.21	3.16	17
18	8.29	6.01	5.09	4.58	4.25	4.01	3.84	3.71	3.60	3.51	3.37	3.27	3.19	3.13	3.08	18
19	8.18	5.93	5.01	4.50	4.17	3.91	3.77	3.63	3.52	3.43	3.30	3.19	3.12	3.05	3.00	19
20	8.10	5.85	4.94	4.43	4.10	3.87	3.70	3.56	3.46	3.37	3.23	3.13	3.05	2.99	2.94	20
21	8.02	5.78	4.87	4.37	4.04	3.81	3.64	3.51	3.40	3.31	3.17	3.07	2.99	2.93	2.88	21
22	7.95	5.72	4.82	4.31	3.99	3.76	3.59	3.45	3.35	3.26	3.12	3.02	2.94	2.88	2.83	22
23	7.88	5.66	4.76	4.26	3.94	3.71	3.54	3.41	3.30	3.21	3.07	2.97	2.89	2.83	2.78	23
24	7.82	5.61	4.72	4.22	3.90	3.67	3.50	3.36	3.26	3.17	3.03	2.93	2.85	2.79	2.74	24
25	7.77	5.57	4.68	4.18	3.86	3.63	3.46	3.32	3.22	3.13	2.99	2.89	2.81	2.75	2.70	25
26	7.72	5.53	4.64	4.14	3.82	3.59	3.42	3.29	3.18	3.09	2.96	2.86	2.78	2.72	2.66	26
27	7.68	5.49	4.60	4.11	3.78	3.56	3.39	3.26	3.15	3.06	2.93	2.82	2.75	2.68	2.63	27
28	7.64	5.45	4.57	4.07	3.75	3.53	3.36	3.23	3.12	3.03	2.90	2.79	2.72	2.65	2.60	28
29	7.60	5.42	4.54	4.04	3.73	3.50	3.33	3.20	3.09	3.00	2.87	2.77	2.69	2.62	2.57	29
30	7.56	5.39	4.51	4.02	3.70	3.47	3.30	3.17	3.07	2.98	2.84	2.74	2.66	2.60	2.55	30
32	7.50	5.34	4.46	3.97	3.65	3.43	3.26	3.13	3.02	2.93	2.80	2.70	2.62	2.55	2.50	32
34	7.44	5.29	4.42	3.93	3.61	3.39	3.22	3.09	2.98	2.89	2.76	2.66	2.58	2.51	2.46	34
36	7.40	5.25	4.38	3.89	3.57	3.35	3.18	3.05	2.95	2.86	2.72	2.62	2.54	2.48	2.43	36

续表

df$_2$	df$_1$															df$_2$
	1	2	3	4	5	6	7	8	9	10	12	14	16	18	20	
38	7.35	5.21	4.34	3.86	3.54	3.32	3.15	3.02	2.92	2.83	2.69	2.59	2.51	2.45	2.40	38
40	7.31	5.18	4.31	3.83	3.51	3.29	3.12	2.99	2.89	2.80	2.66	2.56	2.48	2.42	2.37	40
42	7.28	5.15	4.29	3.80	3.49	3.27	3.10	2.97	2.86	2.78	2.64	2.54	2.46	2.40	2.34	42
44	7.25	5.12	4.26	3.78	3.47	3.24	3.08	2.95	2.84	2.75	2.62	2.52	2.44	2.37	2.32	44
46	7.22	5.10	4.24	3.76	3.44	3.22	3.06	2.93	2.82	2.73	2.60	2.50	2.42	2.35	2.30	46
48	7.20	5.08	4.22	3.74	3.43	3.20	3.04	2.91	2.80	2.72	2.58	2.48	2.40	2.33	2.28	48
50	7.17	5.06	4.20	3.72	3.41	3.19	3.02	2.89	2.79	2.70	2.56	2.46	2.38	2.32	2.27	50
60	7.08	4.98	4.13	3.65	3.34	3.12	2.95	2.82	2.72	2.63	2.50	2.39	2.31	2.25	2.20	60
80	6.96	4.88	4.04	3.56	3.26	3.04	2.87	2.74	2.64	2.55	2.42	2.31	2.23	2.17	2.12	80
100	6.90	4.82	3.98	3.51	3.21	2.99	2.82	2.69	2.59	2.50	2.37	2.26	2.19	2.12	2.07	100
125	6.84	4.78	3.94	3.47	3.17	2.95	2.79	2.66	2.55	2.47	2.33	2.23	2.15	2.08	2.03	125
150	6.81	4.75	3.92	3.45	3.14	2.92	2.76	2.63	2.53	2.44	2.31	2.20	2.12	2.06	2.00	150
200	6.76	4.71	3.88	3.41	3.11	2.89	2.73	2.60	2.50	2.41	2.27	2.17	2.09	2.02	1.97	200
300	6.72	4.68	3.85	3.38	3.08	2.86	2.70	2.57	2.47	2.38	2.24	2.4	2.06	1.99	1.94	300
500	6.69	4.65	3.82	3.36	3.05	2.84	2.68	2.55	2.44	2.36	2.22	2.12	2.04	1.97	1.92	500
1000	6.66	4.63	3.80	3.34	3.04	2.82	2.66	2.53	2.43	2.34	2.20	2.10	2.02	1.95	1.90	1000
∞	6.63	4.61	3.78	3.32	3.02	2.80	2.64	2.51	2.41	2.32	2.18	2.08	2.00	1.93	1.88	∞

$P=0.01$

df_2	22	24	26	28	30	35	40	45	50	60	80	100	200	500	∞	df_2
1	6220	6234	6240	6250	6258	6280	6286	6300	6302	6310	6334	6330	6352	6361	6366	1
2	99.5	99.5	99.5	99.5	99.5	99.5	99.5	99.5	99.5	99.5	99.5	99.5	99.5	99.5	99.5	2
3	26.6	26.6	26.6	26.5	26.5	26.5	26.4	26.4	26.4	26.3	26.3	26.2	26.2	26.1	26.1	3
4	14.0	13.9	13.9	13.9	13.8	13.8	13.7	13.7	13.7	13.7	13.6	13.6	13.5	13.5	13.5	4
5	9.51	9.47	9.43	9.40	9.38	9.33	9.29	9.26	9.24	9.20	9.16	9.13	9.08	9.04	9.02	5
6	7.35	7.31	7.28	7.25	7.23	7.18	7.14	7.11	7.09	7.06	7.01	6.99	6.93	6.90	6.88	6
7	6.11	6.07	6.04	6.02	5.99	5.94	5.91	5.88	5.86	5.82	5.78	5.75	5.70	5.67	5.65	7
8	5.32	5.28	5.25	5.22	5.20	5.15	5.12	5.00	5.07	5.03	4.99	4.96	4.91	4.88	4.86	8
9	4.77	4.73	4.70	4.67	4.65	4.60	4.57	4.54	4.52	4.48	4.44	4.42	4.36	4.33	4.31	9
10	4.36	4.33	4.30	4.27	4.25	4.20	4.17	4.14	4.12	4.08	4.04	4.01	3.96	3.93	3.91	10
11	4.06	4.02	5.99	3.96	3.94	3.89	3.86	3.83	3.81	3.78	3.73	3.71	3.66	3.62	3.60	11
12	3.82	3.78	3.75	3.72	3.70	3.65	3.62	3.59	3.57	3.54	3.49	3.47	3.41	3.38	3.36	12
13	3.62	3.59	3.56	3.53	3.51	3.46	3.43	3.40	3.38	3.34	3.30	3.27	3.22	3.19	3.17	13
14	3.46	3.43	3.40	3.37	3.35	3.30	3.27	3.24	3.22	3.18	3.14	3.11	3.06	3.03	3.00	14
15	3.33	3.29	3.26	3.24	3.21	3.17	3.13	3.10	3.08	3.05	3.00	2.98	2.92	2.89	2.87	15
16	3.22	3.18	3.15	3.12	3.10	3.05	3.02	2.99	2.97	2.93	2.89	2.86	2.81	2.78	2.75	16
17	3.12	3.08	3.05	3.03	3.00	2.96	2.92	2.89	2.87	2.83	2.79	2.76	2.71	2.68	2.65	17
18	3.03	3.00	2.97	2.94	2.92	2.87	2.84	2.81	2.78	2.75	2.70	2.68	2.62	2.59	2.57	18
19	2.96	2.92	2.89	2.87	2.84	2.80	2.76	2.73	2.71	2.67	2.63	2.60	2.55	2.51	2.49	19
20	2.90	2.86	2.83	2.80	2.78	2.73	2.69	2.67	2.64	2.61	2.56	2.54	2.48	2.44	2.42	20
21	2.84	2.80	2.77	2.74	2.72	2.67	2.64	2.61	2.58	2.55	2.50	2.48	2.42	2.38	2.36	21
22	2.78	2.75	2.72	2.69	2.67	2.62	2.58	2.55	2.53	2.50	2.45	2.42	2.36	2.33	2.31	22
23	2.74	2.70	2.67	2.64	2.62	2.57	2.54	2.51	2.48	2.45	2.40	2.37	2.32	2.28	2.26	23
24	2.70	2.66	2.63	2.60	2.58	2.53	2.49	2.46	2.44	2.40	2.36	2.33	2.27	2.24	2.21	24
25	2.66	2.62	2.59	2.56	2.54	2.49	2.45	2.42	2.40	2.36	2.32	2.29	2.23	2.19	2.17	25
26	2.62	2.58	2.55	2.53	2.50	2.45	2.42	2.39	2.36	2.33	2.28	2.25	2.19	2.16	2.13	26
27	2.59	2.55	2.52	2.49	2.47	2.42	2.38	2.35	2.33	2.29	2.25	2.22	2.16	2.12	2.10	27
28	2.56	2.52	2.49	2.46	2.44	2.39	2.35	2.32	2.30	2.26	2.22	2.19	2.13	2.09	2.06	28
29	2.53	2.49	2.46	2.44	2.41	2.36	2.33	2.30	2.27	2.23	2.19	2.16	2.10	2.06	2.03	29
30	2.51	2.47	2.44	2.41	2.39	2.34	2.30	2.27	2.25	2.21	2.16	2.13	2.07	2.03	2.01	30
32	2.46	2.42	2.39	2.36	2.34	2.29	2.25	2.22	2.20	2.16	2.11	2.08	2.02	1.98	1.96	32
34	2.42	2.38	2.35	2.32	2.30	2.25	2.21	2.18	2.16	2.12	2.07	2.04	1.98	1.94	1.91	34
36	2.38	2.35	2.32	2.29	2.26	2.21	2.17	2.14	2.12	2.08	2.03	2.00	1.94	1.90	1.87	36

续表

df_2	\multicolumn{14}{c	}{df_1}	df_2
	22	24	26	28	30	35	40	45	50	60	80	100	200	500	∞	
38	2.35	2.32	2.28	2.26	2.23	2.18	2.14	2.11	2.09	2.05	2.00	1.97	1.90	1.86	1.84	38
40	2.33	2.29	2.26	2.23	2.20	2.15	2.11	2.08	2.06	2.02	1.97	1.94	1.87	1.83	1.80	40
42	2.30	2.26	2.23	2.20	2.18	2.13	2.09	2.06	2.03	1.99	1.94	1.91	1.85	1.80	1.78	42
44	2.28	2.24	2.21	2.18	2.15	2.10	2.06	2.03	2.01	1.97	1.92	1.89	1.82	1.78	1.75	44
46	2.26	2.22	2.19	2.16	2.13	2.08	2.04	2.01	1.99	1.95	1.90	1.86	1.80	1.75	1.73	46
48	2.24	2.20	2.17	2.14	2.12	2.06	2.02	1.99	1.97	1.93	1.88	1.84	1.78	1.73	1.70	48
50	2.22	2.18	2.15	2.12	2.10	2.05	2.01	1.97	1.95	1.91	1.86	1.82	1.76	1.71	1.68	50
60	2.15	2.12	2.08	2.05	2.03	1.98	1.94	1.90	1.88	1.84	1.78	1.75	1.68	1.63	1.60	60
80	2.07	2.03	2.00	1.97	1.94	1.89	1.85	1.81	1.79	1.75	1.69	1.66	1.58	1.53	1.49	80
100	2.02	1.98	1.94	1.92	1.89	1.84	1.80	1.76	1.73	1.69	1.63	1.60	1.52	1.47	1.43	100
125	1.98	1.94	1.91	1.88	1.85	1.80	1.76	1.72	1.69	1.65	1.59	1.55	1.47	1.41	1.37	125
150	1.96	1.92	1.88	1.85	1.83	1.77	1.73	1.69	1.66	1.62	1.56	1.52	1.43	1.38	1.33	150
200	1.93	1.89	1.85	1.82	1.79	1.74	1.69	1.66	1.63	1.58	1.52	1.48	1.39	1.33	1.28	200
300	1.89	1.85	1.82	1.79	1.76	1.71	1.66	1.62	1.59	1.55	1.48	1.44	1.35	1.28	1.22	300
500	1.87	1.83	1.79	1.76	1.74	1.68	1.63	1.60	1.56	1.52	1.45	1.41	1.31	1.23	1.16	500
1000	1.85	1.81	1.77	1.74	1.72	1.66	1.61	1.57	1.54	1.50	1.43	1.38	1.28	1.19	1.11	1000
∞	1.83	1.79	1.76	1.72	1.70	1.64	1.59	1.55	1.52	1.47	1.40	1.36	1.25	1.15	1.00	∞

附录 II.4 χ^2 值表

f	0.995	0.990	0.975	0.950	0.900	0.750	0.500	0.250	0.100	0.050	0.025	0.010	0.005
1	...	...	...	...	0.02	0.10	0.45	1.32	2.71	3.84	5.02	6.63	7.88
2	0.01	0.02	0.05	0.10	0.21	0.58	1.39	2.77	4.61	5.99	7.38	9.21	10.60
3	0.07	0.11	0.22	0.35	0.58	1.21	2.37	4.11	6.25	7.81	9.35	11.34	12.84
4	0.21	0.30	0.48	0.71	1.06	1.92	3.36	5.39	7.78	9.49	11.14	13.28	14.86
5	0.41	0.55	0.83	1.15	1.61	2.67	4.35	6.63	9.24	11.07	12.83	15.09	16.75
6	0.68	0.87	1.24	1.64	2.20	3.45	5.35	7.84	10.64	12.59	14.45	16.81	18.55
7	0.99	1.24	1.69	2.17	2.83	4.25	6.35	9.04	12.02	14.07	16.01	18.48	20.28
8	1.34	1.65	2.18	2.73	3.49	5.07	7.34	10.22	13.36	15.51	17.53	20.09	21.96
9	1.73	2.09	2.70	3.33	4.17	5.90	8.34	11.39	14.68	16.92	19.02	21.67	23.59
10	2.16	2.56	3.25	3.94	4.87	6.74	9.34	12.55	15.99	18.31	20.48	23.21	25.19
11	2.60	3.05	3.82	4.57	5.58	7.58	10.34	13.70	17.28	19.68	21.92	24.72	26.76
12	3.07	3.57	4.40	5.23	6.30	8.44	11.34	14.85	18.55	21.03	23.34	26.22	28.30
13	3.57	4.11	5.01	5.89	7.04	9.30	12.34	15.98	19.81	22.36	24.74	27.69	29.82
14	4.07	4.66	5.63	6.57	7.79	10.17	13.34	17.12	21.06	23.68	26.12	29.14	31.32
15	4.60	5.23	6.27	7.26	8.55	11.04	14.34	18.25	22.31	25.00	27.49	30.58	32.80
16	5.14	5.81	6.91	7.96	9.31	11.91	15.34	19.37	23.54	26.30	28.85	32.00	34.27
17	5.70	6.41	7.56	8.67	10.09	12.79	16.34	20.49	24.77	27.59	30.19	33.41	35.72
18	6.26	7.01	8.23	9.39	10.86	13.68	17.34	21.60	25.99	28.87	31.53	34.81	37.16
19	6.84	7.63	8.91	10.12	11.65	14.56	18.34	22.72	27.20	30.14	32.85	36.19	38.58
20	7.43	8.26	9.59	10.85	12.44	15.45	19.34	23.83	28.41	31.41	34.17	37.57	40.00
21	8.03	8.90	10.28	11.59	13.24	16.34	20.34	24.93	29.62	32.67	35.48	38.93	41.40
22	8.64	9.54	10.98	12.34	14.04	17.24	21.34	26.04	30.81	33.92	36.78	40.29	42.80
23	9.26	10.20	11.69	13.09	14.85	18.14	22.34	27.14	32.01	35.17	38.08	41.64	44.18
24	9.89	10.86	12.40	13.85	15.66	19.04	23.34	28.24	33.20	36.42	39.36	42.98	45.56
25	10.52	11.52	13.12	14.61	16.47	19.94	24.34	29.34	34.38	37.65	40.65	44.31	46.93
26	11.16	12.20	13.84	15.38	17.29	20.84	25.34	30.43	35.56	38.89	41.92	45.64	48.29
27	11.81	12.88	14.57	16.15	18.11	21.75	26.34	31.53	36.74	40.11	43.19	46.96	49.64
28	12.46	13.56	15.31	16.93	18.94	22.66	27.34	32.62	37.92	41.34	44.46	48.28	50.99

续表

f	\multicolumn{13}{c}{P}
	0.995	0.990	0.975	0.950	0.900	0.750	0.500	0.250	0.100	0.050	0.025	0.010	0.005
29	13.12	14.26	16.05	17.71	19.77	23.57	28.34	33.71	39.09	42.56	45.72	49.59	52.34
30	13.79	14.95	16.79	18.49	20.60	24.48	29.34	34.80	40.26	43.77	46.98	50.89	53.67
40	20.71	22.16	24.43	26.51	29.05	33.66	39.34	45.62	51.80	55.76	59.34	63.69	66.77
50	27.99	29.71	32.36	34.76	37.69	42.94	49.33	56.33	63.17	67.50	71.42	76.15	79.49
60	35.53	37.48	40.48	43.19	46.46	52.29	59.33	66.98	74.40	79.08	83.30	88.38	91.95
70	43.28	45.44	48.76	51.74	55.33	61.70	69.33	77.58	85.53	90.53	95.02	100.42	104.22
80	51.17	53.54	57.15	60.39	64.28	71.14	79.33	88.13	96.58	101.88	106.63	112.33	116.32
90	59.20	61.75	65.65	69.13	73.29	80.62	89.33	98.64	107.56	113.14	118.14	124.12	128.30
100	67.33	70.06	74.22	77.93	82.36	90.13	99.33	109.14	118.50	124.34	129.56	135.81	140.17

后　　记

　　2018 年始,我们为山东大学本科生开设了全校通识核心课程——"考古化学",每年有数十名文理工专业的学生选修,体现不同专业的青年学子对与考古学相关的课程的认可。在授课过程中,编者感到许多学生(特别是文科专业学生)在面对大量实验数据时,对数据处理和绘图非常迷惑,不能很好地掌握数据所蕴藏的信息,因此我们就萌生了编写一本关于考古数据处理和分析的书籍的想法。

　　北京大学陈铁梅先生在若干年前曾经出版《定量考古学》(2005 年)和《简明考古统计学》(2013 年),这两本考古统计书籍重印了多次,为考古研究中的数据处理做出了巨大贡献。2023 年暑期,北京大学考古文博学院和山东大学文化遗产研究院在山东临淄为国内研究生开设的"统计考古与制图"研究生暑期课堂,受到学生好评,反映强烈。种种迹象表明,在海量的考古数据面前,统计学已经是考古学者所须必备的知识,而软硬件的发展必然推动统计学在考古研究中的应用进入一个快速发展阶段。

　　在此背景鼓舞下,受多方鼓励,我们在两年前着手编写《统计考古》一书。在此期间,我们查阅了大量的文献,包括所有国内出版的与统计考古学相关的书籍,以及大量的最近十年与统计考古相关的中英文文献。我们从中发现,相比较而言,国内统计考古方面的研究并不多,而部分文献仍然是对考古数据的简单统计分析,更深层次的不同样本间、样本和总体间的假设检验,以及目前流行的机器学习还很少在考古学中有所体现。造成此方面的原因,很有可能就是考古学者对烦琐数学公式的推导不太理解。

　　鉴于此,我们在《统计考古》一书中,尽量简化公式推导过程,但是也告诉读者公式的来源,并解释公式中各符号的含义,特别强调公式的使用范围。同时,列举了几十例考古案例,讲解统计公式在其中的应用。选择的考古案例有的来自已经出版的书籍,有的来自已经印刷的文献,如遗址面积与人口的关系、骨长与年龄关系、陶器的标准化生产、人造器物的体积计算等,涉及考古研究中许多前沿课题。根据这些考古案例,读者在面对实际的考古数据时,总能找到相关的案例加以借鉴,这样对初学者来说就有了参考和指引作用。我们希望《统计考古》一书能够被广大师生认可。

　　自然科学与考古学的结合是目前科技考古发展的必然趋势,而化学、生物学等相关学科被适时引入考古学中，自然就会产生大量的考古数据。例如，古代陶器化学元素含量，抑或是有机残留物的仪器分析，面对每次检测所产生的大量数据，仅仅依靠考古学者的经验已经无法获得更深层次的考古信息，而经过必要的统计分析就可以得出很多让人信服的考古结论，如根据碳氮同位素数据判断食谱结构、根据陶器造型探讨不同器物的标准化生产等。借助统计学，可以抽提考古数据所蕴藏的考古信息，为考古学发展助力。

编写中的难点在于既涉及考古学，也涉及数学，而本人专业是化学，因此许多案例又偏向于化学分析数据，这样在考古案例选择上会人为地增加了难度。唯有认真且仔细斟酌，小心求证，并邀请专家学者把关，才在《统计考古》编写过程中得以使用。疫情期间种种往事造成的情绪波动，感慨自己的咬牙坚持，一方面克服了在时间连续性上增加内容规划与编写的难度，也从另一方面了解到自己将来学习的潜质，更加理解了"活到老学到老"的内涵。

本书由山东大学苑世领、王芬共同编写完成。付梓之际，衷心感谢来自各方所获得的支持与帮助：

感谢化学与化工学院马莹、刘刚和张恒老师等多年来在考古化学授课方面的努力和坚守，敦促了本教材的编写；感谢考古学院董豫和宋艳波两位教授在成书过程中对内容编排和文字规范上的建议，使编者受益颇多。特别感谢苑晨曦和史桐宇同学，他们的友谊为不同专业教授间搭建了联系沟通的桥梁，也为本书的出版做出了贡献。

科学出版社李明楠和孙莉等编辑在图书出版过程中给予了极大的关心和支持，在此致以诚挚的谢意。

特别感谢山东大学科技考古教育部重点实验室的支持。